www.tredition.de

Albert Spiegel

In inniger Liebe

Band 2

Albert Spiegel

Herausgeber

In inniger Liebe

Briefe meiner Eltern über Kontinente
1908-1950

Band 2
Internierung, Trennung von 1941-1945

www.tredition.de

© 2021 Albert Spiegel

Verlag und Druck:
tredition GmbH, Halenreie 40-44, 22359 Hamburg

ISBN
Paperback: 978-3-347-23553-3
Hardcover: 978-3-347-23554-0
e-Book: 978-3-347-23555-7

Die Briefe und Fotos dieses Buches sind Eigentum von Albert Spiegel. Die Originale der Briefe wurden dem Deutschen Tagebuch Archiv (DTA) Emmendingen übergeben und sind dort einsehbar. Das Werk, einschließlich seiner Teile, ist urheberrechtlich geschützt. Jede Verwertung ist ohne Zustimmung des Verlages, des DTA und des Autors unzulässig. Dies gilt insbesondere für die elektronische oder sonstige Vervielfältigung, Übersetzung, Verbreitung und öffentliche Zugänglichmachung.

Inhalt

Band 1: Margots Jugend1908-28, selbständig bis1934, Ehe mit Erwin in Teheran 1935-1941

I.. Vorwort..9

II. Margots Erinnerungen an ihre frühe Kindheit.............20

III. Jugend, erste3 Briefe, Caracas 1922 – 1927..............32

IV. Selbständigkeit, Mecklenburg 1929.......................51

V. Ein Jahr in Teheran 1931.................................72

VI. Zurück nach Deutschland 1932...........................146

VII. Hochzeit in Berlin, Eheleben in Teheran 1935- 1937....235

VIII. II Familienleben in Teheran, 1938 bis 1941...........316

Band 2: Internierung, Trennung 1941-1945

IX. Margots Reise mit zwei kleinen Kindern über Türkei und Balkan nach Deutschland, August 1941......................439

X. Erwin in Australien interniert, Margot mit Kindern in Bayern 1941-1945..472

Band 3 : Getrennt - Sehnsucht, Hoffnung bis 1947.

Band 4: Wiedersehen in Sydney 1947, Briefe nach Deutschland, Abreise von Sydney, Nach Deutschland und Teheran 1950

Fotos in Band 2:

Seite

680 Brief Erwins aus dem Lager, März 1944

681 Kuvert von Erwins Brief aus dem Lager

684 Briefkuvert von Erwin mit Zensurstempel 1944

715 Margot, Baden-Baden 1944

731 Erwin mit Freunden im Lager Tatura 1944

751 Margot, Kapfing bei Landshut 1944

813 Margot mit Kindern, Lausbach 1946

IX. Margots Reise mit zwei kleinen Kindern über Türkei und Balkan nach Deutschland, August 1941

(Anm.: Nach den schönen Jahren in Teheran (Briefe in Band 1 dieser Reihe), wo bis August 1941 noch Frieden war, während in Europa schon der Krieg wütete, ging diese Zeit mit der Besetzung Irans durch die Alliierten zu Ende. Kurz davor konnte Margot mit den Kindern mit Taxi in die Türkei ausreisen. In Begleitung von zwei befreundeten Frauen reiste Margot dann mit ihren Kindern mit der Bahn durch die Türkei, über den Balkan bis nach Deutschland. Aus Anlass ihres 85. Geburtstags 1993 schenkte Margot ihrer Schwiegertochter, meiner Frau, ein Album mit Jugendfotos von mir; einen Entwurf für den Begleitbrief schrieb sie auf die Rückseite einer erhaltenen Grußkarte und auf zwei ergänzenden kleinen Notizzetteln):

Ein letzter Abend im kühlenden Garten Mansour, dann war die Idylle im Garten zu Ende. Die Alliierten drangen von Süden vor, die Russen kamen von Norden, den Deutschen blieb nur noch ein schmales Tor. Die Türkei war noch offen. Außer Alberts Vater fand keiner der Deutschen den Mut, dem Willen des Nazi-Gesandten zuwiderzuhandeln, der sagte, wer jetzt nach Deutschland geht, ist feige, und Feiglinge können wir dort nicht gebrauchen. Doch Erwin antwortete unmittelbar: was meine Frau u. Kinder angeht, ist meine Sache, das ist hiermit klar. So gab ich auch meinen Widerstand auf und die Flüchtlingsreise nahm ihren Lauf.

Als Erwin am Abend mir erklärte, ich müsse sofort mit den Kindern heimreisen, sträubte ich mich mit den Worten: „Wir sind in einem neutralen Land, wenn die Feinde herkommen, trifft es nur Dich, ich bleibe bei Dir, solang ich kann." Nächsten Tags –

persischer Sonntag, unser Freitag – wie üblich kam Strohwitwer Dr. N. von Erwins Büro aus der Stadt zu Besuch. Als ich mit den Kindern im Garten war, hörte ich durchs Fenster Erwins Stimme: „Sie haben es gut, daß Sie ihre Frau in Sicherheit in Deutschland wissen." Da gab ich meinen Widerstand auf. Und die lange Flüchtlingsreise nahm ihren Lauf. In fünf Tagen mit Telegrammen an die IG in Ffm. und Siegwald in Istanbul hatte Erwin unsere Reise organisiert.

(Anm.: In einem Brief vom 29. Juli 1990 an mich, nach meinem 50. Geburtstag, den wir bei meinen Eltern am Bodensee feierten, nach Stockholm, wo ich an der Botschaft arbeitete, schreibt Margot):

[...] Meine Reiseroute im Juli vor 45 Jahren, als ich innerhalb von fünf Tagen aus Teheran aufbrach, nachdem Papi von einem japanischen Tennisfreund gewarnt worden war, die Alliierten würden in der nächsten Woche in Persien einmarschieren. Noch am Abend fuhren wir zu R., um Frau v. R., die hochschwanger war, zu bewegen mit mir abzureisen. Sie tat es nicht u. machte später den Frauentransport der gesamten deutschen Kolonie durch die schon russisch besetzten Gebiete in Aserbeidschan mit, als ihr Säugling dort so schwer erkrankte [...]. So sind sehr viele Erinnerungen an Deine erste Lebenszeit, Albert, wach geworden – aber leider nie aufgeschrieben. [...]

(Anm.: Es gibt 2 Briefe von der Reise und 4 Briefe von Erwin an Margot nach Deutschland sowie seine – wohl später nach Notizen gefertigte – Aufzeichnung („Chronik") über seine Verbringung in die britische Internierung):

Erzurum, Dienstag? (29.7.41) [mit dem zurückfahrenden Chauffeur an Erwin c./o. W. mit Vermerk auf dem Kuvert]:

Bitte gib dem alten Chauffeur vom Buick ein Trinkgeld – er hat mir sogar noch eine Badschi besorgt z. Windelwaschen!

Liebster, Frauen, die keine Kinder haben, dürfen eine Stunde auf dem Bettrand Briefe an ihre Männer schreiben – Mütter müssen ihre Kinder versorgen u. ihre Tränen unterdrücken. Aber wenigstens sagen muss ich doch, wie ich an Dich denke u. mein ganzes Herz bei Dir ist. Ich hoffe, Täbris hat Dich schon etwas getröstet, daß Du schon etwas über den Berg bist, wenn Du in das unaufgeräumte Haus kommst, das doch noch sehr auf mein Hausfrauen-Gewissen drückt!

Den Kindern geht es Gott sei Dank gut. Sie waren fabelhaft ruhig u. lieb gestern auf der Fahrt. Frau K. hat sich reizend mit Karin beschäftigt. Daß ein Chauffeur kein triptick hatte u. wir 2 Std. aufgehalten wurden u. daß die Koffer im türkischen Zoll nicht plombiert werden konnten, schrieben die anderen schon im Detail. Im Übrigen habe ich diese letzte Autofahrt richtig genossen.

Um Mitternacht kamen wir ins überfüllte Hotel hier u. bekamen schließlich eine Bude mit 4 Betten – c'est tout! Brüderchen schlief weiter, aber Karin bekam einen Weinkrampf, der ziemlich ausgedehnt war. Die Ursache waren wohl ihre Flohstiche – so etwas hab ich noch nie gesehen: Hügel von Stichen auf u. nebeneinander. Ich rieb sie noch ganz mit Cologne, Puder u. Afridel Seife ein. Heute früh ist es besser. Fritzel hatte dafür heute früh einen Heulturnus, schläft jetzt aber.

Das Nachtlager hier ist ein unbeschreibliches Durcheinander von uns 5 Personen! Wie bin ich froh, daß wir nicht gestochen sind heute Nacht. Nun sitzen wir in einer Sorge, ob die gr. Koffer heute herkommen werden??! Wenn nicht, müssen wir wohl in Stambul auf sie warten. Frau Sch. Hat die Fahrt sehr gut überstanden.

So, Mutti muss Fritzel die 2. Mahlzeit kochen. Gewaschen sind wir alle noch nicht. Die Chauffeure waren sehr ordentlich. Batul bekommt übrigens noch 3 x 5 Rls. Badegeld. Bitte! Fritzel sagt nichts als „Batul".

Lass Dir alle Reiseerlebnisse von den Ehemännern der Frauen erzählen – ich komme ja mit den kl. Schwalben nicht zum Schreiben!

Alles Liebe u. Gute, mein Herz, mein über alles Geliebter! Bleib gesund u. ruhe Dich aus. Karin, Fritzel u. Deine Schwalbe grüßen Dich innigst. Nochmals Dank für all Deine tausend Mühen u. lieben Vorsorgen für unsere Reise. Immer Deine Margot.

Park Oteli Istanbul, 2. August 1941.

Mein Geliebter,

die anderen sind mit Siegwalds ins Kasino gegangen zum Abendessen. Sonnabend-Abend! Ich habe allen Einwänden entgegengehalten, daß ich früh schlafen gehen müsse, da unsere Reise ja erst knapp z. Hälfte hinter uns liegt, u. bin hiergeblieben. Aus keinem anderen Grund, als um Dir zu schreiben. Ich würde ja verrückt, wenn ich immer noch nicht mit Dir reden könnte – ich muss Dir doch immer alles erzählen, umsonst bin ich doch nicht Deine Schwalbe. Herrgott, Erwin, ich hab nicht gedacht, daß die Trennung so schwer sein würde. Eine wahre Wollust wäre es mir jetzt auf dem kl. Balkon zu sitzen u. angesichts der herrlichen lichtfunkelnden Landschaft mich einmal tüchtig auszuheulen. Aber dann kämest Du zu keinem Brief, den ich ja schon gestern Abend schreiben wollte. Aber da saßen die Tränen so locker, als ich mit Frau K. im großen Speisesaal mit Musik gegessen hatte, daß ich lieber nicht mit Schreiben anfing. Frau K. meinte, es würde doch nur ein trauriger Brief werden.

Der Mond scheint, der Bosporus glitzert. Und ich denke, derselbe Mond scheint jetzt auf Dein einsames Bett im Garten u. spiegelt sich in der Hoos [„Bassin", persisch], um die die Verbenen jetzt in voller Blüte stehen. Flip wird bei Dir liegen u. Mahmoud an der Tür „wachen", wie er es mir in Basirgan versprechen musste. Er schluchzte übrigens tüchtig, wie ich ihm oben im Zimmer die Hand gab.

Du bist eher nach Haus gefahren, als ich dachte, wie mir Dein liebes Telegramm gestern sagte. Hoffentlich nicht wegen politischer Befürchtungen? Siegwald erzählte gestern auf d. Fähre von Haidarpascha von Edens Worten „zu viel Deutsche in Iran" u. Irans „unbefriedigende" Antwort diesbezüglich an England. Gott schütze Dich – meine Gedanken sind dauernd um Dich. Warte nur nicht bis zur letzten Minute. Sei nur misstrauisch u. vorsichtig genug. Und denke immer an Püttmanns Schicksal durch zu genaues Befolgen der Ratschläge von „höherer Stelle"! Aber Du willst natürlich ganz anderes von mir hören, ich weiß, u. ich will anfangen zu berichten.

Den Kinderlein geht es gut, Gott sei Dank. Daß sie beide nicht mehr essen wollen, ist bei der gewohnten Appetitlosigkeit ja jetzt erst recht nicht zu verwundern. Jede Mahlzeit für Brüderchen ist ein Kampf mit viel Kriegsgeschrei, das ihn jedenfalls so beschäftigt, daß er das Spucken ganz vergisst. Und jede Mahlzeit mit Karin ist eine Geduldsprobe. Im Ganzen hat Brüderchen während der Reise bisher täglich das Quantum von 3 Mahlzeiten bekommen, statt 4, heute zum 1. Mal wieder wie gewohnt wieder alle 4 Mahlzeiten. Karin ist dünn geworden, aber in Deutschland wird sie ja rasch wieder aufholen. Leider Gottes hat sie im Zug noch einen Floh gehabt, so daß die Juckerei von vorn anfing. Sie sieht doll aus am Körperchen, als ob sie Masern hätte. Brüderchen war übrigens eines Abends in der Bahn sehr unruhig, und als ich schließlich Licht machte, entdeckte ich eine Wanze auf ihm, die ihn aber glücklicherweise noch nicht gestochen hatte!

Der Zoll an der türkischen Grenze war ganz anständig, aber dann stellte sich heraus, daß der eine Chauffeur kein triptick hatte u. das kostete uns ca. 2 Std. Aufenthalt. Ausgerechnet wurde ich im Auto unwohl. Pech. Die Fahrt verlief sonst glatt u. schön. Das

Wetter war prachtvoll, ein frischer Wind. Die Straße miserabel. Die Chauffeure, wie schon im Brief aus Erzurum erwähnt, sehr anständig. Abends um 11 Uhr in Erzurum. Zuerst hieß es: kein Platz im Hotel. Schließlich bekamen wir einen Stall mit 4 Betten. Brüderchen wachte gar nicht auf. Karin weinte lange. Am anderen Morgen kochte ich das Essen für das schreiende Brüderchen um 6 Uhr, während Frau K. schlief u. Frau S. mir schließlich etwas behilflich war. Während dann die beiden in seidenen Morgenröcken lange Briefe an ihre Männer schrieben, versorgte ich die Kinder. Nach dem Reis bei D. aß ich zum 1. Mal wieder in Erzurum mittags etwas Warmes. Zum Frühstück hatte ich keine Zeit. Zum Mittagessen hatte ich Fritzel auf dem Arm u. Karin dabei mit einer Hand zu füttern. Frau K. war an diesem Tag in Erzurum nur mit sich selbst beschäftigt.

Der französisch sprechende Wirt war verreist. Ebenfalls Altmischtört. Schließlich taucht um 12 Uhr ein Mann von Altmischtört auf, der nichts als Türkisch sprach. Die Chauffeure dolmetschten noch sehr freundlich. Frau K. verhandelte. Es sei alles in Ordnung – der Mann würde uns um 7 Uhr abends an die Bahn bringen. Nachm. Sah ich ihn wieder im Hotel u. verlangte die Billets zu sehen. Durch Verdolmetschung eines „Mannes von der Straße", der Russisch sprach mit Frau K., stellte sich heraus, daß weder Billets noch Schlafwagen für uns bereit waren. In heller Aufregung setzten wir den Mann wieder in sein Büro, er solle noch einmal nachsehen, die Karten müssten für uns da sein, man hätte es uns aus Istanbul telegrafiert. Aber vergebens! Nun ging vielleicht ein tscheluch los!! Wir holten Polizei zu Hilfe, ein netter jg. Kerl, der etwas Englisch sprach, erklärten unseren Fall etc. etc. Das Ende vom Liede, daß wir in 2 wackligen Droschken z. Bahnhof fuhren mit dem nur türkisch sprechenden Mann von Schenker u. dem Russisch sprechenden Mann von der Straße. Karin heulte u. merkte natürlich auch, daß was nicht stimmte. Der Zug überfüllt, an Schlafwagen gar nicht zu denken, trotz Versprechungen von Dollars etc. Schließlich öffnete man uns ein bis dahin verschlossenes Abteil 2. Klasse (4Plätze), in dem wir mit den Kindern allein blieben. Der Schenker-Mann musste die 3 Karten I. Klasse bezahlen u. wir waren schließlich noch froh, daß wir wenigstens aus diesem fürchterlichen Stall in Erzurum raus waren!

Apropos: wenn man zu 4 Personen mit Kindern ist, tut man m. E. besser, nur I. Klasse ohne Schlafwagen zu nehmen, weil die Bänke hochgeklappt werden können, so daß es 4 Liegestätten gibt u. die Kinder doch mehr Platz haben als in den winzigen Schlafwagencoupés. Ich glaube, ich hätte Brüderchens Bettchen gar nicht im Schlafwagen aufstellen können, jedenfalls hätte man sich dann nicht mehr rühren können. So ging es ganz gut. Das Bettchen stand zwischen den beiden Bänken u. man konnte noch gerade eben daran vorbei an einer Seite. 2-mal ist Brüderchen „ausgestiegen", d. h. auf einen Koffer geklettert, der auf der Bank stand. Er schlief viel. Auch Karin schlief viel. Sie wiederholte dauernd: ich will nach Deutschland, ich will mit der Puffbahn nach Deutschland. Am Morgen unseres Abschieds hatte ich ihr erklärt, wir würden nun nach Deutschland fahren, woraufhin sie sagte: Nach –Deutschland zu Hitler, wo man die Äpfel mit der Schale essen kann? Da freut die Karin sich aber! Gespielt hat sie wenig in der Bahn. Sie war sehr müde. Plötzlich sagte sie: wir haben ja die Batul vergessen, Mutti! Und ich erklärte ihr, daß Batul mit dem Papi nach Hause gefahren sei, um noch aufzuräumen – der Papi müsse ja auch noch im Büro aufräumen. Daß wir nicht nach Haus zurückfahren, ist ihr natürlich noch nicht klar. [...] mit jedem Diener u. Zimmermädchen hier spricht sie Persisch, wenn die auch gebrochen Deutsch mit ihr sprechen. Sie meint wohl, mit Dienern u. Badschis könne man nur Persisch sprechen.

Im Zug gab ich dem Koch gleich 2½ Pfund Trinkgeld für die Erlaubnis in seiner Küche kochen zu dürfen. Himmel war das heiß in der kleinen Bude! Am 1. Tag kippte ich einmal um, als ich vom Kochen kam, gelangte gerade noch an meinen Platz u. musste erbrechen. Das Unwohlsein war eben Pech. Leider nahm Frau K. mir trotzdem keinmal das Kochen ab. Sie war am Tag stundenlang mit ihrem Makeup u. ihren Händen beschäftigt u. so gut wie nicht mit den Kindern. Frau S. kümmerte sich manchmal ein bisschen um Karin. Ich kam natürlich zu nichts anderem, als gerade die Kinder zu versorgen. Am Morgen der Ankunft hier verschwand Frau K. in Frau S. Schlafwagencoupé (1 Bett hatten wir schließlich für 2 Nächte für Frau S. ergattert) um Toilette zu machen u. ich musste Frau S. bitten, Brüderchen ½ Std. auf den Arm zu nehmen, damit ich sein Bett abschlagen u. einpacken konnte. Da fragte sie mich: was hätten sie gemacht, Frau Spiegel, wenn wir nicht mitgefahren wären? Also da riss mir die Geduld. „Nicht gefahren wäre ich, das dürfen Sie mir glauben – Sie sehen doch allein, daß ich nicht allein fahren kann", sagte ich. Die Hilfe von Frau K. sei in Teheran abgesprochen worden u. ich hätte nicht gedacht, daß ich um jeden Handgriff, um jede kleinste Hilfe erst würde bitten müssen. Auf ihre, Frau S. Hilfe habe ich nicht gerechnet, im Gegenteil habe ich gedacht, wenn auch nicht mit Tat, so doch mit Rat beizustehen, aber sie solle sich ja nicht bemühen, ich würde schon irgendein Wesen finden, das einer Mutter mal helfen würde, die mit 2 Kindern reist. Ich war ganz außer mir. Ein bisschen Naivität ist ja ganz nett, aber die Naivität dieser Frage ging mir zu weit! Sie versicherte mir immer wieder, daß sie von Anfang an bereit gewesen sei, mir zu helfen, u. ich versicherte ebenso, daß ich nicht daran dächte, ihre Hilfe in Anspruch zu nehmen. Frau S. hat das (hoffentlich) Frau K. alles erzählt. Jedenfalls habe ich hier im Hotel jede angebotene Hilfe von Frau S. abgelehnt u. nach dem Dienstmädchen geklingelt. Heute beim Frühstück – in Frau K.'s Gegenwart – fragte Frau S. mich, ob ich ihr etwas übelgenommen hätte, worauf ich ruhig „ja" sagte, die Frage neulich in der Bahn. Sie sagte, ich habe es falsch aufgefasst u. ich möchte doch bitte ihre Hilfe auch annehmen, wenn sie sie mir anböte, u. wir schlossen Frieden. Für Frau K. war es gut, daß sie meine Ansicht nun kennt, u. ich werde ihre Hilfe auf der Weiterreise ganz anders in Anspruch nehmen, denn nach allen Vorteilen, die sie hier durch mich hatte, kann ich das wirklich mit ruhigem Gewissen tun.

Siegwald gibt ihr Geld durch mich, bezahlt ihre Weiterreise durch mich – bitte woher hätte sie sonst überhaupt die Weiterreise bezahlen sollen, u. das Hotel etc.?! Verstehe mich recht, Frau K. u. ich haben durchaus keinen Krach miteinander, im Gegenteil unterhalten uns so sehr nett, aber nachdem ich hier gewissermaßen für ihre Hilfe „bezahlen" konnte, werde ich sie etwas mehr in Anspruch nehmen u. bisherige Hemmungen beiseitelassen.

Die Weiterreise ist unerhört teuer, wie ich heute auf dem Reisebüro hörte, allein das Taxi, das man für die 1. Strecke bis [...] braucht 120 Pfund! Und wir brauchen mit unserem großen Gepäck zus. 3 Taxis, also 360 Pfund!! Es tut mir so unendlich leid, Erwin, all Dein teures Geld. Aber Du kannst Dich darauf verlassen – Unnötiges wird nicht ausgegeben. Es ist eben Krieg u. die Leute nutzen die Chance, einziger Reiseweg für uns zu sein, auch aus.

Übrigens hatten wir ein hässliches Erlebnis in der Bahn: am 1. Abend kam ein Schaffner herein u. klappte d. Bänke hoch, so daß wir alle lang liegen konnten. Am 2. Abend, als Frau S. in den Schlafwagen übergesiedelt war, klappte wieder einer das Bett für Frau K. hoch. Nachts um 3 Uhr kam ein anderer Schaffner laut u. unverschämt in unser Abteil, machte Licht u. bedeutete uns auf Türkisch, wir sollten sofort aufstehen, das sei kein Schlafwagen u. es sei nicht erlaubt hier die Betten aufzuklappen. Alles Weigern half nichts, er packte Frau K. brutal am Arm, um sie zum Runterkommen zu veranlassen u. holte schließlich irgendeinen Polizeioffizier zu Hilfe. Wir hießen sie daraufhin hinausgehen, um uns anzuziehen und sie klappten dann triumphierend d. Bett ab u. wir durften den Rest der Nacht sitzen! Wir verlangten nächsten Morgen den Chef du Train zur Beschwerde, bekamen ihn aber nicht zu sehen u. am Abend sagte man uns nur, wenn wir noch 2 Billetts bis Haidarpasha lösen würden, dürften wir die Betten aufklappen. Wir zogen vor, auch d. letzte Nacht sitzend zu verbringen. Karin lag auf einer Bank u. ich saß daneben u. Frau K. saß gegenüber auf d. anderen Bank. Hier erzählte Siegwald die Sache gleich Herrn Sabri, der eine Verwandten bei der Eisenbahndirektion hat u. eine große Beschwerde einleiten will.

Ach, wie waren wir froh, als wir um 7:30 Uhr in Haidarpascha einliefen u. auf dem Bahnsteig in Schneeweiß Siegwald, einen Herrn K. von der Pharma u. Frl. K., Frau S.'s Tante, stehen sahen. Wir fühlten uns wie im Himmel, als wieder männliche Fürsorge uns d. Kümmern um Gepäck u. Weiterbeförderung abnahm! Schon an Bord der Fähre fassten beide Kinder große Zuneigung zu Herrn Siegwald. Irgendwie muss der schneeweiße Anzug sie an ihren Papi erinnert haben, Fritzel streckte die Ärmchen nach ihm aus u. Karin ging nicht von seiner Hand. Einen Tränenstrom gab es allerdings beinahe, als sie aus der Puffbahn aussteigen sollte – sie wollte doch mit der Puffbahn nach Deutschland fahren.!! „Nein keine neue Puffbahn! Diese Puffbahn" wollte sie!

Montag, 4. VIII. 41. Vorgestern Abend ging mir die Tinte aus, so daß ich um 1 Uhr nachts Schluss machen musste. Wie bin ich froh, S.'s Füllfederhalter zu haben. Hast Du ihm meinen gegeben?

Also, ich will der Reihe nach weiter berichten: Siegwald brachte uns gleich ins Park Hotel, wo wir herrlich aufgehoben sind. Zimmer sind so knapp, daß die beiden anderen zusammen schlafen. Wir frühstückten erst mal – Kaffee u. Cacao „Ersatz". Weißt Du, Erwin, es ist erschütternd, wie hier am äußersten Zipfel Europas der Krieg sich schon auswirkt! Kein Benzin für Privatautos, keine Nähnadeln mehr, kaum ausländische Waren. Hier ist mir erst klar geworden, in welch weltfernen Paradies wir in Teheran lebten.

Um 10 Uhr hatten wir gefrühstückt – um 2 Uhr war ich erst mit der Baderei fertig. Brüderchen u. Karin, beiden den Kopf gewaschen, schließlich waren von uns dreien genau 3 schwarze Streifen um die ‚Badewanne! Zwischendurch kam Frau Siegwalds Mädchen, um einen Korb köstlichen Obstes u. phantastisch schönen Gladiolenstrauß zu bringen. Am Nachmittag kam sie selbst, reizend anzusehen u. reizend freundlich. Später kam Herr Siegwald dazu. Wir saßen allesammen auf meinem kl. Balkon mit dem Blick auf die herrlich blaue Bucht u. löffelten Eis. Am Sonnabendmorgen holte mich dann Herr Siegwald zum Reisebüro ab. Vorher kamen Herr u. Frau Sabri ins Hotel, um mich zu besuchen u. zu Sonntagabend in einen feudalen Club einzuladen. Ich fand das reizend höflich. Vom Reisebüro telegrafierten wir wie anliegend an Lilo. Die Reise weiter ist nicht ganz einfach: von hier abends um 9 Uhr m. d. Eisenbahn bis Babaesky um 6 Uhr früh (kein Schlafwagen). Dort steigt man in von hier aus gefahrenen Taxis, um 4-5 Std. bis an die Grenze zu fahren. Dann muss man in bulgarische Taxis umsteigen, um nur 17 bis 18 km bis Swilingrad zu kommen, wo dann der durchgehende Zug nach Sofia abends um 17:30 Uhr abfährt (auch ohne Schlafwagen). Also 1 Tag u. 2 Nächte bis Sofia. Von dort noch 36 Std. durch bis Wien, aber mit Schlafwagen. Wir wählten schließlich Wien, weil die anderen meinen, in München sei kein Hotelzimmer zu bekommen u. außerdem von Wien nach Baden-Baden der Zug so geht, daß man am Tage ankommt, was mir der Verdunkelung wegen lieb ist. Außerdem ist Berlin-Wien 11 Std. durchgehend, also nicht weiter als Berlin-München, was für abholende Mütter wichtig ist.

In Sofia wird die IG-Vertretung uns wieder betreuen. Es ist doch fabelhaft, wie viel Erleichterung wir durch die Firma haben.

5.VIII.1941 In der Eile der Abfahrt! So gern hätte ich mehr geschrieben – aber woher die Zeit nehmen? Brüderchen quälen die Backenzähne u. halten mich in Atem. Karin ist selig, daß Ingrid u.

Ilse hier sind [...]. Alle sind so liebenswürdig, besonders Siegwalds. Bitte schreibe Ihnen doch u. danke ihnen sehr.

Unglaublich feucht heiß! [...] Solche Freude über Deine lieben Telegramme!

Immer und immer denke ich an Dich. Ich glaube mein Herz zerspringt vor Freude, wenn ich Dich erst wieder in den Armen habe. Ich trage die Verantwortung für die Kinder ganz bewusst. Wir küssen Dich alle. Ich hab Dich lieb u. bin ganz Dein, immer Deine Margot.

An Margot Spiegel, Mannheim-Feudenheim, Hauptstr. 123.

Teheran, 1. August 41, Freitag.

Meine geliebte Schwalbe,

gestern Nachmittag um 2 Uhr zog ich in das verlassene Nest ein. Diese ersten Stunden waren sehr viel schwerer als der Abschied von meinem Kleeblatt in Bazirgan. Es war alles so unsagbar traurig u. schwer! Nur ein Gedeck, nur ein Bett hergerichtet, das leere Bett von Brüderchen, ebenso von Karin. Die Leute gaben sich wirklich Mühe, alles wie gewohnt zu machen, aber was konnte das schon helfen. Ich wäre lieber in ein fremdes Hotelzimmer zurückgekehrt.

Die Reise von Täbris nach hier war sehr anstrengend. Ich fuhr um Mitternacht vom 30./31. 7. Weg, zusammen mit Konsul W., der sofort nach Teheran gerufen wurde! Herr W. schob deshalb seine mit mir geplante Fahrt nochmals auf und will erst weg, wenn W. wieder in Täbris ist. S. und K. waren schon am frühen Morgen abgefahren. Ich fuhr in 14-stündiger Fahrt bis Teheran durch, wo wir gestern um 2 Uhr ziemlich erschlagen ankamen. Die letzten Stunden vor und nach Kazwin waren mörderisch heiß und staubig. Der Wagen machte aber trotz Hitze und schlechter Straßen seine Sache ohne die geringste Panne.

Batul wollte ich an ihrer Kutscheh absetzen, aber sie wehrte sich energisch dagegen und wollte erst mit nach Hause fahren. Du hättest ihr gesagt, sie solle gleich alles aufräumen und mir alles herrichten, so daß alles so sei wie gewohnt. Nadjafi war in seinem neuen Anzug erschienen. Bis ich dann gebadet und ausgepackt hatte, erschien auch Abbas. Ich hatte mich nämlich erst für abends angemeldet. Zuerst ruhte ich mich nach der durchwachten Nacht auf meinem Feldbett im Zir-Zamin bis zur Teestunde aus. Zum Einschlafen und auch beim Aufwachen fehlte mir sehr das lustige Geplapper von Brüderchen. – Im Gang oben standen noch genau wie vor 8 Tagen das kleine und das große Hottebuch unter dem Tisch. An jeder Ecke und in jedem Winkel wurde man durch irgendetwas Verlassenes an Euch drei Lieben erinnert.

Abbas hatte sich mit seiner ersten Mahlzeit gewaltig angestrengt. Er produzierte eine herrliche Ente mit gedämpftem Kohlrabi, Stambuli Kartoffeln (so klein, daß er wohl 8 Tage daran geschält hat) und Apfelmus; zum Nachtisch Custer-Pudding mit Pfirsichkompott. Am Abend habe ich dann noch einiges in meinen Schrankkoffer gepackt.

Heute früh Frühstück um 9 Uhr im Garten, sehr sehr einsam; dann nicht nach Golhaek. Dann kam Batul und räumte noch auf. Um 1 Uhr war alles fertig und ich entließ sie. Sie entschuldigte sich für all den „Sachmat" und die Kosten der Reise und wünschte, daß Ihr gesund bleiben und bald wiederkommen möget.

Zum Mittagessen gab es unser Freitagsmahl. Davor Entenleber, etc. auf Toast, sonst sehr schönen Dugh. Zum Tee Apfelmus-Törtchen mit Sahne. Du siehst, ich werde sehr gut versorgt. [...] Gestern um 6 Uhr kam Agha Nurullah. Ich traf ihn, als ich gerade durch den Garten wanderte. Er hatte keine Ahnung, daß ich schon im Hause war, weil er mich ja erst am Abend erwartete. Wir tranken dann zusammen Tee. Er berichtete, daß immer alles in Ordnung gegangen sei. Heute Vormittag kam Herr Schlüter auf eine halbe Stunde, um sich über den Verlauf der Reise zu erkundigen.

Über Eure Reise nach Erzurum hoffe ich in den nächsten Tagen zu hören. Kurz vor meiner Abfahrt von Täbris trafen vier Kuriere ein; einer deren Wagen soll mit Bestimmtheit einer Eurer beiden gewesen sein. Leider bekam ich den Chauffeur nicht mehr zu fassen. Herr W. drahtete mir aber gestern, daß er den Chauffeur gesprochen habe und von ihm erfuhr, daß ihr noch am Abend in Erzurum eingetroffen wäret und daß auch das Großgepäck eingetroffen sei. Die von dem Chauffeur mitgebrachten Briefe habe er gestern zur Post gegeben.

Hoffentlich hattet ihr gute Fahrt nach Erzurum. Ich hatte nicht geglaubt, daß ihr es in einem Tag schaffen würdet. Seit heute früh seid Ihr wohl auch gut in Istanbul (Brüderchen meint wohl es müsse „Batul" heißen) eingetroffen, worüber mir wohl morgen ein Telegramm berichten wird. Was hat wohl Karin zur Bahnfahrt gesagt? Wenn Ihr nur alle gesund bleibt. Mein heutiges Telegramm hast Du wohl erhalten. Damit Du Dich nicht beunruhigst fügte ich an, daß ich Deine kleine Weltkugel gefunden habe, die Du doch sicher mitnehmen wolltest. Sie hing an Deinem Handtuchhaken im Schlafzimmer, wo Batul sie gefunden hat. […]

Über unsere Rückreise von Bazirgan schreibe ich mit nächster Post. Der erste der nun folgenden Serie langweiliger Freitage neigt sich zu Ende, denn Nadjafi berichtet, daß das Abendessen bereit sei. Danach gehe ich zu Bett. Flip freute sich sehr über meine Rückkehr. Er läuft mir den ganzen Tag nach und sucht wohl Frauchen und Kinder.

Gute Nacht mein Geliebtes, grüß Karin und Fritzel, alles Gute für Weiterreise und Ankunft am endlichen Ziel, Dein Erwin.

2 Telegramme, wohl vom 1. und 3. August – Die Daten sind schlecht lesbar.

Tuerkanil fuer Margot Spiegel Istanbul: wünsche glueckliche Ankunft und gute Weiterreise Magdeburger Kugel hier vorgefunden innige Gruesse Erwin.

Tuerkanil fuer Spiegel Istanbul: Bitte Ankunft Badenbaden oder Karlsruhe Eltern bekanntgeben da Euch vielleicht abholen wollen.

An Margot Spiegel, Pforzheim, per Adr. Trude Weber, 2 Blatt u. 6 Fotos!

Nr. 2, Teheran, 8. August 1941. Freitag.

Meine geliebte Margot, trotz aller Einsamkeit ist die Woche seit meinem letzten Brief vom 1. August verhältnismäßig rasch vergangen. Außer den üblichen Tennis-Nachmittagen habe ich mich eigentlich meistens mit Umpacken und Packen beschäftigt. Meinen großen Schrankkoffer habe ich wiederkommen lassen und fast alles in einen neuen Handkoffer gepackt zum Mitnehmen! Am Montagabend war Verabschiedung der 1. Partie Seeleute, die nach Bandar Shapour zurückfuhren, [...]. Wir waren guter Laune, oft aber eine Art Galgenhumor über solche vielleicht nicht mehr sehr zahlreiche friedliche Stunden auf Schlüters Terrasse. [...] Schlüter befasst sich wieder ernster mit seinem Urlaub und will sich morgen bereist vom Hofminister verabschieden. [...] gibt er in 2 Monaten das Haus auf und will bis dahin mit seinem ganzen Asbab nach Deutschland gereist sein. [...]

Ich hoffe sehr, diese Woche einen Brief aus Konstantinopel zu erhalten. Für die beiden Telegramme herzlichen Dank. Hoffentlich seid Ihr freiwillig und nicht zwangsweise so lange in Konstantinopel geblieben und hattet dort ein paar schöne Tage am Bosporus. Karin wird wohl gesagt haben „Nu sind wir endlich wieder in Babolsar". Und was sagte sie zur Eisenbahn und wie ist die Fahrt verlaufen? Von m. [...] höre ich, daß die Verpflegung im Speisewagen und im Hotel in Istanbul gut sein soll und der Schlafwagen sauber. Wie er mir weiter sagt, soll es seit kurzem wieder einen direkten Schlafwagen von Sofia über Belgrad nach Wien oder München geben. Das wäre ja fein, dann könntet Ihr den Umweg über Bukarest sparen. Wenn Ihr in Sofia gleich weitergefahren seid, so seid Ihr jetzt schon in der Heimat. Hoffentlich warst Du mit Karin und Brüderchen auf der Reise immer gesund und habt auch das Endziel wohlbehalten erreicht. Du wirst froh sein, wenn alles überstanden ist, ich kann es Dir sehr nachfühlen.

Vielen Dank auch für Deinen Brief aus Erzurum. Wenn auch mit Hindernissen, so werdet Ihr doch froh gewesen sein, daß Ihr die letzte Autofahrt in einem Tag geschafft habt. Da muss ja sehr anstrengend gewesen sein. Eure Briefe haben wir uns hier im Auszug gegenseitig vorgelesen und gemeinsam gefreut, daß soweit alles glatt gegangen ist. Frau K. schrieb ziemlich eindeutig über das energische Benehmen von Frau S., was sie ihr gar nicht zugetraut hätte! Eines aber war uns nicht klar: W. schickte mit Euren Briefen einen offenen an ihn adressierten Umschlag, auf welchem stand Wir haben mit dem Chauffeur abgerechnet, nur Trinkgeld haben wir nicht gegeben". [...] Es war doch abgemacht, daß Ihr nichts mehr zu bezahlen habt, da dies nach Rückkehr der Chauffeure in Täbris durch W. erfolgen sollte [...].

Abbas gibt sich unglaubliche Mühe. Er kocht sehr abwechslungsreich und so gut wie in seinen besten Tagen. Ich wunderte mich über das sehr schöne Obst, was er auf einmal regelmäßig anbrachte, insbesondere Shelils und sehr saftige Birnen. Nach der Ursache befragt erklärte er, daß seit ein paar Tagen die Preiskontrolle der Stadtverwaltung für Obst und Gemüse aufgehoben worden sei. Ich dachte, dies sei ein Wink für seine Abrechnungen und war daher umso mehr überrascht im Journal zu lesen, daß seine Behauptung der Wirklichkeit entspricht. In der Zeitungsnotiz wird gesagt, daß man wegen der „sehr guten Ernte" die Regelung der Preise der Konkurrenz der Händler untereinander überlassen könne!! Man hat also eingesehen, daß jene Maßnahme hierzulande nicht durchführbar und ein Schlag ins Wasser gewesen ist. Seit Aufhebung der Verordnung kommt nun wieder das schönste Obst und Gemüse in reicher Auswahl auf den Markt. [...]

Heute ist die neue Garage fertig geworden. [...] Die neue Mauer ist halbhoch [...] Flip ist recht einsam und begleitet mich dauernd, wie in seiner Jugend vor 8 Jahren. [...] Infolge der seit Eurer Abreise erneut aufgetretenen Spannungen beneidet man Euch und auch uns Ehegatten im Allgemeinen von allen Seiten zu unserem Entschluss.

Alle guten Wünsche zu Eurer Ankunft in der Heimat und Euch drei Liebsten viele herzliche Grüße und Dir einen Kuß von Deinem Erwin.

Wenn ich nur Brüderlein mal wieder „Batul" sagen hören könnte! Anbei 6 Fotos.

An Frau Margot Spiegel, Mannheim-Feudenheim, 2 Fotos anbei.

Nr. 3, Teheran, 15. August 1941,

Meine geliebte Margot,

wieder ist eine Woche um und dies ist heute der dritte Freitag, den ich allein bin seit Deiner Abreise. Heute war ich in Golhaek. Der Betrieb hat schon merklich nachgelassen. Schäfer und Schlüter gehören aber zu den Unentwegten. [...]

Du bist nun am 12. Oder vielleicht auch schon am 11. August in Wien gelandet. [...] Ganz so einfach scheint ja die Weiterreise von Istanbul nicht gewesen zu sein, wie ich Deinem Telegramm aus Sofia zu entnehmen glaube, denn danach wart Ihr von Istanbul bis Sofia von Dienstagabend bis Donnerstag unterwegs. Dann hattet Ihr auch noch Aufenthalt in Sofia, bis Ihr zur vorletzten Etappe starten konntet. Wie ich höre soll jetzt wieder ein direkter Schlafwagen von Sofia über Belgrad nach Wien gehen. Ich bin ja so gespannt, alle Einzelheiten über die Reise und ihre Hindernisse von Dir zu hören. Bei dem immer noch nicht funktionierenden Postweg – von meiner Firma habe ich bis heute noch keine Geschäftspost erhalten – werde ich allerdings noch geraume Zeit warten müssen, sofern Du nicht Gelegenheit hattest, irgendjemand Briefe mitzugeben. Über den Verlauf Deiner Reise werde ich von so vielen Seiten gefragt, daß ich mir bald wie ein Auskunftsbüro vorkomme. Nicht nur unsere Bekannten interessieren sich aus Anteilnahme, sondern auch viele andere, weil sie die gleiche Tour machen wollen, wie z.B. [...] viele andere [...] Wenn die Geschäfte nicht bald wieder in Gang kommen, so denkt auch Schlüter daran 1-2 Leute zu entlassen. Die Durchführung der Abreisevorbereitungen geht jetzt schon nicht mehr so glatt wie bei Euch. Es bestehen Schwierigkeiten im Erhalt von Devisen und auch das türkische Durchreisevisum ist nicht mehr so leicht und rasch zu bekommen.

Deine Kugel werde ich mit erster Gelegenheit jemand mitgeben. Auch für die aus Sofia gewünschten Dinge werde ich sorgen. Uns geht es hier sonst immer noch recht gut und ich denke sehr oft an Dich und unsere beiden Lieblinge. Wir sehen der weiteren Entwicklung der Lage hier mit Zuversicht und Ruhe entgegen. Wenn vom OKW weiterhin Meldungen wie die gestrigen beiden Sondermeldungen herauskommen und es an der für die Entwicklung hier wichtigsten Front in der Ukraine so fabelhaft weitergeht wie in den letzten Tagen, so hilft uns das sehr viel, um die Krise zu überwinden. Mach Dir also keine Sorgen. [...]

Von Lilo erhielt ich vor einigen Tagen ihre auf besonderem Wege gesandten Briefe vom 1. Und 9. Juli. Den darin erwähnten

Brief von Gustav vom 8. Juli habe ich noch nicht erhalten. Wenn er auf gewöhnlichem Postweg gesandt wurde, wird er entweder noch kommen oder er ist im Irak hängen geblieben. Es ist nämlich hier in den letzten Tagen Post aus Deutschland bei verschiedenen Leuten eingegangen, sämtlich mit dem irakischen Zensurstempel! Wenn die Gewährsleute von Lilo und Gustav, die ja so gut Bescheid wissen sollen, diesmal ebenso wenig recht behalten wie mit Reisen über Russland im Frühjahr 1938 und Empfehlungen zu Lilos Rückreise im September 1939, dann können wir uns hier sicherer fühlen denn je. So lege ich die Besorgnis Lilos um uns hier eher als ein gutes Omen für die weitere Entwicklung aus als darin eine akute Gefahr zu erblicken. Im Übrigen scheint Lilo zu übersehen, daß ich hier auf wichtigem Vorposten stehe, von dem ich ja nicht einfach weglaufen kann, wenn es mir gefällt.

Garten und Tieren geht es gut. Nach Tisch habe ich heute alle drei Hunde nacheinander ins Bassin bugsiert. Johann ist dabei vor Angst fast gestorben, während Flip nicht mehr herauszukriegen war. Flip schläft jetzt jeden Mittag neben mir im Sir-Samin. Nachts schlafe ich noch immer draußen. Wir hatten noch ein paar knuffig heiße Tage und Nächte. Im Büro die Höchsttemperatur diesen Sommer mit 38 Grad, was auch noch nachmittags auf Schlüters Terrasse war. [...] Die Tauben habe ich vergangenen Freitag fliegen lassen [...]. Sie sind jetzt beide immer im Garten und haben als Ruheplatz einen Pinienast direkt über meinem Bett gewählt. [...]

An Margot Spiegel, Mannheim-Feudenheim,

Nr. 4, Teheran, 22. August 1941

Meine liebe Margot,

heute sind nun seit unserem Eintreffen in Täbris schon vier Wochen vergangen und wie oft habe ich inzwischen diese letzte gemeinsame Fahrt durch die nächtliche iranische Landschaft zurückgedacht. Wenn ich nur schon wüsste, wo Du Dich inzwischen niedergelassen hast und wie Du Dich mit den Kindern eingelebt hast. Vielleicht erfahre ich es früher, als man denkt! […] Wir sehen hier der Entwicklung der weiteren Lage mit Spannung und Interesse entgegen und hoffen trotz aller nicht sehr günstigen Vorzeichen noch immer auf einen guten Ausgang. […] Inzwischen sind noch weitere zahlreiche Heimreisen beschlossen worden. […] Es leert sich also jetzt ziemlich stark […].

Anfang dieser Woche kam endlich Dein lang ersehnter Brief aus Istanbul. Hab tausend Dank für Deine ausführlichen Schilderungen. Wie unangenehm muss die Sache mit den in Erzurum nicht vorhandenen Fahrscheinen gewesen sein und dann auch noch nicht einmal Schlafwagen. Du musst ja in Istanbul halbtot angekommen sein. Ohne richtige Hilfe kann ich Dir das sehr gut nachfühlen und es tut mir sehr leid, daß das nicht besser geklappt hat. Es ist ja auch alles so viel schwerer, wenn einen niemand versteht. Immerhin war es noch gut, daß Ihr im Zug Platz bekommen habt und aus Erzurum, wo es ja nicht sehr angenehm gewesen sein muss, herausgekommen seid. Nach der Bahnfahrt kann ich mir vorstellen, wie Ihr bei der Ankunft in Haidarpascha aufgeatmet habt. Hoffentlich hast Du die paar Tage am Bosporus ein bisschen genossen und Dich ein wenig ausgeruht und erholt.

Die Weiterreise nach Sofia scheint ja auch kein Vergnügen zu sein. […] In Wien waren ja dann wohl alle diese Sorgen durch Dein Zusammentreffen mit Mutti behoben. […]

Es gibt noch einen kleinen Zettel von Margot:

Auf der Fahrt nach Deutschland, im Zug. Karin: „Ich will mal mit ‚nem Auto nach Teheran fahren u. sehen, was mit dem Papi ist. Dann plötzlich sehr bestimmt: „Ich will meinen Papi haben, meinen Papi will ich haben, weißt Du Erwin, Erwin will ich haben." Vormittags sagte sie: „Mutti, die schwarze Omama sieht aus wie Du. Den Elefant soll der Opapa in Deutschland heil machen, weißt Du der Opapa – der Hitler hat keine Lust zum Heilmachen."

(Anm.: Damit enden die Berichte nach und aus Teheran. In einem Brief vom 10. Juli 1959 zu meinem Abitur und meinem neunzehnten Geburtstag schreibt Margot unter Bezugnahme auf meine Nach-Abitur-Reise mit VW-Käfer über Istanbul nach Teheran): „Vor 18 Jahren hast Du dieselbe in umgekehrter Richtung in genau denselben Julitagen gemacht – meist auf meinem Schoß sitzend! Bis Erzurum fuhren wir damals per Auto u. dann mit dem Anatolien-Express in 60 Stunden nach Istanbul. Es war irrsinnig heiß. Als wir dann verstaubt u. müde in Istanbul ankamen u. Herr Siegwald in weißem Anzug auf dem Bahnsteig stand, strecktest Du ihm die Arme entgegen in der glücklichen Täuschung, Du habest Deinen Papi wieder! Lang, lang ist's her. [...] Nie vergesse ich den Abend am Fuß des Berges Ararat, den letzten Abend vor dem Abschied von Papi an der persischen Grenze. Ochsen traten das Korn aus den Ähren, wie sie es vor tausend Jahren nicht anders getan haben und mein Herz blutete nicht anders als je ein Menschenherz bei einem schweren ungewissen Abschied. Unter ganz anderem Vorzeichen machst Du nun eben diese Reise [...]."

(Zurück zu Margots Reise im August 1941.

Drei Tage später stehen die Alliierten wohl schon nicht mehr weit von Teheran. In der folgenden Chronik schreibt Erwin):

Mi. 25. 8. [...] bis 1 Uhr bei Gesandten, dann Shimran [...]. Nacht in Shimran ohne Bett. Alarmbereitschaft. Engl. in Kaswin. (In Shimran war die Sommerresidenz; dort wurden wohl alle Deutschen gesammelt).

Chronik ab 24.7.41. Verbringung nach Australien und Internierung.

Teheran, ab Do. 24.7.41, 18:00 Uhr, Täbris an Fr. 25.7.41, 11:00 Uhr, Tä ab Sa. 23:00 Uhr, Bazirgan an, So. 27.7.41, 10:00 Uhr; Rückfahrt Mo. 28.7.10:30 Uhr, Tä an 18:40. Tolle Raserei! Di. 29. Unterhaus Rede erfahren, darauf Rückreise beschlossen. Mi. 30.7.41. 24 Uhr ab Tä., Teh. An Do. 31.7.41. 13 Uhr. Rekordfahrt mit Wusow. 4.8.41. Rede Zettel (Gesandter).

Dem folgen z. T. kaum leserliche Eintragungen über Treffen in Teheran, wie: [...] an Provinz südlich Linie Meshed – Teheran. Mo. 22.8., 8 Uhr Gesandtschaft. [...] gegen 10:30 bis 1 Uhr bei Gesandten, dann Shimran. [...] Nacht in Shimran ohne Bett. Alarmbereitschaft. Engl. An Khaswin. Zweite Nacht ohne Bett. Durchbruch Mauer. 29. Alarm Russen. Packen u. zu Gesandtschaft. [...] Mi. 10.9. Absicht Abfahrt. Freitag, 12.9., Liste der ersten 72 Mann gegen 24 Uhr verlesen. Sa. 8 Uhr ab Teheran. So. 14.9., 10 Uhr Ahwaz, 13 Uhr Bander Shapour, 50 Grad C., Nacht in Waggon-Lager auf Bahnsteig. Mo, 14.9. kein Frühstück, 13 Uhr auf Dampfer Varela, Zwischendeck, furchtbar heiße Nacht. Basra an 16.9., 10 Uhr. Gegen Mittag als erste in Wüsten-Zeltlager mit H. Mi. Ankunft zweite Gruppe, 217 Mann, Sa. 3. Gruppe 104 Mann, 18.9., 29 Seeleute dazu, Fr. 26.9. Restgruppe 54 Mann (von Isfahan). Total 476 Mann (4 Ausl.)

Di 14.10. Basra ab u. zurück; 15.10. Basra ab 19 Uhr [...], 19.10. Pumpstation Übergabe an neues Kommando [...] Mittagessen von Arabern geboten. Abends auf Asphaltstraßen Pumpstation in 2 Zelten. Mo. 20.10. herrliche Fahrt über Erbid, Jordan-Grenze, Afula, Djenin, Tulkaram, Lydda, Rehovot-Latrun, nur 10 Mann! 27.10. 4 Mann P. Gr. Sch. Ei., ab, 29.10. Heise, Meyer ab, So. 2.11. Da. Elch. Ei. Gr. ab; 5.11. zurück Latrun; 14.11., im Bett, 17.11., 7 Uhr ab; ca. 10 Uhr in den Zug in Lydda, 18. 11. Morgens El Kantara über Suez-Kanal, abends Suez an über Ismailia (ausgestiegen), jüd. Wache! Lager für 40.000 Mann (Zelte); 23.11., 10 Uhr an Bord Queen Mary, nachm. Abfahrt; 25.11. abends Bab el Mandeb. 30.11.

7 Uhr Tismali [...], 10.12., 7 Uhr Fremantle an! 15.12., 16 Uhr Sydney an; 16.12., 17 Uhr von Bord; 19:35 mit der Bahn ab. 17.12., 11 Uhr B. Meadows an, Mittagessen u. Abendessen, 19:30 ab Melbourne, 18.12. an Murray Bridge, 10 Uhr ab, 19 Uhr an Loveday. 11. Jan.42 nach Lager 14 A; 24. Jan 42, Mi, 19:30 Uhr Abreise Barmera, Fr. 26.1., 8 Uhr an Tatura. Mo. 7.5., 45 Übergabe. Di. 15.5.42, 14:15 Uhr Ansprache! 30. 1.42 Fragebogen mit Lebenslauf. Di. u. Mi. 5./6. 2.42 Entlassungen 8 + 49 (Bescheid!). Fr. 8. 2.42 Bob; 12.2. entlassen, zus. 45 Mann.

(Anm.: Nach Margots Reise nach Deutschland und Erwins Verhaftung durch britische Streitkräfte, im September 1941, in Teheran, haben die Eheleute nichts mehr voneinander gehört. So wusste über einen Zeitraum von über einem viertel Jahr keiner, was mit dem anderen passiert war.

Im Januar und März 1942 erreichten erste Zeilen ihre Adressaten, nachdem sie monatelang unterwegs gewesen waren. Zu dieser Zeit wusste niemand, wie lange diese Trennung anhalten würde und wie lange die Briefe unterwegs sein würden.

Ich weiß nicht, wie Liebesgespräche zwischen meinen Eltern vor dieser Zeit oder danach klangen, aber ich vermute, sie waren nicht so ausdrucksstark wie die Briefe. Mark Twain schreibt in „Sommerwogen – Eine Liebe in Briefen", es sind die Liebesbriefe an seine Frau Olivia während einer vorübergehenden Trennung: „Liebste Livy, welch ein Übermaß an Liebe eine kleine Trennung mit sich bringt! In letzter Zeit sehne ich mich so schrecklich nach Dir, und die Lektion, die man daraus lernen kann, ist, daß man sich ab & zu trennen sollte".

Sehr deutlich drückt z. B. Margot das später mal aus in ihrem Brief vom 20. November 1942 vom Krankenbett in München. Diese Sehnsucht aus der Trennung finden wir auch in Margots und Erwins anderen Briefen, wobei sie zunächst optimistisch von einer eher kurzen Trennung ausgingen (Hoffnung auf Gefangenenaustausch? Endsieg?), dann aber dieser Sehnsucht über die sechs Jahre hin unvermindert Ausdruck gaben. Weil Margot anfangs noch keine Briefe von Erwin erhielt, schrieb sie zunächst nur alle 2 Monate, dann bis August 1942 monatlich, während Erwin schon wöchentlich einen Brief sandte. Als Erwin Margots ersten Brief – den aus Genf vom 16. Nov. 41 – am 9. März 42 erhielt, war er sehr überrascht und beeindruckt von Ihrer Tatkraft und Tüchtigkeit. Er lernte über die Zeit eine ganz neue, sehr eigenständige Margot kennen. Und sie selbst musste sich davon lösen, sich auf Erwins Führung zu verlassen.

Erwin hat eine Liste von Margots Briefen vom 29. Juli 1941 aus Erzurum bis zum 16. Juni 1946 aus Altfraunhofen, Lausbach, mit stichwortartigen Inhaltsangaben erstellt, die sich in der Mappe mit Margots Briefen befindet. Ich möchte aber doch einiges mehr und wortgetreu aus den Briefen festhalten.

Da die vielen Briefe – es sind insgesamt einige Hundert – viel Alltägliches enthalten (was konnte insbes. Erwin aus dem eintönigen Lagerleben und angesichts der Einschränkungen durch die Zensur schon groß berichten, außer Sport, Bridge, Musik etc.?), beschränke ich mich auf auszugsweise Abschriften, insbesondere solche, die die Gefühle und die Kinder betreffen oder die ich für besonders interessant halte. Da die Versandzeiten mit der dreifachen Zensur (Lagerkommandant, Alliierte, Deutsche) regelmäßig 3 bis 4 Monate betrugen und so die Briefe meist ohne oder nur mit sehr verzögerten (sechsmonatigem) Bezug zueinanderstehen, hat es keinen Sinn, sie dialogmäßig darzustellen. Sie stehen immer für sich. So werde ich sie zusammengefasst für gewisse Perioden abwechselnd aufeinander folgen lassen. Außerdem ist da noch ein kleiner Taschenkalender aus dem Jahr 1942 (so wie die in den früheren Jahren 1934-39), und ein Notizbuch, in das Margot einiges vom Januar bis Juni 1943 eintrug. In jeweiligen zeitlichen Zeitzusammenhang zitiere ich auch daraus.

Von beiden liegen erste Briefe von Mitte November 1941 vor. Von Erwin auch einer aus Basra vom 23.9.41, der aber Margot erst sehr viel später erreichte. Sie erfuhr über Erwins Verbleib erst bei ihrer Reise nach Genf im November 1941 durch das Internationale Rote Kreuz. Dort traf sie auch Erwins Schulfreund, meinen Patenonkel Alberto Keller, der aus Mailand kam, sie zu treffen, und ein Telegramm schickte):

RECD, at Bombay – 1941 Nov 23 am 12. 39. R 36866. K. K. 3027 GENEVE 22 22 1249. = L. C. = Erwin Spiegel, care prisoners of war ex-IRAN censor. Section Bombay = Your family perfectly well in Klais. met Margot here = Alberto Keller.

(Anm.: Dies Telegramm erreichte Erwin erst im Sommer 1942, nachdem schon einige Briefe vorher ihr Ziel erreicht hatten.

Aus Genf kam auch der erste Brief von Margot (beide haben ihre Briefe zur Kontrolle immer nummeriert, aber bei Margot ging das gelegentlich auch durcheinander), der Erwin erst am 9. März 1942 als erster Brief von Margot erreichte):

Z. Zt. Genf, 16. Nov. 41, Hotel Richemond. (Erwins Vermerk: Eing. 9.3.42.)

Lieber Erwin, lange sitze ich schon vor dem leeren Bogen u. denke nach, mit welchem liebsten Wort ich diesen ersten Brief, der Dich vielleicht erreicht, anfangen soll. Und schließlich schreibe ich nur: lieber Erwin. Andere werden den Brief lesen, ehe er zu Dir kommt, aber nur Du allein kannst hören, wie ich Deinen Namen sage, diese 2 Silben, die mir mehr als mein Leben wert sind.

Lieber Erwin, als ich bei einem Besuch bei den Eltern war u. in Deinem geliebten Zimmer wohnte, fing ich einen Brief an Dich an, an Deinem Schreibtisch, aber ich schickte ihn doch nicht ab. Ich konnte mich nicht überwinden, Briefe an Dich nur so auf gut Glück in d. Welt zu schicken, ohne zu wissen, wo Du bist. Nun ist es mit tatsächlich geglückt, durch Dottis Hilfe d. Ausreiseerlaubnis zu bekommen u. nun bin ich natürlich sofort hierhergefahren u. lasse nichts unversucht, herauszufinden, wo Du bist, u. Dir endlich Nachricht zukommen zu lassen. Der amtliche Apparat des Roten Kreuzes arbeitet natürlich langsam. Dotti hat einen angeheirateten Vetter hier am Roten Kreuz, an den ich mich wende. Nun habe ich gestern an Moose's telegrafiert mit bezahlter Rückantwort, u. um Nachricht gebeten: grateful any news Erwin please send him love whole family perfectly well in Klais. Herrgott wäre das schön, wenn diese Nachricht Dich erreichte. Ich komme keinen Tag von dem Gedanken los, mit welcher Sorge Du wohl auf Nachricht wartest, da Du ja seit unserer Ankunft nach der langen Reise leider nichts mehr von uns gehört hast. Ich schrieb Dir damals sofort einen langen Brief mit genauer Reisebeschreibung u. schickte ihn an Melchers zur sicheren Weiterbeförderung, aber leider kam der Brief zurück, da es schon zu spät war. Ich hebe ihn Dir auf für später. Alles, was ich denke, das Dich interessieren könnte, sammle ich in einer Mappe für Dich. Ich bekam von Dir zuletzt noch die Briefe vom 1. u. 8. August und Frau Hezinger brachte mir dann Deinen Brief vom 22. August samt den Fotos. Diese Briefe sind jetzt mein liebster Besitz. Ich bin so froh, daß Du noch meinen Brief vom 3. August bekommen hast. Ich danke Dir von ganzem Herzen für Deine geliebten Briefe u. die Fotos. Die kleine Kugel hat man Hezinger unterwegs mit all ihren Sachen weggenommen. Ich glaube, ich kann Dir mein ganzes Leben lang nicht genug dafür danken, daß Du mich mit den Kindern rechtzeitig nach Hause geschickt hast. Was ist uns erspart geblieben. [...]

Deine beiden Telegramme nach Pforzheim vom 30. August u. 2. Sept. sind angekommen. Hab Dank! Ich will nun kurz alles Bisherige zusammenfassen: In Wien holte Mutti uns von der Bahn [...] blieben

2½ Tage in Stuttgart rührend betreut von Else Käser u. Karl Greiner. Dr. Römer u. Kinderarzt konstatierten bei allen 3 zu große Magerkeit; sonst vollkommen gesund. Operation bei mir nicht nötig, kann durch dicker werden alles in Ordnung kommen. [...] Vom 21. Aug. – 1.Okt. im Hotel Post in Schönmünzach im Murgtal, glänzend verpflegt. Bei bestem Willen konnten auch IG-Abteilung Farben auf Deine telegr. Anfrage nach unserem Unterkommen nicht antworten. Mutti blieb bei uns. Ich reiste sofort nach Frankfurt, um mit Firma alle evtl. Möglichkeiten Deines Herkommens zu erwägen, doch als ich am 25. August mit V. verhandelte, war es zu spät. [...] Am 1. Okt. schloss Hotel Post. Bekamen durch Glückszufall Häuschen in Klais angeboten, wo Mutti letzten Winter ein Zimmer gemietet hatte. Fuhren hin und waren begeistert, besonders Karin. Hotelleben für Kinder auf die Dauer unerträglich. Karin sagte nach 3 Tagen: Mutti is das unser Häuschen? und als ich bejahte: dann is das wie unser Teheran! Die kleine Seele. [...] [Margot reiste dann zur Firma IG-Farben nach Frankfurt] [...] Außerdem kam mein Unterhalt zur Sprache, für den die Firma ausreichend sorgt. [...]

War 3 Tage bei den Eltern [...], dann 3 Tage bei Trudel. Lisel hat mir durch eine Annonce reizende Kinderpflegerin besorgt. [...] Nun kann ich mich endlich einmal ganz ausruhen. [...]

Genf, 23. XI. 41

Nun telegrafierte Moose mir, daß Du in Indien seist u. Deine Adresse „care of Prisoners of war exiran censor section Bombay". An diese Adresse haben Alberto u. ich heute folgendes Telegramm gesandt: Your family perfectly well in Klais met Margot here. Alberto Keller. Ob es Dich erreicht hat?? Es wäre so schön. [handschriftl. Anmerkung von Erwin: 30. 9. 42 erhalten!]. [...] Dottis Vetter, Dr. Gallopin, u. Frau unterstützten mich auf das netteste. [...] Dr. Gallopin hat sich liebenswürdigerweise bereit erklärt, Dir manchmal telegrafisch Nachricht von uns zu geben, da mir dieser Weg ja leider von Klais aus verschlossen ist. Ich habe die Unkosten für einige Telegramme bezahlt. Auch habe ich Dir Bücher gekauft, die nach und nach, wenn man Deine genaue Adresse weiß, von hier an Dich abgehen. Auch zahle ich hier am Schatzamt des Roten Kreuzes eine größere Summe Franken ein, die Dir in kleinen monatlichen Überweisungen zukommen darf. Ich wollte, ich könnte mehr für Dich tun, mein geliebter armer Kerl. Aber ich fürchte, alles was ich machen konnte, ist damit veranlasst. Ich war 10 Tage hier u. über Sonnabend, Sonntag kam Alberto, um mich zu treffen. Der Gute hat sich auch bereit erklärt, wenn es irgendetwas gäbe zu helfen oder zu raten, immer für Deine Frau und Deine Kinder bereit zu sein. Er ist sehr reif geworden in diesen zwei Jahren, hat sich sehr zu seinem Vorteil verändert. Jetzt möchte ich Dir von hier aus noch das Folgende schreiben, worauf Du Dich verlassen kannst: uns geht es daheim ausgezeichnet. Die Kinder essen viel besser als in Teheran u. Brot u. Milch sind auch viel besser, als es dort der Fall war. Wir alle drei werden uns so erholen u. kräftigen, daß Du eine gesunde Familie wiedersehen wirst! Du brauchst Dir keinerlei Sorgen zu machen. [...]

Ich lasse diesen Brief hier u. er wird an Dich abgehen, sobald man eine genaue Adresse weiß. An die umstehend genannte Adresse schreibe ich Dir aber gleichzeitig. – Wir wollen unser Schicksal so tragen, daß wir aufeinander stolz sein können.

Ich grüße Dich von ganzem Herzen, Deine Margot.

Z. Zt. Basel, den 25. Nov. 1941

Mein lieber Erwin, verzeih, daß ich mit meiner neuen kleinen Schreibmaschine schreibe, aber ich mache 2 Durchschläge – dieser Brief geht auf gut Glück nach Deolali, eine Kopie bleibt hier und Frau v. Radanowicz schickt sie erst ab, wenn Deine definitive neue Adresse bekannt ist u. die 2. Kopie schicke ich Dir an die von Moose genannte Adresse. Einer der 3 Briefe erreicht Dich dann doch hoffentlich.

Dieser Brief trägt Nr.2. Einen ersten Brief schrieb ich Dir von Genf aus und ließ ihn bei Dr. Gallopin mit der Bitte, ihn Dir zu senden, sobald Deine Adresse bekannt ist. Außerdem ließ ich bei Dr. G. noch drei Bildpostkarten von den Kindern, die er Dir ebenfalls nach und nach schicken wird. Ich schicke morgen 4 Bildpostkarten an Dich ab: eine nach Deolali, eine an Ahmednagar und zwei an die von Moose genannte Adresse. […] Wie war ich froh eine Antwort (von Moose) zu erhalten. Nun nehmen wir ja an, daß dieses nur eine vorübergehende Adresse ist. Frau N. hörte durch Frau D., daß Ihr wohl weiter nach Australien kämet – ich hoffe noch es bleibt bei Indien, es ist mir wenigstens ein Begriff. […] feierte Deinen Geburtstag mutterseelenallein bei Huguenin. Hast Du gespürt, mit wie viel guten Wünschen ich an Dich gedacht habe? Ich telegrafierte dann gleich an Alberto […], er konnte tatsächlich schon am 21. Nov. nach Genf kommen. Es war zu nett. […] Auch konnte ich alle Fragen so schön mit ihm besprechen. Er erkundigte sich genau nach unserer finanziellen Lage, freute sich mit, daß die Firma so großzügig für uns sorgt, und stellte sich außerdem, wenn irgendwann einmal Not am Mann sei, voll und ganz zur Verfügung. Nebenbei machten wir aus, daß ich aufschreibe, daß wenn ich einmal nicht dazu fähig sein sollte, er die Vormundschaft seines Patenkindes übernimmt und ich Carle bitten soll, Karins Vormundschaft zu übernehmen. Letzteres war Albertos Idee, es so aufzuteilen, damit auf jeden Fall immer einer da sei, u. er meinte, mit Carle zusammen würde er bestimmt immer alles gut einrichten können. Hoffentlich ist es Dir so recht? Weißt Du, Erwin, bei allem, aber auch bei allem, was ich jetzt tun oder beschließen muss, überlege ich immer erst, wie Du es machen würdest und Dir es recht sein würde. Denn es ist mein größter Wunsch, immer nur in Deinem Sinn zu handeln, damit Du später einmal mit mir zufrieden bist. […]

Als ich vor 3 Monaten nach Frankfurt kam, schlug H. vor, für mich in Basel ein neues Frankenkonto einzurichten, damit ich noch für eine Weile Registermark beziehen könne. Er überwies mir zu diesem Zweck hierher 8000,- Fr. von Deinem Konto bei Deiner Firma. Dieses Konto habe ich nun heute wieder aufgelöst, denn wenn ich jetzt wieder heimkomme, bleibe ich nicht mehr Devisenausländerin, sondern werde als „Rückwanderer" betrachtet u. dadurch Inländerin. Das Geld habe ich folgendermaßen verwendet: 2000,- hatte ich als Registermark verbraucht, 800,- nehme ich jetzt noch mit als Registermark, 350,- habe ich Herrn Dr. G. „geschenkt", der Dir davon freundlicherweise manchmal Nachrichten von mir telegrafieren will oder, wenn möglich, Sachen schicken, 1000,- habe ich an das Schatzamt des Intern. Roten Kreuzes, Genf, überweisen lassen mit der Bitte, Dir, sobald Deine Adresse genau bekannt ist, mtl. Fr. 30,- zukommen zu lassen (man sagte mir, ein kleines Taschengeld dürfe man mtl. an Deiner Stelle erhalten), 1450,- habe ich jetzt hier verbraucht und die restlichen 2400,- habe ich auf Dein Konto in Zürich überwiesen mit der Bitte, davon elektr. Obligationen hier zu kaufen, wozu Alberto mir riet.

Was die Firma mir jetzt mtl. zahle, brauchst Du später natürlich nicht zurückzahlen, wie mir W. auf meine Frage selbst antwortete.

In Klais habe ich nun für diesen Winter ein fabelhaft praktisch eingerichtetes Häuschen m. Zentralheizung, elektr. Küche, fließend kalt u. warm Wasser in allen Zimmern gemietet u. damit wirklich außerordentliches Glück gehabt. Es liegt an die 1000 m hoch, viel günstiger als Garmisch, u. die Kinder erholen sich dort glänzend. Die Milch ist fabelhaft, wie Du Dir denken kannst, für Brüderlein müssen wir sie manchmal abrahmen, damit er sie vertragen kann. Beide Kinder essen mit gutem Appetit, vor allem Brüderlein, der manchmal reklamiert, wenn sein Teller schon leer u. Karins noch voll ist. Es ist also genau so gekommen, wie Du es vorausgesehen hast, daß die Kinder sich daheim sofort erholen würden. Erwin, ich kann Dir ja mein ganzes Leben lang nicht dankbar genug dafür sein, daß Du uns rechtzeitig nach Hause geschickt hast. Was ist uns erspart geblieben. Wenn auch so bitter ist, nicht von Dir Abschied nehmen zu können, als Du Deinen harten Weg antreten musstest. Wie gern hätte ich Dir doch ein liebes gutes Wort mitgegeben. Weißt Du, Du musst Dir immer sagen, wir sind ja noch jung. Wenn Du nun Brüderlein jetzt nicht sehen kannst u. Karin, so musst Du Dir immer sagen, wie viel Fritzelchen wir noch haben können, zum Mitgenießen und Mitfreuen, wenn Du wieder bei uns bist, nicht? Wir müssen uns doch immer an die trostreichen Gedanken halten, Du und ich. Und wir haben einen Schatz, der extra für die nächste harte Zeit da ist: unsere Erinnerungen. [...] Wundere Dich nicht, wenn ich so zurückhaltend schreibe, aber Du weißt ja, daß alle Briefe von fremden Augen gelesen werden. [...]

Leb wohl, mein Erwin. Nochmals: die Heimat hat uns gut und schützend aufgenommen, nun warten wir ruhig auf Dich! Von Herzen immer Deine Margot.

Nr. 3, z. Zt. Basel bei Frau v. R., Malzgasse 8, den 26. Nov. 1941

Lieber Erwin, noch schnell vor der Abreise nach Hause eine Nachricht: In Zürich war ich an Deiner Bank, die mir sagten, daß ich nicht über Dein Konto verfügungsberechtigt bin. Das ist gut so, denn dadurch habe ich in Deutschland keine Schwierigkeiten. [...] Du aber bleibst Devisenausländer. [...] Dein Konto bleibt also von nun an unberührt, bis Du wiederkommst. [...]

(Anm.: Margots nächster Brief ist vom 20 Januar 1942, also 2 Monate später, nachdem sie Erwins ersten Brief erhalten hat. Erwin hat seine ersten drei Briefe noch aus Teheran mit den Nrn. 1 – 3 versehen. Der erste Brief aus der Gefangenschaft trägt die Nr. 4, Absender Erwin Spiegel, No. 390 002, Camp 310, c/o Chief P.O.W., Postal Center, Middle East Forces, also noch nicht aus Australien, sondern – nach seiner Aufzeichnung – aus dem Lager bei Ismailia am Suezkanal; er trägt Stempel „Middle East" und des „Comité Internationale de la Croix Rouge"; adressiert ist der Brief an die Adresse der Eltern in Mannheim und weitergeleitet nach Klais):

Brief No. 4, 21. Nov. 1941.

Meine geliebte Margot,

endlich habe ich wieder Gelegenheit, ein wenig mit Dir zu plaudern. Meine letzten 3 Briefe hast Du wohl in der Zwischenzeit erhalten. Seither haben einige von uns interessante Reisen gemacht. Mir ist es bisher immer gut gegangen und ich bin gesund und auch seelisch ganz auf dem Posten. Ich denke immer viel an dich und die Kinder und hoffe, daß Ihr alle wohlauf seid. [...] Ob sich wohl die Berliner Büros der Firma um mich bemühen? Ich nehme es sicher an. Vielleicht kannst Du mal über H. nachforschen lassen. – Oft denke ich daran, wie jetzt wohl Albert schon an Muttis oder Karins Hand durch die Gegend marschiert. [...] Ich hoffe nach wie vor, daß meine Heimkehr nicht in allzu weiter Ferne liegt. [...]

(Anm.: Der nächste Brief – No. 5 – mit Absender No. R 36866, Name ERWIN SPIEGEL, No. 10 Internment Camp, 4th Military District, South Australia, auf Formularbogen mit 21 Zeilen und Hinweisen auf Deutsch und Italienisch „nicht zwischen die Zeilen schreiben" und auf welche Briefteile gar nicht schreiben):

Brief No. 5, 21. Dezember 1941.

Meine geliebte Margot, nach langer Reise, die ich gut und immer gesund überstanden habe, sind wir endlich an unserem endgültigen Bestimmungsort untergekommen. Wir sind nicht schlecht untergebracht und bekommen gut und ausreichend zu essen. [...] Fritzel wird ja dieses Jahr schon einen Eindruck vom Lichterbaum bekommen und ich kann mir kaum vorstellen, daß es schon vor dem Weihnachtsbaum stehen kann. Für Karin gibt es sicher schönere Sachen, nette Puppen usw., als vergangenes Jahr in Teheran. [...]

Grüße bitte alle sehr herzlich von mir und empfange Du tausend innige Küsse von Deinem Erwin.

No. 6, 24. Dezember 1941. [Dieses Mal schon nach Klais adressiert, nachdem Erwin – s. Brief No. 8 – ein Telegramm erhalten hatte.]

Meine geliebte Margot,

heute bin ich in Gedanken natürlich mehr unter Euch denn je, ist es doch das erste Weihnachtsfest unserer Ehe, welches wir nicht zusammen feiern können. Wie gut, daß die Kinder unsere Trennung noch nicht verstehen. [...] Wir werden hier auch einen netten Heiligabend mit Lichterbaum, Musik und Gesang verbringen und unsere Köche haben allerlei schönes Gebäck angefertigt. [...]

X. Erwin in Australien interniert, Margot mit Kindern in Bayern 1942 – 1946

No. 7, 1. Januar 1942.

Meine geliebte Margot, ein neues Jahr ist angebrochen und viele tausend Wünsche und Gedenken habe ich gestern und heute in Gedanken zu Dir gesandt. Hoffentlich bist Du mit den Kindern gesund und gut ins Neue Jahr gekommen. Ich wünsche Euch Dreien alles erdenklich Gute für 1942 und hoffe zuversichtlich, daß es uns ein gesundes und frohes Wiedersehen bringen wird. Karin ist nun vor drei Tagen schon 4 Jahre geworden und Du hast ihr sicher einen schönen Geburtstagstisch gerichtet. Mein Wunsch ist, daß Du Dir und den Kindern alles gönnst und ihr Euch das Leben so angenehm wie möglich macht. Komme nicht auf den Gedanken etwa zu sparen. [...] Wir hatten hier eine sehr gelungene Silvesterfeier unter Sempers musikalischer und dichterischer Leitung. Ich habe viel an unsere gemeinsamen Silvesterfeiern gedacht, besonders an 1934/35 im Esplanade. In diesem Monat geht nun schon das siebte Jahr unserer Ehe zu Ende. Mögen die nächsten sieben ebenso glücklich werden wie die vergangenen. [...] [Es hat Jahre bis zum Wiedersehen gedauert]

No. 8, 6. Januar 1942.

Meine geliebte Margot, nun ist das Neue Jahr auch schon wieder eine Woche alt. Mein Telegramm mit meinen Segenswünschen hast Du hoffentlich erhalten. Deine Drahtnachricht erhielt ich gerade am Vormittag des Heiligen Abend durch den Rote Kreuz-Delegierten mitgeteilt. Es war das schönste Weihnachtsgeschenk, welches ich je erhalten habe, und alle haben mich darum beneidet (....). Meine Freude war umso größer, als ich daraus ersah, daß Du Dich in den mir wohlbekannten und in schöner Erinnerung stehenden Klais niedergelassen hast. [...] Meine Zeit hier ist gut ausgefüllt. Ich nehme fleißig an Sprachkursen teil, wobei auch die persische Schrift ihren gebührenden Anteil hat. [...]

Nr. 9, 11. Januar 1942 [Eingang Margot: „Juni 42, Farchant"].

Meine liebe Margot,

hoffentlich bist Du in den Besitz all meiner Briefe gelangt, aus welchen Du ersehen haben, wirst, daß es mir bisher gesundheitlich immer gut ging. [...] Ob wohl Karins Malaria ausgeheilt ist? Wenn nicht, so gehe unbedingt ins Tropeninstitut nach Tübingen, damit sie wieder ganz in Ordnung kommt. Hast Du Dich von den Folgen von Fritzels Geburt inzwischen ganz kurieren oder operieren lassen? Bitte nimm Dir dazu so bald wie möglich die Zeit, ehe es sich verschlimmert, damit Du dann wieder ganz hergestellt bist, wenn ich heimkehre. [...]

No. 10, 21. Januar 1942 (Anm.: siebter Hochzeitstag)

Meine geliebte Margot,

[...] Heute bin ich in Gedanken mehr denn je bei Dir und denke mit großer Sehnsucht an den wunderschönen Tag vor 7 Jahren und die anschließende Zeit in Dresden und Garmisch. Durch die Sterne, über das Kreuz des Südens, sende ich meinem geliebten Kleeblatt jeden Abend vor dem Schlafengehen viel Liebes und alle erdenklich guten Wünsche. [...] Ich bin weiterhin gesund und sehe sehnsuchtsvoll dem Tag unseres Wiedersehens entgegen. Ich bin zuversichtlich und hoffe, daß der Tag unserer Freiheit nicht mehr allzu ferne sein möge. Dir, mein Liebes, und Karin mit Fritzel sende ich tausend innige Küsse, Dein Erwin.

No. 11, 25. Januar 1942.

Meine geliebte Margot, inzwischen hast Du wohl dieser Tage, vielleicht gerade zu unserem Hochzeitstag, durch das Rote Kreuz mein Telegramm erhalten und daraus ersehen, daß mich Dein Kabel erreicht hat und daß es mir hier gesundheitlich gut geht. Über die große Freude, die mir Deine Drahtnachricht gerade zum Heiligabend bereitet hat, schrieb ich Dir schon kürzlich. Alle Kameraden freuten sich mit mir, denn dies war die erste Nachricht, welche aus der Heimat nach hier gelangt ist. Inzwischen wirst Du ja wohl auch meine ersten Briefe erhalten haben. So wie im vergangenen Sommer sich die Ereignisse uns in Iran näherten, nähern sie sich jetzt Australien. Unsere Spannung über den weiteren Verlauf ist naturgemäß sehr groß. Auch Du wirst diese Entwicklung sicherlich mit Interesse verfolgen. [...]

Margots Kalendereintrag am 9. Januar 1942:

18 Grad unter 0. Karin u. Albert konnten nicht nach draußen, weil noch leicht erkältet. [...] Ich sprach beim Zubettgehen mit Karin vom Garten in Teheran, von ihren Spielsachen u. Tieren u. den Dienern – alles erinnert sie. [...] Das Heimweh erdrückte mich fast.

(Anm.: Margots letzter (uns erhaltener) Brief war vom 26. November 1941. Der zweite – nicht nummerierte – Brief vom 20. Januar 1942, obwohl sie Erwins Brief Nr. 4 vom 21. November 1941 aus Ismailia schon am 5. Januar erhalten hatte):

Klais bei Mittenwald, Obb., Haus Kottmann, den 20. Jan. 1942. [mit Vermerk von Erwin: Eing. 26.6.42, Kopie 28.6.42 ü. M. East]

Mein geliebter Erwin,

das Neue Jahr brachte mir zur größten Überraschung und unsagbaren Freude Deinen ersten Brief. Nie hatte ich zu hoffen gewagt, so bald einen Gruß von Dir in den Händen zu halten. Am 5. Januar Dein Brief vom 21. Nov. 41. Daß man ein Stück Papier so lieben kann! Ich nehme es an mich und denke dabei immer, Deine geliebten Hände haben es gehalten. Ob Du inzwischen einen meiner vielen Brief aus Genf erhalten hast? [...] Ich glaube demnach, daß Du in Indien geblieben bist. [...] Was möchte ich

Dir nicht alles schreiben und doch soll man sich kurzfasse, da anscheinend kurze Briefe schneller reisen. Wir sind seit dem 1. Okt. in Klais. [...] Dotti in Garmisch, die mir in jeder Hinsicht auf das Freundschaftlichste und Aufopferndste zur Seite steht, nennt mich nur noch die „Bergbäuerin", wenn ich mit meinem Rucksack nach Garmisch fahre zum Einkaufen. Es ist völlig einsam hier, aber was tut's? Weißt Du, ich denke manchmal, ich habe mich hier „auf Eis" gelegt, damit Du mich genauso wiederfindest, wie Du mich verlassen hast, nur viel frischer. Leider werden die Kinder sich ja wohl sehr verändert haben, bis Du sie wiedersiehst. Ich wollte, sie blieben so klein und süß. Aber ich tröste mich: wie viel süße kl. Fritzelchen können wir noch haben, an denen Du die Freude nachholen kannst, die Du jetzt an Karin und Brüderlein entbehren musst. Brüderlein ist ein so zärtlicher und schelmischer kl. Mann. Er redet noch kaum etwas, lacht dafür umso mehr und hat einen gesegneten Appetit. Karin ist jetzt endlich viel ruhiger geworden, das Bumsen nachts hat ganz bei ihr aufgehört, sie schläft bei mir, wie sie es nennt: „in Papis Bett". Sie hängt unbeschreiblich an Dir. Vor Weihnachten meinte sie: erst muss der Papi kommen und dann das Christkindchen. ...eine kl. Fellziege war ihr größtes Entzücken, sie bleibt sich in ihrer Liebe zu Tieren treu. Spricht viel von allen in Teheran. [...]

Alles Liebe zum morgigen Hochzeitstag von Deiner Karin, Brüderlein u. Margot.

Klais bei Mittenwald, Haus Kottmann, 12. III. 42 [Eing. 26.6.42]

Liebster Erwin, gestern erhielt ich Nachricht vom Auswärtigen Amt, daß nunmehr die Listen über die Iran-Deutschen aus Genf in Berlin vorliegen u. Du wirst unter obenstehender Adresse genannt. Die gleiche Adresse teilten mir Gallopins aus Genf schon vor 10 Wochen mit! Hoffentlich hat Dich inzwischen der eine oder andere Gruß von mir erreicht. Ich schicke Dir heute einen Durchschlag meines Briefes vom 20. Jan., der noch nach Indien ging. [...] Da Deine Adresse nun „amtlich" wurde, nummeriere ich von heute an u. schicke Dir diesen Brief als Nr. 1. Um kurz zu wiederholen: Bleib nur gesund und mutig. Du hast bisher alles im Leben richtig gemacht. [...] Meine Gedanken sind täglich bei Dir. Karin spricht auch täglich von Dir. Neuerdings will sie wieder nach Teheran „zu meinem lieben lieben Papi". Alle Welt verwundert sich, wie sehr sie an Dir hängt u. wie viel sie von Dir spricht. Brüderlein sieht jetzt wieder so blendend aus wie in Babolsar! Wenn auch noch dünner, so doch stramm u. so himmlisch vergnügt. Mir geht's auch ordentlich. Du weißt ja, wie es mir geht ohne den Schwalbenvater! Trudel erwartet ein Baby in 2 Monaten. Alberto schickte uns Apfelsinen. [...]

Margots Kalendereinträge:

vom 5. März 1942: Fuhr um ½2 Uhr n. Garmisch u. von dort gleich nach Grainau weiter auf Wohnungssuche. Es regnete ein wenig. Die Wohnung bei Frau S. entzückend, aber leider ohne Küche u. wird nicht auf Dauer abgegeben. Ich kam mir so verlassen u. elend vor, so schrecklich heimatlos.

9. März 1942: Karin hatte z. 1. Mal Freude am Skifahren u. sagte zu mir: Mutti, du musst ein Bild von Papi mal mit rausnehmen, aber eins, wo seine Augen drauf sind (nicht eins, wo er wegguckt!), damit der Papi sehen kann, wie Karin Ski fährt.

11. März 1942: Brüderlein weiß jetzt, wann er „bitte" sagen muss. [...] Karin sagt neuerdings: ich will wieder nach Teheran. Ich will zu meinem lieben Papi. Am besten geht es, wenn sie mit Schwester Melitta allein ist. Dann folgt sie auch. Ich frage mich so oft, warum Mütter so schlecht mit ihren Kindern fertigwerden. Ich bin so konsequent mit ihr, habe auch Geduld, erkläre ihr u. doch ist sie so widerspenstig bei mir. Dabei liebt sie mich sehr.

Nr. II, Klais b. Mittenwald, Obb., Haus Kottmann, 21. März 1942 [mit Vermerk von Erwin: Eing. 3.10.42].

Mein Erwin,

seit heute früh denke ich so intensiv an Dich u. die früheren glücklichen Nowruztage, daß ich diesen Tag nicht beenden kann, ohne Dir zu schreiben! Wie haben wir uns in Teheran immer auf Nowruz gefreut, auf das Neujahr. [...] Ich bin noch am Abend mit Karin über die Wiesen gelaufen, die schon fast schneefrei sind – sie genießt es einmal wieder über schneefreien Boden richtig rennen zu können, in den hohen Gummistiefeln, die Du Lieber ihr noch eingekauft hast. [...] Wie Karin sich über jedes Blümlein freut! Alle will sie in Die Rase (Vase) stellen – wie in Teheran. [...] Wenn sie erst mit Brüderlein auf den Wiesen herumkugeln kann!

Farchant bei Garmisch, 18. April 42.

Ich bin unglücklich, daß dieser Brief wochenlang liegen blieb – nur Bildkarten der Kinder schickte ich Dir inzwischen. Es waren unruhige und anstrengende Wochen – es hätte nur einen traurigen Brief gegeben. Wir waren ohne Wohnung, da ich am 1. April in Klais ausziehen musste u. es sagenhaft schwer ist, eine Wohnung in Garmisch zu finden. Auch musste unsere liebe Schwester Melitta aus gesundheitlichen Gründen uns am 1. April verlassen. Die gute Dotti, die wirklich wie ein Schutzengel mir zur Seite steht, seit ich im Herbst in die Berge kam, hat meine kl. Familie am 1. April für die Dauer der Osterferien aufgenommen. Sie hat die schönste Wohnung, die Du Dir denken kannst! Da ich nun nichts Passendes für uns fand, entschloss ich mich schweren Herzens für diesen Sommer auf ein eigenes Heim zu verzichten u. nahm das freundliche Angebot von Dottis Metzgerin an, mich bei ihr auf dem Dorf in Pension zu begeben. Farchant liegt eine Bahnstation oder 1 Fußstunde von Garmisch weg. [...] Für die Kinder ist es ideal. Gute Ernährung und ungebundene Freiheit. Karin spielt selig mit den Dorfkindern. Im Sommer kann sie barfuß über die Wiesen laufen. Kannst Du Dir Deine Schwalbe auf dem Dorf vorstellen?! Und – ein fabelhafter Glücksfall – zum 15. April kam eine neue Kindergärtnerin aus Sachsen, knapp 21 Jahre, sanft, lieb u. bescheiden, natürlich noch unselbständig, aber ich bin ja so selig, Hilfe zu haben. Beide Kinder müssen jetzt sehr beaufsichtigt werden, Brüderlein steigt sonst aus Bett u. Ställchen u. Karin – was hat sie nicht alles in den 14 Tagen, wo ich ohne Hilfe war, angestellt. Ein Bettlaken mit meiner Nagelschere in Fetzen zerschnitten, mit meiner kostbaren Creme von Rosel Heim ihre Schuhe geputzt u. ähnliches!

Gerade zu Ostern kam Dein lieber Brief vom 23.9. aus Basrah – wohl der erste, den Du mir überhaupt nach der Katastrophe in Teheran geschrieben hast. Als ich Karin Deine Grüße sagte, sah sie versunken vor sich hin u. fragte dann, langsam, als sei sie in Gedanken:" hat der Papi denn auch da geschrieben, daß er bald kommt?" Der Wechsel von Klais n. Garmisch u. dann hierher ist ihr sehr nahe gegangen. Sie hatte bei Dotti ein heimatloses Gefühl u. verlangte nach Teheran zu Dir. Nun wird sie wohl bald bayrisch u. sächsisch gemischt sprechen! – Die beiden Schlüssel sind in Deinem Brief gut angekommen – die Koffer sind ja leider mit dem gesamten Gepäck des Frauentransports von den Russen geraubt. Ich kann nur wiederholen, daß ich Dir für Deinen plötzlichen Entschluss, uns so schnell heimzusenden, nie dankbar genug sein kann. […]

Ich sehne mich unbeschreiblich nach Dir. So oft denke ich, dies oder das muss ich doch mit Erwin besprechen. Du hast mich in den letzten Jahren so verwöhnt, daß ich mich jetzt schwer allein zurechtfinde.

Karin, Brüderlein u. ich schicken Dir unsere ganze Liebe, Deine Margot.

Farchant bei Garmisch, 3. Mai 42 [ohne Nr.; mit Erwins Vermerk: Eing. 3.9.42]

Mein lieber guter Erwin,

gab es das eigentlich mal, daß wir abends zusammensitzen u. uns alles sagen konnten, was uns gerade einfiel? Wenn ich jetzt einen Brief anfange, überlege ich jedes Mal, was ich Dir als wichtigstes schreiben solle – wohl möglich ist es der erste Brief, der Dich von hier erreicht, solltest Du die anderen bekommen haben, wird es Dich enttäuschen, nur wieder dasselbe zu hören. So will ich Dir nur sagen, daß wir hier seit dem 15. April gut untergebracht sind. [...] Wenn Frau Schwalbe das Herz vor Sehnsucht nach Dir einmal zu zerspringen droht, dann nehme ich mir immer fest vor, nur an den Augenblick zu denken, wenn ich dann endlich wieder meinen Kopf an Deine Schulter legen kann, u. unser Wiedersehen male ich mir so aus, daß ich alle Gegenwart darüber vergesse! Wenn Du nur gesund bleibst! Ich schrieb Dir zuletzt am 20. April unter der Nr. 2 [Anm. Erwin: „fehlt"]. Ob Du wohl inzwischen die Dir in Genf besorgten Bücher erhieltest? Und macht das Rote Kreuz Genf Dir Überweisungen? Ach, wenn doch einmal ein Brief aus dem fernen Australien ankäme! [...]

Unsere Kinderlein, Erwin, blühen und gedeihen hier auf dem Dorf bei Frau Metzgermeister Minholz' guter Küche. Brüderlein läuft selbständig, ist leider noch sehr dünn, sieht aber prima aus! Vielleicht ist er nun einmal so dünn wie sein Papi. Soll er „Papi" sagen, sagt er sehr wichtig „Papier"! Cacao ist sein Lieblingswort. Morgens, wenn wir Kaffee trinken, fragt er: Cacao, ja? Und wird ganz wichtig u. wütend, wenn wir „nein, Kaffee" sagen. Sehr beliebt ist auch das „Nein – doch"-Spiel von Karin u. Berti – sie überschreien sich dann, bis sie krebsrot sind. Er redet viel weniger als Karin im selben Alter, aber er versteht alles, der Racker! Karin hat jetzt das beachtliche Gewicht von 37 Pfund! Sie spielt selig m. d. Dorfkindern u. der 6jährigen Annemarie Minholz [...] Gänseblümchen nennt sie „Entenblumen". Und Pferd spielt sie immer noch mit der gleichen Begeisterung! Mutti, das Pferdchen hat Hunger, nun ist es aber müde usw. redet sie den ganzen Tag. Weißt Du noch [...] die Wiesen sind voll Primeln, Enzian u. Veilchen, die wir fürs Zimmer pflücken. Nun liegt seit Tagen leider wieder Schnee darauf. Karin jammert nach dem Sommer, womit sie anscheinend sämtliche goldenen Erinnerungen an Teheran verbindet. Allen Teheraner Bekannten geht es gut [...] weiter hörte ich noch nichts. –Wir sind alle voll Hoffnung auf d. kriegerischen Ereignisse dieses Sommers!

[...] u. sei Du so innig umarmt von Deiner Margot, Karin u. Brüderlein.

Farchant, 12. V. 42 [mit Vermerk: Eing. 3.9.42, beantw. 7.9.42].

Mein geliebter Erwin,

heute erhielt ich die letzte Photokarte m. Karins Bild, die ich Dir schrieb, zurück als nicht erlaubt. Hoffentlich hast Du wenigstens die anderen Bildpostkarten der Kinder erhalten. Jetzt bist Du schon fünf Monate in Australien, ob nicht doch einmal ein Brief von Dir kommt? In 75 Tagen, dann sind wir schon ein volles Jahr getrennt. Und in diesen 10 Monaten habe ich außer den letzten 3 Briefen aus Teheran nur Deinen vom 21. Nov. u. den vom 23. Sept. aus Basrah bekommen. Hoffentlich hat Dich mehr Post von mir erreicht? [...] Möchtest Du nur gesund bleiben, mein Erwin. Was Du mir bedeutest habe ich nie so gefühlt wie jetzt. [...] Immer noch scheint mir mein Leben jetzt wie im Wartezimmer: man sieht aus dem Fenster – sieht andere Menschen – sieht ins Zeitgeschehen in den Zeitschriften – aber man selbst bleibt still u. – wartet! Hoffentlich wird trotzdem diese harte Gegenwart so an mir arbeiten, daß ich sie später einmal nicht als verlorene Zeit ansehe. Daß auch diese Prüfung eine Stufe wird zur Aufwärtsentwicklung. Ich bin überzeugt, Du wirst diese Zeit einmal nicht als verloren ansehen müssen, wie ich Dich kenne! Auch ist es wohl das erste Mal in Deinem Leben, daß Du Zeit hast! Zeit zum Nachdenken – meinem besonderen Sport. Wie oft hast Du mich damit geneckt. Wenn nur die Kinder nicht so schnell größer werden würden! An ihnen werden wir plötzlich zu „alten Eltern" – bisher waren sie unser süßes kleines Gemüse, aber plötzlich werden sie Menschen mit eigenen Ansprüchen u. Ansichten sein. Brüderlein kann mir nun auch schon davonlaufen! Er geht aufrecht über die Wiesen, pflückt Blumen u. bringt sie mir strahlend an. Karin kennt alle Blumennamen [...] Sie ist so eine treue kleine Seele, Erwin. Gerade gestern beim Erwachen sagte sie wieder: ich möchte zu meinem Papi. Sicher hatte sie von Dir geträumt. Heute beim Einschlafen sagte sie: Mutti, ich möchte mein kleines Hammele, das ich in Teheran hatte, gern haben. [...] Beim ersten warmen Tag erwischten wir sie barfuß auf der Dorfstraße! In allen Ställen ist sie bekannt, streichelt Muhkuhs u. die kl. Fohlen u. guckt jede Bewegung der Pferde ab. Pferd ist immer noch ihr Haupt- u. Lieblingsspiel. [...] in Garmisch [...] jedes Schaufenster faszinierte sie. Am ersten Morgen erzählte sie mir voller Aufregung in ihrem Bettchen: Mutti, ich hab Kamele gehört – hier gibt es Kamele, ich möchte sie mal sehen! Was war es gewesen? Die Kirchglocken! Brüderlein erregt Freude, wohin er kommt! Auf der Straße sehen alle Leute ihm nach, wie er noch leicht schwankend, aber durchaus selbständig marschiert. Er trägt Karins rote Schühchen u. die kl. Stoffschuhe, in denen Karin damals auf der Fahrt nach Beirut ihr ersten Schrittchen machte. Auch Karins Spielhosen trägt er – kannst Du Dir ihn ein bisschen vorstellen?? Seine Härchen ringeln sich so süß im Nacken – wie bei Karin damals. Er ist lang u. dünn. Ich wollte, er würde nur halb so viel Speck ansetzen wie seine Mutti hier. In den vier Wochen bei Frau Metzgermeister Minholz habe ich enorm zugenommen! Sämtliche Kleider aus Teheran muss ich weiter machen. Auch Karin hat ein gutes Gewicht. Wir können es ja überhaupt nicht schöner haben als hier [...]

Nr. 12, 1. Februar 1942 [mit Stempeln passed by censor und geöffnet, Oberkommando der Wehrmacht].

Meine geliebte Margot,

bis diese Zeilen bei Dir sein werden, wird der Winter dort seinem Ende zugehen und wir hier gehen in den Winter hinein. [...] Vorgestern Abend hatten wir eine gut gelungene Gedenkfeier (30. Januar!) und ich habe dabei oft drei Jahre zurückgedacht, als wir diesen Tag zusammen in Berlin verbrachten [...]. Es ist mir alles noch so lebhaft in Erinnerung [...] und gerade dieses Bewusstsein erweckt in mir die Sehnsucht, bald wieder zu meiner Geliebten zurückkehren zu können [...].

Nr. 13, 8. Februar 1942.

Meine Liebste,

wie es Dir und unseren beiden lieben Kleinen ohne Papi wohl ergehen mag, muss ich so oft denken. [...] An der Holzwand auf der anderen Seite meines Bettes habe ich jetzt einige Fotos aus den letzten Teheraner Wochen aufgehängt, und zwar Vergrößerungen. Du auf der Terrasse am Esstisch und Karin und Brüderlein im Garten im Ställchen. Jeden Abend scheint der Mond auf die Bilder, auf die mein letzter Blick vor dem Einschlafen fällt. [...]

No. 14., Sonntag, 15. Februar 1942.

Meine liebste Margot,

Hoffentlich seid Ihr alle gesund und wohlauf. [...] Meine Gedanken sind immer viel bei Euch und besonders in diesen ereignisreichen Tagen denke ich mehr denn je an die Heimat. [...] Wie mag wohl Brüderlein gedeihen? Ich kann mir den kleinen Kerl, so wie ich ihn von Teheran her in Erinnerung habe, gar nicht im Gehen vorstellen, obgleich er doch jetzt schon ganz flott durch die Gegend segeln muss, etwa so wie Karin auf dem Schiff auf unserer letzten Ausreise. Sei nun mit Mutti und den Kindern recht innig gegrüßt. Ich freue mich, wenn ich Dich wieder in meine Arme schließen kann, Dein Erwin.

Nr. 15., Sonntag, 22. Februar 1942.

Meine liebste Margot,

auf das Plauderstündchen mit Dir, wenn es auch leider nur kurze Minuten sind, freue ich mich immer herzlich. Natürlich plaudere ich außer dem Geschriebenen täglich mehrmals in Gedanken mit Dir. Ich denke dabei oft an vergangene schöne Tage und Stunden, aber noch mehr an die Gestaltung unserer Zukunft. Manchmal erscheint sie mir schon greifbar nahe. [...] Ich bin unverändert guten Mutes und hoffe auf ein baldiges Wiedersehen. Oft frage ich mich schon heute, an welchem Ort dies wohl sein wird. In innigem Gedenken umarme und küsse ich Dich, immer Dein Erwin.

No. 16., Sonntag, 8. März 1942.

Meine liebste Margot,

letzte Woche kam ich nicht zum Schreiben [...] im Gegenteil, ich bin gesund und Du kannst Dir denken, daß die Ereignisse unsere Stimmung hochhalten. Durch die Zeitung sind wir mit Nachrichten versehen, obgleich wir natürlich manchmal auch gern etwas direkt aus der Heimat hören möchten. [...] Hat Karin viel Spaß am Schnee?

No. 17., Sonntag, 15. März 1942.

War das eine Überraschung und unermessliche Freude, als am Montag Dein Brief aus Genf eintraf, mit den so lange ersehnten Nachrichten, daß es Euch Dreien gut geht. Wie viel schöner ist doch ein Brief mit Deiner Handschrift – ein Stück von Dir – als ein Telegramm. Und heute erhielt ich die Mitteilung, daß Deine erste

Überweisung für mich eingetroffen ist. Ich kann sie sehr gut gebrauchen! Wie hast Du das alles bloß fertiggebracht. Ich bewundere Deine Tatkraft und Tüchtigkeit. Keiner meiner Kameraden ist in einer so glücklichen Lage. Das Foto hat mir viel Freude bereitet. Brüderlein erkenne ich kaum noch, so stramm und unerschrocken steht er da. Nun hängt das Bild mit den kleine Beiden neben meinem Bett und ungezählte Male habe ich mich daran erfreut. Noch schöner wäre es gewesen, wenn auch die gute Mutti mit darauf gewesen wäre. Warum nicht? Ich bin so unendlich beruhigt über Deine guten Nachrichten [...]. Von Shimran schrieb ich Dir nach dem 22. August nicht mehr, weil mir dazu die Ruhe fehlte und man selber nicht wusste, woran man war. Unseren Abreisetermin erfuhren wir nur 5 Stunden vorher und da war zum Schreiben keine Zeit mehr. Außerdem bestand damals noch Hoffnung, daß Herr Schlüter Dir meine letzten Grüße mündlich überbringen würde und Dir über alles genau erzählen würde. Leider ist es für ihn aber anders gekommen. [Er wurde von den Russen interniert und kam erst 1952 aus der Gefangenschaft zurück, ohne daß es in der Zwischenzeit Nachricht von ihm gab; ebenso wie Radanowicz, der erst 1955 zurückkam.]. Es waren bewegte Tage, über die ich Dir später einmal berichten werde. Mit innigstem Dank für Deine große Liebe Grüße und küsse ich Dich von Herzen, immer Dein Erwin.

No. 18., Sonntag, 22. März 1942.

Meine Liebste,

meine große Freude über Deinen Novemberbrief aus Genf, [...], schilderte ich Dir bereits [...] Deine Zeilen haben mich unendlich glücklich gemacht und ich hoffe, daß Dein gleichzeitig nach Bombay gerichteter mich auch noch in Kürze erreicht. Vielleicht kommt auch bald wieder ein telegrafischer Gruß, wie angekündigt. Briefe sind aber noch schöner, denn ein französischer Dichter hat Recht, wenn er sagt, daß eine geliebte Schrift ein lebendiges Portrait sei. [...] Wir befinden uns weiterhin in lebhafter

Spannung über die künftige Entwicklung, der wir mit Mut und Zuversicht entgegensehen. [...]

No. 19., Sonntag, 29. März 1942.

Meine liebste Margot,

[...] Dein liebster Brief aus Genf ist nun schon drei Wochen in meinem Besitz und doch ist es mir bei jedem erneuten Durchlesen, als ob er erst gestern angekommen wäre. [...] Außer dem Stacheldraht fehlt es mir an nichts. [...] In einer Woche ist Ostern und ich wünsche Dir mit den Kindern schöne Festtage. Ich werde mich begnügen, von den Erinnerungen des letzten Jahres zu zehren. Sei mit den Kindern herzlichst gegrüßt und umarmt von Deinem Erwin.

No. 20., Ostermontag, 1942.

Meine geliebte Margot,

unser Osterfest geht zu Ende, wenn Ihr dort gerade zum 2. Feiertag aufsteht. Ich war gestern in Gedanken viel bei Euch. Sicher hast Du viel Freude an den Kindern gehabt. Ich stelle mir vor, daß Brüderlein hinter Karin her trippelte und die Ostereier, die sie fand, ihr vielleicht schon streitig machen wollte. [...] Eine große Osterfreude war Vaters Brief vom 3. Januar, der heute Nachmittag eintraf. [...]

No. 21., Sonntag, 12. April 1942.

Meine liebe Margot,

gestern erhielt ich nun auch Deinen Kartengruß vom 24. Nov., welcher von Bombay nach hier nachgesandt wurde. Hab herzlichen Dank. Nun habe ich schon zwei Fotos von den Kindern, aber leider noch keines von Dir. [...] Von Frau H. hast Du ja wohl über die Heimreise alles erfahren, auch über die letzten Wochen und Tage in Iran. Auch sie erwähnte, daß Du einen Brief von mir erwartetest, aber ich schrieb Dir schon, daß vom Zeitpunkt, als uns die Auslieferung mitgeteilt wurde, bis zur Abfahrt nur wenige Nachtstunden lagen, und Du kannst mir glauben, daß einem da der Kopf nicht mehr nach Schreiben stand. Vorher hatte es ja keinen Zweck, da es nach dem 25. August keinen Postweg mehr gab, und ich außerdem bis zur letzten Minute hoffte, selber nach Hause zu kommen. Endlich hörte ich auch von Dir und gleichzeitig von H., daß Karin mich doch noch nicht vergessen hat und oft nach mir fragt. Ob sie mich wohl nach der Rückkehr wiedererkennen wird? Aus Vaters Brief vom 3. Januar entnehme ich, daß sich Brüderlein besonders gut entwickelt. […] Zum Jubiläum der Eltern hoffe ich zu Hause zu sein. […]

Nr. 22., Montag, 20 April 1942.

Meine liebste Margot,

[…] Vorgestern war wieder ein großer Freudentag für mich, denn ich erhielt 3 weitere Deiner Kartengrüße vom 24. Nov. v. Jahres., so daß ich nun insgesamt 4 Karten und einen Brief bekommen habe. […] Die Fotos sind ja fabelhaft, insbesondere diejenige mit dem frei stehenden Brüderlein. Was ist er stramm geworden und wie ist er vergnügt. Er hat sich sehr verändert, während ich Karin ganz unverändert finde. Und wieder fehlt die Mutti auf all den Bildern. Ich bin gesund und sehne mich nach meiner geliebten Margot, herzlichste Grüße, immer Dein Erwin.

Nr. 23., Sonntag 26. April 1942.

Meine liebste Margot, nun sind es 9 Monate, seit wir uns im vergangenen Jahr in Bazirgan getrennt haben. Wenn auch die Monate verhältnismäßig rasch verstrichen sind, so kommt mir unsere Trennung jetzt doch recht lang vor. Hoffentlich ist damit der bei weitem größte Abschnitt überstanden. In Gedanken befasse ich mich jedenfalls schon oft und in ausgedehntem Maße mit allerlei Plänen für und nach unserem Wiedersehen. […] Von Deiner ersten Überweisung von rund 2 Pfund habe ich mir eine schöne neue

Pfeife gekauft. [...] Ab und zu kann ich es mir jetzt auch leisten, meine Wäsche waschen zu lassen. [...]

No. 24., Montag, 4. Mai 1942.

Meine liebe Margot,

heute erhielt ich auch Deine Briefe No. 2 und 3 und habe mich unendlich darüber gefreut. [...] Bleibt nur immer gesund und zuversichtlich. Von mir kann ich beides berichten. Ich treibe weiterhin fleißig Sprachstudien, etwas Sport, lese gute Bücher und spiele Karten [...].

Nr. 25., Sonntag, 10. Mai 1942

Meine geliebte Margot,

vergangene Woche erhielt ich nun auch die erste von Dr. Gallopin gesandten Bildpostkarten und gestern eine Anfrage vom Roten Kreuz nach meinem Befinden. [...] Du hast in allen Dingen so gut vorgesorgt und ich bin so glücklich darüber. Du brauchst keine Sorge zu haben, daß ich mit Dir nicht zufrieden sein würde, im Gegenteil, ich bin sehr stolz auf Dich. [...] In der nächsten Woche geht ein von uns selbst gebauter Tennisplatz seiner Vollendung entgegen [...].

Nr. 26., Pfingstmontag, 25. Mai 1942.

Meine geliebte Margot,

[...] Dafür ist aber eine Kunst- und Kunstgewerbeausstellung sehr interessant ausgefallen. In ihr werden all die Bastelarbeiten, Plastiken, Zeichnungen und Aquarelle gezeigt, welche im Verlaufe unserer Internierung von geschickten und begabten Händen angefertigt worden sind. [...] Unser Lagerleben geht seinen gewohnten Gang und es gibt daher nicht viel Neues zu berichten. Samstags haben wir gelegentlich Kameradschaftsabende mit Gesang und vielseitigen musikalischen und theatralischen Darbietungen, die durch einige künstlerische Talente oft recht Gutes bringen [...]. Oft rufen sie lebhafte Erinnerungen an mit Dir, meine Liebste gemeinsam Erlebtes wach und ich male mir dann sehr lebendig aus, wie ich künftig solche Stunden der Zerstreuung mit Dir verbringen will. Gesundheitlich geht es mir gut. Ich grüße und küsse Dich sehr innig, Dein Erwin.

No. 27., 1. Juni 1942.

Meine liebste Margot,

immer sehnlicher warte ich nun schon seit Wochen auf Nachricht von Dir [...]. Seit verschiedenen Briefen und Karten von Ende November habe ich nichts mehr von Dir gehört und ich habe sehr inniges Verlangen, bald wieder Deine geliebte Schrift vor Augen zu haben. [...]

No. 28., Sonntag, 7. Juni 1942.

Meine geliebte Margot,

[...] Lass es Dir und den Kindern, soweit das in der heutigen Zeit möglich ist, an nichts fehlen und pflegt Euch gut. Denke nie daran an Geld zu sparen. [...] damit ich Euch gesund und frisch wiederfinde und wir gemeinsam neue schöne Erlebnisse haben und wenigstens einen Teil des Versäumten nachholen könne, worüber ich in ruhigen Abendstunden oft schon Pläne schmiede. Hoffentlich lässt deren Ausführung nicht mehr zu lange auf sich warten. Meine Sehnsucht nach Dir, Deiner Liebe und Deiner Sorge für mich, wird immer unbändiger. [...]

No. 29., Sonntag 21. Juni 1942.

Meine liebste Margot,

in diesen Tagen denke ich sehr viel an die ereignisreichen Stunden vor zwei und einem Jahre und wie wir diese in unserem Heim gemeinsam erlebten. Auch in diesem Jahre scheinen sich wichtige Juni-Ereignisse anzubahnen, aber leider müssen wir sie getrennt erleben. Von Alberto erhielt ich vergangene Woche einen Brief von 18. Februar, in welchen er kurz erwähnt, daß es Dir mit den Eltern und Kindern gut geht. Auf direkte neuere Nachrichten von Dir warte ich immer noch sehnlich. Mir geht es ... weiterhin gut ... [...] Tennis [...] gute Bücher [...] Sprachunterricht [...]. Du siehst, ich bemühe mich, meine Tage so einzuteilen und zu verbringen, daß ich körperlich und geistig beweglich und auf der Höhe bleibe, und dies soll mein vornehmstes Geschenk für Dich nach meiner Rückkehr sein. Ich denke hier oft sehr innig an Dich meine Liebste. [...]

No. 30., 27. Juni 1942.

Meine geliebte Margot,

war das eine unbeschreibliche Freude als endlich wieder Nachricht von Dir kam, gestern Dein lieber Brief Nr. 1 vom 12. März mit Kopie Deines Briefes vom 20. Jan. dessen Original heute mit Karte vom 3. März ankam. Das gleiche Foto aus Genf hatte ich bereits am 17. April erhalten. [...]. Ich freue mich sehr, daß Karin noch an mich denkt, was ich nach so langer Zeit nicht gedacht hätte. So werde ich ihr, wenn ich heimkehre, vielleicht doch nicht ganz fremd sein. [...] Ich habe auch genügend Geld, da man uns die aus Iran mitgebrachten Beträge umgewechselt und gutgeschrieben hat, so daß wir darüber verfügen können. Vom RK habe ich bis jetzt zwei Überweisungen erhalten, noch keine Bücher [...].

Margots Kalendereintrag am 22. Mai 1942:

Wann wird einmal d. Leben a. d. Koffern aufhören?! Ich glaube, es dauert noch Jahre, ehe Erwin zurückkommt. Möchte in einer guten „Nachbarschaftsgegend", wie Frl. Dressel sagt, ein Häuschen mit Gartenland kaufen u. dort schaffen, bis Erwin kommt. Einen eigenen Garten! Es ist sehr abgekühlt. Nachmittags kam Dotti mit Frl. Dressel zum Kaffee u. brachte mir einen Fliederstrauß – so sieh es ganz pfingstlich bei mir aus.

Farchant bei Garmisch, Obb., den 14.6.42 bei Metzgermeister
Minholz [Eing. 3.7.43]

Lieber Erwin,

Meine Sonntagsfreude soll ein Brief an Dich sein. Nirgends empfindet man den Sonntag so, wie hier auf dem Dorf. Die Leute, kaum wiederzuerkennen in ihren Sonntagskleidern, kommen gerade aus der Kirche – zuerst die Frauen eiligen Schritts, um das Sonntagsmahl zu bereiten, dann die großen Buben stolz mit blumengeschmückten Hüten und zuletzt die alten Männer, die sich gemächlich ins Wirtshaus begeben. Karin und Berti sind mit Frl. Ilse spazieren [...]. Karin ist außerordentlich lebhaft, am liebsten jagt sie mit Albert unter großen Gejuchze krabbelnd durch das Wohnzimmer. Aber das ist leider auch das einzige Spiel, das sie zusammen machen können, sonst passt dieses Alter schlecht zusammen: spielt Karin Kochen oder baut einen Weihnachtstisch mit ihren Spielsachen und spielt Christkind (flatternd mit beiden Armen!), so kommt der kleine Räuber dazu und zerstört ihr alles und es gibt Tränen. [...] Ihr Lieblingsspiel ist immer noch Pferd, sozusagen ihr Standardspiel. Mutti hat gestern Tränen gelacht, wie sie zum ersten Mal sah, wie Karin beim Spaziergang am Wiesenrand fast bis zum Boden beugte und „fraß". Doch nimmt dieses sich-als-Pferd-fühlen so überhand, daß ich im Haus strikt dagegen angehe, wenn sie ankommt: Mutti, das Pferdchen möchte jetzt trinken, guck, wie es mit dem Kopf schlägt usw. – sonst bekommt sie noch einen Spleen vom Pferdespielen. Kürzlich, als die Pferde abends von der Weide heimkamen, beobachtete ich, wie sie seelenruhig von hinten an eine Stute herantrat, um sie zu streicheln. Es bedurfte vieler Erklärungen, ehe sie einsah, daß man das nicht tun dürfe. Sie hat vor keinen Tieren Angst – ganz anders Brüderlein, der alles mit Interesse, aber ausgesprochenem Misstrauen betrachtet.

Klein Albert geht bei den Spaziergängen auch meist zu Fuß, wenn er müde wird, steigt er selbständig in seinen Wagen, was zu putzig wirkt. Jetzt erst fängt er an, alles nachzusprechen, seine Glanznummer ist Muhkühe und andere nachzumachen – es werden eben richtige Dorfkinder. Aber sie könnten ja nirgends schöner und gesünder aufwachsen als hier. Du solltest sehen, wie braun Karin ist und wie kräftig sie geworden. Über dem braunen Gesichtchen wirkt ihr Haar noch heller. Brüderlein hat einen seidenweichen hellen Lockenkopf und graue Augen (leider wie meine?!).

Ich war vorige Woche zu einem kurzen Besuch mit ihm bei den Eltern in Feudenheim. [...] Berti hatte sogleich große Zuneigung zum Opapa, während er sich von der Großmama etwas reservierter hielt. Für mich war es ein Erlebnis, seine kleinen Beine durch den gleichen Garten wackeln zu sehen, in dem Du aufgewachsen bist. In Deinem Zimmer sagte ich zu ihm: sag mal „mein Papi", was er sofort und mit Verve tat. [...]

Brüderleins Erbrechen, was sich gelegentlich doch noch zeigt, erklärte er (der Doktor) für nervös, also dasselbe, was damals die Alesker Zadeh sagte. Es würde sich mit den Jahren ganz von allein geben. [...] Er war entschieden selig, als wir wieder bei „Kagi" und Frl. Ilse landeten u. er aus der Puffpuff raus konnte. Jetzt geht er mit der Miene eines Weltreisenden durch die Dorfstraße. [...]

Ich bemühe mich stark, mich nicht mehr so nach dem Zustand der letzten Jahre zu sehen – sie werden eine nie zu überstrahlende schöne Erinnerung bleiben, aber nie wird es wieder so sein. Es wird etwas Neues kommen, unser Leben wird wieder anders werden und wenn wir es wieder ganz ausfüllen, werden wir auch auf der nächsten Stufe wieder glücklich sein. [...]

Farchant bei Garmisch, Obb., bei Minholz, den 14. VII. 42 Anbei 4 Photos. [Eing. 16.11.42]

Mein geliebter Erwin,

seit gestern spüre ich so stark wie unsere Gedanken sich begegnen, daß es mich geradezu zum Schreiben zwingt. Brüderleins Geburtstag! Heute vor einem Jahr hatten wir eine Kindergesellschaft u. überhaupt das letzte Mal Gäste in unserem Garten, wussten noch nicht, daß ich 10 Tage später abreisen würde u. es eine so lange harte Trennung für uns werden würde. […] Wir waren kürzlich in der Frei-Badeanstalt, entzückend gelegen mit schönster Aussicht, u. Karin war selig wieder in ihrem Element. Als sie ins Wasser platschte, lief Berti ohne Zögern hinterher u. schien die Kälte des Wassers gar nicht zu empfinden! Ich fischte mir den kl. Kerl schnellstens heraus. […] Zu meiner großen Freude fängt Berti an sich für sein Essen zu interessieren! Er isst gut, trinkt auch schon allein aus seinem grünen Tässchen […] u. sitzt nachmittags allein am Tisch u. isst sein Brot. Er läuft wie ein Wiesel u. spricht so niedlich. Mutti schenkte Brüderlein ein herrliches Holz Auto, das er nun strahlend durch die Dorfstraße zieht. Die Kinder haben sich wieder enorm an Mutti angeschlossen – sah Bertilein sie kommen, streckte er beide Ärmchen durch das Balkongitter u. schrie „Omama"! Niemand versteht es aber auch so, mit den Kindern zu spielen wie Mutti. Selbst meine gelernte kl. Kindergärtnerin aus Sachsen nicht, die im April Schwester Melitta ablöste. […]

Hab keine Angst, daß ich zu selbständig werde – ich sehne mich ja so danach, nicht mehr selbst Entschlüsse fassen zu müssen, alle Verantwortung wieder in Deine geliebten Hände zu legen. Wenn ich nur einmal einen Brief von Dir bekäme! Ob Du inzwischen meine Briefe erhieltst? Ostern bekam ich Deinen Brief aus Basrah mit den Schlüsseln zu den nicht angekommenen Koffern. Vor 1 Monat kam hier Dein lieber Brief aus Teheran an v. 15. August. Aber immer noch nichts aus Australien! Der gute Siegwald schickte mir Deinen an ihn vom 1. April, den er schon im

Juni hatte! Ich sehne mich so danach, Deine Gedanken zu wissen. […] Karin u. ich sprechen oft von Dir. All meine liebe ist immer bei Dir! Wir grüßen Dich innig, Deine Margot.

Farchant b. Garmisch, Obb., b. Metzgermeister Minholz. 19. VII. 42. [Eing. 14.5.43]

Mein geliebter Erwin,

erkennst Du das Briefpapier, das Du mir in Täbris schenktest?! Es ist für besondere Anlässe aufgehoben – in diesem Fall, um Dir für den ersten Brief aus Australien zu danken, den ich von Dir erhielt. Es ist Dein Brief No. 9 vom 11. Januar, der heute eintraf. Ja, von so einem ersten Brief erwartet man das Himmelreich – und muss sich doch wieder und wieder sagen, daß Du ja nur einige Zeilen schreiben kannst. Außer dem kannst Du ja auch nicht ahnen, daß dieses nun der erste Brief wurde. […] Hoffentlich hast Du mehr meiner Briefe bekommen. […] Karin hat seit Teheran keinen Malaria-Anfall mehr gehabt u. ist inzwischen eine stämmige Deern geworden. Ihre Blässe scheint angeboren. Ihre Nervosität ist besser, wenn sie, wenn sie auch immer noch entsetzlich zappelig ist. […] Seit Teheran habe ich 6 kg zugenommen... Und unser kleiner Sohn ist mächtig gewachsen – Figur seines Vaters: lang und dünn! Seit zwei Monaten hat er kein Mal mehr erbrochen u. entwickelt jetzt einen herrlichen Appetit. Wenn er nur jemand essen sieht, kommt er an: „i auch Boot, i. auch Cacao." […]

Farchant b. Garmisch, Obb. bei Minholz, den 10. VIII. 42. Anlieg. 3 Photos. [Eing. 15.5.43]

Mein lieber Erwin,

[…] Morgen jährt sich meine Ankunft in Deutschland. Ich hatte in den letzten Wochen ganz besonders stark das Gefühl, daß unsere Gedanken sich trafen. […] Karin hat ja immer noch ihr blasses schmales Gesichtchen, ist aber sehr flott u. „gut bei Schick", wie man in Hamburg sagt. Sie isst sehr ordentlich u. schläft auch besser. Nur unruhig ist sie immer noch u. redet (leider auch bei Tisch!) unaufhörlich. Aber ich werde jetzt eine sehr strenge Mutti u. habe ihr kürzlich, als sie wieder mittags statt zu schlafen bei Brüderlein im Bett tobte, die erste richtige „Tracht" auf ihr rundes Hinterteilchen verabfolgt. Berti war starr vor Schreck. Und wenn ich nun mittags als Racheengel erscheine, wenn das Vergnügen oben zu laut wird, dann saust Karin laut schreiend über die Lehne in ihr Bett zurück (erinnert mich lebhaft an Johann, der auch immer schon im Voraus schrie, wenn er Prügel haben sollte!), während Berti still u. Leise unter seiner Bettdecke verschwindet. Es ist oft schwer ernst zu bleiben! Wenn die beiden Dummheiten machen oder etwas Verbotenes tun, sind sie immer einig. Sonst meist grässlich eifersüchtig. Am meisten auf mich. Wenn Karin nur zum Bürsten neben mir steht, kommt Berti an u. will sie weg boxen. Er haut anständig zu u. Karin ist anständig genug, den Kleinen nicht wiederzuhauen, heult aber. Ich habe viel zu schlichten. Die beiden schlafen seit einigen Wochen zusammen bei mir, ich fand sie sollten sich gewöhnen. Es ist mein Schönstes, sie abends in ihren Betten zu betrachten, wenn sie so friedlich u. rosig im Schlaf liegen. So oft denke ich dann, wie Du Dich immer über Bertis kl. Seufzer im Schlaf freutest. [...] Neulich hatten er mitten in der Nacht im Schlaf gelacht, aber so herzhaft, daß er sich fast verschluckte! Gibt es etwas Himmlischeres, als das Lachen eines Kindes aus tiefem Schlaf heraus?!

Bevor ich an Dich schreibe, Erwin, mache ich gern einen Abendspaziergang durch Dorf u. Wiesen u. dann schreibe ich Dir in Gedanken tausendmal mehr, als nachher auf dem armseligen Bogen steht. Und ich denke nach, was Du am liebsten u. vor allem anderen hören möchtest u. das ist doch sicher von den Kindern! Ich glaube, mich kennst Du nach den 7 Jahren genug, um zu wissen, wie mir ums Herz ist, Schwalbe ohne Schwalbenvater. [...] Seit 10 Tagen ist meine Kindergärtnerin krankheitshalber weg u.

ich besorge unsere Beiden allein. [...] Wie oft sehe ich auf der Karte Australien an u. bedenke alle Möglichkeiten, die sich ergeben mögen. Ja, unser Leben ist abenteuerlich geworden – hättest Du Dir das im Baghe Mansour je träumen lassen!

Winkst Du auch manchmal abends nach den Sternen? Innigste Grüße! Immer Deine Margot

Vom gleichen Datum (mit Nr. 2) ein kurzer Brief, der anfangs wörtlich mit dem vorigen übereinstimmt, [aber viel früher Erwin erreicht: Eing. 4.11.42], und dann anders fortfährt:

[...] Berti läuft wie ein Wiesel, redet alles nach (am liebsten zählt er: „vier, fünf") u. essen tut er – also so, wie ich mir immer ein Kind gewünscht habe! Wenn wir den Tisch decken, schreit er schon nach Boot, Butter, Cacao, u. wenn er glücklich sitzt, hält er mit der einen Hand seine Tasse fest, mit der anderen stopft er Brot u. seine Äuglein blicken gierig über den Tisch, ob man ihm auch was vorenthält!

„I auch Lade" (Marmelade); „i auch Hucker" – er isst Süßes genauso gern wie sein Papi! Beim Spazierengehen pflückt er unaufhörlich „Bomen", süße kleine Sträuße bringt er in der Faust, die wir dann zu Papis Bild auf meinen Tisch stellen. [...]

Farchant, den 30.9.42, anlieg. 4 Photos – u. eine blonde Haarlocke (Eing. 18.2.43).

Lieber Erwin,

heute Mittag haben wir Melonen gegessen, rosarote Melonen in moosgrüner Schale, die ebenso rosarote Erinnerungen weckten. Ich denke oft, unsere gemeinsamen Erinnerungen sind so außergewöhnlich und schön, wie andere Menschen, die ein ganzes Leben zusammenbrachten, vielleicht niemals zusammenbringen. Letzthin habe ich oft an unsere große Reise vom Herbst 1938 gedacht u. bin ja so dankbar, daß Du sie trotz meines anfänglichen Widerstandes durchsetztes.

Der Herbst hat es nun einmal „in sich" – in diesem Jahr soll er mir einen Umzug in ein neues Heim bringen: Herr u. Frau v. Nostiz, die Eltern von Marianne (Annies Freundin) wollen uns in ihr schönes Landhaus in Icking/Isartal aufnehmen. [...] Ein schönes großes Haus, Zentralheizung und, was mich am meisten lockt, einen großen Garten. ... Ich bekomme 2 nebeneinanderliegende Südzimmer. [...] Die Mahlzeiten, außer Frühstück u. Nachm. Tee, nehmen wir mit Nostizens ein, die Personal haben. [...] Icking ist natürlich einsam, aber das stört mich nicht u. die Ruhe wird den Kindern nur guttun. Hier in Farchant wäre es auf die Dauer zu unruhig mit den vielen Menschen in dem kl. Haus, wenn im Winter alle immer drin sind, u. außerdem ist die Ofenfrage hier auch nicht so günstig. [...] Wenn diese Zeilen Dich erreichen, dann sind wir hoffentlich schon dort. Ob der Brief noch zu Deinem Geburtstag ankommt? Wie viel gute Wünsche, Erwin gebe ich mit auf den Weg. [...] Nun hoffe ich eine neue erfahrene Kinderpflegerin zu bekommen, denn Frl. Ilse aus Sachsen war eine Pleite, u. ich brauche für Karin so sehr eine erfahrene u. geduldige Hand, da sie nicht leicht zu erziehen ist u. ein erstaunliches Temperament hat. Von wem?? Bertilein ist mit einem Klaps oder in die Ecke stellen gleich windelweich. [...]

Nr. 31., Loveday, 4. Juli 1942.

Meine liebste Margot, neuerdings geht es besser voran mit eingehender Post. Nach Deinem lieben Brief vom 12. März habe ich vergangene Woche noch Briefe von Vater, von Voigt, Dorschner u. Mitte v. Monats. von Alberto erhalten. [...]. Um mich brauchst Du Dir keine Sorgen machen. Ich lebe vernünftig und habe alles, was ich dazu brauche. Auch mit guten Ärzten aus Internierten-Kreisen sind wir versehen. [...]

Nr. 32., Loveday, 14. Juli 1942.

Meine liebste Margot, eine wunderschöne Geburtstagsüberraschung von Brüderlein war die Aufnahme von Dir mit ihm, ohne Text. Sie ging vergangene Woche ein, wenige Stunden nachdem ich meinen letzten Brief eingeworfen hatte. Brüderlein hat sich sehr verändert und ich finde, Ihr seht beide sehr wohl aus. Albert in Karins blauem Modelia-Mäntelchen ist von Karins Fotos aus Lenzerheide, welche ich in dem kleinen Album bei mir habe und oft ansehe, kaum zu unterscheiden, so ähnlich sind sich die beiden. Sehr beruhigt bin ich endlich auch eine neuere Aufnahme von Dir zu haben, nach der ich mich schon so lange sehnte. Neben anderen Fotos aus Teheran und Lenzerheide, hängt nun auch das neue Bild schon seit einer Woche an meiner Bettwand und weil nur die Adresse draufsteht, habe ich Deinen Brief vom 12. März nochmal wieder hervorgeholt und gelesen. Man liest ja hier die erhaltenen lieben Briefe so viel öfter als sonst. Besonders heute lese ich alles nochmal, was ich von Dir habe, angefangen mit Deinem langen Brief aus Istanbul, der nun bald ein Jahr alt wird. Hoffentlich feiert Ihr alle drei Brüderleins Geburtstag gesund und froh. Ich kann nur in Gedanken dabei sein und zehre von den Erinnerungen vor einem und zwei Jahren. Mir geht es gesundheitlich weiterhin gut. Auch ansonsten vertreibe ich mir die Zeit nützlich, bis hoffentlich bald die Erlösung kommt. Sei nun besonders herzlich gegrüßt u. geküsst, mein Geliebtes, von Deinem Erwin.

No. 33., Loveday, 24. Juli 1942

Meine geliebte Margot,

heute vor einem Jahr, zur gleichen Abendstunde, in welcher ich diese Zeilen schreibe, machten wir unsere letzte gemeinsame Reise. [...] Oft denke ich an die letzten Tage in Teheran zurück und an die kurzen Tage und Nächte der Reise nach Bazirgan. Heute scheint alles ein Traum. Was aus unserem Häuschen wohl geworden sein mag? Dem Garten, den Hausangestellten, Flip und

Freunden und Bekannten? Bis jetzt habe ich keinerlei Nachricht von dort. Die Möbel blieben alle drin. Das Auto fuhr mit dem Transport der Frauen als Ambulanzwagen, auf Dach und Fenstern mit roten Kreuzen gezeichnet. Wie es wohl Ziaollah geht und seiner getrennten Familie? So oft denke ich an all das zurück und unsere Gedanken treffen sich sicher oft dort an der Schimranstraße. Hoffentlich kommt der Zeitpunkt bald, wo wir dorthin zurückkehren können. [...]

Nr. 34., Loveday, Sonntag, 2. August 1942.

Meine Geliebte, heute vor einem Jahr, es war damals ein Samstagabend, schriebst Du mir Deinen geliebten langen Brief vom Park Hotel. Er und Dein Brief aus Erzurum sind die einzigen Briefe, die ich seinerzeit von Teheran mitgenommen habe. Deine Zeilen aus dem Park Hotel sind wohl die schönsten, die ich von Dir habe, und ich habe sie nicht nur damals nach Erhalt mehrmals gelesen, sondern auch heute; und unterwegs nach hier halfen sie mir oft über unfreundliche Tage oder Stunden hinweg. Als Du mir damals schriebst und ich Deinen Brief erhielt, war der Abschiedsschmerz noch sehr in Erinnerung, aber zur Überwindung half wohl uns beiden die sichere Annahme, daß ich Dir bald nachfolgen würde. Das Schicksal hat es anders gewollt und ich musste eine lange Reise in die entgegengesetzte Richtung machen. [...]

Wir haben heute einen besonders schönen, warmen Vorfrühlingstag, herrliches Tenniswetter. Dieser Sport hat hier unter uns plötzlich so große Begeisterung erweckt, daß wir vor 10 Tagen einen zweiten Platz bereits fertiggestellt haben und jetzt an einem dritten bauen. Mit der Leitung dieser Sportgruppe habe ich viel zu tun u. die Tage gehen oft schnell dahin. Am 29.7. kamen fünf herrliche Bücher von Dir an, die Du mir im November in Aussicht gestellt hast. Tausend Dank dafür, das nächste Mal mehr darüber. [...]

No. 35., Loveday, 9. August 1942.

Meine geliebte Margot, [...] Leider habe ich seit Deinem lieben Brief vom 12. März nun schon 1½ Monate nichts mehr von Dir gehört. Dafür kamen aber vergangene Woche 3 Rote-Kreuz-Päckchen, am 17. April abgesandt, hier an und lösten große Freude aus: Zigaretten, Seife u. Zahnpulver und Keks mit Schokolade u. Bonbons. [...] kamen auch [...] Bücher an. [...] Du hast da vortrefflich ausgesucht und man bewunderte hier allgemein Deinen guten Geschmack, denn so gute Bücher machen rasch die Runde bei vielen Kameraden. Hab vielen Dank für so liebevolles Gedenken. [...]

Nr. 36., Loveday, 16. August 1942.

Meine liebe kleine Karin,

Du musst Dich wohl wundern, wo denn der Papi so lange bleibt. Mutti hat Dir sicher erzählt, daß ich gesund bin und bald wieder zu Euch kommen will. [...] Flip geht es gut und er möchte, daß Du bald wiederkommst. Auch Mahmoud und all die anderen haben oft gefragt, wann die Karin wieder nach Teheran kommt. Bist Du auch immer gesund und folgsam und lieb zur Mutti. [...]

No. 36., Loveday, 23. August 1942.

Meine liebste Margot, vergangenen Sonntag schrieb ich meinen ersten Brief an Karin. Hoffentlich kommt er an. In letzter Zeit warte ich wieder sehr auf Nachricht von Dir. [...]

Außer Tennis spiele ich nun auch Hockey und fange vielleicht auch noch Golf an. So bleibt man wenigstens körperlich frisch und die Müdigkeit verhilft einem zu gutem Schlaf. [...]

Übermorgen jährt sich der Iran-Zwischenfall. – Mir geht es gesundheitlich weiterhin gut und ich habe seit Anfang ds. Jahres. stattlich zugenommen.

Sei nun, meine Liebste, mit den Kindern innigst gegrüßt u. geküsst von Deinem Erwin.

Nr. 38., Loveday, 30. August 1942.

Meine liebste Margot, Übermorgen sind es drei Jahre her [...] mit der Nachricht vom Einmarsch in Polen [...]. Da ich lange nichts mehr von Dir und auch nicht von den Eltern u. Geschwistern gehört habe, weiß ich gar nicht, ob Du auch über den Winter hinaus in Klais geblieben bist. [...]

No. 39., Loveday, 7. September 1942.

welch große Freude haben mir Deine Briefe vom 3. und 14. Mai aus Farchant bereitet, mit den lieben Fotos. Hab allerherzlichsten Dank dafür. [...] Du schreibst so anschaulich von den Kindern und ich kann sie mir in vielem so gut vorstellen. Daß Karin noch immer nach mir fragt, finde ich erstaunlich. [...]

Farchant, Nr. 7, 13. Sept. 42, Anlieg. 3 Photos. (Eing. 18.2.43)

Mein Erwin,

so unendlich glücklich hast Du mich heute gemacht – die Sonntagspost brachte 7 geliebte Briefe von Dir! Die Freude ist so groß, daß ich vollkommen herausgehoben bin aus dem Alltag u. mir fast ist, als seien wir einen Augenblick zusammen gewesen. Denke Dir doch, Deine Briefe vom 24. Dez., 6. Jan., 10. Febr., 15. Febr., 15. März, 26. April u. 4. Mai (Nr. 6, 8, 13, 14, 17, 23 u. 24) kamen alle zusammen heute an! Nr. 9 war ja schon im Juli angekommen. Du bringst so lebendige u. gegenwartsnahe Briefe fertig, daß es ist, als hätte ich mich eben mit Dir unterhalten. Und so zuversichtlich u. tapfer schreibst Du – es hat mir ordentlich wieder den Nacken gesteift, denn wenn ich ehrlich bin, muss ich gestehen, daß ich letzthin manchmal kleinmütig war – zu sehr entbehrte ich Briefe von Dir. Und nun schreibst Du auch noch, daß

Du mit meinen Entscheidungen bisher zufrieden warst – ich fühle, mich als ob ich den höchsten Orden bekommen hätte! Es ist manchmal schwer, immer die Entschlüsse allein zu fassen. Aber Deine lieben Worte geben mir neue Sicherheit u. ich glaube nun auch, daß ich es richtig gemacht habe, das Angebot von Nostizens zum Winter zu ihnen nach Icking/Isartal zu ziehen, angenommen zu haben. Wenn ich auch gerne wieder wie in Klais einen eigenen Haushalt aufgemacht hätte, so muss ich doch froh sein, ohne Haushaltssorgen viel mehr Zeit f. d. Kinder zu haben. Schwer wird sein, daß Mutti dort nicht bei mir wohnen kann. Niemand hat mir so beigestanden wie Mutti in diesem ganzen Jahr. […] Es tut mir so weh, daß Du von mir zu Anfang kaum Briefe erhalten haben wirst, da ich im Januar ja die Post noch nach Indien schickte. […] Hier herrscht jetzt mein lieber Herbst – u. bei Euch wird es Frühling. Aber die Sonne, der ich täglich meine Grüße für Dich mitgebe, ist hier u. dort dieselbe!

Die Schwälblein u. ich grüßen Dich von ganzem Herzen!

Immer Deine Margot.

Farchant, 20.9.42, Inlieg. 3 Photos, (Eing. 2.3.43)

Mein geliebter Erwin,

[…] Das Erlebnis dieser Woche waren Deine lieben Briefe. Am letzten Sonntag erhielt ich sieben, am Dienstag sechs, u. bis heute noch 3 Briefe, so daß ich zusammen mit Deinem Brief vom 11. Jan., der im Juli schon eintraf, jetzt 17 Briefe von Dir aus Australien habe. Es fehlen nur noch die Nr. 10, 11, 12, 16, 19 u. ich bin sicher, daß die auch noch ankommen! Der letzte geliebte Brief von Dir ist vom 25. Mai (Nr. 26). Erwin, Worte gibt es nicht, um zu sagen, wie ich mich freue. Das ganze Leben scheint mir verändert u. die wunderbare Kraft u. Zuversicht, die aus all Deinen lieben Zeilen strömt, haben mich unendlich froh u. glücklich gemacht. Ich bin wie neu. Nie habe ich geahnt, daß Briefe einem so das Gefühl der Nähe eines geliebten Menschen geben können. Ich bin glücklich, wie ich nie gewesen bin, seit wir uns trennten. All mein Leben hier sehe ich nun mit anderen Augen an, mit Augen, die nicht nur für mich so einsam u. allein gucken, sondern die schöne Erinnerungen sammeln wollen für Dich, mein Geliebter, damit ich Dir, wie Du schreibst, „an langen Abenden davon erzählen kann". Die schöne Kindheit, die die Kinder verleben, verdanken sie ja von Anfang (Deinem Entschluss uns heim zu schicken!) bis zum Ende (der treuen Versorgung durch die Firma!) einzig u. allein Dir – Du hast ein Recht darauf, später nun auch schöne Erinnerungen zu hören!

Wenn ich ehrlich bin, muss ich aber sagen, daß ich in diesen Tagen auch einen großen Kummer habe, den Kummer, daß ich versäumte, Dir dieselbe Freude zu machen, die Du mir nun mit Deinem vielen u. regelmäßigen Schreiben gemacht hast. Meine ersten Briefe aus Klais gingen nach Indien u. als ich später erfuhr, daß Du doch in Australien seiest u. gleichzeitig von dort im Allgemeinen hörte, daß so gut wie keine Post dort ankam, da habe ich nicht genug Mut u. Ausdauer gehabt, Dir trotzdem regelmäßig zu schreiben. Nun schäme ich mich doppelt, daß Du mich, trotz der schwierigen Verhältnisse auch noch mit Schreiben übertroffen hast. Du kannst Dich aber darauf verlassen, daß ich aus diesem Fall gelernt habe – eine harte Lehre, denn mein Herz tut mir weh bei dem Gedanken, daß Du zu Anfang weniger Briefe von mir bekamst als die anderen. Seit Dein erster Brief aus Australien eintraf, seit Juli, habe ich meine Briefe an Dich neu nummeriert u. öfter geschrieben. Eines musst Du wissen: es gibt für mich jetzt nichts Schöneres, als Dir zu schreiben. Mir fehlte damals nur der Glaube, daß die Briefe Dich erreichten – nun habe ich den Kummer davon.

[…] Diesen Sommer habe ich sogar fleißig (verdient) insofern, als ich vormittags bei einem Gärtner lernte, weil, weil ich die Absicht hatte, ein Häuschen zu kaufen. Aber der Plan ist wieder fallen gelassen. […]

Nr. 9., Farchant, 28.9.42 (Eing. 22.2.43)

Liebster Erwin, [...] Ich dachte daran, welche Freude die Briefe aus Teheran damals im Herbst 34 immer auslösten, aber die Freude jetzt hat alles übertroffen! Damals kannte ich Dich ja noch nicht, wie ich Dich jetzt kenne – u. so mehr Menschen ich kennen lernte, so mehr wusste ich, was Du mir bist. Wenn es nur ein Wort auf der Welt gäbe, das Dir sagen könnte, wie lieb ich Dich habe.

Als ich Karin sagte, daß Briefe von Papi gekommen seien, fragte sie ohne zu zögern: schreibt er, wann er kommt? „Gell, Mutti, ich kenne den Papi doch, aber Brüderlein kennt ihn nicht". Darauf ist sie sehr stolz. Berti kennt Deine Bilder [...] zeigt dann abends beim Zubettgehen auf den Nachtisch u. sagt: „lieber Papi" (mit zärtlichster Stimme) u. zeigt dann auf das Bild an der Wand u. sagt: „noch ein Papi"!!

Aber nun freue ich mich auch auf Icking-Isartal, wo Nostizens uns zum 1. Nov. in ihr schönes Landhaus aufnehmen. Ich kann gut verstehen, daß Du gern zu uns nach Klais heimgekommen wärest – niemand hätte Dich lieber im eigenen Heim empfangen als ich! Aber ich schrieb Dir im Frühjahr, daß wir dort leider nicht wohnen bleiben konnten, da die Besitzerinnen wieder nur einzelne Zimmer vermieten wollten, ohne Haushalt u. ohne Kinder! [...] Um Dich im eigenen Haus zu empfangen, hatte ich sogar die Absicht, ein Häuschen zu kaufen – aber es hat sich nicht gemacht! [...]

Nr. 10., Farchant, 4. 10 42 (Eing. 18.2.42)

Liebster Erwin, wie viel mögen heute Deine Gedanken zu Deiner Mutter gewandert sein an ihrem 70. Geburtstag. Die Eltern sind auf Urlaub in Tonbach u. wollen später einmal die großen Festtage mit allen Kindern zusammen nachfeiern. Wenn Du wieder da bist! Wie geht es Dir, Du? Jetzt wird bei Euch voller Sommer sein. Wohl möglich, hat das Neue Jahr schon begonnen, ehe diese Zeilen in Deinen geliebten Händen sind. Ich nehme leicht von diesem Jahr Abschied u. freue mich auf das nächste u. auf Dich! Daß Du mir nur gesund bleibst! All das Leid, das das Einsam-Sein jetzt bringt, wird ja wieder gut durch das Wiedersehen – daran gibt es doch keinen Zweifel. Weißt Du noch, wie Du im Sommer 1937 zum ersten Mal ohne mich verreist bist u. wie wir nachher fanden, allein das Wiedersehen habe die Trennung gelohnt?! Wir müssen noch etwas Geduld haben – aber auch nicht allzu lange! [...] Freitag/Samstag war ich in München, um Deinen Vorgänger (Siegwald) zu treffen, um ihm Grüße an Dich mitzugeben! Ich ließ Schwester Margarete, die erst zwei Tage bei uns war, nachdem ich, seit Frl. Ilse fortging, die Kinder 2 Monate allein hatte, beruhigt die Kinder, denn sie hat 30jährige Praxis! Klein, hässlich, 50jährig – das ideale Wesen, um mit ins Ausland zu kommen! Die wird nicht mehr geheiratet! Sie kommt leider erst nur auf Probe, ob es ihr in Icking „gefällt"! Ich aß mit S. zu Mittag .... Den Abend verbrachte ich sehr nett mit S. in München u. übernachtete im Vierjahreszeiten. Aber wieder dachte ich: es ist besser hier in der Einsamkeit – in der Stadt u. unter anderen Menschen fehlst Du mir mehr denn je! – Am 20 Okt. wollen wir nach Icking umziehen. Ich bin von Neuem begeistert von der wunderbaren Lage des Hauses, in völliger Abgeschlossenheit am Waldrand, geschützt u. sonnig. [...]

Karin u. Berti geben ihrem Papi einen süßen Kuß. Und ich umarme Dich. Immer Deine Margot.

Nr. 11., Farchant, 10. X. 42 (Eing. 15.5.43)

Mein lieber Erwin, ich bin so froh, wieder einmal besondere Gelegenheit zu haben, Dir einen Brief zu senden. Diese Zeilen werden Dich schon im Neuen Jahr erreichen – und bis sie Dich erreichen, ist unsere Trennung wieder um ein Gutteil kürzer! Wir alle sehen dem Neuen Jahr durchaus zuversichtlich entgegen. Wir müssen noch Geduld haben – daran lässt sich nicht zweifeln, aber man muss sich nur immer wieder sagen: es kommt nicht auf das Wie lange an, sondern ganz allein auf das Wie endet es. Für Dich ist das ein harter Satz, denn wie lang mögen Dir oft die Tage werden, aber im Grunde denkst Du das Gleiche, das weiß ich ja. Versuche die Tage nicht zu „verwarten" – ich habe diesen Fehler zu lange gemacht u. bin erst kürzlich, u. zwar ganz besonders durch Deine lieben Worte, daß ich die Zeit hier in den Bergen mit den Kindern so recht genießen solle, da man nie wisse, wann ich wieder so in Ruhe in so schöner Landschaft sein werde, zu einer besseren Einsicht gekommen. Du schriebst, ich solle auch jetzt schöne Erinnerungen sammeln. Hätte ein anderer mir das vor wenigen Monaten gesagt, hätte ich es als Hohn empfunden. Aber nachdem ich über Deine Worte nachgedacht habe, weiß ich, daß Du recht hast. Es ist mir eine kostbare Erkenntnis, daß ein paar Zeilen von Dir so auf mich wirken können. Schön u. schmerzlich zugleich, weil mir die Freude Deiner Briefe so selten wird. Ich „zehre" noch von den 16 Briefen, die innerhalb der Woche vom 13. – 19. September ankamen. Der erste war vom 21. Dez. u. der letzte vom 26. Mai. Hoffentlich haben Dich wenigstens einiger meiner Briefe, die ich auf verschiedenen Wegen schickte, erreicht. [...]

Ich schrieb Dir schon, daß ich im ersten Halbjahr kleinmütig Dir wenig Briefe sandte, weil mir der Glauben fehlte, daß Dich die Post erreicht. Wie leid mir das jetzt tut, kann ich Dir gar nicht sagen, Erwin! – Eines möchte ich Dir besonders heute in diesem Brief sagen [...]: Du brauchst Dich in keiner Beziehung um uns zu sorgen! Wenn ich mir für den Appetit, den man in der Bergluft bekommt, auch manchmal die Künste unseres guten Maulwurfs [der Koch] wünsche, so wird man doch immer gut satt u. für die Kinder ist ganz besonders gut gesorgt. Beide essen ausgezeichnet, besonders Karin, die sich zu einem kl. Leckermaul entwickelt! Und schlafen tun wir Drei nachts um die Wette – mehr Ruhe, als hier in den Bergen, kann man sich nicht wünschen. [...]

Ich werde nun in 10 Tagen vom Loisach Tal ins Isartal übersiedeln. Habt Ihr eigentlich einen Atlas? Annies Freunde, Herr u. Frau v. Nostiz wollen mich mit den Kindern nach Icking/Isartal in ihr schönes Landhaus aufnehmen. Ich freue mich sehr nach der hiesigen Metzgermeister-Atmosphäre wieder in ein kultiviertes Haus zu kommen. Auch freue ich mich besonders auf den großen Garten dort, der den Kindern ja so viel bedeuten kann. Vorige Woche fuhr ich nach Icking, um meine Gläser mit selbst eingemachter Waldhimbeermarmelade heil hinzubringen u. traf dort den Sohn des Hauses auf Urlaub, der an unserem Konsulat in Genf arbeitet.

Ob Dich mein Weihnachtstelegramm von dort erreicht?? Bitte schreib mir, ob die Dir im Nov. gemeldeten Überweisungen regelmäßig monatlich eintreffen. Du erwähntest bisher nur die erste. In München traf ich vorige Woche Siegwald [IG-Vertreter in Istanbul], der dort nach seinen Möbeln sah, die seit 3 Jahren dort stehen. Er will Dir von mir Grüße schreiben und ein Löckchen von Brüderlein schicken. Auch zu Deinem Geburtstag ein Telegramm. Alles, was er erzählte, war beruhigend u. optimistisch. [...]

Alles Liebe von Deiner Margot, Karin u. Brüderlein.

Nr. 12 oder 13? Icking/Isartal, bei Exc. v. Nostiz, 24. Okt. 42

Mein Liebster,

eben habe ich das Geburtstagslichtlein gelöscht, das ich mir ganz allein auf der von Mutti aus Berlin geschickten Torte angezündet habe. Alle im Haus schlafen schon. Ich kann meinen Geburtstag nicht besser beschließen, als meinem Erwin zum 1. Mal aus Icking zu schreiben. Als die ersten Sonnenstrahlen heute früh die braune Herbstpracht des Laubes aufleuchten ließen, dachte ich, daß noch vor 12 Stunden dieselben Strahlen bei Dir waren und empfand es als beglückendes Wunder, daß Du u. ich, so schrecklich weit voneinander getrennt, doch täglich im selben Licht stehen! Seit Du in Australien bist, denke ich gern daran, daß der Erdball sich um die Sonne dreht u. nicht die Sonne über das Firmament spaziert. Denn es hat etwas Verbindendes zu wissen, daß die Erde sich dreht u. Du u. ich dadurch täglich in die gleiche Sphäre kommen – man mag mir auch sagen wollen, daß physikalisch betrachtet, sich viele Atmosphären sich mit der Erde drehen! So gebe ich Sonne, Mond u. Sternen meine Grüße für Dich, die sie Dir geben sollen, wenn die Reihe wieder an Dir ist, in ihrem Schein zu sein. Ach Erwin, wann werden wir mal wieder zusammen sein? Nie in meinem Leben kann ich einen Tag des Zusammenseins mit Dir wieder als eine Selbstverständlichkeit nehmen – es wird mir jede Stunde eine Kostbarkeit sein.

Ich hatte die große Freude, gestern Deinen lb. Brief v. 3. Juni zu bekommen (Nr. 27). Den nehme ich nun als meinen Geburtstagsgruß von Dir! Hab innigen Dank, Du geliebter Guter. Du schreibst immer so rührend besorgt um uns. Ich bin ja nur froh, daß die Nachrichten von Dir immer relativ gute sind. Bleib mir nur gesund, Du! Und die persische Schrift lernst Du u. Russisch, Spanisch u. Italienisch – Du wirst mir ja so über sein, daß Dich Deine alte langweilen wird?!

Ich hatte am Tag unserer Abreise von Farchant wieder 5 Briefe von Dir – möge es ein gutes Omen sein! Ich bin ein anderer Mensch geworden, seit hin u. wieder Deine geliebten starke Worte wieder zu mir kommen. Du weißt ja, Schwalbe braucht das so. – Die Briefe waren vom 21. Jan., 25. Jan., 21. Juni, 27. Juni u. 4. Juli. Nr. 10, 11, 29, 30 u. 31. Diese Freude! Daß Dein Telegramm vom Mai mich nicht erreichte, schrieb ich Dir im letzten Brief. Hoffentlich erreichen Dich meine telegrafischen Glückwünsche zu Deinem Geburtstag, die Dein Vorgänger Dir bestellen will.

Seit 4 Tagen sind wir in unserem neuen Winterquartier u. ich muss sagen, daß ich mich in dem ganzen Jahr in Deutschland noch nicht so beschützt u. wohl gefühlt habe, wie in diesem Hause. Du kannst Dir denken, wie ungern ich ein 3. Mal umgezogen bin – nach Klais u. Farchant nun Icking – aber jetzt habe ich das Gefühl geborgen zu sein. Farchant wäre für den Winter zu feucht u. sonnenlos gewesen u. das Haus zu kalt, nur in den Zimmern Öfen. Auch war die primitive Familie auf die Dauer doch eine Zumutung. – Hier habe ich 2 schöne Südzimmer nebeneinander, in dem einen schlafen wir Drei, das andere ist Wohn- u. Spielzimmer. Ich esse mittags u. abends mit Nostizens; Frühstück u. Tee machen wir uns selbst. Es ist so unendlich wohltuend, mit so kultivierten Menschen unter einem Dach zu leben u. mit so viel Freundlichkeit u. Anteilnahme aufgenommen zu werden. Das Haus hat eine wunderbare Sonnenlage. Die Kinder sind selig über einen Terrier „Brömmi". Berti ruft energisch: Brömmi bomm her! Und wenn er nicht folgt, geht er hin u. klapst ihn! Albert hat übrigens in den letzten beiden Monaten fast 2 Pfund zugenommen. Er macht sich jetzt fein heraus. Karin ist sehr gewachsen. Wenn ich sage, daß ein Brief von Papi da ist, ist aber auch sofort ihre Frage. Schreibt er, wann er kommt? [...]. Alles alles Liebe senden wir Drei unserem Papi! Einen innigen Kuß von Deiner Margot

Nr. 14., Icking/Isartal, Adr.: Exc. v. Nostiz, 3. XI. 42 (Eing. 16.3.43)

Mein liebster Erwin,

weißt Du, daß ich jetzt 29 Briefe von Dir habe?! Ich bin reich wie Krösus damit! Der letzte war Nr. 31 vom 4. Juli. Nur Nr. 3 u. 12 fehlen u. sicher kommen sie eines Tages auch noch eingetrudelt. Ich finde es ja fabelhaft, daß durch alle Wirren u. Unregelmäßigkeiten hindurch alle Deine Briefe ihren Weg zu mir gefunden haben! Wenn sie auch bunt durcheinander gewürfelt kamen. [...] Und ich fühle mich wie neugeboren, seit die innere Einsamkeit durch Deine geliebten Briefe von mir genommen ist. Das erste Jahr unserer Trennung war gar sehr schlimm, so ganz ohne Briefe! [...] Hab Dank, Liebster. Ich empfinde Deine Teilnahme, Dein zu- und Hindenken u. Deine Sorge um uns, die aus all Deinen Briefen sprechen, so unendlich wohltuend! Ich habe das bestimmte Gefühl, daß Du Dich sehr gut in mein Leben jetzt hineindenken kannst, daß Du weißt, was es heißt, allein Pläne zu machen, sich um alles zu kümmern u. ohne eigenes Heim mit den Kindern herumzuziehen. Und weil ich jetzt so lebhaft spüre, wie Du an unserem Leben teilnimmst, bin ich nicht mehr allein.

Ich traf Alberto gestern für einige Stunden in München – wie viel sprachen wir von Dir. Ich erwähnte, daß es doch wunderbar sei, daß Du es fertigbrächtest, mir mit Deinen kl. Briefen so viel neuen Mut u. Sicherheit zu geben, u. er sagte: Ja das kann auch nur jemand von Format wie Erwin! – Mein Guter, und nie schreibst Du bedrückt oder ungeduldig. Und ich kann mir Euer Leben dort doch so gut vorstellen!

Frau Kühnr. schrieb mir viel aus den Briefen ihres Mannes. So weiß ich, daß man 10 Min. braucht, um das Lager zu umschreiten, 32 Mann in einer Baracke ist u. somit nie allein sein kann, 250 Mann zum Essen usw. Und italienische Köche habt Ihr! […]

Und nun willst Du von den Kindern endlich hören! Albert hat in den letzten 3 Monaten 2 Pfund zugenommen, was sehr viel ist. Er hat doch wohl ein ganzes Jahr gebraucht, ehe er sich richtig auf Deutschland umstellte u. alles überwunden hatte, was durch die Brecherei damals kam. Er ist ein richtiger Junge! Lange nicht so sensibel wie Karin in dem Alter, wenn auch er allerdings sensibel ist, aber eigensinniger als unser Karinchen war u. gewalttätiger! Er haut, wenn ihm was nicht passt! Und dann kann er wieder so zärtlich sein, drückt mein Gesicht in seinen kl. Händen u. sagt: „Hiebe Mutti". Ich sage dann: Albert sag mal „lalali" u. er ganz richtig „lalali"; so u. nun sag: lala liebe Mutti, u. prompt kommt: „lala hiebe Mutti"! „H" ist sein Lieblingsbuchstabe. Für klein sagt er „hein" u. heute früh wusste ich gar nicht, warum er durchaus „Hase Kuß" geben wollte – bis ich verstand, daß er Nase meinte! […]. Wir alle grüßen u. küssen Dich – einer nach dem anderen.

Immer Deine Margot.

Nr. 15., Icking, 8. XI. 42 (Eing. 3.5.43)

Mein liebster Erwin,

ein Regensonntag u. eine stille Stunde – 2 Uhr nachmittags, die Kinder schlafen mit heißen Backen im molligen Bettchen u. im ganzen Haus ist es still. Draußen fegt der Novemberwind buntes Laub von den Bäumen u. der Regen klatscht auf die welke Welt. Man freut sich, hinter Doppelfenstern im warmen Haus zu sein. Mein Schreibtisch steht schräg vor dem Fenster, ein altmodischer Sekretär mit vielen kleinen u. großen Schubladen, die mit der hochklappbaren Schreibtischplatte verschließbar sind. Zwischen all den Schüben ist in der Mitte ein Bort wie ein kleiner Schrein u. da steht Dein Bild. Wenn ich heute in Teheran wäre, würde ich um diese Stunde wahrscheinlich einen Augenblick unter der gelben Federdecke liegen und u. denken, ob ich zur Ping-Pong-Party zu Deinem Geburtstag auch alles genügend vorbereitet hätte. Ich habe als großes Gnadengeschenk die Kinder, die mich beanspruchen u. verhüten, daß die Sehnsucht nach Dir und unserem traumhaft schönen Zusammenleben in Teheran einen zu Boden zwingt. Aber was hast Du?? Das denke ich so oft. Dein starkes Herz muss Dir allein über diese Zeit hinweghelfen. Ach, mein Geliebter, ob Du manchmal spürst, wie meine Gedanken durch den Tag Dich begleiten. Du weißt doch, daß Du mein Alles bist. Gestern kam der letzte fehlende Brief aus der Reihe der 31, die Du mir bis zum 4. Juli aus Australien schriebst, an (D. h. Nr. 1 u. Nr. 3 sind noch nicht angelangt). Du schriebst so besonders lieb – am 1. Febr. u. ich danke Dir von Herzen für diesen geliebten Brief. Es ist so unendlich gut von Dir, wie Du immer wieder betonst, wir sollten es uns an nichts fehlen lassen. Ich fand es ja schon rührend, daß Du in Basrah als erstes daran dachtest, H. zu schreiben, daß ich Vollmacht hätte. [...]

Dein Konto ist noch unverändert so, wie ich Dir im vorigen November schrieb. Mit dem, was ich monatlich bekomme, reiche ich gut, auch für die notwenigen kl. Rücklagen für Ärzte usw. Wer hat es so gut wie ich – in dieser Beziehung ganz ohne Sorgen zu sein? Durch Dich, mein geliebter Schwalbenvater.

Heute ist nun schon der 3. Sonntag in Icking. Ach, wie genieße ich die Mahlzeiten am schön gedeckten Tisch, die anregenden Gespräche mit Herrn v. Nostiz (er ist 79 Jahre alt!) über Reisen, Menschen, Bücher. Ich war schon etwas stumpfsinnig geworden – nun rappele ich mich wieder auf, bis Du kommst! [...]

Schrieb ich Dir, daß ich seit 1. Okt. eine 50jährige Kinderschwester habe, die aber leider wieder weg zu einem Säugling will. So suche ich von Neuem. Denn ich möchte diesen Winter, wo man wieder Ski fahren kann, so gern für 3 Wochen hoch hinauf u. einen richtigen Skikurs mitmachen. Damit Du noch ein bisschen Spaß an meinem Können haben wirst! Aber da brauche ich jemanden f. d. Kinder u. auch hier im Hause ist eine Hilfe erwünscht. Diese alte Ziege hätte auch bleiben können! Aber ein Säugling ist natürlich bequemer u. widerspricht auch noch nicht! Meine beiden sind ja unglaublich lebhaft. Und Brüderlein muss manchmal schon eine richtige Tracht haben, wenn er seinen Eigensinn hat! Am süßesten sind sie, wenn sie schlafen u. so eifrig in die Kissen pusten. Albert macht immer noch den süßen kl. Seufzer im Schlaf, der Dir immer so Spaß machte. – Leb wohl, mein Geliebter. Grüße u. Küsse von Deiner Margot.

No. 40., Loveday, 20. September 1942.

Meine geliebte Margot,

als letzte Nachricht von Dir erhielt ich Deine Briefe vom 3. und 14. Mai, wie ich Dir bereits am 7. ds. Monats. schrieb. Die Fotos machen mir große Freude u. inzwischen kam auch die Bildpostkarte von Karin. [...] Deine Fotos sehe ich mir oft und lange an u. meine Sehnsucht steigert sich ins Unermessliche. Wenn ich nur wieder bei Dir sein kann und abends mein müdes Haupt an Deine

Schulter lege, ich kann es mir kaum noch vorstellen. In einer Woche sind wir 14 Monate getrennt. Hoffentlich geht diese Zeit bald ihrem Ende entgegen. [...]

Grüße bitte Mutti, die Eltern u. alle Geschwister und empfange Du mit Karin u. Brüderlein tausend innige Küsse von Deinem Dich liebenden Erwin.

Nr. 41., Loveday, 27. September 1942.

Meine geliebte Margot,

auf die wöchentliche Plauderstunde mit Dir freue ich mich immer schon lange vorher, obgleich ich Dir aus dem Lagerleben nichts Neues mehr berichten kann und alles, was ich Dir sonst immer gern sagen möchte, nicht immer gut zu Papier zu bringen ist. [...] Oft mache ich mir Gedanken, wo und unter welchen Umständen wir uns wiedersehen werden. Aber zuversichtlich bin ich, daß der Zeitpunkt nicht mehr allzu fern sein kann, an dem meine größte Sehnsucht, in Deine Arme heimzukehren, in Erfüllung geht. [...]

Nr. 42., Loveday, 11. Oktober 1942.

Meine Liebste,

vergangene Woche kam Dein Brief Nr. 2 v. 21.3. u. 18.4 an. [...] Von Vater erhielt ich einen Brief vom 18. Juli. [...] Hoffentlich hast Du meine Briefe an Dich inzwischen auch alle erhalten. Deine Briefe bis zum 15. Mai habe ich alle erhalten. [...] Möge unser Wiedersehen uns recht bald unser früheres häusliches Glück, nach dem ich mich so sehr sehne, wiedergeben. Mit tausend innigen Grüßen u. Küssen umarmt Dich Dein Erwin.

No. 43., Loveday, 17. Oktober 1942.

Meine geliebte Margot,

in einer Woche begehst Du zum zweiten Mal Deinen Geburtstag ohne mich. Vor Jahren [...] In Gedanken werde ich aber bei

Dir sein mit meinen innigsten Wünschen. Ich wünsche Dir so viel Glück und Gutes, wie man sich nur denken kann. Möge uns das Schicksal gütig sein, daß ich Dich bald wieder in meine Arme schließen kann. [...]

No. 44., Loveday, 24. Oktober 1942 [mit Vermerk: Eingang 10. I. 43]

Meine liebe Margot,

vor einer Woche sandte ich meine Geburtstagswünsche über die Ozeane zu Dir. Seit heute früh bin ich mit meinem ganzen Herzen bei Dir [...]. Alle Deine früheren Geburtstage habe ich heute nochmals an mir vorüberziehen lassen u. bin dabei in Erinnerungen in viele schöne Stunden versunken. [...] Seit Anfang dieser Woche bin ich unter die Golfspieler gegangen. Wir haben uns außerhalb des Lagers einen Platz mit 9 Löchern gebaut. Insgesamt sind wir nur 12 Spieler. Ich habe mir gute Schläger gekauft u. habe viel Freude an diesem Sport. [...]

Nr. 45., Loveday, 8. November 1942.

Meine Liebste,

gestern erhielt ich Deine Zeilen vom 10. August nebst den 3 Fotos. Hab innigen Dank. Ich freue mich so sehr, endlich nach Deinem Brief v. 15. Mai wieder von Dir zu hören. Gleichzeitig erhielt ich einen Brief von Herrn Siegwald v. 10.8., in welchem er mir ausführlich über Dich und die Kinder berichtet. Karin ist auf den Bildern so, wie ich sie mir genau vorstellen kann. Brüderlein, dem Du den hübschen Namen Berti gegeben hast, erkenne ich nicht wieder. Auf dem Foto im Kinderwagen sieht er geradezu hübsch aus, beim Enzian Pflücken wie ein kleiner Strolch. Das letztere Bild ist übrigens fotografisch künstlerisch u. Du hast mir mit ihm u. natürlich den beiden anderen eine große Geburtstagsfreude gemacht. [...]

Nr. 46., Loveday, 14. November 1942.

Meine geliebte Margot,

meinen Geburtstag begehe ich nun schon zum zweiten Mal fern von Dir [...]. Heute früh kam Deine lb. Karte vom 9. März mit Brüderlein darauf u. vor 3 Jahren, als wir abends in Teheran ausfuhren, erzähltest Du mir von dem damals noch sehr kleinen Wesen. [...] Meinen nächsten Geburtstag hoffe ich dann anders zu verbringen. Dann möchte ich nicht mehr Eure Fotos an der Wand mit Blumen schmücken, sondern diese aus der Hand der Kinder empfangen u. Dich in meine Arme schließen. Die Wiedersehensfreude kann ich mir schon kaum noch ausmalen. [...]

Nr. 47., Loveday, 28. Nov. 1942. [Vermerk: Eingang 25.2.43]

Meine liebe Margot,

Dein lieber Brief vom 14. Juli – am gleichen Tag schrieb ich auch an Dich – kam zwei Tage nach meinem Geburtstag an. [...] Deine lieben Worte u. auch die Fotos haben mir riesige Freude bereitet. Deine Briefe sind mein größtes Glück in dem eintönigen Internierten-Dasein, besonders, wenn sie mir das Gefühl geben, daß es Euch auch gut geht. Neuerdings können wir auch unsere Briefe mit Luftpost senden u. ich mache heute den ersten Versuch. [...]

Nr. 48., Loveday, 6. Dezember 1942.

Meine geliebte Margot,

heute, am Nikolaustag, den 2. Advents-Sonntag, bin ich wieder mal in Gedanken sehr innig bei Euch. Was hast Du immer für hübsche Adventskränze gemacht, für Dich u. mich u. heute wirst Du in erster Linie Karin u. Berti erfreuen. Je länger unsere Trennung dauert, desto intensiver lebe ich in Erinnerungen an vergangene Tage und Stunden. Wie viel Schönes haben wir doch seit 1935 zusammen erlebt u. die 3 davor liegenden Jahre möchte ich auch nicht missen, wenn sie uns auch eine vorübergehende Trennung brachten, die aber vielleicht notwendig war, um uns nachher umso fester u. inniger aneinander zu binden. Wie oft erheitere ich manche einsame Stunde mir selber durch die Erinnerung an schöne Erlebnisse u. ich denke dabei oft so intensiv zurück, daß ich in Gedanken vieles nochmals erlebe, u. erst jetzt fühle ich, wie sehr mir Deine sorgende Liebe fehlt u. wie viel Dank u. Liebe ich Dir dadurch schuldig bin. Über all das vergesse ich aber die Zukunft nicht u. mache dafür viele kühne Pläne. Hoffentlich rückt deren Verwirklichung bald in greifbare Nähe. […] Ich grüße Dich, meine Liebste, von ganzem Herzen u. sende Dir meine ganze Liebe, Dein Erwin.

Z. Zt. München, Diakonissenanstalt, den 20. XI. 42, 1 Photo! (Eing. 22.4.43)

Liebster – das ist nun das erste Mal seit wir verheiratet sind, daß ich richtig im Krankenbett liege, ohne – ein Kind zu kriegen! Aber Kinderkriegen ist viel schöner als Blinddarm operieren lassen, denn dann sind die Schmerzen gleich vorbei, wenn man in die Klinik kommt, u. man hält zur Belohnung ein süßes Baby im Arm. […] Ich liege jetzt eine Woche hier u. soll noch eine Woche bleiben zur Erholung, was ich ganz gern tue, denn so gut wie hier hat man es wohl selten, solche Ruhe, nette Schwestern u. gute Pflege. Und nun bin ich ganz besonders dankbar, daß Du in so vielen Deiner lieben Briefe immer wiederholst, ich brauche nicht sparen u. sollte uns alles nur Mögliche zu Gute kommen lassen – so kann ich mir das hier mit gutem Gewissen gönnen. Denn ich habe ein Einzelzimmer genommen u. bin Dir unendlich dankbar dafür, denn ich denke es mir grässlich, mit jemand anderen Krankes zusammenliegen zu müssen. Wie kann ich Dir nachfühlen, mein Geliebter, was es für Euch heißen muss, immer u. immer zusammen in der Baracke zu sein, niemals allein. Ach, mein Erwin, wie waren all diese Tage meine Gedanken bei Dir, ich habe ja noch nie so viel Zeit zum Nachdenken gehabt. Viel zu viel – es ist süß, ganz in selige Erinnerungen zu tauchen, aber auch so unsagbar schwer zurückzufinden. Doch Du weißt das ja alles, Liebster. – Dies wird Dir Freude machen: am ersten Tag nach der Operation, am 14. Nov., als ich betrübt Deines einsamen Geburtstages gedachte – bringt mir die Schwester 2 Briefe von Dir! Ja mein Jung, das hast Du mal wieder fabelhaft eingerichtet! Es waren Deine geliebten Briefe vom 17.7. u. 2. Aug., Nr. 32 u. 34. Und gestern kam Nr. 33 vom 24. Juli. [...]

In Deinem lieben kleinen Brief vom 24. Juli (wie reisemüde kl. Vögel kommen Deine schmalen Brieflein schließlich in meine Hände) schreibst Du, daß Du meinen Brief vom vorigen Jahr aus Istanbul wieder u. wieder liest. Ja, Du, ich weiß, seitdem sind meine Briefe gefasster, scheinen sicher kühler – offen gestanden: ich wollte es Dir u. mir nicht schwer machen. Auch war da die Unsicherheit, ob meine Briefe je ankommen würden. Aber jetzt sitze ich oft vor dem Bogen und möchte nichts schreiben, als wie lieb ich Dich habe. Komisch, ich habe immer das Gefühl, Du weißt es noch gar nicht, wie unendlich ich Dich liebe. Ich hätte es Dir besser zeigen sollen in den glücklichen Jahren, die wir zusammen waren. Stattdessen hast Du oft Schwierigkeiten mit mir gehabt. Ich bin nicht unkompliziert – ich weiß. Aber wenn etwas in mir klar u. stark ist, so ist es meine Liebe zu Dir Erwin. Du bist das ganze Glück meines Lebens. Durch meine Liebe zu Dir, durch dieses Gefühl, das stärker ist als alles andere, habe ich Höhen u. Tiefen kennen gelernt, die mir sonst verborgen waren. Du bist meine Erfüllung, Erwin, wie nur ein Mann Erfüllung einer Frau sein kann. – Ach, was sagen Worte, lieb haben muss ich Dich, lieb halten, wie unsere kl. Karin immer noch sagt. Den Kinderlein geht es gut, sie sind wohl verssorgt in Icking, vergnügt u. frech. [...]

In Gedanken umarme u. küsse ich Dich. Immer Deine Margot.

Z. Zt. Diakonissenanstalt, München, den 22. Nov. 42 (Eing. 25.3.43)

Liebster Erwin,

ich schrieb Dir schon vor einigen Tagen, daß ich am 13. ds. hier am Blinddarm operiert wurde [...]. Ich habe Dir noch gar nicht gestanden, daß ich meine kl. Karin am 21. Okt, einen Tag nach unserer Ankunft in Icking, in ein Kinderheim gebracht habe, das ¾ Std. zu Fuß vom Haus Nostiz entfernt liegt. Sie war in der letzten Zeit im Sommer recht schwierig geworden. litt besonders an Eifersucht auf Albert u. an einem starken Geltungsbedürfnis, so daß ich mich schließlich, nach vielem Überlegen mit Annie u. Rücksprache m. d. Kinderarzt, schweren Herzens entschloss, mich eine Zeit lang von ihr zu trennen. Es ist mir ja vollkommen erklärlich, daß sie mit sich u. der Welt nicht so in Einklang war, wie es sonst Kinder ihres Alters sind. Als wir auf die große Reise gingen, war sie doch krank u. die Strapazen haben ihr dadurch sehr zugesetzt. Ab Sofia war sie doch durch nichts mehr zum Essen zu bewegen. Ich musste mich zwangsläufig die meiste Zeit mit Brüderlein beschäftigen, der doch noch ganz hilflos war, ihn füttern, anziehen, tragen – für Karin blieb immer nur „eine" Hand. Und ich glaube, daß seither ihre große Eifersucht auf Brüderlein stammt. Schwester Melitta, der ich die Kinder dann ganz überließ, u. die sie auch mit viel Geduld erzog, sagte, Karin sei tadellos zu haben, wenn ich nicht dabei sei! Die kl. Frl. Ilse, die dann vom April bis Juli bei uns war, hat die Kinder machen lassen, was sie wollten, es war ja so viel einfacher, als sie streng zu nehmen! Sie wollte dann ja wieder einen Kindergarten übernehmen u. ich nahm die kl. Gesellschaft wieder allein. Karin hatte sich körperlich tadellos herausgemacht, so daß ich sie gut etwas streng nehmen konnte, damit sie besser folgen lerne. Aber Strafen, wie einen ganzen Nachmittag ins Bett oder eine kl. Tracht hintendrauf, beeindruckten sie im Grunde anscheinend doch nicht. Immer wollte sie genau das Spielzeug haben, das Brüderlein gerade hatte, weil ich ihn anzog, wollte sie auch angezogen werden, fütterte ich ihn, legte sie den Löffel hin u. konnte auch nicht allein essen! Im Grunde war m. Ansicht der Anlass all ihrer Schwierigkeiten diese Eifersucht. Arme kleine Seele. Z.B. bei einem Spaziergang lief der Lütte davon und kam nicht, wie ich ihn rief, woraufhin Karin sich selig an mich schmiegte: „gell Mutti, jetzt hat Brüderlein Dich gar nicht mehr immer so lieb!" Übrigens macht er die Eifersucht nach – an Mangel an Zärtlichkeit kann ich mich nicht beklagen! Bürstete ich einen kl. blonden Schopf – schon presste sich auch Nr. 2 an meine Knie u. versuchte, den anderen wegzuschieben! Im Kinderheim hoffte ich nun, sie würde in der Gemeinschaft vieler Kinder nachgiebiger u. sich selbst mal etwas vergessen u. es scheint auch wirklich guten Erfolg zu haben. Sie freute sich sehr auf das Haus „mit den vielen Kindern" u. blieb ganz vergnügt dort, als ich sie hinbrachte. Es sind nur ca. 20 Kinder da, was mir sehr lieb ist, kein Massenbetrieb. Die Leiterin, Freiin von Lupin, erzählte mir, sie habe schon verschiedentlich einen Jungen aus Persien gehabt. Ich fuhr kürzlich mal mit der Lupin zusammen im Zug u. wir haben uns ergiebig über Karin unterhalten. Sie versuche auch dort, die anderen Kinder zu dominieren, womit sie natürlich nicht durchkommt, und das Gehorchen sei noch etwas mangelhaft. Auch sei sie sehr bequem, obgleich sie sich recht gut allein anziehen kann, will sie sich immer anziehen lassen, aber auch hier wirke das Beispiel der anderen Kinder sehr gut. Essen u. schlafen würde sie ausgezeichnet, sei im Übrigen von unbändiger Lebhaftigkeit u. schiene keinerlei Heimweh zu haben. Überrascht hat mich, daß Karin mit den kleineren Kindern sehr niedlich sein soll, z.B. fährt sie einen Einjährigen mit Begeisterung spazieren, vielleicht entwickelt sie dann auch Albert gegenüber mehr mütterliche Instinkte! Zu Karins Lob muss ich sagen, daß sie den kl. Bruder nie gehauen hat. Wenn sie ihm auch (oft geradezu mit List!) immer die Spielsachen wegnahm, gehauen hat sie nicht, selbst wenn er voll Wut auf sie losging! Und beim Dummheiten machen, wenn sie schlafen sollten oder sonst allein im Zimmer waren – dann waren sie ein Herz u. eine Seele! Was haben sie zusammen getobt u. gelacht. So glaube ich ganz sicher, wenn sie jetzt sieht, daß alle Kinder gleichermaßen folgen müssen u. niemand eine Extrawurst bekommt, dann wird sie auch vernünftiger werden u. bei ihrer Rückkehr ihre Eifersucht u. Widerstand hoffentlich vergessen haben. Zu Weihnachten hole ich sie mir wieder. Ich habe ja so Sehnsucht nach ihr. Ob Du nun glaubst, mein Erwin, ich hätte es mir leicht gemacht, weil ich unser Karinchen ins Kinderheim tat?! Glaub das nicht. Es ist mir nicht leicht geworden, aber da ich einsah, daß es für das Kind besser sein würde, habe ich es getan. – Klein Albert hat sich in Icking schnell das Herz der alten Frau v. Nostiz erobert, aber sein Herz gehört ganz dem Terrier, den er über alles liebt u. mit dem er alles anfangen kann, so wie früher Karin mit Flip! Er kann lachen, der Junge, so was hast Du noch nicht gehört – jeder muss mit lachen. Er gluckst u. jauchzt gurgelt vor Vergnügen! Es kommt vor, daß er mitten in der Nacht aus tiefem Schlaf plötzlich lacht, laut und herzlich. Ein Kind, das im Schlaf lacht – ist das nicht etwas Heiliges. Und morgens beim Erwachen – dieses Freuen, diese Zärtlichkeit! Ach, mein Erwin, wie oft denke ich dann – könntest Du das erleben, Dich daran freuen. Aber wir holen einmal alles nach, Geliebter! Und wenn Du erst mit klein Albert auf den Sportplatz ziehst – da wirst Du noch Deine Freude haben an dem kl. schlanken Kasperl, der genauso wenig Farbe hat wie sein Papi! Tausend innige Grüße u. viel viel Liebes von Deiner Margot.

Nr. 18a., Icking, 7.12.42 (Eing. 17.5.43)

Mein liebster Erwin,

heute nehme ich einmal wieder die Maschine, damit ich Dir auch einen Durchschlag senden kann. […] Ihr seid jetzt im Hochsommer und werdet heiß haben in den Baracken. […] Am 1. Dez. ist Schwester Margarethe gegangen, die seit Okt. bei mir war. Sie wollte wieder zu einem einzelnen Säugling, war verbraucht u. nervös u. durchaus nicht das Richtige für die Kinder. D. h. Karin hat sie ja fast nicht erlebt, weil sie seit 7 Wochen im Kinderheim ist, aber auch ‚Albert reagierte sauer auf die alte Schachtel. Zu meinem Kummer habe ich Brüderlein am 1. ds. Monats nun auch in das Kinderheim bringen müssen, weil der Arzt mir dringend riet, mich eine Zeit lang noch vollkommen auszuruhen, und im Hinblick darauf, daß die Kinder ja auch nichts von mir haben, wenn ich nicht ganz auf dem Posten bin, habe ich diesen Rat befolgt. [...] Hättest Du das Wiedersehen von Karin u. Berti erleben können – diese Seligkeit. Ich brachte ihn im Rodelschlitten ins Kinderheim. [...] Als wir ankamen u. Karin gerufen wurde, flog sie mit einem Jauchzer auf uns zu ... wie eine kleine Elfe flog sie auf uns zu – Du wirst lächeln ob des übertriebenen Ausdrucks – aber wirklich, der erste Eindruck, den ich wieder von ihr bekam, war der einer unbeschreiblichen Anmut. [...] Sie umarmte mich und lachte u. lachte vor Freude. Dann beugte sie sich zu dem Lütten, knöpfte ihm den Mantel auf u. fragte ganz sachlich die Leiterin: „Hat mein Brüderlein auch die Nr. 5 für seine Sachen?" Er strahlte „Kagi" an. Sie breitete die Arme aus u. rief ihn u. er warf sich ihr in die Arme. Beim anschließenden Mittagessen wollte sie natürlich neben ihm sitzen u. auch ihn füttern, stach ihm den Löffel einmal fast in den Hals, aber er war es zufrieden. [...] Ich drückte mich heimlich davon, um keine Abschiedsszene zu machen, und ging einsam zurück, während die Abendsonne die Welt in leuchtende Feuer tauchte. Ich dachte an Dich wie immer, wenn ich allein bin. Wie oft magst Du mit offenen Augen in die ferne träumen und Dich nach Deinen Kindern sehnen. Und einmal wird es auch eine solche Wiedersehensfreude geben und die Kinder werden in Deine Arme fliegen. Das wird noch einmal kommen, Erwin, nur Geduld, schrecklich viel Geduld müssen wir haben.

Die Lupin (Leiterin des Kinderheims), die sehr aufrichtig u. klar über Kinder urteilt, meinte, Karin wäre ein Typ, nach dem die Männer sehen würden „mit diesen merkwürdig verschleierten blauen Augen". Gut, daß Du wieder da sein wirst, bis es so sein wird, denn ich stelle mir das schwierig vor, in dieser Beziehung aufzupassen!! Aber sie hat ja wirklich wunderschöne blaue Augen, die kleine Deern, während Berti graue Augen hat. Ich hatte immer noch gehofft, seine Augen würden noch braun und dunkel, wie Deine, Erwin, in die ich ja immer noch hoffnungslos verliebt bin – aber Brüderlein hat es sich anders ausgesucht.

Ja mein Liebster, was wirst Du tun, jetzt in der Weihnachtszeit. Denk an früher, denk an unser liebes kleines Heim – wir haben es ja so unbeschreiblich schön gehabt all die Jahre, daß die Erinnerungen, dieser Schatz der allerschönsten Erinnerungen lange vorhalten kann. Wie viele Menschen mögen uns allein um diese schönen Erinnerungen beneiden. Und denke immer daran, daß unsere Generation noch begünstigt ist, weil wir den ersten Krieg noch nicht bewusst und darum den Krieg nicht als „Zweiten" erleben müssen.

Ich hole mir zu Weihnachten die Kinder zurück u. darum freue ich mich dieses Mal auf das Fest. Eine neue Hilfe habe ich auch schon, dieses Mal eine ältere Wienerin, Kinderfräulein, die sehr nett zu sein scheint. Der ganzen Familie geht es gut. Viel viel Liebes von Deiner Margot.

Nr. 19., Icking, 24.12.42. (Eing. 8.7.43)

Mein Geliebter,

zwei Lichtlein habe ich eben wieder am Christbaum entzündet – eins für Dich u. eins für mich. [...] es duftet nach Tanne, nach Äpfeln u. Pfefferkuchen und – nebenan liegen unsere Kinder in ihren Bettchen, für die dieses Weihnachten, hoffe ich, eine so schöne Erinnerung werden möge, wie mir die Weihnachten meiner Kindheit sind. Sie liegen nun nebenan in reiner Kinderseligkeit, erfüllt vom Weihnachtszauber. Karin schläft noch nicht. Ob die vielen Süßigkeiten daran schuld sind, die sie bunt durcheinander gefuttert hat, oder die Aufregung über die kleine Puppenwiege „von Papi aus Teheran", oder den Kochherd von den Großeltern aus Mannheim oder den ganz kleinen Puppenwagen von „unserer Omama" aus Berlin – das weiß man nicht. Sie kann sich ja si hingebungsvoll freuen, weißt Du noch? [...] Und genau wie ich wirst Du heute an vergangene glückliche Weihnachten zurückdenken. Wir begegnen uns heut Abend am festlichen gedeckten Tisch mit all den vielen kleinen Kerzen [...] wir trinken uns zu über die Lichter hinweg, Du u. ich allein einen Moment [...] und wir sitzen zusammen am Kamin bei den blauen Flammen der Feuerzangenbowle [...] dann gibt es einen Kuß. Hättest Du nur heute die Kinder sehen können! Diese beiden Blondköpfe vor dem Weihnachtsbaum. Karin blieb zum ersten Mal lieb still, während ich die Weihnachtsgeschichte sagte u. sprach das Amen mit – Albert, den ich sicherheitshalber auf dem Schoß hielt, jauchzte vor Begeisterung über die vielen Lichtlein. [...] Zu meiner großen Befriedigung ist „ja" sein Lieblingswort, seit er aus dem Kinderheim zurück ist. Er sagt es in allen Tonarten – am schönsten, wenn er so ganz hinten in der Kehle spricht. Als sein Interesse sich von den Lichtlein seinen Spielsachen zuwandte, spielte er sofort versunken. Er kniete am Boden mit einer kl. Holzeisenbahn u. einigen winzigen Holztierchen u. sah u. hörte uns nicht mehr. Wie anders dagegen Karin: sie nahm jedes einzelne Stück auf u. zeigte es uns u. widmete sich intensiv ihrem Süßigkeitsteller, welche Rarität sie restlos glücklich machte! Sie futterte u. futterte. Und dann packten wir Pakete aus – diese Freude! Trudel hat den Kindern ganz reizende selbstgenähte Hausschuhe geschickt, in denen Bonbons steckten. Das fesselte nun plötzlich Albert – die Bonbons in den „neuen Schühlein". Er packte sich die Backen voll – Frl. Maria stürzte nach einem Lätzchen, denn dass Bonbons sich in Flüssigkeit auflösen, war ihm neu, u. es troff nur so aus seinem kl. Sabbelmund. [...] Du hast recht, Erwin, daß Albert Karin sehr ähnlich ist im Aussehen. Er spricht sogar so, wie sie im Anfang. [...] Seine

Augen sind vielleicht noch schöner als Karins, obwohl sie grau sind. Aber er hat ein ganz anderes Temperament als Karin, ganz unkompliziert, immer heiter u. sehr leicht zu lenken. Karin haben die 9 Wochen im Kinderheim sehr gutgetan. Sie folgt jetzt recht gut, isst gut, zieht sich selbständig an u. aus u. ist lieb u. vernünftig. Albert hat in den 3 Wochen, die er im Kinderheim war, große Fortschritte im Sprechen gemacht u. isst seitdem wieder anständig [...]. Das neue Kinderfräulein, die ich jetzt habe, eine Wienerin, 46 Jahre alt, scheint es reizend mit den Kindern zu verstehen u. ist sehr freundlich u. gefällig im Haushalt.

[...] Weißt Du noch? Es war doch schön. Und es wird wieder schön Werden! Wir Orientalen haben Doch Warten u. Geduld gelernt. Liebster. Die Weihnachtskerzen sind erloschen. Aber ich gehe hinaus u. sehe in die Sterne, dieselben Sterne, zu denen Du heute aufblickst, u. dann die Augen schließest u. zu uns hin Dich träumst. Ich habe Dich lieb. Die innigsten Weihnachtsgrüße senden Dir Deine Margot u. Karin u. Albert – „ich Albert" sagt er.

Karin diktiert mir wörtlich:

Lieber Papi, komm zu uns, fahr mit der Eisenbahn u. bleib bei uns u. bring Deinen Koffer mit. Wir haben einen Weihnachtsbaum mit Schokolade und 'n Vogel oben dran u. wir haben Engel mit Kerzen auf'n Tisch u. auf'm Spielschrank u. da oben auf'n Ofen. Wir dürfen jetzt an dem großen Tisch essen, denn wir haben ein kleines Tischlein, aber da sind so viele Weihnachtssachen drauf. Wie haben Pakete ausgepackt u. da kam ein Nachtpyjama raus u. dann haben wir wieder ausgepackt u. da kamen Strümpfe raus. Wir haben drei kleine Stühlchen. Wir spielen u. tun den Tannenbaum anschauen, und die Frau Kühnreich soll mit Dir reisen. <Im Kinderheim gab's am Samstag Rohrnudeln. Und am Sonntag Nachtisch! Und der Papi soll uns mal auch was schreiben, wie es in Teheran is u. ob das Hammele noch da is u. ob all meine Spielsachen noch da sind u. mein ganz großes Pferd!

Icking, 29.12.42 (Eing. 23.6.43)

Mein Geliebter, hast Du heute an den Geburtstag Deiner Ältesten gedacht? [...] Gestern Abend beim Gutenachtsagen, fragte sie mich: „hast Du schon meinen Geburtstagskuchen gebacken? Und schenkst Du mir was zum Geburtstag?? [...] von all ihren Geschenken sah sie natürlich nur das kl. Schaukelpferd mit dem Soldatenreiter darauf. [...]

Übrigens Erwin, Liebster, unser Sohn denkt logisch! Als ich gestern Abend mit ihm beten wollte u. anfing: „ich bin klein", antwortete er süß u. sachlich: „nein, Mutti is groß!" Was soll man da sagen?! Er ist zu goldig jetzt, so zärtlich, so fröhlich, ja richtig schalkhaft manchmal! [...]

Icking, 31.12.42 (Eing. 9.7.43)

Mein geliebter Erwin, beim Schein der letzten Weihnachtskerzen schreibe ich Dir in der letzten Stunde des alten Jahres. Vor mir steht Dein Bild aus Isfahan, wo auch Du den Kopf neigst u. schreibst (damals nicht an mich, sondern an Deiner geliebten Arbeit) u. so stelle ich mir Dich jetzt vor, schreibend – an mich. Nicht an einem altmodischen Sekretär, sondern am einfachen Holztisch, nicht allein, sondern in unmittelbarer Nähe der Kameraden, obgleich Du Dich doch wohl so sehr mal nach einer Stunde Alleinsein sehnst. Es kommt ja wieder, mein Geliebter, einmal wird all dieses vorüber sein. Mein Erwin muss so furchtbar viel Geduld haben! Kannst Du Dir vorstellen, daß unser Zusammensein einmal wieder alltäglich sein wird, wieder ganz selbstverständlich? Ich kann es mir nie wieder so denken. Jede Stunde, die ich wieder mit Dir zusammen sein darf, wird mir etwas unschätzbar Kostbares scheinen. Bis dahin, Geliebter, müssen wir schon noch etwas gar sehr warten, aber auch das wird keine verlorene Zeit für Dich sein. Es ist doch etwas Phantastisches um die Freiheit des Geistes. [...] Sonntag, 10. Jan. 43. Die philosophischen Betrachtungen der Silvesternacht wurden unterbrochen. [...] 10 Tage ist das Jahr nun schon alt, von dem wir so viel erhoffen. [...] Wann werde ich wieder von Dir hören? Dein letzter Brief ist vom 2. August. [...] Ich habe mich lange nicht so wohl gefühlt wie jetzt; es hängt wohl viel davon ab, daß ich auch vorläufig keine Sorgen über unsere Unterkunft u. eine Hilfe haben brauche. Und daß die Kinder so wohl u. zufrieden sind, wie ich sie hier noch gar nicht kannte. Ich habe noch nie so viel Freude an ihnen gehabt wie jetzt. Karin ist in den 9 Wochen im Kinderheim so viel ruhiger u. vernünftiger geworden. [...] Rührend ist es, wie viel sie von Dir spricht. [...] Auch haben die beiden Geschwisterchen in „der Fremde" (im Kinderheim!) sich sehr aneinander angeschlossen u. sind nicht mehr so übertrieben eifersüchtig aufeinander. Wenn sie allein gelassen sind, spielen sie oft ganz süß zusammen. Albert ist für einen Buben viel zu zärtlich, aber das wird sich schon noch geben. Ich muss aufpassen, daß Frl. Maria ihn nicht zu sehr verzieht – er kann so eine kleine Schmeichelkatze sein. Aber durchaus nicht energielos. Im Gegenteil! [...]

Leb wohl, mein lieber Guter. Deine kl. Schwalbenfamilie hat es hier so gut in Schnee u. Sonne! Die Kinder rodeln begeistert. Tausend innige Grüße! Deine Margot.

(Anm.: Dazwischen liegen in der Sammlung drei Briefe an den befreundeten Herrn Siegwald (IG-Vertreter in Istanbul) vom 1.4.42, 14.1.43 und 20.1.43, die dieser an Margot in Deutschland weiterleitet. Die Reisezeit der Briefe scheint mit 2 Monaten tatsächlich etwas kürzer. Ihr Inhalt betrifft wie in den Briefen direkt an Margot Gesundheit („unsere Verpflegung ist weiterhin ausreichend und gut"), Sport, Musik u. andere Beschäftigungen, und immer wieder die geäußerte Zuversicht, dass der „Stacheldraht bald ein Ende" haben möge).

Nr. 49, Loveday, 20. Dezember 1942

Meine liebe Margot,

in vier Tagen feierst Du die zweite Weihnacht mit den Kindern allein. Ich wünsche Euch von Herzen frohe Stunden und Dir viel Freude u. Glück über die strahlenden Augen Karins u. Bertis. Wie ich Vaters Luftpostbrief vom 15. September entnehme bist Du jetzt in Icking. Ich warte sehr auf Nachricht von Dir, um Näheres über Eure neue Bleibe zu hören. [...] Oft würde ich Dir gerne länger u. mehr schreiben, aber wir sind ja in Format u. Zahl der Briefe auf wöchentlich 2 beschränkt. [...] Über die Ereignisse in Nordafrika sind wir durch die hiesige Presse u. den hiesigen Rundfunk unterrichtet. 1943 steht vor der Tür. Möge es uns die Befreiung u. Heimkehr bringen. Ich sende Dir all meine Liebe u. küsse Dich sehr innig, Dein Erwin.

Nr. 50., Loveday, 27. Dezember 1942 (Eing. 25.2.43)

Meine geliebte Margot.

Weihnachten ist vorüber u. Neujahr steht vor der Tür. Während der 3 letzten Tage bin ich gar nicht so ganz hier gewesen, sondern vielmehr jede Stunde, jede Minute bei Euch. Wie oft habe ich die Uhr um 9 ½ Stunden zurückgedreht, um mir genau vorzustellen, was Ihr gerade tut. [...] Ich bin nun sehr gespannt zu hören, wie Ihr dort untergekommen seid u. hoffe in den nächsten Tagen sehr auf Nachricht von Dir, zumal ich seit 10. August nichts mehr von Dir gehört habe. Mit Wehmut habe ich an unsere gemeinsam gefeierten Weihnachtsfeste zurückgedacht, angefangen bei 1931, als wir uns nur wenig kannten, 1934 als Verlobte u. die darauffolgenden 6 Jahre. [...] Wie viele liebe Erinnerungen sind damit verbunden! Übermorgen wird Karin schon 5 Jahre. [...]

Nr. 22., Icking, 10. Jan. 1943 (Eing. 27.7.43)

Liebster Erwin,

ich habe Gelegenheit, Dir einen Brief zu schreiben, von dem ich hoffen kann, daß er nicht gar zu lange zu Dir reist. Er soll Dir nochmal meine allerbesten Wünsche für das neue Jahr bringen. Unsere Hoffnungen sind ja wohl die gleichen: Sieg u. Frieden u. dann ein Wiedersehen! So sehr viel habe ich an Dich gedacht in all den Feiertagen. Daß Du die Kinder jetzt nicht erleben kannst, ist grausam. Ihre Weihnachtsseligkeit! Wie viel Freude würdest Du an ihnen haben. Manchmal sehe ich Dich direkt mit ihnen toben! Klein Albert kann ja so himmlisch lachen, wirklich als hätte er sich ein besonders glückliches Lachen von Himmel mitgebracht. [...]

Du kannst Dir denken, wie froh ich bin, meine Schwälblein wieder unter den Flügeln zu haben! Ich habe noch nie so viel Freude an ihnen gehabt wie jetzt u. erkenn auch jetzt, da es mir gesundheitlich wieder prima geht, daß ich wohl einen großen Teil selbst die Schwierigkeiten mit Karin veranlasste, weil ich zu wenig Geduld mit ihr hatte, zu wenig auf sie einging u. vielleicht auch wirklich zärtlicher mit dem kleinen weichen Albert war als mit ihr. Jetzt ist sie meine ganz verständige große Tochter, liebt mich rührend u., wie gesagt, ich habe unbeschreibliche Freude an den beiden.

So habe ich Dir heute einen zusammengefassten Bericht über unseren Herbst erstattet, weil es ja so ungewiss ist, ob Du meine Briefe bisher bekommen hast. Ob wohl meine Radiobotschaft zu Neujahr zu Dir gelangte?! [...] Meine Sehnsucht nach Dir wird immer größer. Wenn Du nur wüsstest, wie sehr ich Dich liebe. Immer Deine Margot.

Nr. 23., Icking, 31.1.43 (Eing. 28.7.43)

Mein geliebter Erwin,

ein Sonntag-Sonnentag von einer Schönheit, wie wir sie oft in Teheran hatten, in der kurzen Winterzeit: der Himmel von mattem durchsichtigen Blau, die Erde dampfend im frühlingshaften Sonnenschein u. die Meisen rufen zü-üp, zü-üp, wie sie es zuhause den ganzen Frühling durch taten! Erinnerst Du? An so einem Tag wie heute hättest Du sicher irgendetwas im Freien gebastelt – zumindest Flip gebürstet. Wir hätten über Mittag die Öfen ausgehen lassen, am weit geöffneten Fenster gegessen oder auf der Terrasse. Hier wie dort fällt der Sonnenschein lang u. schräg ins Fenster. Da soll man kein Heimweh bekommen.

Vor einigen Tagen kamen Deine lieben Zeilen vom 24. Okt., die mir bestätigten, was ich damals fühlte – daß Du an meinem Geburtstag besonders an mich dachtest. […] Ich habe mich ja so gefreut, mein Jung, daß endlich mal wieder so ein kleines Brieflein von Dir kam – es war eine so lange Pause!

[…] Mein Geliebter – Du schreibst immer so tapfer: es geht mir gut. Aber wie sieht es innerlich im Schwalbenvater aus? Du schreibst wenig von Dir. Ist es ein schlechtes oder gutes Zeichen? […] Ja, das Leben ist seltsam. Manchmal bin ich im Zweifel, was Traum ist u. was Wirklichkeit u. was man noch alles erleben wird. Karin lässt durch ihre dauernden Fragen die Gedanken an Teheran nicht zur Ruhe kommen. Soll ich ihr nun endlich sagen, daß Du nicht mehr da bist? Soll ich ihr die glückliche Vorstellung nehmen? Sie erinnert sich ja so klar an „Zuhause"! Gestern z.B. fragt sie mich zu meiner Verblüffung, ob hier denn nicht die Wasserleitung gepumpt würde wie der Ali in Teheran. Und sie ahmte genau die Bewegung nach, mit der er pumpte! Verstehen würde sie ja doch nicht, warum Du nicht mehr dort bist. Und Kummer würde es großen geben. Ach, manchmal entbehre ich besonders, daß ich Dich nicht, wie immer in schwierigen Fragen, um Rat fragen kann. Ich empfinde die Verantwortung für die Kinder manchmal besonders schwer. Jetzt sind sie aufgewacht nebenan u. lachen zusammen, daß Albert fast erstickt vor Vergnügen! Frl. Maria hat ihren 2 Tage-Urlaub in München (alle 14 Tage!) u. ich habe großen Spaß mit den Kindern allein! Ihre kindliche Geschäftigkeit u. Fröhlichkeit lenken immer wieder von schweren Gedanken ab. Karin kann ganz süß mit dem kl. Bruder sein u. würde ihm noch viel mehr helfen, ihn an- u. auszuziehen z.B., wenn der kl. Widerspruch es zuließe.

Ein Stück von meinem Herzen reist zu Dir mit diesem Brief, Erwin mein Geliebter. Immer Deine Margot.

Nr. 51., Loveday, 2. Januar 1943.

Meine geliebte Margot,

ein neues Jahr hat seinen Einzug gehalten und große Hoffnungen sind mit ihm verbunden, die uns 1942 leider nicht erfüllt wurden. [...] ich schon seit Wochen auf Briefe von Dir warte, denn seit dem 10. August hörte ich nichts mehr. [...]

Nr. 52., Loveday. 9. Januar 1942.

Meine liebe kleine Karin,

[...] Du bist nun schon 5 Jahre alt geworden. [...] Bleib Du mit Berti u. Mutti immer schön gesund u. mache der Mutti viel Freude, damit auch ich mich freue, wenn ich einst heimkehre. Dir, Mutti u. Brüderlein sende ich viele Küsslein, Dein Papi.

Nr. 53., Loveday, 17. Januar 1943.

Meine geliebte Margot,

Nun sind es schon über sechs Wochen her, seit ich Deinen Brief vom 14. Juli u. schon über 2 Monate seit ich Deinen Brief vom 10.

August erhalten habe. [...] In 4 Tagen ist der 8. Jahrestag unserer Hochzeit u. ich denke an diesen Tag und die wunderschönen darauffolgenden Wochen. Weißt Du noch, in den ersten Jahren vergaß ich manchmal den Tag, u. jetzt denke ich schon lange vorher daran u. kann Dir keine Blumen schenken. [...]

Nr. 54., Loveday, 7. Februar 1943.

Meine liebe Margot,

auch seit meinem letzten Brief vom 17. Januar warte ich Tag um Tag vergeblich auf Nachricht von Dir u. bin sehr unglücklich und unruhig, daß ich seit Deinem Brief vom 10. August ein rundes halbes Jahr nichts von Dir gehört habe. Ich würde mir keine so großen Sorgen machen, wenn nicht andere Kameraden fast regelmäßig wöchentlich Post bekommen würden, zudem oftmals mehrere Briefe auf einmal, worunter sich Luftpostbriefe bereits von Anfang November befinden. Welche u. ob von Deinen früheren Briefen noch fehlen, kann ich auch nicht feststellen, weil Du das Nummerieren gleich wiedereingestellt hast. [...] Die Geschwister schreiben mir anscheinend auch wenig. [...] Wenn sie nur wüssten, welche Freude uns hier Briefe bereiten! Viele haben von ihren Frauen schon weit über 50 Briefe. Die einzige regelmäßige Post bekomme ich von den Eltern, obwohl darin leider fast nie etwas über Dich oder die Kinder drinnen steht. Ich weiß also gar nicht woran ich bin u. wo ich die Ursachen für das Ausbleiben Deiner Briefe suchen soll. [...]

Nr. 55., Loveday, 15. Februar 1943.

Meine geliebte Margot,

vergangene Woche erhielt ich einen Brief von Herrn Siegwald einen Brief vom 14. Nov. v. Jahres., in welchem er mir schreibt, daß er Dich in München getroffen habe. [...] Wenn auch leider nur indirekt, so habe ich doch endlich wieder mal eine Nachricht über Dein Befinden. Aber was können einem Fremde schon viel sagen über das, was man von seiner Liebsten alles wissen möchte! Schon der Anblick Deiner Handschrift lässt mich mehr empfinden als noch so ausführliche Mitteilungen von anderen über Dich. Ich warte und hoffe von Tag zu Tag auf Briefe von Dir. [...]

Nr. 56., Loveday, 20. Februar 1943.

Meine geliebte Margot,

endlich ist die qualvolle Wartezeit auf Nachrichten von Dir vorüber. Ich bin ein ganz anderer Mensch seit vorgestern, als ich Deine geliebten drei Briefe vom 30.8. (Kopie) u. Nr. 7 u. 10 erhielt, mit den vielen lieben Fotos u. den Locken der Kinder. Offenbar wurden diese Briefe bei Siegwald verzögert, denn die Umschläge tragen alle 3 den Poststempel vom 7.11. [...] Jetzt bin ich so froh u. glücklich, zumal ich jetzt den Briefnummern entnehmen kann, daß vor dem 4. Oktober noch 6 Briefe unterwegs sind, die ich wohl im Laufe der nächsten Tage erhalten werde. Du schreibst so lieb und ich weiß gar nicht, wie ich Dir dafür danken soll, denn mein Raum ist ja beschränkt. Ich freue mich ja so sehr, daß es meinem Kleeblatt gut geht u. daß vor allem auch Du wieder gesund bist. Von Deinem Besuch bei den Eltern im Juni erwähnte Vater in seinen Briefen gar nichts. Ich kann mir lebhaft vorstellen, wie Du Dich über den Erhalt meiner ersten 6 Briefe gefreut hast, die, abgesehen von Nr. 9, am 13. Sept. eintrafen. Es ist eigenartig, daß dies genau ein Jahr nach meiner Abreise von Teheran war. [...] Morgen schreibe ich Dir mehr u. schließe Dich für heute in Liebe in meine Arme, meine Margot. Alles Liebe, tausend Grüße u. Küsse sende ich Dir, Dein Erwin.

Nr. 57., Loveday, 21. Februar 1943.

Meine Margot, gestern schrieb ich Dir mit Luftpost u. dankte Dir sehr herzlich für Deine Briefe vom [...]. Ich kann Dir sehr wohl nachfühlen, daß Du mehr von mir wissen willst, zumal ich ja in manchen Briefen mich wiederholt habe, da ich mit dem Verlust des ein oder anderen rechnete. Deine Bücher aus Genf habe ich im

Juli erhalten u. mit Begeisterung gelesen. Es war die erste Buchsendung, die seinerzeit im Lager eintraf. Inzwischen habe ich noch mehrere aus Frankfurt erhalten. Von dort kümmert man sich viel um uns. Neben Rote Kreuz Päckchen bekommen wir auch liebevoll zusammengestellte Privatpäckchen, die immer begehrte Überraschungen enthalten. [...] Über die gelesenen Bücher könnte ich Dir viel schreiben u. will es nach u. nach auch versuchen. Gerade bin ich bei Wilhelm Meister, danach habe ich Dichtung u. Wahrheit u. den westöstlichen Diwan vor. Von der Boveri habe ich „Mittelmeer" gelesen. Sehr empfehlen kann ich Dir „Herrscher über Traum u. Leben" von Erna Grauthoff u. geschichtlich interessant u. vergleichsweise aktuell ist „Der König u. die Kaiserin" von Beumelburg. Kim las ich im Original u. mit Don Quichote und Cid habe ich das Gleiche vor. Das nächste Mal mehr. Sei innigst gegrüßt, meine Liebste, sorge gut für Dich u. die Kleinen, immer Dein Erwin.

Margots Notizbuch, Sonntag, 17. Januar 43:

Es erschüttert mich, wie viel Karin von ihrem Papi u. von Teheran spricht. [...] Mutti, ist heute bei Papi auch Sonntag? [...] Mutti, ist hier denn auch ein Büro, wenn der Papi kommt? [...] Und eben, wie ich ins Schlafzimmer komme, wo die Kinder seit drei Stunden im süßen Kinderschlaf liegen, rührt Karin sich leise jammernd in ihrem Bettchen. Und wie ich zu ihr trete, fragt sie halb im Schlaf: Mutti, ist denn das kleine Hammele noch im Garten in Teheran – zuhause? Diese vertrauensvolle „Zuhause" hat die Tränen in mir gelöst, die doch nicht geweint werden dürfen u. die ich doch jeden Abend vor dem Einschlafen spüre u. drückend mit in die Träume nehme.

Ist es denn Wahrheit, daß wir im Januar vor zwei Jahren noch alle glücklich zusammen zuhause waren? Klein Albert noch nicht krank gewesen, ein rundes fröhliches Baby, Karin ein zwitscherndes Vögelchen, jauchzend, wenn sie ihren Papi entdeckte u. an seiner Hand von der Haustür bis zum Tee Platz am Kamin wanderte. Und noch ein halbes Jahr später standen unserer aller Betten, Karins schönes stabiles Kinderbett u. Alberts kleines Feldbettchen neben Erwin u. meinen großen Betten alle miteinander nachts im Garten – in unserem Garten. Und vor dem Einschlafen sahen wir in die Sterne, die leuchtend durch das Moskitonetz zu uns hernieder funkelten u. dachten, daß dieselben Sterne auf die Schlachtfelder rings um uns schienen – im Norden in Russland, in Syrien u. überall. Und man konnte seine Besorgnisse aussprechen u. immer einen Trost in den Schlaf hinübernehmen.

Notizbuch, 30. Jan. 1943: Gestern Abend wanderte ich mit Herrn Von N. zur Schule, wo in der Turnhalle eine Kundgebung zum Tag der Machtergreifung stattfand. Sie war nicht sehr besucht, ca. 40 Menschen. Die Turnhalle, ein barackenhafter Bau, der in mir den Gedanken sehr lebendig machte, daß Erwin wohl den 30. Jan. in einer ähnlichen Baracke feierlich begeht, vielleicht auch mit Musik, wahrscheinlich er mit ausübend.

Zum ersten Mal, daß ich allein bei einer solchen Feier war! Ich dachte daran, wie bei ähnlichen Anlässen ich Teheran Erwin zuhause die Armbinde an sein weißes Hemd steckte, wie er so darauf hielt, daß wir pünktlich wegkommen u. er zu Mahmoud Khan sagte, wenn er den Motor im Wagen anspringen ließ: „Club Aleman!" „Bale Sahib".

Als das Deutschlandlied gesungen wurde, vergegenwärtigte ich mir so lebhaft, wie immer Erwins Hand neben der meinen ausgestreckt war, daß ich meinte, seine Hand jetzt zu sehen.

Der Weg heimwärts unter funkelnden Sternen. Wie tröstlich ist es doch, daß die Sterne dieselben blieben. Es berührt so heimatlich, wenn man zu denselben Sternbildern aufblicken kann, in die Erwin u. ich in Isfahan sagen u. auf der Terrasse des River Front

Hotels in Bagdad, in Lenzerheide oder wo wir sonst zusammen glücklich waren.

Mutti, warum kommt der Papi so lange nicht? [...] Soll ich es ihr sagen? Soll ich ihre Vorstellung von dem glücklichen Zuhause, das sie doch so lebhaft erinnert, trüben? Es ist eine so schwere Entscheidung. Und wie soll sie verstehen, was Krieg ist?

In diesen Tagen, in denen die Gedanken nicht loskommen von Stalingrad u. nachts die Träume einen an die Ostfront führen, in diesen Tagen wurde mir plötzlich klar, daß der Rückzug im Osten, der einen totalen Sieg nun doch endgültig auszuschließen scheint, für uns auch den endgültigen Verlust unseres Heims bedeutet. Es bewegt mich nicht vor den Heldentaten an der Ostfront, die geleistet werden in dem Bewusstsein, es geht um Leben oder die Vernichtung Deutschlands. Aber ich frage mich – soll ich Karin den Glauben lassen an ein Zuhause, das sie nicht wiedersehen wird.

Nr. 24., Icking/ Isartal, Obb., 7. II. 43 (Eing. 19.7.43)

Mein lieber guter Erwin,

diese Woche erhielt ich Deine beiden lieben Briefe an Siegwald vom 25. Okt. u. 15. Nov., die er mir im Original schickte. Ich freue mich so über die relativ schnelle Nachricht. daß es Dir gut geht. Und Du erwähnst, daß Du meinen Brief vom 10. Aug. erhalten habest – wie schön! Jede kleinste der so seltenen Nachrichten von Dir macht mich glücklich u. wird durchdacht. Ich warte nun so auf die 12 Briefe, die zwischen Nr. 32 u. 44 von Dir fehlen. [...]

Es wird mir immer so schwer, an Dich zu schreiben. es scheint dann so unmöglich, einen Funken des wahren Gefühls in einen so kl. Briefbogen zu bannen, u. doch möchte ich, wenn Du meine Zeilen liest, daß Du dann auch nur für einen Augenblick lang spürst, wie ich meine Hände auf Deine Schultern lege oder wie wir beisammen saßen. [...] Unser glückvolles Leben in Teh. Es ist mir so nahe u. so lebendig, daß ich oft, wenn ich nähend oder stopfend bei den Kindern sitze, tat sächlich mir absolut vormachen kann, ich säße zu Hause auf dem bunten Kerbs des kl. Ecksofas u. Karin u. albert spielten auf dem Teppich. In der Ecke summte der Samowar, die Uhr schlägt klingend 6 u. wir warteten nur auf die bekannte Hupe, die Dein Kommen anmeldet.

Aber Du kommst immer noch nicht! „Mutti, sagt Karin heute, wann kommt der Papi nun endlich? Im Sommer?" Ich fragte sie, ob sie noch wüsste, wie Du aussähest? Ja, sagt sie prompt, so – das Haar zurück" und streicht sich das Haar aus der Stirn! Und wie sonst, Karin? Da zeigt sie auf Dein großes Bild u. antwortet logisch: so sieht er doch aus!"

Albert ist nun so alt, wie Karin damals, als er geboren wurde. Aber er ist noch viel baby-hafter als Karin es damals war. Wenn ich denke, wie Karin damals zu Frau Franke kam, da redete sie doch schon wie eine kl. Dame – während Albert noch ziemliches Babydeutsch quasselt. Es wirkt so komisch, weil er alles, was er hört, nachspricht u. oft nur gerade andeutungsweise dem Klang nach richtig. Oft macht er mühevolle Lippenverrenkungen, um ein Wort recht präzise herauszubringen. Aber dumm ist er nicht – im Gegenteil! Und eine Schmeichelkatze. „Na, meine kleine Mutti" kommt er an, u. wenn er merkt, daß es mich amüsiert, geht es weiter: „meine süße Mutti – meine hübsche Mutti – meine gute Mutti!" Diese Engelstöne, wenn er abends ausgestreckt im Bettchen liegt u. betet! Wenn er dann aber strahlend stolz seinem Gebetlein noch anhängt: lieba Gott – hüte meinen lieben Papi un Onkel Lüter – dann fährt Karin dazwischen: nein, das ist mein Papi u. mein Onkel Schlüter! Kaum hat man dann aber die Schlafzimmertür hinter sich geschlossen, verwandeln sich die zwei betenden Englein in tobende Wilde! Sie erzählen sich Unsinn u. gurgeln vor Vergnügen u. Frl. Maria sagt ganz vernünftig: „lassen's nur gnä Frau, alle Kinder machen's halt so am Abend – dann schlafen's eher ein!" Wenn es zu doll wird, schreite ich zum Strafgericht hinein – Albert bleibt frech im Bett stehen, aber wenn Karin eins hinten drauf bekommt u. jämmerlich zetert – dann verschwindet der kl. Mann wieselhaft behende unter der Decke u. liegt mucksmäuschenstill. Könntest Du nur einmal mit mir an der Tür horchen – wie würden wir zusammen lachen. Augenblicklich streiten sie sich nebenan, weil Karin wie ein großer Hund bellt, aber durchaus Albert der große Hund sein will: „nein, Du kleiner Hund, Kagi"

Jeden Tag, den ich mit den Kindern zusammen gesund hier in der Ruhe u. herrlichen Gegend zusammen sein kann, genieße ich bewusst. Die Kinder bringen es doch immer wieder fertig, auch an den trübsten Tagen die Gedanken abzulenken u. aufzuheitern. Sie haben Gott sei Dank ihre unbekümmerte Kinderzeit u. wissen nichts von Krieg u. Sorgen. Aber wie sind die Sorgen größer, daß nicht unser Mut u. unsere Zuversicht sie besiegen könnten – darauf kannst Du Dich verlassen! Man wächst mit dem größeren Ernst, man wird härter, wie die Zeit es verlangt u. allmählich wird es jedem wohl ganz selbstverständlich, alle Handlungen auch im Alltäglichen nur auf das eine Ziel auszurichten. […] Karin hängt ja ganz besonders an ihrer Omama. Mutti würde jetzt viel Freude an ihr haben, weil sie so vernünftig geworden ist. Seit es mir nach der Blinddarmoperation im Nov. so viel besser geht, komme ich glänzend mit Karin aus u. weiß nun, daß die Schwierigkeiten, die ich im Herbst mit ihr zu haben glaubte, zum größten Teil an meinem schlechten Gesundheitszustand lagen. […]

Postkarte: Icking, den 11.2.43 (Eing. 27.7.43)

Mein lieber Erwin, gestern hörte ich zu meiner größten Freude durch Frau Gallopin, daß der Delegierte des Roten Kreuzes in Sidney telegrafiert habe u. Deinen Dank für das Weihnachtstelegramm übermittelte u. versicherte, daß es Dir gut ginge. Zu schön ist das, so eine frische Nachricht. Hab tausend Dank, Du Guter. Ich habe es auch gleich Deinen Eltern geschrieben. […]

Icking/ Isartal, Haus 17, 22. II. 43 (Eing. 23.6.43)

Liebster Erwin, dieses Wochenende stand im Zeichen Deines Briefes an Karin v. 16. Aug. (Nr. 36). Am Samstagabend kam er an, von Klais nachgesandt. Eine derartige Erregung u. Freude hat wohl noch kaum je ein Brief bei einem Kind ausgelöst. Ich las vor u. Wort für Wort nahm sie in ihr heißes liebevolles sehnsüchtiges kleines Herz auf – ihr Gesichtchen glühte, ihre Augen leuchteten. „Mutti, nun kommt der Papi aber! Wann kommt er denn?" Ja, Karin, da müssen wir schon noch ein bisschen warten, das dauert noch lang, bis der Papi kommt. „Nein! schrie sie auf – er hat doch geschrieben er will bald kommen!" Ja, Karin, er will bald kommen, aber es geht noch nicht. Weißt Du, Du bist dann schon ein ganz vernünftiges großes Mädel, wenn der Papi kommt. Aber da hatte ich etwas ganz Falsches gesagt. „Ich will doch noch nicht groß sein, er soll doch mit mir spielen", rief sie fast weinend. Ich tröstete, Du würdest bestimmt mir ihr spielen, sie auf die Schultern nehmen usw. Als ich Deine Worte vorlas: sicher hast Du Dich mit Brüderlein im Schnee herumgetummelt, fragte sie, was heißt denn „getunnelt"? Und wie Du schreibst: oder magst Du lieber die warmen Tage wie in Teheran mit einem großen Schwimmbad wie in Schimran? kam prompt ihre Antwort „Ja, und wie n Babolsar!" Ich fragte: mit wem waren wir denn in Babolsar? „Mit dem Papi und er hat mit mir gespielt, am Strand". Karins Gedächtnis ist einfach erstaunlich. Durch Deinen Brief scheint ihr nun Teheran u. Du wieder besonders gegenwärtig. Heute Morgen beim Erwachen sagte sie als erstes: „Mutti, nachher fassen wir drei uns an, nicht wie bei Ringelreihen, sondern nur so eine Hand u. dann tanzt Du mit uns so wie der Papi mit mir" u. sie setzte ihre Füßchen kreuzweis, wie damals mit Dir im großen Wohnzimmer auf dem geliebten Teppich. Wenn ich nicht so eine große Freude daran hätte, müsste ich fast eifersüchtig werden auf diese Liebe u. Treue zu Dir! […] Dein Brief ist nun Karins größter Schatz u. sie verteidigt ihn wie eine Tigerin gegen Albert. Nachts steckt sie den sorgsam gefalteten Brief unter ihr Kopfkissen. – Da habe ich Dir nun einen Liebesbrief unserer Tochter geschrieben! Wie lang schrieb ich keinen Liebesbrief mehr? Ich darf jetzt nur noch „Mutti" sein. Wenn ich abends beim Einschlafen die regelmäßigen Atemzüge unserer süßen Beiden höre u. in Gedanken an die nächste Zeit die Verantwortung für die Kinder sehr empfinde – dann kann ich mir fast nicht mehr vorstellen, daß es einmal anders war. Du hast Recht, Liebster, die Gefühle bei unserem Wiedersehen, die kann man sich nicht vorstellen. [...]

Da Dein Brief vom 24. Okt., den ich vor einiger Zeit schon erhielt, nach Farchant ging, nehme ich an, daß Du inzwischen doch einige Briefe von mir erhalten hast. [...]

(mit Maschine geschrieben u. Kopie auch auf anderem Weg versandt):

Nr. 27., Icking/Isartal, 28.2.43 (Eing. 17.7.43) Nr. 27 a (Kopie, gl. Datum, Eing. 21.6.43)

Liebster Erwin,

die köstliche Ruhe dieses Sonntagmittags soll einem Brief an Dich geweiht werden. Die Kinder [...] schlafen nebenan. [...] Die Sonne scheint herein u. lässt eine goldgelbe Tulpe aufleuchten, die neben meinem Schreibtisch auf dem Tischchen am Fenster steht neben einer Primel. Um diese Zeit standen auf den braunen Kacheln der breiten Fensterbänke in unserem Haus in Teheran auch immer die blühenden Primeln [...] – weißt Du noch? [...] Die Kinder können jetzt schon im Garten spielen [...]. Sind die Kinder unbeaufsichtigt, muss man sich darauf gefasst machen, daß sie auf dem Hosenboden oder auch auf dem Bauch die Hänge herunterrutschen – Karin hat deswegen schon manche Strafe einstecken müssen, aber sie ist ja so ein Wildfang. Neulich war sie buchstäblich bis auf ihr kleines helles Bäuchlein eingedreckt. [...] Ich habe selten ein Kind gesehen, das so wenig Spielzeug braucht, wie sie. Spielt sie einmal wirklich versunken u. mit Eifer – dann krabbelt sie bestimmt durch das Zimmer als Hund oder Pferd oder tobt mit Brüderlein. Er hingegen kann sich stundenlang reizend mit Baukasten, Holzeisenbahn oder ähnlichem beschäftigen.

[...] Karin, mein Guter, brauchst Du Dir nicht anders vorstellen, als wie Du sie kennst. Sie ist sich vollkommen treu geblieben. Immer noch das sensible leidenschaftliche kleine Ding, das so verzweifelt ist, wenn etwas nicht nach ihrem gedankenvollen kleinen Querkopf gehen kann, und so lieb und so zärtlich, wenn man Zeit u. Geduld für sie hat. Immer noch sagt sie, wenn man ihr etwas abschlagen muss „aber nur heute, Mutti" oder, wenn sie mit etwas aufhören soll „nur noch einmal", immer noch spielt sie am liebsten Pferd, immer noch legt sie das Fingerchen an die Lippen, wenn sie nachdenkt, immer noch muss beim Gutenachtsagen alles nach der Reihe gehen: Hand geben, Kuß geben und lieb halten. [...]

Und immer noch hängt sie mit unbeschreiblicher Liebe an ihrem Papi. Es ist nicht übertrieben, wenn ich sage, daß kaum ein Tag vergeht, an dem sie nicht einmal von Dir spricht. Heute z.B. fragte sie: „Mutti wie heißt der Tag, wenn der Papi wiederkommt?" Ach, sagte ich, das dauert noch ein bisschen. „Nein, weißt Du, ich meine, ist es Sommer oder noch vor Weihnachten im Winter?" [...] Den Sonntag feiern wir Drei immer ganz besonders. [...] und am Abend wird Lotto gespielt. [...] Du solltest Deinen Sohn beim Lotto sehen! Er kennt die Bilder genau und wenn ich rufe: wer hat den Edelhirsch? oder wer hat den Purpurreiher? dann kommt sein „Ich" wie aus der Pistole geschossen. Karin verliert nicht gerne, deshalb trainiere ich sie durch allerlei Tricks jetzt darauf.

Der Junge ist sehr leicht zu lenken, wenn man konsequent ist, sonst allerdings tanzt er einem auf der Nase herum, wie z.B. dem Frl. Maria, die ihn restlos verwöhnen würde, wenn ich nicht aufpasste. Er ist eben goldig, daß es schwer ist ihn zu strafen. Seine Sprache ist so zart und betont, oft schon ganz erwachsen, meist noch sehr babyhaft und dieses Nebeneinander ist unglaublich amüsant. Er hat es ausgesprochen ungern, wenn man ihn anders als bei seinem christlichen Namen nennt – nein iche binne Albert, erwidert er dann. Gestern hörte ich, wie Karin „ach Du Mähnenschaf" zu ihm sagte (die Vokabel stammt aus dem Lotto), worauf er beleidigt erwiderte: „Iche bin keine Mähnenschaft, iche Allboert". Einige recht kräftige Ausdrücke hat Karin aus dem Kinderheim mitgebracht, die Brüderlein mit Begeisterung aufgenommen hat. Da es dafür schon manchen Klaps gegeben hat, meint er nun, wenn er sie ganz freundlich sagte, sei es wohl nicht so schlimm. Als ich heute seinen schmutzigen Waschlappen beanstandete, flötete er im süßesten Diskant: „Den Sseisser" – „Den" ist sein Artikel für alles [...].

Uns allen geht es gut. Ich denke mich ganz zu Dir hin u. umarme Dich, Geliebter. Immer Deine Margot.

17. III. 43, 2 Photos, (Eing. 8.7.43)

Mein geliebter Erwin, nächste Woche ist Nowruz – persisch Neujahr – welch helles und frohes Fest war das doch immer für uns in Teheran. Nowruz – „neuer Tag" – möge doch auch für uns alle bald ein neuer Tag anbrechen! Nowruz zuhause in Teheran – wenn die Bienen schon in den Aprikosenblüten summten, die großen Veilchen blühten u. die japanischen Quitten. Und am Nachmittag waren wir dann meist ganz für uns, weil alle Diener Spaziergang machten. Die Meisen singen nun auch hier, mit genau dem gleichen Ton wie in Teheran vor unseren Fenstern. Man hat manchmal Heimweh, daß man gar nicht richtig Luft holen kann. Aber wie darf ich Dir das schreiben! Ich habe ja die Kinder. Und wenn ich zwischen Ihnen auf dem Sofa sitze und sie sich in meine Arme schmiegen u. ihre hellen kleinen Köpfe über das Märchenbuch beugen – dann gibt es doch Stunden, wo ich glücklich bin. Und wenn es auch ein schmerzliches Glück ist, denn immer muss ich daran denken, was Du entbehren musst, daß Du die Kinder in diesem süßen Alter, das Erwachen ihres Verstandes, ihr kindliches Geplapper nicht miterleben kannst. Als ich Karin neulich vorsichtig erklärte, daß es wohl noch etwas dauern würde u. Du noch nicht im Sommer kämest, sagte ich ihr zum Trost: weißt Du, dann bist Du schon ein ganz vernünftiges großes Mädel, wenn der Papi kommt. Aber da schrie sie auf: ich will aber noch nicht groß sein – er soll doch noch mit mir spielen. Ach, unsere warmherzige kleine Karin, die so an ihrem Papi hängt! Sie möchte Deine kleine Mausi bleiben und Du sollst mir ihr spielen „wie in Teheran" – alles soll so sein wie früher. Und wird doch nie wieder so sein. Wir wollen dankbar sein für die köstliche Erinnerung all des reichen u. schönen Erlebens. Und wenn wir uns eines Tages gesund wiedersehen – ich glaube, dann zählt alles andere nicht. Wenn wir vier eines Tages wieder zusammen sein werden.

[...] Bisher bin ich mit meinem Monats- „Gehalt", einer vierstelligen Zahl, immer gut ausgekommen, trotz Steuern und allem. Es wird Dir merkwürdig scheinen, wenn ich nun Dich bitte, recht sparsam zu sein. Mein Geliebter, ach mein Erwin, Du weißt, ich gönne Dir alles, jetzt mehr denn je – aber mein Geld ist ja nicht Dein Geld, weißt Du, und eines Tages hast Du eine lange Reise vor Dir, möchtest vielleicht auch den Kindern was mitbringen – bitte verstehe mich nur richtig u. sei nicht böse. Könnte man sich nur einmal wieder alles sagen! Seit Deinen beiden Luftpostbriefen vom 28. Nov. u. 27. Dez., die zusammen am 25. Febr. eintrafen, habe ich noch nicht wieder von Dir gehört. [...]

Jeden Tag bin ich froh, daß die Kinder hier durch Wald u. Wiesen laufen können, anstatt durch städtische Straßen. [...]

Glaube mir, daß ich aufpasse und alles tue, was in meinen Kräften steht, um Dir die Kinder eines Tages heil in die Arme zu legen. Wir müssen beten u. Gott vertrauen. Ich hab Die ja lieb, Erwin! Immer Deine Margot.

Nr. 29., Icking, 22.3.43 (Eing. 14.7.43, auf anders versandter Kopie: Eing. 26.6.43)

Mein geliebter Erwin, ob unsere Gedanken sich heute zuhause begegnen, am persischen Neujahrstag? Gab es je ein helleres, heiteres Fest, als dieser Neujahrstag zum Frühlingsanfang? Seit gestern kann ich meine Gedanken nicht von unseren vielen glücklichen Nowruz (persisch Neujahr) Feiertagen wenden. Und das Herz war mir noch nie so schwer, wie in diesen Tagen, weiß nicht warum. Dabei strahlt draußen der schönste Frühlingstag. [...] Zuhause würde im Esszimmer in der silbernen Isfahan-Vase ein Strauß japanischer Quittenblüten stehen oder Stiefmütterchen in runden Schalen. Und Mohammed oder Achmed würden strahlend in der Vorfreude auf Nowruz-Geschenk u. freien Tag das Frühstück servieren und Du würdest Dir sehr bald eine gute Zigarre anstecken. Komisch, daß ich nie auf den Gedanken gekommen bin, Dir die Zigarren hinzustellen, obwohl Du sie doch zeitweilig sogar in meinem Wäscheschrank verstecktest. Du, Erwin, wenn wir erst wieder zusammen sind, dann wirst Du ein großartiges Eheweib haben – so viel habe ich inzwischen gelernt!! Viele Ecken u. Kanten sind abgestoßen, die in der Freiheit unseres eigenen Heims vielleicht nur Dir manchmal wehtaten. Aber seit ich mich nun immer in fremde Haushalte einfügen und immer nach anderen richten muss, hat sich vieles abschleifen müssen.

[...] Ich sagte zu Karin, zu schön, daß die Omama kommt, nicht? Wir haben sie doch so lange nicht gesehen. Und prompt bekomme ich zur Antwort: „Aber den Papi haben wir viel länger nicht gesehen, warum kommt er nicht?" Die Kinder spielen nun schon im Garten u. Karin zieht Vergleiche: „unser Garten in Teheran war nicht so schön, wie dieser, Mutti, aber er war doch schöner, weil ums Haus so ein Weg war, wo man immer mit einem Pferd oder einem kleinen Wagen herumlaufen konnte." Es ist unglaublich, wie genau sie alles erinnert. Wir sahen die ersten Bienen, sie sagt: „Aber Mutti, wenn mich die nun stechen, weißt

Du, wie in Teheran mich mal eine Biene gestochen hat in den Daumen und am Mund." Und ich frage: aber wo waren den Bienen in Teheran, Karin? „Aber Mutti, das weißt Du doch (und sie macht mit der Hand eine Bewegung die Wand entlang), da hinten bei der Sandkiste in der Mauer."

Albert ist ein ganzer Schelm. Abends beim Beten versucht er immer, den Ernst des Augenblicks zu durchbrechen und mich zum Lachen zu bringen. Er flötet dann mit einer Engelsstimme sein Gebetlein und seine Augen fordern zum Lachen auf. Wenn mich nichts rührt, sagt er mit innigster Stimme statt „Ich bin klein" „Ich bin ganz klein" – und dabei soll man ernst bleiben!

[...] Ich hatte große Angst, Albertchen könnte vielleicht O-Beine bekommen, weil er doch so dünn war, aber er hat trotz seiner großen Schlankheit kerzengrade Beine, und mir soll mal jemand ein Kind zeigen, das schöner gewachsen ist als Karin! Nicht wahr, ich bin eine eitle Mutter?! Ach Erwin, wenn wir uns wieder einmal zusammen an den Kindern erfreuen könnten. [...] Der Tag neigt sich dem Abend zu – heute Morgen fing ich den Brief an nach dem Frühstück, bei dem ich zur Feier des Tages die Rationen nicht einhielt. Nun fallen die Sonnenstrahlen schräg ins Fenster und fangen sich wie in einer goldenen Schale in den weit geöffneten Blütenblättern meiner letzten gelben Tulpe am Fenster. Karin und Albert spielen im Garten „Geburtstag" und beschenken sich großmütig mit den sonst meist heiß umstrittenen Spielsachen. Ich möchte meinen Kopf für einen Augenblick an Deine Schulter lehnen, wie so oft nach einem schönen Tag oder wenn Du Schwalbe trösten musstest. Ich habe Dich lieb, Erwin, mein ganzes Leben ist in Dir beschlossen und alles andere ist nur Umwelt. Einen ganz lieben Gruß und Kuß von Deiner Margot.

Nr. 30., Icking / Isartal, 11. IV. 43 (Eing. 1.9.43)

Mein geliebter Erwin, Dein neuester – wenn auch nicht letzter – Brief ist immer noch der vom 27. Dez.! Inzwischen kamen noch

Deine Briefe vom 6. Nov. u. 8. Dez. zusammen mit Deinem Brief an Mutti Nr. 2, der der erste war, den Mutti von Dir erhielt und über den sie sich unsagbar gefreut hat. Mutti ist in Sorge, ob Du wohl ihre verschiedenen Briefe bekommen hättest. Ich necke sie damit, daß ihre Schrift den diversen Zensoren sicher zu viel Mühe gemacht habe! Ach, mein Erwin, wie sehne ich mich nach neueren Briefen von Dir. Von anderer Sehnsucht wagt man schon gar nichts mehr zu sagen. Deine telegr. Grüße durch das Rote Kreuz wurden mir Mitte Februar brieflich übermittelt. Ob Du meine Radiobotschaft zu Neujahr bekommen hast u. meine beiden Luftpostbriefe vom Februar u. März? Deine Karte vom Christl. Verein Junger Männer mit den kl. Bären darauf kam auch an u. hat Karin größte Freude gemacht. Ihr Heiligtum bleibt Dein Brief an sie vom 16. Aug. [...]. Neulich wollte sie ihn haben; ich konnte ihn gerade nicht holen, aber sie sagte, sie wisse wo er sei, und aus einer Anzahl Deiner Briefe, die auf meinem Nachtisch lagen, pickte sie doch tatsächlich den ihren richtig heraus. So genau kennt sie ihn! [...] Sie treibt mich jetzt manchmal mit ihren Fragen in die Enge! „Mutti, wozu hat man denn eine Zunge?" „Mutti, wie kommt das denn, daß man seine Arme und Hände bewegen kann?" „Mutti, wie kann der liebe Gott alles hören? Hört er denn auch, wenn ich den Druckknopf zumache?" Und Folgendes als neuen Beweis für ihr ungewöhnliches Erinnerungsvermögen: Neulich kommt Nostizen's kl. Scotchterrier herein zu uns, wie ich beim Frühstück bin; Karin will, daß ich ihm „was abgebe"; ich sage nein, mein gutes Marmeladenbrot gebe ich ihm nicht! Woraufhin sie sagt: „aber Mutti (jeder Satz fängt mit „aber Mutti" an), dann gib ihm das letzte Stückchen, das Du in den Fingern behältst, so wie der Papi immer dem Flip" u. durch eine kl. Geste führt sie mir klar vor Augen, wie Du am Schluss des Frühstücks immer Flip den letzten Bissen zuwarfst! Unbeschreiblich ist jetzt die Liebe zu Albert: Mutti, das ist doch mein Brüderlein, nicht?, nur meins!" Abends flitzt sie auf bloßen Füßen noch schnell an sein Bett zum Gutenachtsagen mit vielen zärtlichen Worten „mein Herzelein, mein kleiner Mann usw.", die sie genau in meinem Ton nachsagt. Auch er leibt sein Kagilein innig – wie viel besser hat er es als Karin in dem Alter, die immer allein spielen musste. Er kann unwiderstehlich lachen! Mutti ist überhaupt ganz bezaubert von seinem Lächeln, seiner Sanftheit und Zärtlichkeit. Mutti ist seit 14 Tagen hier in der Nähe in einer Pension zur Erholung. Wir genießen das häufige Zusammensein. Ich habe mich hier recht gut eingelebt. Die äußerst kultivierte Atmosphäre des Hauses wirkt wohltuend und beruhigend. Herr von Nostiz ist einer der gebildetsten Leute, denen ich in meinem Leben begegnet bin. […] Wie Du Dir denken kannst, ist gerade für mich die vollendet Form dieser Menschen, mit denen ich zusammenlebe, eine Wohltat. Du kennst meine Ansicht, daß die gute Form uns das Leben so verschönt u. erleichtert. […] Nach „Verkehr" verspüre ich gar keine Lust, bin zufrieden, wenn man mich mit meinen Kindern in Ruhe lässt, freue mich immer, Briefe von Bekannten u. Freunden zu bekommen […], habe aber keine Lust, neue Menschen kennen zu lernen. Ist es ein Zeichen von Müdigkeit oder Alter – oder der Beweis für das nicht Hiersein-Wollende, das Abwartende meines jetzigen Lebens? So wie Du dort gefangen bist, mein Erwin, bin ich hier Gefangene meiner Sehnsucht nach Dir, Gefangene unserer gemeinsamen Erinnerungen, denen ich mich lieber überlasse, als neue Verbindungen aufzunehmen. Manchmal sage ich mir: Du musst die Zeit jetzt hier in dem schönen Hause, in der herrlichen Umgebung mit den Kindern mehr noch genießen – wie schnell vergeht diese glückliche Kindheit – aber kann man seinen Gefühlen gebieten? Gewiss, ich bin dankbar, hier gut untergebracht zu sein – aber wäre ich nicht lieber mit Dir zusammen – auch hinter Stacheldraht! Ach, wie viel möchte ich dir von meiner Liebe sagen – aber eben auch nur sagen! Du weißt warum. […]

Nr.?, Loveday, 3. März 1943.

Meine geliebte Margot, gestern erhielt ich Deinen lieben Brief vom 20. Sept. u. bin Dir von Herzen dankbar für Deine so geliebten Worte. Die langen, brieflosen Wochen sind ja nun für mich überstanden, u. Du brauchst Dich nicht zu grämen, daß Du mir eine Zeitlang wenig geschrieben hast, denn diese Zeit ist ja nun für mich überstanden u. vergessen. Ich freue mich immer so unendlich, wenn ich Deine Handschrift vor Augen habe, denn eine geliebte Handschrift sagt einem ja unendlich viel. Was Du mir über die Kinder schriebst, lese ich mit viel Freude, und ich hoffe, daß es nicht mehr lange dauern möge, bis ich auch wieder einige glückliche Stunden mit den Kleinen verleben darf; u. mit Dir werden sie noch viel, viel glücklicher u. froher werden, als sie es früher schon waren! Bleibt alle 3 gesund u. sorgt gut für Euch. Du schreibst, daß die Firma treu für Dich sorgt. Ich verlasse mich darauf, daß diese Versorgung auch in jeder Hinsicht ausreichend ist. Andernfalls bitte ich Dich evtl. weitergehende Ansprüche ohne Bedenken anzumelden, denn darauf glaube ich ein ‚Anrecht zu haben. Die drei Fotos haben mir wieder große Freude bereitet. Zwei hatte ich schon letzte Woche erhalten, aber die dritte, meine 3 Schwalben auf der Stange, ist mir besonders lieb. Du bist darauf wie ein kleines Mädchen, so wie vor 11 Jahren, als Du von Teheran abreistest, was wohl auch Anfang März gewesen ist. Abschied am Isfahaner Tor; Wiedersehen 2 ½ Jahre später in Magdeburg, abgesehen von der Episode im November 1933 in Baden-Baden. Morgen schreibe ich wieder per Landpost. Dir sende ich meine ganze Liebe, den Kindern, Mutti u. Annie viele herzliche Grüße, Dein Erwin.

Nr.?, Loveday, 4. März 1943.

Meine Liebste, mit gestriger Luftpost schrieb ich Dir meine Freude über Deinen geliebten Brief vom 20. Sept. u. die drei Fotos, besonders mit meinen beiden „kleinen" Mädchen u. Brüderlein auf der Stange. Du siehst darauf so jung u. frisch aus, wie ich mir

Dich nach so langer Trennung gar nicht mehr vorstellen kann. Aber ich hoffe Dich auch zu überraschen, denn von der vielen frischen Luft bin ich knusprig braun u. von der Ruhe u. Regelmäßigkeit einige Kilo schwerer als früher. Gesundheitlich geht es mir gut. [...] Deinen Kummer über Deine wenigen Briefe vor Juli kannst Du ablegen, denn Deine letzten Briefe haben alles wieder gut gemacht u. ich habe die brieflosen 3 Monate überstanden u. vergessen [...]. Ach, wenn ich Dich erst wieder beschenken u. mich von Dir verwöhnen lassen kann! Es wird dann alles noch schöner u. glücklicher als früher werden. Mit innigen Küssen umarme ich Dich meine geliebte Margot, u. sende Dir u. den Kindern alles Liebe, stets Dein Erwin.

Nr.?, Loveday, 8. März 1943. (Margots Vermerk: eingeg. 9.7.43)

Meine geliebte Margot, soeben habe ich die Leiden des jungen Werthers gelesen und wie manche Parallele zieht man da zu sich, wenn man so ein Buch in unserer Lage liest. Beileibe nicht, was den Ausgang jenes Romans anbetrifft, sondern die Sehnsucht nach der Liebsten. Wenn auch die Ursachen, warum nicht zu ihr gelangen kann, in unserem u. Werthers Fall ganz verschieden sind, so ist die Wirkung doch wohl die gleiche. Ich freue mich so sehr auf Dich, wenn auch der Zeitpunkt noch sehr unbestimmt ist. Aber die Hoffnung, daß es bald sein möge, die lasse ich mir nicht nehmen. Schließlich muss ja auf einen Krieg auch mal ein Friede folgen. [...]

Nr. ?, Loveday, 11. März 1943.

Meine liebe Margot, [...] Aus Deiner neuen Nr.-Serie habe ich bis jetzt 6 liebe Briefe erhalten u. erwarte die fehlenden 4 mit großer Sehnsucht. Die Nr. der erhaltenen 6 Briefe schreibe ich im nächsten Brief nochmals, da ich sie gerade nicht zur Hand habe, ebenso auch nicht meine Notizen, so daß ich diesen u. meine drei letzten Briefe v. 3., 4. und 8. März nicht nummerieren konnte, was ich aber nachträglich noch tun werde.

[...] Über Deine Pläne ein Häuschen zu kaufen, hätte ich auch gerne mehr gewusst. Du schreibst nur, daß sich der Plan zerschlagen hat. [...] Die Eltern würden sich bestimmt über Eure Nähe freuen u. wenn ich später heimkehre u. vielleicht erst einige Zeit in der Zentrale tätig sein würde, könnte ich gleich bei Euch wohnen u. das Geschäft verhältnismäßig günstig erreichen. Über einen Punkt, die Ernährungslage im Vergleich zu Bayern, kann ich allerdings von hier aus nicht urteilen. Ich bat Dich schon, auch Luftpostbriefe zu schicken, die bei Kameraden schon von Mitte Dezember vorliegen, also 2½ Monate Deinem letzten Brief vom 4. Oktober voraus! [...]

Nr. 62, Loveday, 21. März 1943.

Meine geliebte Margot, hab innigen Dank für Deine Briefe v. 24.10., 3.11. u. 28.9. Letzteren erhielt ich schon Ende Febr., hatte ihn aber in meinen Briefen v. 3., 4., 8. u. 11. März nicht erwähnt, weil ich ihn nicht zur Hand hatte. Ich saß während der Zeit u. bitte Dich den Briefen noch nachträglich die Nr. 58-61 zu geben. („ich saß während der Zeit", wohl wegen der Zensur nicht näher erläutert, erinnert mich an eine Geschichte, die Erwin mal erzählte, daß er und einige andere, als sie mal von einem Ausbüchsen ins nahe Frauen- u. Familienlager bei Rückkehr erwischt u. bestraft wurden). Ich freue mich so unbändig jetzt häufiger Post von Dir erwarten zu dürfen u. lebe bei diesem Gedanken geradezu auf aus der ungeduldigen Wartezeit der letzten Monate. Die glückliche Aussicht auf mehr Briefe von Dir, meine Liebste, hat mich die Wochen der spärlichen Nachrichten vergessen lassen u. Du brauchst Dir darüber keinen weiteren Kummer zu machen. Ich kenne das Gefühl, wenn man Briefe schreiben möchte, von denen man annehmen muss, daß sie nicht ankommen. Nun, wo wir wissen, daß die Postverbindung gut funktioniert, ist ja alles anders. Leider kann ich Dir keine so langen Briefe schreiben, da wir ja Beschränkungen unterliegen u. ich Dir auch nicht immer Neues berichten kann, da sich ja unser Alltag in ziemlich gleichbleibenden Bahnen bewegt. Nur eines kann ich Dir immer wieder schreiben, wie unbändig lieb ich Dich habe u. wie sehr ich mich nach Dir sehne, jeden Tag, jede Stunde. Ach Margot, könnte ich doch einmal wieder Dein frohes, schönes Lachen wieder hören, wenn wir manchmal miteinander scherzten. Du kannst mir mehr schreiben, von Dir, den Kindern, Verwandten u. Freunden. Das interessiert mich alles u. bringt mir viel Abwechslung. Wenn nicht immer 4 Seiten, dann nur 3 oder 2, nur will ich von Dir hören. Womit verbringst Du die Abende? Du darfst Dich nicht ganz vom Leben zurückziehen, denn dann wirst Du weltfremd u. verschlossen. Besuche Theater, Kinos, Sportveranstaltungen, Museen u. was es sonst heutzutage an Zerstreuungen geben mag. Du kannst das jetzt alles ausgeruht u. frisch erleben u. ich bekomme meinen Anteil später davon ab, wenn Du mir davon erzählst. „Sich mitzuteilen ist Natur, Mitgeteiltes aufzunehmen, wie es gegeben wird, ist Bildung", sagt Goethe in den Wahlverwandtschaften. Morgen mehr meine Liebe, viele Grüße u. Küsse, Dein Erwin.

Nr. 63., Loveday, 22. März 1943.

Liebste Margot, im Anschluss an gestern. Ich weiß, daß es für Dich nicht leicht ist viel unter Menschen zu gehen, weil Du dann wohl noch mehr empfindest, daß ich nicht bei Dir bin, besonders, wenn andere Frauen mit ihren Männern sind. Aber dies sind ja wohl heute seltene Fälle u. wie viele entbehren ihre Liebsten schon doppelt so lang wie Du mich u. wie viele werden sie für immer entbehren müssen! Lass Dir bei den Kindern helfen u. schließe Dich nicht ab von Menschen u. Zerstreuungen. Mach mal eine Reise in einen Kurort, wo Du Unterhaltung u. Abwechslung findest u. Dich von den Kindern erholst. Wir hier tragen ja alle das gleiche Schicksal u. tragen es daher leichter, denn hier fehlt jedem die Frau u. die Freiheit und keiner hat's besser als der andere. Manch einer verzagt darüber. Ich weiß Besseres zu tun. Ich bilde mich weiter, arbeite an mir selber, um Fehler zu beseitigen, innerlich ausgeglichener zu werden. Manch eine Ecke habe ich schon abgestoßen u. Unebenheiten abgefeilt. Ja Margot, ich will mich verändern, zu Deinem größeren Glück, zu meinem Vorteil; der Kern aber wird bleiben, so daß Du keine Sorge haben brauchst, es könne Dir nicht recht sein. So eine Internierung bietet dazu manche Gelegenheit für einen strebsamen, lebensbejahenden Menschen, weil er endlich mal die Zeit findet sich auf sich selbst zu besinnen. [...]

Nr. 64., Loveday, 29. März 1943. (Eing. 9.7.43)

Meine geliebte Margot, vor 4 Tagen erhielt ich deine lieben Zeilen v. 22. Nov. aus München, die leider keine so erfreulichen Nachrichten enthielten, wie die bisherigen Briefe. Wie einsam muss es für Dich im Krankenhaus gewesen sein u. ich empfinde es sehr schmerzlich, daß ich in jenen Tagen nicht bei Dir sein konnte. [...] Karins Zustand ist ja bedauerlich. Hoffentlich hat das Kinderheim Erfolg. Lass sie auf jeden Fall lange genug da, denn je früher man sie zurechtbiegt u. je gründlicher, desto besser für sie u. uns. Die Fotos von Euch Drei machen mir immer große Freude u. ich bin jetzt dabei, mir ein Album anzulegen. [...]

Nr. 65., Loveday, 4. April 1943. (Eing. 11.6.43)

Meine Liebste, die vergangene Woche brachte mir leider keinen Brief von Dir. Seit August habe ich bis jetzt erhalten [...]. Wir sind jetzt durch Umbauten nur noch 24 in einer Baracke, was sehr viel angenehmer ist. Wir haben jetzt sehr schöne Herbsttage u. treiben wieder mehr Sport als im Sommer, wo es dafür mitunter zu heiß war. [...]

Nr. 66., Loveday, 11. April 1943. (Eing. 3.7.43)

Meine geliebte Margot, nachdem ich im Febr. u. März 8 geliebte Briefe von Dir erhielt, die in der Zeit vom 30.8. bis 22.11. geschrieben sind, warte ich nun seit dem 25. März auf die noch fehlenden u. insbesondere auf neuere Briefe, die mir sagen, daß

Du wieder ganz gesund von München nach Icking zurückgekehrt bist. [...]

Wie gern würde ich ihn (Albert) mal sehen, aber das ist gar kein Vergleich damit, wie ich mich nach Dir meine Liebste, sehne. [...]

Nr. 67., Loveday, Ostersonntag, 25. April 1943.

Meine Geliebte, war das eine große Osterfreude, als ich Gründonnerstag Deinen lieben Brief vom 20. Nov., zus. mit einem Brief der Eltern v. 7.1. u. Briefe von Hanna, Lisel u. Alberto v. Okt. u. Nov. erhielt. Du schreibst so lieb u. gut u. es ist einer Deiner schönsten u. einer meiner liebsten Briefe. Es ist gut, daß er fast vier Wochen später eingetroffen ist, als Dein Brief vom 22. Nov. über Siegwald, der wegen der geschilderten Schwierigkeiten mit Karin begreiflicherweise mich nicht so froh machte, wie der jetzige Brief. Eigentümlich ist, wie wir oft unseren Gedanken u. Gefühlen in oft gleichen Worten Ausdruck geben. Wir müssen uns doch in solchen Stunden sehr nahe sein. „Ja, in der Ferne fühlt sich die Macht, wenn zwei sich redlich lieben" sagt Goethe im letzten Vers seines Gedichtes „Das Blümlein Wunderschön". Lies mal die beiden letzten Strophen. Ich las in den letzten Tagen den ganzen Gedichtband.

Was Du wohl heute mit den Kindern unternehmen wirst? Hoffentlich habt Ihr einen so herrlichen Sonnentag wie ich hier. Ich denke sehr an unsere schönen Ausflüge in Teheran u. habe gerade die Fotos unseres letzten von 1941 betrachtet. Hoffentlich können wir im nächsten Jahr wieder zusammen sein. Wie oft versuche ich mir unser Wiedersehen im Geiste vorzustellen u. wie viele schöne Pläne habe ich mir dafür schon ausgedacht. Carle wünsche ich von ganzem Herzen ganze u. rasche Genesung. Grüße bitte unbekannterweise Deine Gastgeber. Dir u. den Kindern herzliche Ostergrüße und alles erdenkliche Liebe. Es schließt Dich in seine Arme Dein Erwin.

Nr. 68., Loveday, 2. Mai 1943. (Eing. 21.8.43)

Meine geliebte Margot, gestern haben wir bei herrlichem Wetter unterm Maibaum unseren Nationalen Feiertag gefeiert, mit der an die Feier anschließenden üblichen Belustigungen u. sportlichen Wettkämpfen. Am Abend hatten wir Kameradschaftsabend mit musikalischen u. gesanglichen Darbietungen. Eine Viertelstunde witzigen Vortrags unseres unverwüstlichen Gloye trug zu viel Heiterkeit u. froher Stimmung bei. Wie oft habe ich an unseres letzten 1. Mai gedacht, an dem Du ja nur wenig Anteil hattest, aber unsere kleine Karin ein wohl bis dahin ein noch nie gezeigtes strahlendes Gesicht hatte, als sie zum ersten Mal ihren lange gehegten Wunsch, zu reiten, erfüllt sah und gar nicht genug kriegen konnte. Damals kam auch zum ersten Mal zur Sprache, ob Du vor dem Sommer noch heimfahren solltest. [...] Seit Deinen Briefen vom 20. u. 22. Nov. hörte ich nichts mehr u. erwarte mit Sehnsucht weitere Nachrichten. [...]

Ich sehne mich sehr nach Dir, liebste Margot, und sende Dir mit tausend Grüßen u. Küssen all meine Liebe, Dein Erwin.

Nr. 69., Loveday 16. Mai 1943. (Eing. 28.8.43)

Meine geliebte Margot, eine briefreiche Woche liegt hinter mir. Anfang ds. Monats. kam Dein Brief Nr. 15. v. 8. Nov. und in den letzten Tagen als Nachzügler Deine Briefe Nr. 1, Nr. 11, u. ein zweiter Brief v. 10.8. ohne Nr. Hab innigen Dank für alle Deine lb. Zeilen u. Worte. [...] Von Deinen Briefen fehlen noch [...].

In letzter Zeit kamen auch öfter Nachrichten über angebliche Austausch-Verhandlungen. Hörst Darüber nichts durch die Firma, Mutti oder Lilos Gustav? Aus Genf erhielt ich bisher 10 Überweisungen. Im Auf. u. Sept. schrieb ich aber an Dr. Gallopin er solle die Überweisungen einstellen u. mir Zigarren u. Bücher (fremdspr. Literatur) senden, da ich genügend Geld hier habe u. mir jederzeit im Bedarfsfall telegr. von meiner Bank überweisen lassen kann. Gestern erhielt ich nun einen Brief v. 19. Jan. von ihm, in dem er mitteilt, daß die Ausfuhr von Tabak aus der Schweiz verboten sei, er mir aber gern Bücher besorgen wolle [...].

Nr. 70., Loveday, 23. Mai 1943. (Eing. 24.7.43)

Meine geliebte Margot, vergangene Woche kam wieder ein liebster Brief von Dir, Nr. 18a vom 7.12. [...] Ein postreicher Monat! Die Tage sind dann nochmal so schön u. man hat ja nicht nur am Tage des Eingangs etwas von Deinen lieben Briefen, sondern ich zehre viele Tage daran. Und denke Dir, dieser Tage kamen schon zahlreiche Luftpostbriefe vom März an, in welchen unsere Luftpostbriefe vom Dez. u. Jan. bereits bestätigt werden. Es ist ein schönes Gefühl zu wissen, daß Du nun auch schon im März meine Dez. u. Jan. Luftpostbriefe hattest u. ich warte nun täglich auf Deinen ersten Luftpostbrief, der mir dies bestätigt. [...]

Nr. 71., Loveday, 24. Mai 1943. (eingeg.28.7.43)

Meine liebe Margot, ich dankte Dir schon für Deinen sehr lieben Brief Nr. 18a. Du schreibst so rührend lieb von den Kindern. [...] Ich hatte übrigens hier genau so viel zugenommen wie Du, habe aber durchs Tennisspielen wieder etwas abgearbeitet. Das war auch nötig, denn es passte mir keiner meiner Anzüge mehr. [...] Auch Unterwäsche habe ich reichlich mit, 3 von Mutters gestrickten Pullovern bzw. Westen, alles in meinem schwarzen Schrankkoffer, der die lange Reise glänzend überstanden hat. Im Übrigen können wir uns alle Art von Bekleidungsartikeln aus Geschäften bestellen, im Rahmen unserer Coupons, die wir im gleichen Ausmaß wie die hiesige Zivilbevölkerung erhalten. Toilette-Artikel, einschl. Hautcremes, Haaröl usw., können wir in der Kantine kaufen, auch Lebensmittel wie Butter, Marmelade, Wurst, Schinken, Schokolade, alkoholfreie Getränke, Honig, Lux, Persil u. frisches Obst u. anderes mehr gibt es in der Kantine. Unsere Köche u. Bäcker backen mehrmals in der Woche Kuchen, Brötchen, Berliner, Hörnchen usw., was es teils zum Essen gibt, teils auch gekauft werden kann. Du siehst, an guter Ernährung fehlt es uns nicht. [...]

Nr. 31, Icking, 18.4.43 (Eing. 28.7.43)

Mein geliebter Erwin, eben wollte ich Dir schreiben, da bringt mir Karin strahlend einen Brief „von Papi" und hofft mir eine besondere Sonntagsfreude damit zu machen. Aber ich sitze nun in Tränen, denn es ist Dein Brief vom 7. Febr., in dem Du so unglücklich schreibst, daß Du über ein halbes Jahr nichts mehr von mir gehört hast. Und Du schreibst von Deiner Unruhe darum und daß Du gar nicht verstehen könnest, warum keine Briefe von mir kommen. Ach Liebster, Liebster – wie schrecklich das ist, so Monat und Monate ohne Post zu sein, das weiß ich ja selbst und mein Herz tut mir weh, wenn ich denke, daß Du darunter gelitten haben magst. Deine einzige Freude und Abwechslung – Briefe – wenn die ausbleibt, dann ist es ja ganz trostlos für Dich. Wenn Du nur nicht zweifeln würdest, daß ich Dir schreibe. Es macht mich rasend, daß andere Deiner Kameraden regelmäßig Post bekommen und Dich keiner meiner Briefe seit August mehr erreichte. Ich kann es nicht verstehen. Ich schickte sie über die verschiedensten Richtungen, ich schrieb immer lateinisch und extra nicht so lang, damit sie bei den verschiedenen Zensuren nicht aufgehalten würden – und alles hat nichts genützt. Warum ich Dir bis zum Juli vorigen Jahres so selten schrieb, das habe ich Dir schon in einem langen Brief gestanden. Es war irgendwie eine Hemmung, die mich selbst so gequält hat, daß ich Dir nicht schreiben konnte, ohne Hoffnung, daß meine Briefe zu Dir den weiten Weg finden würden oder Briefe aus Australien zu mir kommen könnten. Als dann im Juli vorigen Jahres Deine ersten Briefe von dort eintrafen und mich so beglückten, daß ich das ganze Leben überhaupt wieder mit anderen Augen ansah – von da an hab ich Dir fast regelmäßig jede Woche geschrieben. [...] Ich bin ganz unglücklich. Aber vielleicht kommt inzwischen doch noch der ein oder andere

Gruß von mir an und tröstet Dich ein klein bisschen und zeigt Dir, daß Deine Schwalbe so viel an Dich denkt. Ach, könnte ich nur einmal, nur einmal eben zu Dir fliegen. Wenn so ein Brief von Dir kommt, wie heute der vom 17. Jan., der auch schon so traurig klang, dann ist im wahrsten Sinn des Wortes meine Ruh hin und mein Herz schwer – ich denke nur Stunde um Stunde daran, ob inzwischen nun wohl Briefe von mir angekommen sind und ob nicht Zweifel Dich quälen und ob wenigstens der eine oder andere Brief angekommen ist, in dem ich einmal wieder schreiben musste, daß Du mein Alles bist, Erwin. Ich fühle, wie meine Liebe zu dir von Jahr zu Jahr gewachsen ist. Du bist die Erfüllung meines Lebens. In Deiner Gegenwart bin ich so gelöst und glücklich, wie ich es nie vorher gewesen bin und nie ohne Dich mehr sein könnte. Du hast recht, wie Du neulich schriebst, daß gerade deshalb, weil wir schwer zueinander gefunden haben, unser Glück dann so viel größer geworden ist. Wir können wohl jeder von uns beiden sagen, daß wir nicht leichtsinnig oder nur verliebt zueinander gekommen sind. [...]

Liebster armer Erwin – ach könnte ich Dich in die Arme nehmen und trösten – Du weißt doch, daß wir immer an Dich denken und von Dir sprechen und Dir unsere guten Wünsche senden. Ich bin ja doch nur halb hier - halb immer bei Dir. Sei von ganzem Herzen gegrüßt und geküsst von Deiner Margot

Icking, 20.4.43 (Eing. 21.7.43)

Mein Geliebter, [...] da lagen zwei Briefe aus Australien für mich da u. der eine war sogar schon direkt hierher adressiert. Es ist Dein Brief vom 20 Februar per Luftpost, der nur 2 Monate von Dir zu mir brauchte. Und teilt mir mit, daß endlich Briefe von mir zu Dir kamen. [...] Seit Dein Brief vom 17. Febr., den ich tatsächlich genau auch vor 3 Tagen erhielt, mir von dem Ausbleiben meiner Briefe erzählte, war ich ganz verzweifelt. Immer wieder verfolgte mich das Bild, wie Du enttäuscht u. traurig mit leeren Händen ausgingst, wenn Deine Kameraden ihre Post bekamen. [...]

Ach Liebster, Liebster, wie bin ich jetzt froh. [...] Als ich heimkam, saß Mutti mit beiden Kindern auf dem Sofa u. besah Bilderbücher! Karin war stolz, daß die Omama „bei dem bösen Regenwetter" ganz allein zu ihnen gekommen war, wo die Mutti doch gar nicht da war. [...]

Ach Du geliebter Schwalbenvater, Du, die Kinder sind ja so süß geworden. Frau v. Nostiz, die ein ganz reizendes Interesse u. Verständnis für die Kinder hat, findet Karin so besonders geschickt. Ob sie Deine geschickten Hände geerbt hat? Aber leider ist sie ein ausgesprochenen kl. Faulsack! Und sehr unbeständig beim Spielen, während Albert stundenlang sich mit seinem Spielzeug beschäftigen kann oder – Blumenpflücken. Er ist ganz wild auf Blumen! Bei dem herrlichen Wetter bis gestern konnten die Kinder den ganzen Tag draußen sein. Die Hänge im Garten sind besät mit Himmelschlüsselchen, Anemonen u. Veilchen. Vor meinem Fenster stehen Pflaumenbäume im Blütenschnee. Und alles ist nun strahlend schön, weil Du so froh geschrieben hast „die ganze Welt – ist schön durch Dich." Tausend Grüße u. süße Küsse von Deiner Margot

Nr. 33, Icking, 25. IV. 43 (Eing. 1.9.43)

Mein geliebter Erwin, zum Abschluss eines köstlichen Ostersonntags, der erfüllt war von Sonnenschein, Blühen u. Grünen u. dem Jubel der Kinder, möchte ich nun zu Dir kommen u. Dir erzählen. Zu jeder Stunde heute dachte ich an Dich. Wie viel Freude ist Dir heute wieder entgangen. Liebster, ich fühlte wohl, mit wie viel Sehnsucht Du an uns dachtest. [...]

Zu meiner Osterfreude hat vor allem Dein geliebter Brief vom 20. Febr. beigetragen. [...] Aber Liebster, wie kommst Du auf die Idee, mir für meine Briefe danken zu wollen?! Es ist doch das Einzige, was ich für Dich tun kann. Wie soll ich Dir denn danken für all die tausend Erleichterungen, die ich doch nur durch Dich jetzt habe – wie viele Frauen müssen unter ganz anderen Verhältnissen

jetzt allein fertig werden – überhaupt dafür, daß ich mit den Kindern gesund hier ankam u. für all die herrlichen Jahre vorher?!
[...]

Aber ich wollte Dir ja von heute erzählen! Früh um 7 Uhr wurde es im Schwalbennest lebendig – Karin entdeckte das erste Osterei! Sie berichtete der Omama: wie ich aufs Klo ging u. machte die Tür auf, da war vor unserer Tür eine Schachtel mit 3 Eiern. [...] Allein gelassen hat Albert unheimlich schnell ein Ei abgepellt, hineingebissen u. kam dann in heller Aufregung zu mir: „guck mal Mutti, was da Gutes dlin is!" – er kannte das ja noch nicht. Er liebt jetzt für „r" „l" zu sagen, was unglaublich komisch klingt. „Ich möchte ein gloßes Blot" [...] begann das Suchen im Garten. Wie verschieden doch die Temperamente der Kinder. Karin schoss in heller Aufregung umher, packte die gefundenen Päckchen in ein Körbchen u. suchte weiter, während Albert sich gleich mit seinem ersten Päckchen niederließ u. auspackte. Genügsam! [...] Zum Abendessen hatte die gute Mutti mich mit Marken in ein bezauberndes Dorfgasthaus auf halben Weg zu ihrer Pension eingeladen. Dort saßen wir lange u. sahen durch blühende Obstbäume u. über weite, unglaublich grüne Wiesen u. Felder hinweg auf die ferne Alpenkette, die im Abendlicht schimmerte. Und meine Gedanken wanderten mit der sinkenden Sonne durch die halbe Welt zu Dir. – Erwin, stell Dir nun folgendes vor: Karins erste Frage heute: „ist bei Papi auch Ostern?" [...] Ja, weißt Du denn noch, wie es Ostern in Teheran war, Karin? „Ja, da fand ich doch." Das war vor 2 Jahren u. Karin war damals 3 Jahre alt. Das ist doch ein unheimliches Erinnerungsvermögen!

Ade, Liebster. Dank f. d. schönen Tag. Alles Liebe u. Gute mein Erwin u. innige Grüße von Deiner Margot

Nr. 34, Icking, 5. V. 43 (Eing. 4.8.43)

Mein geliebter Erwin, seit ich Dir das letzte Mal schrieb vor 10 Tagen hat sich allerlei ereignet. Herr v. Nostiz [...] Lungenentzündung [...] seitdem sehr schwach. Ich fand, daß die Familie in solchen Tagen [...] entlastet werden müsste [...]. Und so habe ich mir ein Notquartier gesucht u. hier im Nachbardorf bei einer Dame, bei der Mutti für einige Sommerwochen ein Zimmer gemietet hatte, Unterkunft gefunden. Hier sind wir nun seit 3 Tagen, eigentlich eine reizende Abwechslung, Mutti, deren Aufenthalt in Ebenhausen abgelaufen war, ist mit hierhergezogen. Frl. Maria schläft in Icking jetzt in meinem Zimmer u. in ihrem Zimmer oben die –Diakonissin. Alberts Bettchen haben wir auf dem Leiterwägelchen hierhergebracht (20 Minuten zu Fuß) u. so wäre alles gut gewesen, wenn nicht ausgerechnet hier beide Kinder Grippe mit Fieber bekommen hätten. Den ganzen Winter haben sie nicht einen Tag im Bett gelegen u. in dem Moment, in dem es am wenigsten passt, hier, wo ich doch nur das Nötigste an Sachen hatte, werden sie mir beide krank. Aber ebenso heftig oder vielmehr schnell, wie das Fieber kam, ist es auch wieder abgezogen, jetzt sitzen sie ganz vergnügt im Bett u. spielen u. Karin darf morgen wieder aufstehen. Karin schläft hier allein, Albert bei mir. [...] Diese Dörfchen Irschenhausen, ohne Bahnstation, ist bezaubernd. Icking ist ja ausgesprochen Villenkolonie, aber hier ist es ganz ländlich. [...] Wenn nur Herr von Nostiz bald wieder gesund wird. [...] Sonst sehe ich fast niemanden. Mutti sagt immer, ich müsste mehr mit jungen Menschen zusammenkommen. aber ich habe gar keine Lust darauf. Kannst du das verstehen? Ich habe die Kinder u. immer genug zu tun. [...] Was soll ich da noch mit „Verkehr", den ich ohne eigene Häuslichkeit doch nicht richtig pflegen kann. [...]

Abends: Nun kam eben Dein geliebter Brief vom 11. März, unnummeriert. Ich danke Dir mit einem Kuß, Geliebter. Aber ich bin besorgt, weil Du schreibst, daß Du Deine Notizen nicht zur Hand habest. [...] Ach Liebster, Liebster, wie unsagbar ich mich manchmal nach Dir sehne. Am schlimmsten früh, wenn ich aufwache. Aber ich will ja nicht von mir sprechen. Nur sagen, daß ich Dich jeden Tag mehr liebe, Erwin, Du. Wie sehr, wie sehr warte ich nun auf Deinen nächsten Brief. Ob Du versetzt bist? Ich kann ja nicht verstehen, warum Du meine Briefe u. deine Notizen nicht zur Hand hast. [...] Den Hauskauf musste ich aufgeben wegen völliger Aussichtslosigkeit. Bis Du kommst, kann man sicher wieder Häuschen kaufen. [...]

Nr. 35, Icking, 6. V. 43 (Eing. 31.8.43)

Liebster Erwin, gestern Abend kam Dein lieber Brief v. 11. März zu mir, wie ich schon in meinem gestrigen Luftpostbrief erwähnte. [...] Ich kann gar nicht verstehen, warum meine Briefe, die ich nicht über Deinen Vorgänger, nicht eintrafen. [...] Seit März habe ich Dir verschiedentlich per Luftpost geschrieben, die ich allerdings nur von München aus aufgeben kann, da sie es an der kl. Post hier nicht verstehen. [...] v. Nostiz krank [...] ich fand hier im Nachbardorf bei einer reizenden älteren Dame Notquartier. Zufällig hatte Mutti hier für einige Sommerwochen ein Zimmer gemietet. [...] So sind Großmutter, Mutter u. Kind nach langer Zeit wieder unter einem Dach vereinigt u. eigentlich ist es eine reizende Abwechslung – wenn der Anlass dazu nicht ein so trauriger wäre. [...] Frl. Maria, die noch bei Nostizens wohnt, kommt morgens herüber 26 Min. Weg u. bringt immer, was wir brauchen. Mutti u. ich essen im Gasthaus – lange habe ich nicht so gut gegessen. Rings um das Dorf breiten sich weite Wiesen, auf denen der Löwenzahn jetzt in Blüte steht, so daß sie wie goldene Teppiche unter dem seidig blauen Himmel liegen. Weiße wattige Wolken ziehen langsam zu den fernen Bergen. Wenn ich nur einmal in so einer Wolke versinken könnte u. erst wieder erwachen, wenn sie zu Dir gesegelt ist.

Albert entwickelt sich in diesen Wochen zu einem kl. Schlauberger. Es geht bei Kindern ja immer so sprunghaft. Seine Antworten sind oft verblüffend, umso mehr, als er bisher noch ganz babyhaft war. Neulich machte er statt Mittagsschlaf eine große Toberei, bei der Karin aber schließlich doch einschlief. Ich nahm ihn etwas früher auf u. predigte ihm eindringlich Vernunft, abschließend mit der Frage: „Warum hast Du denn nicht geschlafen, Albert?" Worauf er mit Engelsstimme antwortete: „weil – ich – gestern – hab!" Mutti, die mich gerade besuchte, u. ich mussten uns abwenden, weil wir nicht ernst bleiben konnten. Seine flötende Engelsstimme – er dehnt die Worte oft wie singend – ist entwaffnend. Augenblicklich ist er im Kampf mit den Präpositionen. [...] Er ist entschieden musikalischer als Karin, die keine drei Töne richtig singen kann u. auch gar kein Gefühl für Rhythmus u. Reim hat. Bei ihr ist alles Logik. [...]

Nr. 36, z. Zt. Irschenhausen/Isartal, 11. V. 43 (Eing. 30.7.43)

Liebster Erwin – von einer Fahrt nach München will ich Dir rasch einen Luftpostbrief senden. Immer, wenn ich in der Stadt bin, komme ich mir doppelt einsam vor unter all den Menschen. Und dann male ich mir aus, wie es sein wird, wenn ich einmal wieder mit Dir zusammen durch die Straßen gehen werde, wenn ich im Restaurant nicht mehr selbst bezahlen brauche usw.. Wenn ich erst einmal Deine geliebte Stimme wieder hören werde! Manchmal schließe ich die Augen u. stelle mir vor, wie es sein wird, wenn Deine dunkle warme Stimme wieder zu mir spricht. Aber auch nur ganz manchmal – es ist sonst zu schwer.

Von Deinen letzten Briefen habe ich, glaube ich, alle erhalten bis auf Nr. 52 und 55. [...]

[...] Mutti ist ganz beglückt über Karins Entwicklung – sie findet unser Karinchen so lieb u. vernünftig u. hat ein besonders inniges Verhältnis zu dieser kl. Enkeltochter. Und Karin liebt ihre

Omami – ich könnte fast eifersüchtig werden. [...] Auf Spaziergängen mit den Kindern erzählt Mutti unermüdlich von Wald u. Wiese, Käfern u. Rehlein, u. Karin hört vollkommen selbstvergessen zu. Karin hat neben erstaunlich logischem Denkvermögen u. ausgezeichneter Beobachtungsgabe eine sehr reiche Phantasie. Hinter Brüderleins kleinen Intellekt bin ich noch nicht so recht gekommen. Das scheint ein ganz Verschmitzter. [...] In Irschenhausen im Garten sind zwei kleine bildschöne Eidechsen, die regelmäßig ans Küchenfenster kommen – die ganze Wonne der Kinder! Sie beobachten sie stundenlang. Gestern saßen sie am Tisch u. schnappten mit den kl. Mäulern in die Luft. „Mutti, wir sind Eidechsen, wir fangen Fliegen" – erklärte mir Karin. „Ich auch Eidechse", sagte Albert. [...]

Nr. 37, z. Zt. Schloss Kapfing bei Graf Spreti, Post Vilsheim, Niederbayern, 12.V.43 (Eing. 12.8.43)

Mein geliebter Erwin, seit gestern bin ich wie verwunschen – vom Leben weg in einen Film hinein aus vergangenen glücklichen Zeiten. Ach, wenn ich nur Dir in dieser Verwunschenheit begegnen könnte!

Ich erhielt die hiesige Adresse von Leni Planitz, die wusste, daß man hier zahlende Gäste aufnimmt, u. bin für einige Tage hergefahren, um zu erkunden, ob es vielleicht für mich u. die Kinder f. d. nächsten Wochen ein Aufenthalt wäre. Mutti hütet mir inzwischen zusammen mit der unzuverlässigen Frl. Maria die Kinder in Irschenhausen. [...] Zu schade, daß wir in Irschenhausen nur noch ca. 10 Tage bleiben können, denn ich möchte, solange H. v. N. so krank ist, noch nicht nach Icking zurück. So werde ich wahrscheinlich einen mit den Kindern für den Sommer geplanten Besuch bei Carmen Blome, geb. v. Arenstorff, auf ihrem Gut in Mecklenburg jetzt schon ausführen, denn hier scheint es mir nichts zu sein.

Gestern Abend wurde ich in Landshut im Auto von der Bahn abgeholt, zusammen mit einem Leutnant, der anscheinend der kl. Schwester der Hausfrau, einer Komtess M., gehört. Wir kamen nach 20 Min. Fahrt bei anbrechender Dunkelheit um ½10 Uhr vor ein riesiges würfelförmiges Haus, gelangten in einen viereckigen Innenhof durch eine uralte schwere Holztür, deren Türgriff fast in meiner Kopfhöhe ist, u. wurde auf mein Zimmer im ersten Stock geführt, wo ich herrlich in einem sehr ehrwürdigen, wurmstichigen Bett schlief. Heute früh Frühstück im Bett, wobei ich mich damit amüsierte, die Bilder im Zimmer zu betrachten. [...] Die Mittags- u. Abendmahlzeit nimmt man mit Graf, Gräfin u. Kinderschwester, der Komtess u. ihrem Leutnant gemeinsam ein. Ich bin z. Zt. der einzig zahlende Gast, weil sie ihren Pensionsbetrieb hier schließen müssen. [...] Es ist ein uraltes Haus, das noch von vor dem 30.-jährigen Krieg stammt. Jeden Morgen ist Messe, die der Hauskaplan in der kl. Kapelle im ersten Stock hält. Es ist unbeschreiblich einsam hier; heute Morgen machte ich einen langen Spaziergang durch Feld u. Wiesen u. Wald in hügligem Gelände, in dem ganz vereinzelt u. allein die Bauerhöfe liegen.

Jetzt am Abend dringt süß u. schwer der Fliederduft aus dem kl. etwas verwilderten Park herauf in meine geöffneten Fenster. Man hört nur noch das sanfte Glockengebimmel weidender Kühe, aus den Ställen blökt ein Schaf u. eben fällt wie auf ein Kommando der gesamte Froschchor am kl. Weiher ein. Weißt Du noch, wie wir eines Nachts am Bassin Frösche fingen – Du mit Schaufel u. Eimer u. ich im langen Nachtgewand mit der Laterne in der Hand?! Die Frühlingsstimmung dieses Abends erinnert mich so stark an jenen Abend, als wir beide bei Frau M. durch den Obstgarten gingen, der über und über mit weißen Quittenblüten besät war. Ich erwartete damals unseren kl. Sohn. Und als wir von der Reise zurück nach Haus kamen, sang die ganze liebe Nacht die Nachtigall. Hoffentlich wird sie heute Nacht noch singen.

Deinen geliebten Brief v. 3. März, für den ich Dir gestern per Luftpost dankte, habe ich mit hierher genommen. Es ist ein so besonders lieber Brief, fast der schönste, den Du Geliebter mir bisher von dort geschrieben hast! [...] Bleib nur gesund, mein Alles Du! Du kannst ganz beruhigt sein – die Firma sorgt wirklich ausreichend für mich! Im Anfang habe ich nach einigen Monaten ganz ruhig geschrieben, daß ich im teuren Kreis Garmisch nicht auskommen könne u. ein bisschen vorgerechnet, u. daraufhin hat man prompt mein Monatliches noch um 50% mehr, als ich vorgeschlagen hatte, erhöht. Das war doch nett! Jetzt, wo ich in Icking ja billiger lebe, habe ich immer reichlich Geld u. brauche nicht rechnen u. bin Dir, mein lieber guter Onkel Nuckel so sehr dankbar dafür! Die Kinder können alles haben, was für Geld zu haben ist, u. auch ich bin dadurch so verwöhnt! Leb wohl, mein geliebter Erwin – ich umarme u. küsse Dich. Immer Deine Margot

Nr. 38, z. Zt. Schloss Kapfing, Post Vilsheim über Landshut, den 18. Mai 1943 (Eing. 6.8.43)

Mein geliebter Erwin, bin ich wieder ein kleines Mädchen, den Kopf voller romantischer Gedanken und voll Begeisterung für die erste selbständige Arbeit als Gutssekretärin? Ich sitze im Büro der Gutsverwaltung, in dem es wie in jedem Büro auf dem Lande ein wenig neben Zigaretten und Akten nach Stall und Feld riecht, und will einen Luftpostbrief an meinen Mann schreiben. Also ist es doch wohl Wirklichkeit, daß ich würdige Ehefrau bin, jahrelang ein reiches und buntes Erleben in einem wunderschönen Heim hatte und nun mit meinen Kinderlein allein nach der Heimat zurückkehrte und meinen Geliebten weit fort in Gefangenschaft weiß. Es klingt, so ausgedrückt, ein bisschen wehmütig und nicht wie inmitten, sondern wie neben den Dingen stehend, nicht wahr? Es ist ebenso, seit mich ein guter Zufall in diesen Winkel brachte, daß ich mir vorkomme, wie von der großen Straße abgezweigt, aus einer beschaulichen Ruhe heraus den großen Strom des Geschehens aus anderer Perspektive betrachtend und rückschauend, vom Heute besonders verklärt sich abhebend, die bereits blumige Straße meines bisherigen Lebens sehe. – Hinter dem Parkgitter klappert der Heuwender über eine frisch gemähte Wiese, deren Duft so sommerlich herauf weht. Sonst hört man nichts als das Gezwitscher unzähliger Schwalben und ein wenig Fliegengesumm. Es war ja immer schon mein großer Wunsch, einmal mit Dir einen deutschen Sommer zu erleben, nicht an irgendeinem fremden Platz, wo man nur auf gut Wetter wartet, sondern in aller Ruhe auf dem Lande, wo man natürlich jeden schönen Tag ausführlich genießt, aber auch bei Regenwetter sich der erfrischenden Natur erfreuen kann und in der Gemütlichkeit eines riesigen Sessels in einer dunkel getäfelten Ecke irgendeines alten Landhauses mit Wonne den Regen an die Scheiben klopfen hört. Scheußlich von mir, Dir all diese Genüsse jetzt auszumalen? Aber Du siehst, ich kann nichts wirklich genießen, ohne an Dich zu denken, ohne Dich an meine Seite zu träumen.

Ich schrieb Dir schon, daß ich vor einer Woche hierherfuhr, um zu erkunden, ob hier vielleicht etwas nahrhafte Sommerweide für uns wäre. Herr v. N. ist schwer krank gewesen, jetzt aber auf dem Wege der Besserung. [...] Nun gab mir Leni Planitz die Adresse dieses Gutes, auf dem bisher eine Pension unterhalten wurde, die jetzt aber geschlossen wird. Doch will man uns trotzdem vielleicht für den Sommer nehmen und ich würde mich darüber schrecklich freuen. Schöner können es die Kinder gar nicht haben. Hier im Haus sind auch 3 Kinder von 2½, 1½ Jahren u. 3 Monaten, und das riesige alte Haus und Park und Wiesen würden den Kindern alle Freiheit lassen. Ich würde den Kindern all dieses und das Tummeln auf den Wiesen so wünschen, und was der Maulwurf hier kann, ist fabelhaft. Aber leider ist es noch nicht gewiss, ob wir kommen können – es hängt noch von dem Kommen anderer Gäste ab. Nun, vielleicht habe ich Glück. Sonst würde ich für einige Wochen zu Carmen Blome nach Mecklenburg fahren, obwohl ich die lange Reise gern vermeiden würde. Eigenartig, wie es manchmal geht: ursprünglich hatte ich diesen Platz als Erholung für Mutti ausgesucht, die aber jetzt in Irschenhausen – eine halbe Stunde zu Fuß von Icking entfernt – sich so wohl fühlt, daß sie da gar nicht weg möchte. [...] Augenblicklich behütet Mutti mir die Kinder, die wegen Herrn v. N. zu Mutti nach Irschenhausen ausquartiert sind, und ich habe hier ganz unverdient schöne Ferientage. Ach Erwin, wenn ich Mutti nicht hätte. Genau wie Du immer sagt Mutti auch so oft, ich müsste nun aber einmal an mich denken, und wenn das natürlich auch gar nicht nötig ist, so tut solche Fürsorge doch so wohl. Und diese Ruhetage ohne die Kinder tun auch unendlich wohl. Schon morgens das Ausschlafen! Sonst geht das Gezwitscher im Nest doch immer schon um 7 Uhr früh los. Tagsüber liege ich hier im Liegestuhl im Park und bin unglaublich faul. Und abends gibt es sogar Geselligkeit und Abwechslung! Hausherr und Hausfrau sind 10 und 7 Jahre jünger als ich und sehr lustig. Dann ist noch eine jüngere Schwester der Gräfin hier und ein Freund von jeder, ein junger Leutnant auf Urlaub zu jedem Unsinn bereit – ich muss sagen, ich habe lange nicht so fröhliche Abende verlebt und so viel gelacht wie hier. Tut mal so gut. Morgen fahre ich nun wieder zu meiner kleinen Familie und darauf freue ich mich auch jetzt schon unbändig. [...]

Nr. 39, z. Zt. Schloss Kapfing, 18. V. 43 (Eing. 17.9.43)

Liebster, heute früh schrieb ich Dir im Büro der Gutsverwaltung mit der Maschine einen Luftpostbrief – das dünne Papier mag keine Tinte. Und was kann ich nach langen Mittagsstunden auf dem Liegestuhl nun Besseres tun, als noch ein wenig mit Dir sprechen, bevor der Gong durch die Gänge hallt u. zum Abendessen ruft, wie an Bord. [...] stehen allerlei alte Familienstücke, Ritterrüstungen usw., die den blutjungen Leutnant ... neulich abends zu einer herrlichen Maskerade verführten, die schließlich zu einem reizenden Phantasietanz der Hausfrau im langen Taftkleid u dem ausgelassenen Leutnant führte. Ich bin um 6 Jahre die Älteste in diesem kleinen Kreis! Aber der jugendliche Hausherr macht einen sehr würdigen und liebenswürdigen Gastgeber u. hat vorgestern am Muttertag sogar bedacht, seiner Frau, die 10 Jahre jünger ist als ich u. 3 Kinder hat! u. mir herrliche Blumen aus dem Park an den ‚Frühstückstisch zu bringen.

Ich fühle mich hier wie verwunschen – so fern aller Welt (15 km von der nächsten Bahnstation) u. so losgelöst aus meinem gewohnten Leben mit den Kindern. [...] Die gute Mutti, die in Irschenhausen zusammen mit Frl. Maria die Kinder hütet, telefoniert u. schreibt. [...]

Kapfing, 3. Juni 43. Wie schade, dieser Brief fand sich eben in meiner sogenannten Reisemappe. Inzwischen schrieb ich Dir am 23. Mai per Luftpost, vergaß zu nummerieren, glaube ich. Deine lieben Briefe vom 21. u. 22. Mai habe ich erhalten u. schrieb Dir schon, wie froh ich war, daß Du wenigstens nicht im Lazarett warst. Aber sei vorsichtig, Geliebter, ich bitte Dich. Ich mache mir Sorge um Dich! Ach, wann wirst Du mir einmal alles erzählen können. Deine Briefe kenne ich fast auswendig, so oft lese ich sie und versuche, Dich darin zu erspüren. Vorgestern sind wir drei also hier gelandet. Obwohl die hier gewesene Pension offiziell geschlossen ist, nehmen Spretis mich mit meinen Kindern für einige Wochen auf. Es sind reizende Menschen u. trotz unserer kurzen Bekanntschaft fühle ich mich ihnen schon ganz vertraut. Als ich abgefahren war, schrieb die kl. Gräfin mir einen so warmherzigen u. liebevollen Brief, daß ich wirkliches Verständnis u. Zuneigung spürte u. mit großer Freude wiedergekommen bin. Und es ist ja ein Glück, daß es sich machte. Herr v. N. hat sich ja erholt, aber die Rekonvaleszenz wird doch Wochen in Anspruch nehmen u. ich kann die Kinder doch nicht dauernd zum leise sein anhalten – gerade jetzt im Sommer, wo sie ihre Freiheit haben wollen u. sollen! Hier essen sie mit den Buben, spielen zusammen u. scheinen sich hier sehr wohl zu fühlen. [...] Bis dieser Brief in Deinen geliebten Händen ist (wie deutlich ich sie manchmal vor mir sehe!) wird es sich das 2. Mal gejährt haben, daß wir Abschied nehmen mussten. Aber nun dürfen wir wohl fest annehmen, daß es die längste Zeit der Trennung gewesen ist! Alles alles Liebe von Deiner Margot

z. Zt. Irschenhausen, 23. V. 43 (Eing. 30.7.43)

Liebster, war das ein Festtag gestern, als mir der Morgen Deinen geliebten Brief vom 21. März brachte u. schon der Abend die Fortsetzung vom 22. März. [...] Ach Erwin, es ist im Grunde doch fast ein Wunder, daß es möglich ist, daß durch diese kriegszerrissene Welt unsere kleinen Briefe noch zu Dir u. mir finden. Ich bin wirklich aufgelebt, seit nun öfters Nachricht von Dir kommt u. ich weiß, daß auch meine Briefe Dich erreichen. [...] Wie sehr gereift Du bist, spürte ich besonders an Deinen beiden gestrigen Briefen. Wachse nur nicht zur sehr über mich hinaus, Geliebter. Deine Schwalbe steht im Alltag u. scheut etwas das Besinnen. Aber Recht magst Du haben, daß es nicht gut tut, wenn ich mich zu sehr zurückziehe: denn jetzt, nachdem ich von Kapfing zurückkam, fand Mutti mich schon nach der eine Woche schon richtig verjüngt [...] u. so einen anderen frischeren Gesichtsausdruck bekommen. Verzeih, wenn ich von mir spreche, ich will nur damit erweisen, daß das Zusammensein in Kapfing mit jungen fröhlichen Menschen doch sehr wohltuend war! Wie schön wird es sein, wenn ich nun erst mit den Kindern dort bin. Denke Dir, nachdem ich manchmal der kl. Gräfin gegenüber erwähnte, wie schade ich es fände, daß sie ihre Pension schlössen, da ich so gern noch ein paar Wochen mit den Kindern gekommen wäre, hat sie es eingerichtet, daß ich für Juni/Juli u. vielleicht auch länger mit den Kindern zu ihnen kommen kann. Am Tage meiner Abreise kamen Graf u. Gräfin Spreti Hand in Hand an meinen Liegestuhl u. erklärten mir strahlend, ein befreundetes Ehepaar, das den

Sommer über hätte kommen wollen, käme nun nur über Pfingsten u. sie könnten es arrangieren, daß ich schon Anfang Juni kommen könne. Ich bekomme ein Zimmer so groß wie unser großes Wohnzimmer in Teheran mit einem geräumigen Süd-West-Erker daran, bin samt Kindern in voller Pension dort mit Bedienung u. bester Verpflegung, so daß ich Frl. Maria beurlauben kann u. zu meiner größten Freude die Kinder allein versorgen kann. Außerdem hat sich die sehr nette Kinderschwester dort bereit erklärt, mir immer die Kinder abzunehmen, wenn ich einmal etwas vorhätte. Essen sollen meine beiden zusammen mit den 2½ u. 1½-jährigen Spreti-Buben. […] Und die 24-jährige Gräfin S. schrieb mir hierher noch so einen bezaubernden Brief, daß sie mich recht verwöhnen wolle, u. fand so menschliche, gütige Worte so voll Verständnis, daß mir ganz warm wurde vor Freude darüber, daß ein gütiges Geschick mich so guten, anständigen u. liebenswerten Menschen in den Weg führte. […] Die Kinder fand ich höchst vergnügt u. gesund vor, rührend lieb u. fröhlich betreut von Mutti u. der etwas hysterischen 47-jährigen Frl. Maria. […] Es ist spät u. morgen früh will ich mit Karin n. München z. Zahnarzt u. Haarschneiden u. Tante Gertrud u. Onkel Richard treffen, die auf der Durchreise nach Gastein sind. […]

Postkarte aus München, 24.3.43 (Eing. 14.8.43):

Liebster Erwin – trafen Holzapfels im Vierjahreszeiten zum Mittagessen u. ich war stolz, daß Karin sich benahm wie eine vollendete kl. Dame! Als sie vor Onkel Richard stand, sagte sie nicht etwa: „wie bist Du groß", sondern sie meinte staunend: „bin ich aber klein"! Ist das nicht entzückend?! Sie war auch beim Zahnarzt musterhaft artig u. überhaupt den ganzen Tag über in München lieb, strahlend u. unermüdlich, während ich so einen Tag von früh um 8 Uhr bis abends in der Stadt meist recht anstrengend finde. […]

z. Zt. Schloss Kapfing, 3. VI. 43 (Eing. 10.9.43)

Mein geliebter Erwin – seit 3 Tagen bin ich nun hier in Kapfing mit den Kindern u. das Wiederkommen war so schön! Wir sind so freundschaftlich, ich möchte sagen liebevoll hier aufgenommen worden, daß einem richtig warm ums Herz wurde. Weißt Du, Erwin, es tut doch sehr wohl, wenn man spürt, daß man etwas Zuneigung u. wirkliches Verständnis findet. Seit ich Dich u. kein Heim nicht mehr habe, fühle ich mich manchmal wie eine Schnecke, die ihr Haus verloren hat – man ist so leicht verwundbar! [...] Spretis haben uns [...] ein großes Zimmer überlassen. Der Pensionspreis ist nicht gering, aber das Gebotene lohnt es wirklich. [...] Brüderlein bekam in dem großen Raum vor Freude einen Raser wie Flip Früher! Kinder bauchen Platz – und den haben sie hier genug, sowohl draußen wie drinnen. [...] so ist wohl alle Aussicht, daß wir alle im Herbst blühend nach Icking zurückkommen! [...] Welche Begeisterung bei Karin hier Kuh- u. Schweinestall auslösten, kannst Du Dir denken. Auch Albert wurde ganz aufgeregt u. schrie: oh, Mutti guck mal. Im Park ist ein Sandhaufen, wo sie spielen können. [...] morgens werden sie so schrecklich früh munter [...]. Albert bekommt dann seine Puppe ins Bett: „komm Elika, komm zu deinem glosen Papi", sagt er. [...] Kurz vor der Abreise habe ich ihm das Haar schneiden lassen – zum ersten Mal. Er sieht nun aus wie ein richtiger kleiner Junge, aber doch so verändert u. plötzlich so erwachsen, so gar nicht mehr „Baby" [...]. Ach, ich wünschte ich hätte noch ein Baby! Hier ist das Jüngste 3 Monate alt – ach wie sehr wünsche ich mir ein Baby!!

Nun will ich aber Schluss machen! Karin u. Albert u. ich senden Dir so viel liebe Grüße. Ich küsse Dich in Gedanken wie früher. Immer Deine Margot

Z. Zt. Schloss Kapfing, 11. 6. 43 (Eing. 2.10.43)

Heute wurde mir wieder einmal einer Deiner nun täglich mit Sehnsucht erwarteten Brieflein hierher nachgeschickt – Nr. 65 v.

4. April. [...] Ja, mein geliebter Jung, wie lange werden wir noch beide auf Briefe allein angewiesen sein? Und doch bin ich ja so unendlich dankbar, daß wir überhaupt Briefe voneinander bekommen. Das erste Jahr, als ich kaum von Dir hörte und nie wusste, ob meine Briefe Dich erreichten – das war zu furchtbar. Und jetzt nimmst Du doch schon Anteil an allem, was ich erzählte, das ist so schön. [...] Du fragst einmal, womit ich die Abende verbringe? Fast ausschließlich am Schreibtisch. Durch den Teheraner Kreis ist die Korrespondenz sehr groß geworden u. man möchte doch so gern die Verbindung behalten. Außerdem kommt man tagsüber, wenn die Kinder zuwege sind, nicht zum Schreiben. Und Kino od. Theaterbesuch war von Icking aus nicht möglich. Aber da mich die Firma (durch Deine Tüchtigkeit, Geliebter) so gut stellt, war ich einmal 3 Tage im ersten Hotel in München, wo es möglich war, für jeden Abend Theaterkarten zu bekommen. Das habe ich genossen.

Hier bin ich mit den Kindern seit 1. Juni für einige Sommerwochen, d. h. vielleicht ziehen wir ganz her, denn man hat es mir heute angeboten! Ach, könnte ich mit Dir beratschlagen!! Wir sind hier vollkommen aus der Welt, was vielleicht kein Nachteil ist. Die Kinder sind glücklich [...]. Frl. Maria habe ich (froh!) entlassen. Habe hier nichts zu tun, werden glänzend versorgt. – Liebster, gute Nacht! Jetzt denken wir wie jeden Abend aneinander. Ich küsse Dich, Deine Margot.

Nr. 44, Kapfing, 18.6.43 (Eing. 2.10.43)

Mein Geliebter, nun hat das Blühen im Park ein Ende, im dunklen Grün stehen die Fliederbüsche ohne die duftende Last der Dolden u. die Rhododendron werfen bunte Teppiche von seidigen Blumenkelchen über die Wege. Der Kuckuck ruft nicht mehr [...] u. alles Wachsen draußen wird stiller u. stetiger, reifender Frucht entgegen. Und ob ich es auch nicht für möglich gehalten hätte – meine Sehnsucht nach Dir wächst auch noch von Tag zu Tag. Noch nirgends habe ich mich Dir in manchen Augenblicken so nahe gefühlt wie hier. Woher mag das kommen? Ist es ein Vorahnen, daß Du einmal gerade hierherkommen wirst? Weil Karin ganz von selbst sagte: Mutti, hier wollen wir bleiben, bis der Papi kommt u. uns nach Teheran holt. Oder kommt es daher, weil ich hier zum ersten Mal wieder mit einem jungen Ehepaar zusammen bin, das Glück harmonischer Ehe u. Liebe mit ansehe? Da wandern die Gedanken viel zu den Erinnerungen zu unserer beiden glücklichen Zusammensein. Wenn ich hier manchmal von Teheran erzähle, von unseren Festen u. Abenteuern, dann sagen die jungen Menschen hier, so ein Leben könnten sie sich gar nicht mehr vorstellen u. ich denke wieder, wie gut ich es bei Dir gehabt habe, mein Erwin!

Ich müsste Dir nun wohl doch mal meine Hausgenossen vorstellen. Also da sind Hausherr u. Hausfrau, Eltern dreier Kinder [...]. Sie (die Gräfin) ist winzig, zierlich, hübsch, schauspielerisch begabt, singt entzückend u. mag sehr gern ausgelassen sein. Haushalt interessiert sie weniger u. sie bezeichnet ihr Heim selbst gern als „Bohème" Wirtschaft. Aber gerade diese gewisse Großzügigkeit macht ja Gästen den Aufenthalt besonders angenehm. Für mich ein Paradies nach der Pimpflichkeit der alten Frau v. N.! [...] Im gleichen Stock ist ein langer Saal, in dem wir mittags u. abends essen u. in dem auch der Flügel steht, an dem Geige spielenden Arzt aus der Nachbarschaft manchmal abends musiziert wird, wenn er gerade dienstlich in der Gegend zu tun hat. [...] Unten im 1. Stock wohnt der Vater (mit einem Bart wie Dein Vater!) mit Frau u. Hauskaplan, welche Drei für sich essen, wenn auch alles in einer Küche gekocht wird. Seit 1 Woche sind [...] noch Freunde von eingezogen. Baron S. mag so alt sein wie ich, die Baronin ist 21. [...] Weißt Du, das ist so unendlich wohltuend, daß mir alle im Haus hier das Gefühl geben absolut dazu zu gehören. Immer wieder fordert man mich auf, mich zu ihnen zu setzen [...], so daß meine „einsamen Abende" fast selten geworden sind. [...] Ich denke an Dich. Ich bin immer noch am Verwundern, daß mir ein solches Glück wie unser Kommen nach Kapfing in den Schoß gefallen ist.

Mitternacht. Ich habe Gelegenheit, den Brief morgen von München befördern zu lassen, so will ich ihn noch fertig machen. Die Kinder atmen so ruhig in ihren Betten. [...] Herrgott bin ich froh, mit den Kindern hier zu sein. Der ganzen Familie geht es gut. Und Dir, mein Lieb?? Einen Herzkuß von Deiner Margot.

Nr. 45, z. Zt. Kapfing, 27. 6. 43, 2 Photos! (Eing. 19.10.43)

Mein Geliebter, Sonntagmorgen, ich sitze auf einer altmodischen Gartenbank an der Südseite des Schlosses u. vor mir mit Schubkarren u. Roller über eine Parkwiese ziehen Albert u. Karin. [...] Allein 2 Sandplätze sind vorhanden u. niemand braucht sich aus Mangel an Platz am anderen zu reiben. [...] Gerade hier, wo ich es nun so ideal getroffen habe, denke ich ganz besonders daran, wie schwer es oft für Euch sein mag, dieses enge Zusammengepfercht Sein! Wie ich hier allein schon genieße, daß Geräusche wie Kindergeheul oder Freudengeschrei sich hier so verlieren, daß es niemanden stört. [...]

Karin fragte neulich ganz betrübt: „ach Mutti, warum haben wir denn kein kleines Baby? Das könnte ich hier so schön im Wagen herumfahren!" Und ich erklärte ihr, daß wir nun doch immer so viel herumgereist seien, daß wir gar keinen Platz für ein Baby gehabt hätten und daß Mutti mit Karin u. Albert doch schon genug zu tun gehabt hätte. Und ich dachte dabei: aber wenn der Papi wiederkommt! Ich sehne mich ja manchmal so nach einem Baby. Was haben wir beide doch immer für Freude an unseren Nuckelchens gehabt. Jetzt ist Albert schon ein langer Junge! Lang u. dünn – er ist wohl zu zappelig, um Fett anzusetzen, obwohl er hier doch die ausgezeichnete Verpflegung hat, nimmt er selbst hier nicht zu. Ist organisch aber vollkommen gesund, nur noch reichlich nervös, aber das wird sich auch noch geben. Ich bin ja nur froh, daß er trotz seiner Magerkeit kerzengerade Beine hat –

das ist außerdem ein Zeichen von gesundem ein Zeichen von gesundem Knochenbau. Und Kräfte hat er, wie man sie so einem grazilen Kerlchen gar nicht zutraut. Immer, wenn ich abends beim Zubettgehen mich noch einmal über die schlafenden Kinder neige u. ihnen einen Kuß gebe, aber auch jedes Mal muss ich daran denken, wie gern Du Deinen schlafenden kl. Sohn noch abends einmal geküsst hast u. wie er dann im Schlaf so einen niedlichen wohligen kl. Seufzer tat. Er hat wenig Farben (so wie seine Eltern ja auch!), aber wenn er schläft, dann leuchten seine Bäckchen nur so. Er sieht ja überhaupt zu schön aus, wenn er schläft – dieses ruhige gelöste kl. Gesicht mit den langen seidigen Wimpern, die er von seinem Papi geerbt hat. Und Karin ist ja wirklich auch nicht hässlich! Ihre Rassigkeit fällt auch hier auf. Dieser hohe schmale Kopf mit der starken Nase u. das wunderbare ganz silberne glatte Haar. Mit ihren blauen Augen, die ja meist so merkwürdig halb geschlossen u. verträumt sind, wird sie noch manchem den Kopf verdrehen. Ach, könnte wir nur zusammen über die Kinder sprechen, mein Erwin! Ich habe Dir heute viel von ihnen erzählt, aber an anderes mag man auch gar nicht mehr denken. Ich halte mich daran, daß ich Dich einmal wiedersehen will u. Dir die Kinder gesund in die Arme legen will. Aber manchmal kommt es mir vermessen vor, überhaupt noch an die Zukunft eines Einzelschicksal zu denken. […]

Ich habe wieder länger nichts von Dir gehört u. sehne mich täglich nach einem Deiner kl. Briefe. Dein letzter, den ich vor 16. Tagen erhielt, war vom 16. April. […] Wir dürfen uns nicht zurücksehnen nach dem, was war. Wir müssen sehr tapfer geradeaus schauen. Wenn wir uns nur einmal wiedersehen – was zählt dann alles andere noch? […]

Nr. 72., Loveday, 7. Juni 1943.

Meine geliebte Margot, seit 6 Wochen warte ich sehnlichst auf Briefe von Dir. [...] Ich bin nach wie vor gesund u. frisch u. habe nun zur Abwechslung einen neuen Zeitvertreib. Ich habe mir einen Werkzeugkasten bestellt und beginne zu basteln, um mir meinen Wohn- u. Schlafplatz durch Schränkchen, Borte, Bilderrahmen, Kästchen usw. zu verschönern. Ich lerne dabei sogar zu polieren. Zurzeit versehen wir alle vier Tennisplätze mit einer neuen Auflage, wodurch ich mit der Aufsicht u. Leitung dieser Arbeiten für 3 Wochen von morgens bis abends voll beschäftigt bin. Sei nun sehr innig gegrüßt u. herzlich geküsst, meine Margot, von Deinem Erwin.

Nr. 73., Pfingstsonntag, 13. Juni 1943,

Meine Liebste, früher waren Feiertage auch Festtage, jetzt sind sie für mich Tage besonders lebhafter Erinnerungen u. stark empfundener Sehnsucht nach Dir, meine Margot. Ich rauche jetzt die letzte Zigarre aus dem Kistchen, das ich kürzlich von Nurullah erhielt, u. versuche mich in Gedanken in unser Häuschen zu versetzen. Es ist Vormittag u. Du würdest die letzten Vorbereitungen für unseren Ausflug treffen, während ich den Wagen bereitstelle. – Gestern Abend hatten wir ein Kabarett. Gut gelungene Aufführungen „In einer Bar", „In Venedig" [...] Ein persisches Stück „Hadji Baba als Hakim" in persischer Sprache natürlich, erweckte große Heiterkeit. Heute finden eine Reihe Sportwettkämpfe in Fußball, Faustball, Handball u. Hockey statt. Von Hockey habe ich mich übrigens zurückgezogen, weil mir dieser Sport mit der Zeit doch zu gefährlich schien u. ich mich Deinethalben u. der Kinder wegen keinen Unfällen aussetzen will. Tennis entfällt heute, weil gerade alle Plätze mit einer neuen Auflage versehen werden. Meine höchsten u. auch wirklichen Festtage hier in Loveday sind die Tage, an denen ich Deine geliebten Briefe erhalte. Der letzte, der einging, war Nr. 18a v. 7.12., aber ich hoffe in Bälde eine große Anzahl zu bekommen. [...] Ich bin so glücklich, wenn

Du mir schreibst, daß es Euch gut geht, daß Du mich noch ein bisschen gern hast!! [...] Ich stehe hier mit vielen in guter Kameradschaft, aber Freundschaften haben sich daraus nicht entwickelt. Alles Liebe, meine Margot, von Deinem Erwin.

Nr. 74., Loveday, 21. Juni 1943.

Meine geliebte Margot, endlich erhielt ich heute Deinen lang ersehnten ersten Luftpostbrief vom 28. 2., nachdem ich über einen Monat keine Nachricht mehr hatte. [...] Ich schrieb Dir schon kürzlich, daß ich mich hier an niemanden enger angeschlossen habe. Es ist besser so. Am häufigsten bin ich mit den Kameraden meiner Baracke zusammen, von welchen Du Holzinger, Elchlepp, die rechts u. links von mir wohnen [...], kennst.

Wie gerne würde ich Dir längere Briefe schreiben, aber leider ist das nicht möglich. Mit tausend Grüßen u. innigsten Küssen bin ich immer Dein Erwin.

Nr. 75., Loveday, 4. Juli 1943.

Meine geliebte Margot, kurz nach Abgang meines letzten Briefes vom v. 21. v. Monats. traf Dein zweiter Luftpostbrief Nr. 29 v. 22. 3. gleichzeitig mit Deinen Briefen v. 29. Dez. u. 22. Febr. hier ein. [...] Ich schrieb Dir schon mal, wie oft wir uns über gleiche Gedanken, die uns bewegen, fast gleichlautend u. zur selben Zeit schreiben. Geradezu erstaunlich ist die Duplizität Deines Briefes vom 22. 3. mit einem meiner Märzbriefe, ich glaube sogar vom gleichen Datum. Dein Brief v. Juni v. Jahres. enthielt trotz seines Alters viel Neues für mich. [...]

Nr. 76., Loveday, 13. Juli 1943.

Meine Liebste, drei Jahre sind nun verflossen, seit Du jene schwüle Nacht vom 13. auf den 14. Juli überstanden hattest u.

morgens ein süßer kleiner Junge in Deinen Armen lag. Ich erinnere das Zimmer bei frau Franke noch genau mit dem großen Bären an Brüderleins Wiege angebunden, den er Karin mitbrachte. Und nun springt er u. spricht, kennt seinen Vater noch nicht u. wird mir doch eines Tages in die Arme rennen, sofern er sich vor dem „fremden Mann" nicht fürchtet. Und vor 2 Jahren fassten wir den Entschluss uns zu trennen, ohne daß wir jedoch im Entferntesten ahnten, daß diese Trennung so lange dauern wird. Aber vielleicht wirst Du bald mündliche Grüße von mir übermittelt bekommen, da wahrscheinlich einige ältere Herren u. Kranke nach Hause fahren. – In der vergangenen Woche erhielt ich 3 Briefe v. 24. 12. u. 31. 12. u. 17. 3. Hab innigsten Dank dafür. […]

Nr. 77., Loveday, 18. Juli 1943.

Meine geliebte Margot, gestern schrieb ich Dir, daß an Brüderleins Geburtstag Dein lb. Brief Nr. 29 u. am 17. ds. Monats. Nr. 27 ankamen, u. daß ich von beiden die Luftpostkopien bereits am 26. 6. bzw. 21. 6. erhielt. Ich vergaß aber heute früh, den gestrigen Brief aufzugeben u. erhielt mit der Morgenpost Deine lb. Briefe Nr. 24 u. 31, letzterer Luftpost, so daß ich den Brief jetzt nochmal schreibe, um gleich die neueste Briefankunft mit einzuschließen. […] Von den in Deinem Brief Nr. 41 aufgeführten Briefen habe ich nur den v. 17. 9. nicht erhalten. Alle anderen mit den vielen Fotos sind da. Auch der v. 14. 6. hat nach 12½ Monaten noch zu mir gefunden. […] Auch von Bekannten bekomme ich jetzt häufiger Post, die ich im Rahmen der 2 Wochenbriefe nur nach u. nach beantworten kann. […]

Und Brüderlein sagt Dir schöne Koseworte, worin ich ja immer so sehr karg war, meine kleine Margot! Er stellt mich also schon mit seinen 2½ Jahren in Schatten u. ich freue mich herzlich darüber. Die Heimat steht nun wieder in heftigen Kämpfen u. wir erwarten mit ungeduldiger Spannung, was die nächsten Wochen u. Monate bringen werden. Nun bin ich schon wieder am Ende meiner 22 Zeilen u. hätte Dir doch noch so viel Liebes zu sagen, meine Gute. Ich schließe Dich fest in meine Arme u. küsse Dich innig, Dein Erwin.

Nr. 78., Loveday, 24. Juli 1943.

Meine Geliebte, heute vor 2 Jahren verließen wir Teheran zu unserer letzten Reise durch Irans Wüsten u. Gebirge. Wie vieles ist inzwischen anders geworden als es damals aussah und wann wird der Zeitpunkt kommen, zu dem wir unsere erste gemeinsame Reise wieder machen werden, wenn auch vielleicht nicht gleich nach Iran? Vorgestern kam Dein Brief v. 20. April. [...] Stell Dir vor, T. hat schon 180 Briefe von seiner Frau. Das soll aber für Dich kein Wink mit dem Zaunpfahl sein, denn sie hat ja keine Kinder zu versorgen u. konnte auch anfänglich gleich auf Erfahrungen aus dem ersten Weltkrieg bauen. Du brauchst Dich nicht zu sorgen, daß ich aus Deinen sehr, sehr lieben Briefen nicht fühle, daß Du mich lieb hast. Umgekehrt ist es aber auch so, nur steht mir nicht so viel Raum zur Verfügung, es Dir immer wieder zu sagen, meine Margot. [...]

Margots Notizbuch:

Kapfing, 22. Juni 43: Ein windiger Sommernachmittag, das erste Heu wurde eingefahren, auf den Feldern sah man die roten Mützen französischer Kriegsgefangener neben den weißen Hauben der Frauen. Die Gräfin u. ich gingen mit Alexander, Karin u. Albert zu einer „Einöde", einem Bauernhof in der Nähe, wo es Kirschbäume gibt u. wir um Kirschen für die Kinder betteln wollten. Auf dem Heimweg sahen wir ein Fohlen, 14 Tage alt, süß u. stakig. Die Stute ist bei der Geburt eingegangen. Karins erste Frage war nach dem Mutter-Pferd. [...] Das kl. Fohlen kommt ihr nicht aus dem Sinn. Noch eben um 9 Uhr abends, als ich meine Schreibsachen aus unserem Zimmer holte, ertönte ihr Stimmchen aus dem Bett: „Ach Mutti, wenn der Papi nur sehen könnte, wie das kl. Fohlen aus der Flasche trinkt – der würde aber lachen!"

z. Zt. Kapfing, Post Vilsheim, über Moosburg, Niederbayern, 28.6.43, Nr. 46 2 Photos (Eing. 23.9.43)

Mein geliebter Erwin, gestern schrieb ich Dir ausführlich u. will Dir nun heute wieder durch die Luft unsere Grüße senden. […] Ich habe ja gewusst, daß Du Dich nicht unterkriegen lässt, aber es ist doch schön, von Dir zu erfahren, daß Du Dich bewusst so in Form hältst. Ich bewundere Dich. Ich glaube kaum, daß ich die innere Stärke dazu hätte. Ich bin oft kleinmütig, Erwin, warum soll ich Dir das nicht ehrlich gestehen, Du weißt ja selbst, wie abhängig ich von Dir geworden bin! Ich meine, es ist besser, ich schreibe es offen, damit Du es einmal bei Deiner Rückkehr nicht zu anders findest, als Du Dir vorstellst. Ich liebe Dich, Erwin, aber Du sollst Dir keine Illusionen machen. Mein Haar ist an der Schläfe grau geworden. Aber was auch sei – wenn Du wiederkommst wird meine ganze Liebe Dich empfangen und Karins Liebe! Brüderlein kennt ja seinen Papi nicht.

[…] Karin u. Albert sind selig hier – sie können es auch nirgends schöner haben. Die Gräfin (10 Jahre jünger als ich u. selbst Mutter von 3 Buben im Alter von 3 Monaten bis 2½ Jahren!) sie sorgt für meine Kinder wie für ihre eigenen. Jetzt gibt es Erdbeeren, die Karin nicht gesehen hat seit Zuhause, u. meine Kinder bekommen aber abgezählt so viel wie die kl. Grafen! Es ist zu rührend. Und mir tut sie Liebes an, wo u. wann sie nur kann, das Ehepaar gibt mir bei jeder Gelegenheit das Gefühl, daß ich absolut „dazu" gehöre – Du kannst Dir denken, wie wohltuend das ist. Ich schrieb Dir schon, daß sie mich aufforderten, für ganz herzuziehen u. ich mich entschlossen habe es zu tun. Ende Sommer will ich meine Sachen aus Icking holen. Grässlich steht mir noch bevor, mit dem alten Herrn v. N. meinen Umzug zu verhandeln. […] Ja ich verdanke es einem guten Stern, der mich an diesen Platz u. zu so liebevollen Menschen brachte. Um uns brauchst Du Dir nun wirklich keinerlei Sorge zu machen! Nur um Brüderlein sorge ich mich etwas, weil er so sehr nervös ist. Vielleicht gibt es sich hier, wenn ich ihn möglichst viel ganz allein im Park lasse oder unter den anderen Kindern, daß er diesen nervösen Widerstand gegen mich vergisst, der ihn jetzt dazu verführt, zu allem „nein" zu sagen. Verzeih, daß ich mit meinen Sorgen zu Dir komme, Geliebter. Weißt Du, bei Karin haben sich diese Schwierigkeiten ja auch mit der Zeit ganz gegeben.

Gute Nacht, Geliebter. Ich habe Dich so unsagbar lieb. Meine Gedanken sind immer um Dich. Wir Drei küssen Dich so inniglich. Immer Deine Margot

Nr. 47, Kapfing, 3. VII. 43 (Eing. 15.10.43)

Mein geliebter Erwin, gestern u. heute kamen wieder endlich von den viel bedruckten kl. Briefen an, die ich schon von Weitem als Deine erkennen kann u. die jedes Mal mein Herz mit einem freudigen kl. Schreck schneller schlagen lassen. Gestern kam Nr. 57 v. 21. Febr. u. heute Dein Luftpostbrief v. 18. April u. der Brief Nr. 59 vom 4. März. [...] Manchmal, mein Erwin, da fürchte ich wahrhaftig, daß ich alte Mutter Dir nicht mehr genügen werde, wenn Du zurückkommst! Sport u. Bücher – das klingt wie aus einer anderen Welt in meinen Alltag hinein. Ich habe nicht viel lesen können, seit wir uns trennten. [...] Mache Dir nur keine zu großen Illusionen f. d. Rückkehr, Geliebter, verzeih, wenn ich so schreibe, aber die Wirklichkeit kann sonst zu hart sein – ich habe graue Schläfen u. bin nicht mehr so jung, wie auf dem Bild auf der Stange, über das Alberto mich fragte: was hast Du da für ein nettes junges Mädchen?! Nur meine Liebe ist unverändert – nein, doch sehr verändert, denn sie ist unermesslich gewachsen [...].

Wir haben uns hier nun vollständig eingelebt u. ich kann mir wirklich keinen schöneren Aufenthalt für uns jetzt vorstellen. Ich genieße es, nicht fortwährend nach allen Seiten Rücksicht nehmen zu müssen, wie es doch in Icking sein musste, wenn ich für die Kinder wirtschaftete u. einen wahren Eiertanz zwischen der alten Dame u. ihren u. meiner Angestellten aufführen musste. So gütig sie auf der einen Seite war, so war sie leider im Haushalt schrecklich kleinlich, u. das geht auf die Dauer eben doch auf die Nerven. Hier habe ich im Haushalt gar nichts zu tun. Das Frühstück bekommen wir auf unser Zimmer u. die übrigen Mahlzeiten nehmen Karin u. Albert m. d. anderen Kindern zusammen, für die besonders gekocht wird u. zwar ganz ausgezeichnet. So hoffe ich, daß unser Lütter nun auch endlich mal ordentlich zunehmen wird! Er wiegt so viel wie der 1½-jährige Christoph hier! Er ist eben zu zappelig, aber, Gott sei Dank, sehr fest u. kräftig [...] Spretis sind rührend gut zu mir u. die kl. Gräfin verwöhnt mich wie es eine Schwester nicht besser könnte. Immer stellt sie die schönsten Sommerblumen, Rosen u. Nelken an Dein Bild u. ich spüre, wie oft sie daran denkt, daß ich allein bin. Denke Dir, heute hat der Graf den ganzen Tag gearbeitet u. noch unserem kleinen Albert einen prächtigen Schubkarren gemacht. Du kannst Dir vorstellen, was so ein Geschenk heute bedeutet. Mein mütterliches Herz war ganz beglückt u. Albert strahlt! [...]

Nr. 48, Kapfing, 4.7.43 (Eing. 24.9.43)

Mein sehr geliebter – heute früh beendete ich einen Brief via Deinen Vorgänger an Dich. [...] Hab innigen Dank, mein liebster guter Erwin, für alles Liebe, was Du mir schreibst. Es gibt ja jetzt in meinem Leben keine größere Freude als Deine Briefe, Du. Und Du gibst noch Dein letztes bisschen Geld aus, um mir Freude mit Luftpostbriefen zu machen. [...]

Gerade in Deinem letzten Brief denkst Du an Brüderleins Geburtstag, der in 10 Tagen sein wird, das hat mir so große Freude gemacht. Wenn Du ihn sehen könntest, gerade jetzt, wie er barfuß, so richtig sonnendurchglüht u. schmutzig von oben bis unten zu mir gelaufen kommt! Karin tobt in ihren Spielhöschen aus Babolsar, die glücklicherweise immer noch verlängert werden konnten. [...] Auf meinem Nachttischchen steht immer Dein Bild, das ich in Isfahan aufnahm, als Du arbeitetest. So oft denke ich, daß alles Gute, was wir nun wieder hier haben, nur durch Deine Arbeit, durch Deinen rührenden Fleiß kommt, Du guter geliebter Onkel Nuckel! Nie kann ich genug dafür danken! So konnte ich wieder, ohne auf den Pensionspreis zu schauen, hierherziehen. Von Deinem Konto brauche ich nichts nehmen. Die Firma überweist mir monatlich einen vierstelligen Betrag, so daß ich großzügig sein kann. [...]

Nr. 49, Kapfing, 5.7.43 (Eing. 23.10.43)

Mein Liebster, ich fahre übermorgen für 2 Tage nach München, um Carle zu treffen, der von einer Erholungsreise aus Italien zurückkommt [...]. Ich will Karin mitnehmen, um ihr eine Freude zu machen, vor allem aber, um sie Carle zu zeigen, als stolze Mutter! Klein Albert darf ich hier in der Obhut der Gräfin lassen. [...] Es ist oft irrsinnig komisch, wenn sich vielstimmiges Geheul im Park erhebt u. sämtliche Mütter stürzen herbei unter Androhung verschiedenster Strafen. [...]

12. Juli 43. Über meine Münchner Fahrt blieben diese Zeilen liegen. Es war zu nett, Carle zu sehen, der sehr braun u. vergnügt war. Karin sagte zu ihm: Onkel Carle, Du sollst jetzt mein Papi sein, weil mein Papi noch in Teheran ist! Trotz ihrer großen Zuneigung zum männlichen Geschlecht hat sie solche Vorschläge doch noch niemandem gemacht. Ich glaube sie „roch" also die Familienzusammengehörigkeit. Sie schlief in meinem Zimmer a. d. Sofa im Vierjahreszeiten. [...] Carle wird vorläufig noch im Lande bleiben. Sein Kopf ist gut verheilt, aber noch empfindlich. Roderich ist aktiv. Meno hat augenblicklich Erholungsurlaub u. Annie ist selig mit ihm u. Irenchen auf einem Gut bei Bekannten in Pommern. [...]

Freitag früh musste Carle reisen u. ich kurz hinterher. In Landshut holte uns die Gräfin ab u. schwang 2 Briefe von Dir, Geliebter, zu meinem Empfang! Vom 8. März u. 29. März (Nr. 64). Hab tausend Dank. Den „Werther" liest Du u. Sehnsucht hast Du.

Ach, Erwin – meine Sehnsucht, die schnürt mir manchmal die Kehle zu. Ein Sommerabend wie heute, manchmal ist es kaum zu ertragen, dann so ganz zu Dir hinzudenken. Aber die Gedanken lassen nicht davon. Oh Geliebter, vor 3 Jahren saßen wir zusammen im Garten u. 2 Tage später war unser kleiner Sohn geboren u. nie habe ich ein glücklicheres Gesicht gesehen, als wie Du Dich über sein Bettchen neigtest, wie Du am Morgen kamst mit all den Blumen u. allem Glück. Jetzt ist es ein langer kleiner Junge, der seine Mutter auf den Nacken küsst, wenn sie vor den Johannisbeersträuchern kniet, u. ganz schelmisch sagt: liebe kleine Mutti! Er bekommt, glaube ich, ganz Deine Figur, er erinnert mich oft unheimlich an Dich, nach dem Baden, seine Haut – genau wie Deine! Erwin, weißt Du eigentlich, wie lieb ich Dich habe?! Nein, das kannst Du nicht wissen, aber wenn Du einmal von großer Liebe liest, oder wenn Du aus einer Musik die ganz große Liebe spürst, oder wenn Du in eines anderen Menschen Auge einmal die wirkliche Liebe siehst – immer denke, daß ich Dich noch mehr liebe. Und was auch sei, wenn Du zurückkommst, denke, daß meine Liebe da ist, daß ich auf Dich warte, immer und immer. Liebster, den Deinen und Meinen geht es allen gut. […] Ich Grüße Dich, mein Erwin, u. Albert schickt seinem Papi einen Kuß u. Karin auch. Immer Deine Margot

Nr. 50, Kapfing, 14.7.43, 2 Photos, (Eing. 20.9.43)

Mein lieber guter Burzeltag-Papi, vor einem Jahr an diesen Tag schrieb ich Dir auch in der leisen Hoffnung, daß Du heute doch wieder bei uns wärest, um Brüderleins Geburtstag mitzufeiern. Drei Jahre alt wird er kleine Mann – ein langer dünner, aber drahtiger Junge. Er hat fast ebenso wenig Farbe wie Du, aber er sieht frisch und gesund aus. Gestern Abend vor dem Einschlafen habe ich ganz innig an Dich gedacht – ob wir uns da begegnet sind? Zur Feier des Tages habe ich heute früh beide Kinder einen Augenblick bei mir im Bett gehabt, was sie lieben! Unser Brüderlein hat eine märchenhafte Geburtstagstorte von der guten Gräfin bekommen. Ich hatte noch 3 schöne bunte Kerzlein – so war es ganz friedensmäßig! Ich schenkte ihm einen kl. bunten Holzwagen, den ich vorigen Sommer in Innsbruck kaufte u. tapfer für diese Gelegenheit aufgespart habe, ein Malbuch u. ein kl. braunes Celluloid-Büchlein, das noch von Karin damals bei den Eltern war. Er war strahlend u. ist mit seinem Wägelchen den ganzen Tag im Garten herumgezogen. Ganz große Freude macht auch ein Päckchen von der guten Großmama aus Feudenheim mit selbst gestrickten Winterhandschuhen, einem reizenden Bilderbuch, einem Holzpferdchen u. Schokolade u. Bonbons. Es war ganz überwältigend. Was die gute Großmama noch fertig bringt! Zum Nachmittag wurden die Kinder dann „fein" gemacht u. die 3 anderen alle zum Kaffee im Garten auf dem Rasen eingeladen. Es war ein reizendes Bild u. erinnerte mich so sehr an seinen Geburtstag vor 2 Jahren zu Hause in Teheran, als wir unsere letzte Kindergesellschaft hatten. Um ehrlich zu sein – ich habe heute Abend die Fassung verloren, als ich die Kinder ins Bett brachte, zu lebhaft überkam mich die Erinnerung an jenen Geburtstag u. das Heimweh u. die Sehnsucht nach Dir. Ich ließ mich zum Abendessen entschuldigen, „ich hätte nachmittags zu viel gegessen". Brüderlein legte seine Arme um meinen Hals, küsste mich u. sagte „nicht weinen Mutti", während Karin mich aufmerksam betrachtete u. fragte „warum machst Du so einen komischen Mund, Mutti?" Sie ist ein eigenartiges Kind. Manchmal könnte man sie fast für herzlos halten u. doch kann sie wieder so zärtlich sein! Mutti sagt ja immer, ich hätte nicht genug Geduld für Karin u. nicht genug liebevolles Verständnis. Sie erinnert mich immer daran, wie viel Liebe u. Zärtlichkeit die Kinder durch Dein Fern Sein entbehren würden, gerade jetzt in München kam es wieder zur Sprache. Karin ist selten so glücklich, als wenn sie mit der Omama zusammen ist, u. ich muss sagen, ich war erschüttert, als ich diese Freude sah, als Karin ihre Omama erblickte. Es ist ein besonderes Verhältnis zwischen den Beiden. Und immer wieder schreibt Mutti mir lange Briefe mit Ratschlägen, die Karin betreffen. Sie ist ein etwas anstrengendes Kind, weil sie unaufhörlich redet u. fragt, aber nicht immer richtig auf die Antwort hinhört. Auch ist es schwer, sie dazu zu bringen, etwas zu tun, was sie nicht möchte, sie ist dann unübertrefflich im Erfinden von Ausreden, einfach verblüffend oft für ihr Alter. Aber auch ermüdend! Denke Dir, was sie heute wieder von Teheran erinnerte: als sie Alberts Bärlein sah, sagte sie, „ich hatte auch 2 Bären in Teheran, einen mit Rädern, der war schwarz, da konnte ich drauf sitzen, u. einen braunen ohne Räder". Als ich sie an die Hängematte erinnerte, sagte sie „ach ja, die war da, wo mein Hammele war – Mutti, ist das noch da?" [...] Mach Dir nicht zu viel Sorge. Ich bete jeden Abend für Dich, mein alles u. dafür, daß ich Dich wiedersehen u. noch einmal meine ganze Liebe zu Dir beweisen kann. Karin, Albert u. ich schicken Dir alles, alles Liebe und tausend süße Küsse, Deine Margot

Nr. 51, Kapfing, Post Vilsheim, bei Graf Spreti, 20.7.43, 1 Photo (Eing. 6.10.43)

Mein Geliebter, es ist mal wieder ein Abend, an dem ich fast nicht atmen kann vor Sehnsucht nach Dir. Einer der so seltenen warmen Abende, an denen man jetzt um 9 Uhr noch im leichten Kleid im Garten sitzen kann. Kannst Du Dir denken, wie da das Heimweh plötzlich mächtig aufblüht? Heute vor 2 Jahren – Hochsommer in Teheran, Abendessen im Garten, der lautlose alte Diener räumt ab, der kl. Koch will dann noch Geld, Du zündest Dir eine Zigarette an, oben auf der Terrasse steht Brüderleins weiß verhangenes Bett – ach Erwin, war das denn alles einmal Wahrheit?? Jetzt kenne ich nicht den Platz, an dem Du bist, u. Du nicht unser Sommerparadies hier! Auch hier ist das Radio im Garten, wie damals bei uns zu Haus. Peter Anders singt aus der Bohème. Die anderen liegen in Liegestühlen drüben auf dem Rasen u. lesen. Wir hatten jetzt 3 späte Abende – wie im Frieden – denn am Sonntag wurde Gräfin Spretis Schwester, Komtess Moy, 21 Jahre alt u. da fingen wir schon am Samstagabend mit viel „Stoff" zu feiern an! Und am Sonntag war Fortsetzung mit Sekt u. gestern wurden am Abend die Reste ausgetrunken. Der Baron Skal war zum Wochenende aus München gekommen u. wir hier in der Einöde pressten ihn aus! Es waren sehr ernsthafte u. tiefgreifende Gespräche, die wir gestern bei halber Beleuchtung führten. Herrgott – wie ich mich dann immer danach sehne, über alles mit Dir sprechen zu können. Wie hat die Welt sich verändert, seit wir uns trennten. Gräfin Spreti strich mir ganz leise über den Kopf, als sie an mir vorbeiging – sie ist so sensibel, daß sie spürte, wie einsam ich mich fühlte bei diesen ernsten Gesprächen u. wie ich mich nach Dir sehnte! Manchmal denke ich wirklich, daß unser Herrgott uns einen Engel geschickt hat, dadurch daß wir nun in Gräfin Spretis Obhut sind, wir drei armen Wanderschwalben! Einer solchen Herzensgüte, Selbstlosigkeit und Teilnahme, wie diese kl. Frau sie mir zeigt, begegnet man nur selten auf Erden. Diese Freundschaft – ich kann unser Verhältnis wirklich so nennen – ist mir jetzt unendlich viel. Was sie mir nur an den Augen ablesen kann, tut sie mir Gutes. Ich kenne keine einsamen Abende mehr, seit ich hier bin, ja oft muss ich mich energisch frei machen aus dem fröhlichen kl. Kreis, um abends zu schreiben. Und die Kinder haben es ja so gut hier. Albert nimmt jetzt langsam, aber sicher zu. Karin ist braun gebrannt an Armen u. Beinen (im Gesicht brennt sie ja nicht ein) u. sieht blendend aus. [...] Mach Dir keine Sorgen um uns, mein Erwin. Das brauchst Du wirklich nicht! Bleib nur gesund und verlier den Mut nie, was auch kommen mag! Einmal werden wir uns wiedersehen, werde ich meinen Kopf wieder an Deine Schulter legen können u. alle schwere Verantwortung werde ich nicht mehr allein tragen müssen. Und endlich kann ich Dir dann zeigen, so hoffe ich, wie lieb ich Dich habe, Du Guter, Guter Du. All diese einsamen Jahre werden dann hinter uns liegen, wie ein Traum und wir werden gemeinsam ein neues Leben anfangen für unsere Kinderlein. Das Leben hat ja so unendliche Möglichkeiten, nicht wahr? Und Du bist jung und ausgeruht –

nein, den Mut und die Hoffnung, die wollen wir nie verlieren! [...] Nun küsse ich Dich Erwin, immer Deine Margot.

Nr. 52, Kapfing, den 21.7.43 (Eing. 12.11.43)

Liebster Erwin, seit Deinem lieben Brief vom 18. April habe ich nun leider nichts wieder von Dir gehört. [...] Aus praktischen Gründen muss unsere ganze kleine Schar jetzt barfuß gehen u. es ist das reine Theater, ihnen zuzusehen, wenn sie alle möglichen Tricks versuchen, um die Kieswege zu überwinden, ohne daß es zu sehr „piekt". Karin u. der älteste Spreti, Burschi, laufen schon ganz abgehärtet sämtliche Wege, aber Albert führt noch ganze Eiertänze auf u. piepst in den höchsten Tönen, wenn er über die Steine muss. Am liebsten würde er auf den Händen gehen, und, da das nicht ausführbar ist, nimmt er wenigstens die Hände zu Hilfe, legt möglichst das Hauptgewicht nach vorn und stelzt so auf allen Vieren. [...] Und in der Gärtnerei durften sie am Nachmittag beim Kartoffeln-Buddeln helfen – ich hatte heute Abend wahre Krusten von den braunen Beinen abzuscheuern. [...] Wir sind seitdem aber noch zweimal, aber mit mehr Glück ab Sonnenaufgang im Wald gewesen, jetzt zum Himbeeren-sammeln. Neulich haben wir abends 16 Pfund mitgebracht und – Kreuzschmerzen, daß wir nicht mehr stehen konnten!! Aber was tut man nicht für die Kinder. Alles wird fleißig eingemacht. Und ganz abgesehen von der süßen Beute, ist so ein Tag im Wald, ganz losgelöst aus dem Alltag ja auch ein wahres Nerven- und Seelenbad. Zu entzückend, wenn morgens die Vogelstimmen ganz sacht nacheinander einsetzen, wenn der Tau in allen Gräsern blinkt, allmählich der Boden sich erwärmt und der herrlich Duft von Holz und Moos, Waldwiesen und Beeren aufsteigt. Wie köstlich ist dann nach dem stillen brütenden Mittag dann der schräg durchsonnte Nachmittag. Und dazwischen die Mahlzeiten bei der Lies, die uns ob unseres Fleißes wohl ganz in ihr altes Herz geschlossen hat. Immer derselbe Empfang: ja mei, Frau Gräfin, heit kann i Euch aber nichts geben. Und immer dieselbe Antwort: geh her Lies, Du hast schon was, a Stückerl Brot und a Milch, und dann sitzen wir in dieser abgelegenen kleinen Gaststube mit den hellblauen Tischen und Bänken, wo es kein Radio gibt und die kl. Wanduhr langsam die alte Zeit herunter tickt. Hoffentlich habe ich Dich nicht gelangweilt mit so ausführlichen Schilderungen – es sind so meine hiesigen Erlebnisse. Und siehst Du, das genieße ich so, daß ich dann die Kinder auch einmal allein lassen kann und weiß sie gut mit den anderen zusammen aufgehoben. Uns haben diese Tagesexpeditionen den Namen „die armen Beerenweiber" eingebracht! [...] Ich kann mir denken, wie sehr Ihr jetzt wohl alle Nachrichten aus unserem armen Europa verfolgt. Ich denke auch bei allen Nachrichten immer an Dich. Es ist eine harte Geduldsprobe für Euch alle. Denke nur immer daran, daß, was auch kommen möge, wir uns eines Tages doch wiedersehen werden. Darauf wollen wir hoffen. [...]

Postkarte: 25. VII. 43 (Eing. 6.10.43)

Mein geliebter Erwin, wie sehr mögen unsere Gedanken sich heute suchen u. finden – heute vor 2 Jahren haben wir Abschied nehmen müssen. Ich bitte Gott, er möge Dich weiter so behüten wie bisher. Es ist ein strahlend schöner Sonntag, der uns heute Muttis Geburtstag verschönt. Ich habe es so eingerichtet, daß ich das Einpacken in Icking jetzt machte, um zum Geburtstag hier zu sein. [...]

Irschenhausen, 27. VII. 43 (Eing. 6.10.43)

Mein lieber geliebter Erwin, als ich am Freitag in Icking ankam und dann am Abend eines der vielen Pakete nach Kapfing auf die Post brachte, war dort gerade Dein lieber Brief vom 23. Mai eingetroffen u. sollte gerade nach Kapfing weitergesandt werden. [...]

Nr. 53, Kapfing, 4. 8. 43 (Eing. 22.11.43)

Liebster Erwin, als ich heute vor einer Woche nach 5-tägiger Abwesenheit in Irschenhausen hierher zurückkam, empfing die Gräfin auf dem Bahnhof in Landshut mich wieder mit einem Deiner geliebten u. immer ersehnten Briefe – Nr. 71, vom 24. Mai. [...] Unbeschreiblich schöne Sommertage haben wir jetzt. Die Kinder nur mit Spielhöschen bekleidet, braun gebrannt u. barfuß leben den ganzen Tag im Park. Zu nett sieht die ganze kl. Gesellschaft um das niedrige Esstischchen im Grünen aus. Wenn nur das Essen besser ginge. Bei Karin rutscht es immer, aber bei Albert ist es manchmal, um die Wände hoch zu gehen, wenn er sich Löffel auf Löffel hineinstopfen lässt, ohne u schlucken. Und dabei das gute Essen hier! Ich habe in sieben Wochen sechs Pfund zugenommen. Auch die Nächte sind wunderbar milde und wenn die Nachtluft angenehm kühlend durch die weit geöffneten Fenster strömt, dann denke ich an zu Hause, an unseren Sommer dort, den wir trotz aller Hitze so sehr liebten. Auch die über Mittag verdunkelten Zimmer erinnern so sehr an die glücklichen Zeiten, die schönen Nachmittage mit kühlen Getränken im Freien – alles ist für mich schmerzlich schöne Erinnerung. Und in all dem ländlichen Frieden hier kann man oft nicht glauben, daß die Welt an so vielen Orten trostlos vom Krieg zerfetzt u. blutend ist. [...] Morgen kommt Mutti für einige 14 Tage (hoffentlich länger!) her, um sich zu erholen u. aufzufuttern. Die Kinder freuen sich schon so auf die Omama! Um uns hier brauchst Du Dir wirklich in keinem Fall Sorge zu machen, Geliebter, wirklich nicht! Ich denke in diesen Tagen ganz besonders an Dich und kann Dir nur immer wieder sagen, wie sehr lieb ich Dich habe. Das bleibt immer u. ewig! Deine Margot

Nr. 54, Kapfing, 8. VIII. 43 (Eing. 15.1.44) [Der Brief wurde wohl über S. in Istanbul versandt, aber mit Vermerk der Lagerleitung, daß es nicht erlaubt sei, Briefe über Mittelspersonen zu versenden.]

Liebster Erwin,

eben haben Albert u. Karin sich ihr geliebtes Lotto von mir erbeten, um eine halbe Stunde bei der Omama zu spielen zur Feier des Sonntagsnachmittags. Es ist immer noch das alte Bilderlotto aus Teheran, das Onkel Schlüter seiner kleinen Karin schenkte, u. immer noch will sie die Karte mit dem Purpurreiher haben. Jetzt kräht auch schon Albert mit Begeisterung, wenn man fragt: wer hat die Füchse? oder: wer hat das Mähnenschaf? u. ich hüte dieses unersetzliche Spielzeug immer in meinem Schreibtisch. [...] In meinem Schreibtisch liegt ein rot gesiegelter Mietvertrag – der erste, den ich abschließe. Graf Spreti als Vermieter u. frau Spiegel als Mieter. Ich habe 2 nebeneinander liegende Zimmer, eines für die Kinder mit einfachen Möbeln, in dem sie ungeniert spielen können, eines für mich mit kostbaren alten Möbeln, in dem nur die Teppiche fehlen, um es wirklich schön zu machen. Wie ich mich nach Teppichen sehne, Erwin. Hätte ich nur einen einzigen mitgenommen! Wenn ich irgendwo bei Bekannten einen Perserteppich erblicke, ist mir, als ob ich einem alten Freund begegne, u. möchte ihn heimlich streicheln. Ich bezweifle, daß dieses uralte Kunsthandwerk in unserem lieben Land noch Bestand haben wird. Es wird von der Maschine abgesetzt werden – wie die Maschinen die ganze Welt zermalmen. Mein ganzes Gepäck aus Icking ist gut hier angekommen. Daraus, daß ich im neuen Mietvertrag auf 6-monatige Kündigung meinerseits eingegangen bin, wofür Spretis auf Kündigung während des Krieges ganz absehen (wenn nicht höhere Gewalt dazu veranlasst) ersiehst Du, daß ich die Absicht habe, hier nun Deine Rückkehr abzuwarten. Ich mag auch nicht mehr umherziehen. Und die Kinder sind so glücklich hier u. Albertlein nimmt regelmäßig zu und die Menschen sind so nett und großzügig, daß ich das „Aus-der-Welt-Sein" gern in Kauf nehme. Du brauchst Dir wirklich keinerlei Sorgen um uns zu machen, Geliebter. Und wenn Dich jetzt trübe Gedanken übermannen wollen, denke immer daran, daß wir uns eines Tages wiederfinden werden, und das wird schöner sein als alles, was bisher zwischen uns war. Die Kinder beten abends für ihren Papi. – Denke Dir, jetzt hat auch Albert zum ersten Mal „Teheran" gesagt, daß sein Papi da sei. [...]

Nr. 55, Kapfing, 15. VIII. 43 (Eing. 8.12.43)

Mein geliebter Erwin – ja, wie oft schreibt man das nun so hin und wie irrsinnig gern würde man es nur ein einziges Mal wieder sagen, ganz nah an Deinem Ohr – ach weißt Du, nur sehr selten kann ich mir ausmalen, wie es sein könnte, wenn ich Dich einmal wiedersehe. Meist scheint es mir völlig unwirklich, aber manchmal schwinge ich mich doch auf, mir unser Wiedersehen ganz plastisch auszumalen u. dann wir d mir ganz taumelig zu Mute, als hätte ich eine Flasche Sekt ganz allein getrunken! Ach, wenn Du nur nicht zu viel Lücken findest, wenn Du einst wiederkommst, damit es doch trotz allem eine Freude wird. Wie wird Dir nur ums Herz sein, wenn Du Dich dann plötzlich als Vater zweier langer lebhafter Kinder siehst?! Wie stolz sagt Alberti jetzt schon: mein Papi, wenn er auf Dein Bild zeigt! Und Karin wird ja überhaupt ein ganz anderes Kind werden, wenn ihr auch wieder ein Papi gehört. Sie ist schon – wie ich – ganz daran gewöhnt, daß alle Männer immer anderen Kindern, resp. Frauen gehören! Aber überwältigender als alles wird es doch sein, wieder Deine Nähe zu spüren, Deine Arme noch mit geschlossenen Augen in allen Fasern zu spüren und zu wissen, daß Du da bist, ganz bei mir nicht mehr nur in Gedanken, sondern leibhaftig u. wirklich wieder bei mir. Deine Stimme wieder hören. Und alles mit Dir besprechen zu können, mir wird ja plötzlich fliegend leicht sein, wenn die schwere ‚Verantwortung, die ich nun für die Kinder allein trage, mir zur Hälfte wieder von Dir abgenommen werden wird. Wie oft schon habe ich denken müssen, was würde Erwin wollen, daß ich tue, wie würde er entscheiden? Aber bei einem bin ich sicher, daß Du mit mir zufrieden sein wirst, daß ich nämlich Icking mit Kapfing vertauscht habe! Wenn ich restlos ehrlich vor mir bin, muss ich sagen, daß ich diesen Wechsel schon nach den ersten drei Tagen, die ich damals im Mai probeweise hier verbrachte, fest gewünscht habe. Und ich bin überzeugt, daß es im Grunde doch all meine bewussten oder unbewussten kl. Schachzüge waren, die schließlich zum gewünschten Ziel führten. Denn äußerlich musste die Initiative doch von Spretis ausgehen und nicht von mir – einerseits, weil es immer angenehmer ist, aufgefordert als als Bittende in ein Haus zu ziehen, andererseits um N's gegenüber meinem Umzug hierher als Chance u. nicht als von mir gesucht darzustellen. Und dazu wusste ich damals noch nicht einmal, daß die Verhältnisse inzwischen zeigen würden, daß ich in jeder Beziehung für uns das Beste getan habe. Es muss schon irgendwie Instinkt gewesen sein. Du solltest sehen, wie Karin u. Alberti sich hier herausgemacht haben. Sie sehen mit der sommerlichen Bräune jetzt wirklich zu nett aus. Und wie sie hier toben u. schreien können, ohne daß man immer Rücksicht nehmen muss, denn die Spreti-Kinder sind ja auch nicht unhörbar! Bei dem herrlichen Wetter steht das Esstischchen mittags u. abends auf dem Rasen, lauter kl. nackte braune Füße baumeln darunter u. nicht immer einwandfreie Hände hantieren mit Löffel u. Schieberchen. Und wie nützlich so eine kleine Gemeinschaft ist: wird eines bestraft, wirkt es gleich auf die anderen mit. Gestern Mittag z.B. saßen Alexander u. unser Sohn wieder einmal mit vollen Backen, ohne ihr Gemüse zu kauen, u. als sie nach mehrfacher Androhung doch keine Anstalten machten, herunterzuschlucken, nahm ich sie an der Hand u. führte sie vom halbvollen Teller weg ins Haus u. ins Bett. Dieses Geheul der kl. Burschen! Ich konnte ja fast nicht ernst bleiben, als ich sie hinter mir her über den Rasen zog! Weißt Du, das ist herrlich: die Gräfin u. ich haben ganz die gleichen Ansichten über Erziehung (obwohl sie sie ihrem vergötterten Ältesten, Alexander, nicht immer anwendet!) u. so braucht man nicht immer Unterschiede zwischen „meine Kinder" u. „Deine Kinder" machen, sondern alle werden gleich behandelt. [...] Die Gräfin hat mir neulich einen ganzen Tag ihre Drei allein anvertraut, um ihren Mann zu Besorgungen nach Landshut zu begleiten. Ach Erwin, wie kam ich mir vor, als ich wieder ein Babylein badete, wickelte u. fütterte. Die Tränen kamen mir vor Sehnsucht nach meinem eigenen kleinen Kinderzimmer in Teheran [...]. Bleib mir gesund! Gott behüte Dich! Ich grüße Dich u. küsse Dich, mein Geliebter! Immer Deine Margot

Nr. 79., Loveday, 1. August 1943,

Meine geliebte Margot, eine sehr ertragreiche Postwoche liegt hinter mir mit dem Erhalt Deiner sehr lieben Briefe Nr. 22, 23, 26, Karte v. 11. 2., Brief v. 23. 5. u. Nr. 31, wovon ich Kopie per Luft bereits vor 14 Tagen bekam. Hab sehr herzlichen Dank für Deine große Liebe, die aus Deinen Briefen zu mir spricht. [...] Geschichtsvorträge haben wir hier natürlich auch durch v. G. u. E. u. zwischendurch schaltet Krüger Vorträge über die Baukunst der verschiedenen Geschichtsperioden ein. Sehr interessant u. lehrreich. Auch über alle Gebiete der Chemie sind wöchentliche Vorlesungen. [...] Deinen Rat wegen Sparen habe ich schon richtig verstanden! Wenn Du etwas von Deinen Bezügen erübrigst, so würde ich mich freuen, wenn Du es gegebenenfalls dazu verwendest, einen Garten oder ein Häuschen zu erwerben. Hierzu steht Dir ja auch mein Guthaben in Frankfurt zur Verfügung u. evtl. kannst Du auch einige Hypotheken oder die Firma in Anspruch nehmen. [...]

Nr. 80., Loveday, 8. August 1943.

Meine geliebte Margot, was haben mir Deine vielen lieben guten Briefe in der letzten Woche für große Freude bereitet! Als Sonntagsvergnügen habe ich sie alle der Reihe nach ab 24. Dez. wieder mal durchgelesen u. mir damit zwei schöne Stunden bereitet in diesen sonst ernsten Tagen. Vergangene Woche erhielt ich Deine geliebten Briefe Nr. 34 u. Nr. 38. [...] u. endlich lag auch wieder mal ein Foto bei. Ich glaubte zuerst, es sei Karin, wenn Du nicht dazu geschrieben hättest, daß Berti die Blumen in die Vase steckt. Ob Dein Sommeraufenthalt auf Schloss Kapfing schon zu Ende ist? Ich wünsche ja so von Herzen, daß Du dort schöne Tage in angenehmer Gesellschaft verbracht hast. Und wohin wird Dich wandernde Zigeunerin in diesem Monat das Schicksal verschlagen haben? [...]

Nr. 81., Loveday, 22. August 1943.

Meine Liebste, vor 10 Tagen erhielt ich Deinen lb. Brief Nr. 37 u. 2 Tage später Deine Postkarte aus München vom 24. Mai u. danke Dir sehr herzlich. [...] Ich kann mir wohl vorstellen, daß Du manchmal die Kinder oder Alleinsein der Geselligkeit vorziehst. Aber trotzdem solltest Du Dich nicht ganz von Unterhaltung u. Zerstreuung abschließen. Es genügt, wenn das Schicksal mich dazu ausersehen hat. Und dennoch sehne auch ich mich oft danach mal ganz für mich zu sein, was in einem solchen Gemeinschaftsleben ja kaum möglich ist. [...]

Nr. 82., Loveday, 29. August 1943.

Meine Liebste, die beiden letzten Wochen brachten mir leider keine Post. [...] Die größte Freude kommt ja oft erst beim wiederholten Lesen, wobei man oft eine bis dahin unbemerkte Stelle erst entdeckt, in die Zusammenhänge tiefer eindringt u. Deine Sprache u. Deine Liebe umso tiefer fühlt u. empfindet. Ach, meine Margot, wann werden wir das, was uns zutiefst bewegt, uns erst wieder von Angesicht zu Angesicht sagen können? Früher wo ich genug Gelegenheit hatte, hab ich's versäumt u. jetzt kann ich mir noch gar nicht richtig vorstellen, wie es später sein wird. Ich sehne mich ja so oft u. innig in Deine geliebten Arme, nach einem lieben Blick von Dir. Mein innigster Wunsch ist, daß Du immer gesund bleiben mögest u. ich freue mich, daß Du auch die Kinder gesund über den Winter gebracht hast. [...] Ich schließe Dich fest in meine Arme, meine kleine Margot, u. küsse Dich sehr innig, Dein Erwin.

(Nr. 83 fehlt).

Nr. 84., Loveday 5. September 1943.

Meine geliebte Margot, die vergangene Woche brachte mir Deine lb. Briefe Nr. 30, 33 u. 35. [...] Deine anschauliche Osterschilderung hat große Sehnsucht in mir erweckt nach unserem Heim u. Garten. Wann werden so glückliche Tage u. Stunden wiederkehren? Bis diese Zeilen Dich erreichen, steht Ihr wohl schon wieder vor den Weihnachtsvorbereitungen u. die Kinder werden sehnlich das Fest erwarten u. ich werde zum 3. Mal ihre Freude u. Seligkeit nicht miterleben dürfen. Aber Deine Briefe vermitteln sie mir ja dann u. lassen mich doch ein wenig Anteil an Eurem Feste haben. – Bei uns sind jetzt die ersten Frühlingstage u. es wird eifrig in den Gärten gearbeitet, gesät u. gepflanzt. Jede Baracke hat einen Blumengarten ringsherum u. an freien Plätzen im Lager sind einige größere Gemüsegärten, wo wir Tomaten, Salate, Melonen usw. anbauen. [...]

Nr. 85., Loveday, 19. September 1943. (Eing. 10.1.44)

Meine Liebste, vorgestern kam Dein lieber Brief vom 18. Mai, den Du am 3. 6. zu Ende schriebst. [...] Von den Eltern erhielt ich vorgestern einen Brief. [...] Wie es wohl Alberto jetzt ergehen mag bei den grundlegenden Veränderungen in seiner Heimat? Heute Vormittag spielten wir einen herrlichen Tennis-Vierer. [...]

Nr. 86., Loveday, 15. September 1943. (Eing. 25.12.43)

Meine liebe kleine Margot, in manchen Deiner Briefe kommst Du mir wie ein kleines Mädchen vor, obgleich Du doch nun schon seit 2 Jahren unsere kleine Familie durch alle Wehen der Kriegszeit mit Erfolg hindurch steuerst. Bayern ist ja für Euch fast wie ein kleines Meer, dessen Wind u. Wellen Dein Schiffchen von einem Hafen in einen anderen tragen, u. wie es scheint immer in einen besseren, von den Stürmen der Jetztzeit geschützten Zufluchtsort. Ich freue mich sehr, daß Du für ganz nach Kapfing übersiedelst. [...] Ich würde gern [...] Spretis u. H. v. N. [...] selbst schreiben, aber zu einer noch weiteren Ausdehnung meiner Korrespondenz reichen meine 2 wöchentlichen Briefe nicht aus. Das ist ja auch der Grund, weshalb ich gelegentlich eine Woche in meinen Briefen an Dich überspringen musste. – Wenige Stunden nach Einwurf meines letzten Briefes v. 19. ds. Monats. erhielt ich Deinen lieben Brief Nr. 50u. gestern u. heute Nr. 46 u. 48. Welch eine Freude, in jedem Brief zwei bzw. 3 Fotos. [...] Wenn ich Dich in früheren lieben Kleidern sehe, an die so manch schöne Erinnerung geknüpft ist, versuche ich mir Farben u. Formen genau vorzustellen. Immer gelingt es mir nicht, denn es ist schon so lange her! [...] Sehr leid tut es mir, daß er Dir nun auch mit Nervosität Sorgen macht u. Du das alles allein ertragen musst. Wie gern würde ich Dir helfen diese Sorgen zu überwinden. Es ist ja auch kein Wunder, wenn sich das lange Fehlen des Vaters schließlich auch auf den seelischen Zustand der Kinder auswirkt. Es muss eben überwunden werden u. es wird sich mit der Zeit auch geben. Ich sende Dir u. den Kindern meine ganze Liebe u. grüße Euch innig, Dein Dich heiß liebender Erwin.

Nr. 87., Loveday, 26. September 1943. (Eing. 18.12.43)

Meine geliebte Margot, für Deine Briefe [...] dankte ich Dir schon. Nr. 46 klingt ja an einigen Stellen ein bisschen kleinmütig. Was tut's schon, wenn Du an den Schläfen ein paar graue Haare bekommen hast? Das kann auch eine Zierde sein. Wichtiger ist, daß Dein Herz, Dein Geist, Deine Seele u. damit Deine Liebe nicht ergrauen, u. den Eindruck habe ich aus Deinen Briefen u. den Fotos nicht. Daß wir uns in den 2 Jahren äußerlich verändert haben werden, ist ja nur natürlich. Wenn die äußerlichen Veränderungen nicht immer so sind, wie wir es wohl gern möchten, so haben wir einen Ausgleich, uns innerlich ebenfalls zu verändern u. dabei den Vorteil diesen Veränderungen unseren Willen aufzuprägen

u. sie zu unserem Vorteil zu gestalten. Daß auf diesem Wege Hindernisse, Zweifel u. Zagen überwunden werden müssen, bedingt eine größere seelische Stärke. Solche Prüfungen u. Versuchungen sind also auch nicht vergebens u. tragen, wenn man sie erfolgreich überwindet, später ihre Früchte. [...]

Nr. 56, Kapfing, 20.8.43 (Eing. 24.12.43)

Mein geliebter Erwin Junge, es ist früh um 10 Uhr u. ich sitze schon zum Schreiben an einem altmodischen weißen Gartentisch – diesen Luxus habe ich Mutti zu verdanken, die sich (u. mir!) zur Freude jeden Vormittag die Kinder übernimmt. Meist ging sie mit ihnen samt 2 Spreti-Buben in den Wald u. spielte dort die schönsten Sachen mit ihnen, wie Moosgärten u. Holzställe bauen. Aber jetzt, seit wir wieder die herrlich heißen Tage haben, meiden sie den Weg über die Landstraße u. bleiben im schattigen Park. Neben der Sandkiste sitzt Mutti stopfend u. regt an, die schönsten Sandtorten zu backen u. zu schmücken oder auf dem von den Eltern zu Weihnachten geschenkten kl. Koch Ofen grüne Gerichte herzustellen. Oft geht es auch recht lebhaft in der Sandkiste zu: Burschi u. Steffi beißen mit Vorliebe, wenn sie bös sind, Alberti schmeißt mit Sand u. Karin, die weniger aggressiv als wehleidig ist, kreischt in den höchsten Tönen! Alle haben sich ans Barfußlaufen gewöhnt u. tragen in diesen schönen Tagen nichts als ein Spielhöschen. [...] Immer wenn einmal schöne Tage sind, werden die Erinnerungen an Teheran besonders wach u. denke Dir, Karin scheint es genauso zu ergehen! In ihrem kleinen Gehirnkasten bewahrt sie noch plastisch klare Bilder von damals, die – vielleicht durch die Sonne?! – plötzlich wieder hervorkommen. Z.B. als ich ihr zum ersten Mal wieder ihren geliebten Badeanzug anzog, sagte sie: „Und nu musst Du noch Salbe auf die Schultern schmieren wie in Teheran." „Wieso Karin?" „Ja weißt Du, wie wir mal an das ganz große Wasser gefahren sind, das ganz große, da hast Du das auch immer gemacht!" Ist das nicht phantastisch, daß sie sich an das kaspische Meer erinnert?! Drei Jahre ist es her, daß wir dort waren. Und gestern als sie aus dem Planschfass auf dem Rasen stieg, sagte sie: „Mutti, bei einer Christel, da war doch auch so ein kleines rundes Bad für uns" – .... bei Heizmanns in Shimran! [...] Karin möchte so gern wieder so ein großes Bassin wie mit dem Papi in Shimran! „Mutti, wollen wir nicht nach Teheran fahren – kannst Du nicht morgen anfangen mit Kofferpacken?" [...] Nun stehe ich mit einer kleinen Tochter hinter dem niedrigen Parkgatter – ach, ist es nicht schon eine große Tochter?! Wie lang steckt sie ihre Beine aus dem kurzen Spielanzug, ihre schmalen sehnigen Füße [...] ich fühle ihre kräftigen langen Finger in meiner Hand, höre ihre eifrige Stimme u. denke an Dich!

Klein Albert will der Figur seines Vaters treu bleiben – er wirkt unglaublich dünn zwischen all den dicken Putten beim Baden. Aber sehnig ist er! Wie ein Flitzebogen spannt er sich von einem Rand der Holzwanne zum andern. Wenn er nur besser folgen würde! Ich bin schon streng, aber ich kann das kl. Gestell doch nicht immer richtig versohlen, da muss er erst noch ein bisschen Fett ansetzen. [...]

Nr. 57, Kapfing, 21.VIII.43

Mein lieber, lieber Erwin, für Deinen lieben Brief vom 2. Mai, den ich gestern erhielt, dankte ich Dir am gleichen Tage per Landpost. Ich warte einmal wieder sehnsüchtig auf neuere Post von Dir, denn es ist schon 3½ Wochen her, daß ich Deinen lieben Brief vom 24. Mai erhielt. [...] Ich fühle es selbst, ich habe mich hier zum ersten Mal körperlich und seelisch sehr erholt. Möchte sagen, daß ich seit Baden-Baden damals nicht so rund und wohl gewesen bin. Albert behält Deine Figur! Er ist Dir so ähnlich gebaut, aber so ähnlich, daß er wie ein kleiner Erwin scheint, wenn er splitternackt über den Rasen läuft. Es ist in diesen heißen Tagen das größte Vergnügen aller Kinder, nach mittags stundenlang in der Holz Bütte, die wir vormittags mit Wasser füllen u. in der Sonne wärmen lassen, zu plantschen. [...] Ja, auch in mir rufen diese schönen Tage so viel Erinnerungen an zu Hause wach. Der Kaffeetisch im Garten, die Abende draußen u. die warmen Nächte. Heute zum Sonntag habe ich mich damit beschenkt, einmal im Geiste Zimmer für Zimmer in unserem Hause zu durchwandern u. mich an jedes Möbelstück, Teppich, Bild, ja die Lampen zu erinnern. Aber es macht das Herz so schwer! […] wie habe ich an Dich gedacht! Spretis sagten schon manchmal, sie hofften so sehr, daß wenn Du zurückkämest, unser Wiedersehen hier in Kapfing gefeiert würde. Das solle dann einmal ein Fest geben! Scherzhaft meinte der Graf, er wolle es in unseren Vertrag hineinschreiben. Es sind so reizende u. anständige Menschen. Die Gräfin ist von einer Offenheit mir gegenüber, wie zu einer Jugendfreundin, u. ich freue mich über ihr Vertrauen. […]

Nr. 59, Kapfing, 30.8.43 (Eing. 15.12.43)

Mein Geliebter, Sonntag ist hier immer sehr feiertäglich […]. Gestern war ein regnerischer Sonntag, die Kinder spielten allesammen im großen Spielzimmer u. vollführten einen Höllenspektakel als „Tigerherde". Unserem kl. Albert wird so ein Getobe u. das längere Zusammensein mit allen Kindern aber etwas zu viel, habe ich beobachtet – er wird dann übermüdet u. nervös. So holte ich ihn mir vor dem Abendessen aus dem Gewimmel heraus u. sah auf meinem kl. Sofa mit ihm Bilderbücher an. Das genieße ich dann, wenn ich meinen kl. Mann ganz alleine habe, er sich so gemütlich an mich lehnt u. mit seinem hellen Stimmchen Kommentare zu den Bildern gibt.

Diese Woche brachte mir Post von Dir: vom 7. u. 13. Juni u. 16. Mai […] u. 21. Juni. So gern ich die Gräfin Spreti auch habe u. mich über das große Vertrauen, das sie mir schenkt, freue, so will ich doch versuchen, eine gewisse Distanz zu halten, denn Du hast mich in Teheran zu Deiner Ansicht überzeugt, daß es eben auf die Dauer doch meist besser so geht. Und wenn uns Anfang November der Graf verlassen wird, weil seine U.-K.-Stellung abläuft, u.

den ganzen Winter hier in der Abgeschlossenheit wir Weiber allein unter uns sein werden, dann wird etwas Distanz ganz gut sein, um im Verein mit viel Wohlwollen u. gutem Willen das gute Einvernehmen immer zu gewährleisten. [...] wiederholte H. die Anspielung auf Austauschverhandlungen, aber ebenfalls mit dem Zusatz „streng vertraulich". Ich weiß ja, mein armer geliebter Jung, welche Geduldsprobe es für Dich ist, u. trotzdem – glaube mir, ich wäre in einer Todesangst, wenn ich Dich während des Krieges noch unterwegs wüsste. Denk an Deine Kinder, Geliebtester, u. an mich u. habe Geduld! Wenn dieser fürchterliche Kampf einst beendet sein wird – dann wollen wir uns wiedersehen. Ach Liebster, wenn Du wüsstest, wie unendlich schwer ich es empfinde, gerade jetzt nicht ein einziges Mal mit meinem Mann sprechen zu können, die oft so quälenden Gedanken nicht einmal hilfreich mit Dir besprechen zu können – und dennoch: ich bin dankbar für die Hoffnung, Dich einmal wiederzusehen u. bete zu Gott jeden Abend, er möchte Dich mir behüten und bewahren. Was auch kommen möge – denke immer daran, daß Du u. ich – so kleine Menschen in der großen Welt! – uns einmal wiederfinden wollen u. werden! Geduld haben wir doch beide im Orient gelernt. [...]

Nr. 60, Kapfing, 2.IX.43 (Eing. 10.12.43)

Mein Geliebter – über Nacht bin ich kinderreich geworden: fünfe habe ich augenblicklich unter meinen Flügeln. Die Gräfin ist mir ihrem Mann in die Ferien gereist u. da die Kinderschwester immer noch im Krankenhaus ist (5 Wochen nun schon, Operation am Fuß), hat man mir die Kinderschar anvertraut u. die nötigste Betreuung der Kanzlei dazu. Ich fühle mich sehr in Amt u. Würden u. macht es großen Spaß, einmal wieder richtig etwas leisten zu können. [...] Mutti ist noch hier und hilft mir rührend beim Kinderhüten. Die alte Zensi, die schon den Hausherrn in die Windeln legte, kümmert sich um das An- und Ausziehen von Steffi u. Burschi, aber die Malzeiten dirigiere ich allein. [...] Heute denke ich den ganzen Tag an das heute vor vier Jahren u. ich spüre, Du denkst auch daran. Bis in die Einzelheiten ist mir der Tag damals gewärtig, wie wir da noch so fröhlich – die drohenden Wolken nicht sehen wollend – an unserem Bassin im vertrauten Garten in Schimran saßen u. plötzlich unser guter lieber alter Schlüter erschien mit den ganzen erschütternden Nachrichten. [...] Ja, vier Jahre sind seitdem vergangen. Und wie kurz erscheinen mir diese beiden letzten im Vergleich zu den beiden ersten, die noch so voll schönen Erlebens waren mit Dir, mein Geliebter. So reich an unvergänglichen Erinnerungen, so voll Glück durch Dich, Erwin. Und haben wir nicht beide im unbewussten Vorgefühl kommender dunkler Zeiten der Trennung alle gegenwärtigen Liebesbeweise, alle schönen Erlebnisse, die uns die ersten beiden Kriegsjahre noch schenkten, ganz besonders tief in unser Herz geschlossen! Wie oft sprachen wir damals davon, daß wohl auch wir noch unseren Preis dafür würden bezahlen müssen. Wirklich, es ist so, daß im Rückschauen diese beiden letzten Jahre mir kurz scheinen, vielleicht weil sie so viel leerer waren, als ich es immer durch Deine Gegenwart gewohnt war? Ich will nicht undankbar sein – ich habe die Kinder, denen ich jetzt ganz gehöre, in denen ich Dich täglich lieben kann – aber ich kann es doch nicht helfen, wenn ich die Zeit jetzt vor allem als großes Warten empfinde u. so intensiv nicht mehr lebe, als wie Du bei mir warst. Und wenn ich mit anderen Männern vergleiche – allzu oft habe ich hierzu ja keine Gelegenheit – wie einzig liebenswert scheint mir dann Deine Art, Deine geliebte Person, mein Erwin. Manchmal überkommt mich auch so stark die Erinnerung an die letzte Nacht in Täbris. Der Abschied von meinem geliebten kl. Zuhause u. unserem Teheran lag hinter mir u. der schwere, schwere Abschied von Dir stand bevor. Langsam u. grausam unaufhaltsam brannte die Kerze neben meinem Bett nieder u. meine Tränen tropften langsam auf Deine Brust. Ich weiß nicht, ob Du schliefest, als ich flüsterte: heute Nacht möchte ich sterben. Mein Leben war bis dahin so schön gewesen. Gott möge mir den Frevel verzeihen. Ich will alles, aber auch alles ertragen, wenn ich nur Dich endlich wiedersehe. Wir werden bei diesem „endlich" nicht dieselben sein, als die wir Abschied nahmen, so wie die ganze Welt ja auch ein anderes Gesicht bekommen haben wird. Aber wir werden uns zurechtfinden u. unsere Liebe ist stark genug alles zu überwinden u. unseren beiden süßen Kindern halt zu sein.

Mutti hat sich so unendlich gefreut über Deinen lieben Brief zum Geburtstag, den sie vorgestern erhielt. Wie schön schreibst Du! Wie soll ich Dir mit Worten sagen, was es für mich bedeutet, daß meine Briefe Dir ein Quell des Lebens jetzt sind? Meine dummen kleinen Briefe? Ach, könnte ich nur immer so schreiben, wie ich möchte – aber ich müsste ja ein Dichter sein oder Noten setzen können, die Dir in mächtiger Melodie voll Leidenschaft oder den zarten innigen Tönen Chopin'scher Etüden meine Liebe sagen müssten. Ich möchte diesen Zeilen heute meine all meine innigsten Wünsche zu Deinem Geburtstag mitgeben. 2½ Monate Reisezeit hat dieser Brief, wenn er Dich zu Deinem Geburtstag von mir grüßen soll – möchte ihn ein gütiger Zufall pünktlich in Deine geliebten Hände legen! Und kommt er zu spät – Du weißt ja, Schwalbenvater, wie ich an Deinem Geburtstag zu Dir hindenke mit so viel unzähligen guten Wünschen. Bleib gesund u. behalte mich lieb u. denke immer daran, daß wir Drei auf Dich warten, immer u. immer. Und niemand Deiner Kameraden wird Dir gratulieren, weil Du Deinen Geburtstag verschweigst? Da müssen wir zwei beiden schon ein rechtes Gedankenfest miteinander feiern, nicht? Mit Chrysanthemen! Es tut mir so unendlich leid, daß nun einige unter Euch die Geduld verlieren u. sich gehen lassen. Es ist so beschämend das mit ansehen zu müssen. Und das Schlimmste ist – es geht so auf die Nerven. Möge Dir die Kraft gegeben sein, Dich nicht zu sehr dadurch deprimieren zu lassen. Erwin, ich bete jeden Abend für Dich. Ich bin stolz, daß Du die Haltung nicht verlierst u. daran habe ich nie gezweifelt. – Aber so ein junger Mann, wie der Mann der Schwedin, sollte sich doch mehr in der Hand haben! Sie sollten sich an ihre Kameraden vom letzten großen Krieg denken, die 5 Jahre aushielten u. an ihre Kameraden in – Russland. [...]

Nr. 61, Kapfing, 5.IX.43, 1 Photo (Eing. 19.2.43, wohl über S. versandt und erneut Vermerk des Zensors in Adelaide, daß es nicht erlaubt sei, Briefe über Mittelspersonen zu versenden).

Liebster Erwin, eben hatte ich an Dich meinen letzten Luftpostbrief an Dich abgeschickt vorgestern, da kam Dein Brief, Dein wunderschöner Brief vom Ostersonntag, für den ich Dir von ganzem Herzen Dank sage. Du hattest zu Ostern einen Brief von mir vom Nov. bekommen u. ich Deinen Osterbrief nun im Sept. – was sind das für lange Reisezeiten! Und doch – im Grunde spielen sie keine große Rolle, denn wenn ich Deine lieben Worte lese, so scheinen sie mir nicht alt, sondern wie eben erst gesprochen, in Deinen kl. Briefen liegt die Macht, Dich mir so nahe zu bringen, daß ich manchmal fast Deine Gegenwart zu spüren glaube. Du schreibst immer so tapfer, nie ein einziges Wort der Klage. [...] Um mich ist feierliche Sonntagsstille – die gesamte Hausgemeinschaft ist zur Kirche nach Vilsheim gepilgert – nur die alte Gräfin, die durch einen Schlaganfall gelähmt im ersten Stock lebt, die Kinder u. ich sind hiergeblieben. Eben ist auch noch Mutti mit den Kindern zum Spaziergang aufgebrochen u. meinte, ich solle mal eine sonntägliche Lesestunde machen. Aber mir geht es so - wenn ich mal wirklich eine richtige Mußestunde habe, schreibe ich. Am liebsten an Dich! Aber auch sonst ist die Korrespondenz groß – allein schon die vielen Geschwister. Roderich schrieb letzte Woche einen schönen Brief aus dem Westen. Er schreibt ganz wunderbare Briefe an Mutti, die ihre größte Freude sind, wie Du Dir denken kannst. Irmgards abscheuliches Benehmen damals (Du weißt davon!) rührte von einer bösen Krankheit her, der sie fast verfallen wäre, wenn Mutti nicht in ihrer Selbstlosigkeit u. inneren Größe ihren armen Geist zur Ruhe gebracht u. sie den Nervenärzten gewissermaßen wieder entrissen hätte! Daß seitdem Irmgards Verhältnis zu Mutti ein besonders Inniges geworden ist, ist schön. – Carl Ferdi wird nun wieder in seiner Firma arbeiten, d.h. vorläufig ist es ein Versuch. Seine Verwundung lässt anderen Dienst nicht zu. [...]

7.IX.43 Gestern Abend kam Dr. Isemann mit Frau [...]. Mit Karin habe ich entschieden weniger Schwierigkeiten in der letzten Zeit, jedenfalls was den Gehorsam betrifft. Ihr starkes Geltungsbedürfnis muss immer noch „bewacht" werden u. so eine angeborene Eigenschaft wird sich ja auch niemals weg-erziehen lassen, sondern kann nur in eine gute Form gebracht werden. Hingegen ist Alberti ausgesprochen schwierig jetzt; ich habe ihn seiner Zartheit wegen immer etwas geschont u. seinen Gehorsam nicht immer erzwungen, so daß er jetzt eigentlich wie ein kleiner Dackel meist das Gegenteil von dem tut, was er gerade soll. Aber er ist nicht boshaft, sondern immer noch so ein heiterer kl. Kerl, der er als Baby schon war, u. niemals bockig oder gar „quäsig". Nun, das Essen oder vielmehr das Nicht-essen-wollen hat sich hier beinah schon zu einem Komplex ausgewachsen. Meine Hoffnung, daß es mit den anderen Kindern zusammen besonders gut gehen würde, hat sich nicht erfüllt. Im Grunde hat er nämlich Appetit, aber eine gewisse Nervosität hält ihn immer wieder vom Anfangen ab, helfen will er sich dann auch nicht lassen usw. Aber wir werden es schon hinkriegen! Geduld, Geduld u. nochmals Geduld sagt Dr. Isemann – ist es eine Strafe dafür, daß mein Geduldsfaden immer etwas kurz gewesen ist?! Spielen kann der kl. Kerl ganz reizend, besonders wenn er allein ist. Er hat ausgesprochen geschickte Hände u. selbst so große Freude am Bauen z.B.!

Die Gräfin nebst Mann ist noch bis Ende der Woche verreist. Mir macht ihre Stellvertretung Freude, besonders das Versorgen des Babys – erinnert so an glückliche Zeiten zu Haus! Burschi u. Steffi sind musterhaft artig – wie immer, wenn die Mutter nicht vorhanden ist. Der alte Geheimrat Rommel, unser Kinderarzt in Icking, behauptet „Mütter sind ein Erziehungshindernis!"? Jedenfalls, wenn man so viel über die richtige Art nachdenkt u. sich Mühe gibt, kann man es wohl nicht ganz falsch machen? Bei den kl. Schwierigkeiten der Kinder darf man nie vergessen, welch relativ unruhiges Leben sie doch in den letzten 2 Jahren führten. Freude machen sie mir genug!

Jetzt spielen alle in der Sandkiste. Ein zauberhaftes Herbstlicht steht über der Landschaft, leichter Dunst verhüllt die Ferne u. das Nahe scheint umso leuchtender u. plastischer. Die Sonne meint es noch einmal gut heute. [...] Nun ade Geliebter. Ich sehe Dein Gesicht vor mir, wenn Du diesen Brief öffnest! Bleib gesund u. behalt mich lieb. Von Mutti u. Karin tausend liebe Grüße. Albert u. ich schließen uns an. Immer mit meinem ganzen Herzen Deine Margot

Nr. 62, Kapfing, 12.IX.42, 3 Photos (Eing. 17.12.43)

Mein Geliebter, mir brennt das Herz, daß ich Dir gerade in diesen Tagen keinen Trost sagen kann. Diese Tage, die für Euch noch härter sein werden, als für uns. Bis dieser Brief bei Dir ist- was mag da alles noch geschehen sein. Liebster – denke daran, wie ich mit meinen Gedanken, mit meinem ganzen Herzen bei Dir bin u. Dir immer Trost sein möchte. Ach, so geschrieben scheint mir jedes Wort banal u. unfähig Dir zu sagen, wie lieb ich Dich habe. Wie ich jede Nachricht doppelt empfinde, sei es Gutes oder Schlimmes – immer ist mein erster Gedanke: wie wird das wieder auf Erwin wirken. Und diese Tage brachten es Dir wohl kieskübelweise u. es gehört schon ein starkes Herz u. ein eiserner Wille dazu, Deine Nerven ruhig zu halten u. sich nicht unterkriegen zu lassen. Aber wir wollen uns doch nicht kleinmütig zeigen, wir wollen doch durch – einmal wird doch alles wieder gut werden, ja Erwin? Komm Du, mach keine so traurigen Augen – ich küsse sie Dir – sieh Dir unser Brüderlein an, wie er neben mir auf den warmen Steinstufen an der Westseite mit seinen Bauklötzen spielt

– der kl. barfußene Dreckspatz! Das ist die stillste Gegend im Park, der rückwärtige Eingang vom Haus, u. jetzt an herbstlichen Tagen noch herrlich warm am Nachmittag. Vorn vorm Haus kommt man nicht zum Schreiben oder ähnlich – immer kommt jemand vorbei von der Familie oder die Gräfin sucht einen kl. Klön. [...] Ach, mein Erwin, es wird mir so elend schwer, Dir zu sagen, daß Dein geliebtes Elternhaus uns nicht mehr aufnehmen kann. Die Eltern sind gesund, wie Lisel mir mitteilte. Weitere Nachrichten habe ich noch nicht. Ja Erwin, was gäbe ich darum, wenn ich nun eben bei Dir sein könnte. Wenn wir zusammen sprechen könnten über all die lieben, lieben Erinnerungen Eures mir so lieb u. vertraut gewordenen Heims. Wenn ich Dir immer wieder sagen könnte – vor allem anderen wollen wir nur daran denken, daß unsere geliebten Eltern gesund sind. Erwin – alles andere zählt nicht mehr in einer solchen Zeit, wo es um Sein oder Nichtsein geht. Wer seine Liebsten hier auf Erden noch wiedersieht u. gesund bleibt, der ist begnadet. Mir geht es so furchtbar nahe, weil ich weiß, daß Du leidest. [...] Sei ganz beruhigt, mein geliebter Erwin. Eine Heimat, ein Zuhause findest Du immer wieder: das ist mein Herz, Du Geliebter, in dem unvergänglich u. stark die Liebe zu Dir glüht. Ach, und wenn Du erst an jeder Hand eines unsrer lieben süße n Kinder hast. Erwin, wie wirst Du glücklich sein! Wenn klein Albert so allein und ungestört vor sich hin spielt, möchte man stundenlang zuschauen – zum Fressen ist er dann! Hätte ich nur einen Film, um Dir dann ein Bild zu schicken, wie er versunken Dörfer u. Gärten mit seinen Holzhäuschen auf dem Treppenabsatz baut. Dazu summt er vor sich hin, hat von der Wärme glühende Bäckchen, das blonde Haar hängt ihm in die Stirn – er kann bildschön aussehen! Schrieb ich Dir nicht im letzten Brief, er sei schwierig u. ich hatte mit Dr. Isemann lange Unterhaltung über Erziehungsfragen? Vom nächsten Tag an ging es so auffallend besser mit ihm, daß die Baronin Skal lachend meinte, Albert habe wohl unserem Gespräch gelauscht. Also seit letzter Woche isst er ohne Quälerei u. ist so seelenvergnügt, daß der Graf nach der Rückkehr sagte, er sei ja ein ganz anderes Kind geworden, so kenne er ihn noch gar nicht! Er ist lustig u. zärtlich, also wirklich eine Herzensfreude. Allerdings halte ich ihn etwas ruhiger, lasse ihn nicht den ganzen Tag mit den anderen Kindern zusammen (wie z.B. jetzt, wo die anderen alle in der Sandkiste spielen). Die anderen sind auch keine Musterknaben u. da es alle Augenblicke ein Geschrei gibt, regt ihn das glaube ich zu sehr auf. Jedenfalls bin ich richtig glücklich über diesen plötzlichen guten Fortschritt, der selbst Fremden auffällt. [...] Mir wird es heute so besonders schwer, den Brief zu schließen. Aber Du musst doch wissen, mein Geliebter, daß meine Gedanken bei Dir bleiben, wenn ich jetzt auch Lebewohl sage! Gott behüte Dich u. gebe Dir Kraft u. Trost. Karin, Albert u. ich senden Dir tausend liebe Grüße. Immer von Herzen Deine Margot.

Nr. 63, Kapfing, 19.IX.43, 2 Photos, (Eing. 2.1.44)

mein geliebter Erwin, gestern Abend bedachte ich plötzlich, daß ich gar nicht weiß, um welche Zeit Du abends schlafen gehst? Spielt Ihre regelmäßig nach dem Abendessen noch Bridge oder Skat oder liest Du? Bis wann habt Ihr Licht? Ich denke mich oft so sehr zu Dir hin, daß ich meine, meine kl. Briefe in Deinen Händen zu sehen. Dazu gehören die wenigen Miniaturen, die Du in Deinem Schreibtisch hattest u. die Mutter mir zufällig vor 3 Wochen her sandte. So sind sie Dir erhalten, trotz des Verlustes Deines Elternhauses [...], aber wir wollen nur daran denken und dafür dankbar sein, daß die leiben Eltern gesund sind. [...] Ich hatte ja so sehr gehofft, daß sie meinen Vorschlag annehmen u. nach Oberaudorf ziehen würden, wo in diesem Herbst Dottis Häuschen (selige Erinnerung! [Hochzeitsreise]), das bisher vermietet war, unerwartet frei wird. [...] Vater fragte, warum ich die Gelegenheit mit Oberaudorf nicht ergreife? Du fragst es vielleicht auch. Ich persönlich würde natürlich lieber heute als morgen auch die schönste Bleibe mit einem eigenen Heim vertauschen. Aber seit zwei Jahren richten sich all meine Entschlüsse ja einzig u. allein danach, was für die Kinder das Beste u. Richtigste wäre, u. von diesem Standpunkt aus gesehen, wäre es Egoismus, wenn ich von hier nach Oberaudorf ziehen würde. Die Kinder haben sich hier so gut eingelebt, sind durchaus nicht irgendwelchen Freiheitsbeschränkungen oder Konventionen unterworfen (wie es z.B. in Icking sehr der Fall war), sondern leben mit den Spreti-Buben zusammen ein ungebundenes Kinderleben. Und was Stall, Feld u. Garten ihnen bietet, könnte ich ihnen nirgendwo sonst schaffen. Bei Albert besonders spielt das eine große Rolle – auch daß ein sehr sympathischer, tüchtiger Arzt in der Nähe ist. Hinzu kommt, daß ich hier ohne Hausarbeit viel Zeit für die Kinder habe, zum Spazierengehen, zum Spielen bei Regenwetter – tausend Mütter würden mich beneiden. Und für Karin, die ja nun doch in einem Alter ist, wo tausend Fragen den kl. Kopf beschäftigen, ist das von großem Wert, daß ich Zeit für sie habe u. mich nicht hetzen muss. Und mir bekommt es gesundheitlich natürlich auch fabelhaft. [...] Schon wieder muss ich schließen u. könnte doch noch stundenlang mit Dir plaudern. So ein Brief kann heute bei der vorgeschriebenen Seitenzahl eben nur ein „Extrakt" sein u. Du musst viel Deiner lieben Gedanken dazu tun, damit es der richtige „Erguss" wird. Das beigefügte Bildchen von Alberti ist sehr ähnlich. [...]

Nr. 64, Kapfing, 23.9.43 (Eing. 16.2.44)

Liebster Erwin, weißt Du, daß wir eine ganz gerissene kleine Tochter haben? Wenn sie es darauf anlegt, bringt sie jeden der Kleineren dazu, so zu tun, wie sie es will. Gestern Morgen frühe (leider geht das Gezwitscher im Nebenzimmer oft schon vor 7 Uhr an) holte ich Albert zu mir herüber ins Bett, weil er eiskalt war vom Herumgetobe und die Kinder sowieso erkältet sind, nachdem es sehr plötzlich abkühlte u. herbstliche Regen u. Nebel einsetzten. Natürlich wollte Karin ebenfalls zu mir steigen, aber da ich die Absicht hatte, noch ein bisschen zu schlafen, bedeutete ich ihr, es sei für Albert eine „Strafe", daß ich ihn geholt habe, u. sie solle sich wieder in ihr Bett legen. Sie war nicht ganz überzeugt von dieser „Strafe". Nachher kam sie auf den Gedanken, den Kleenen selbst anziehen zu wollen, der aber energische protestierte, was ich sehr hässlich fand, denn ich ließe mir sein Anziehen ganz vergnügt von Karin abnehmen. Und heute?? Früh höre ich, wie Karin nebenan in den süßesten Tönen auf ihr Brüderlein einpriestert – halb verschlafen rufe ich hinüber „Karin, bist Du auch zugedeckt?", woraufhin eifrig die Antwort kommt „Ja Mutti, und Albert ist bei mir im Bett ganz warm, du brauchst ihn nicht zu holen".!! Da hatte sie also vorgesorgt. [...] „Er will sich auch von mir heute anziehen lassen, gell Albert" und sie hatte ihn tatsächlich dazu rumgekriegt, daß er sich von ihr anziehen ließ. Und ganz wichtig sagt sie mir bei diesem oder jenem „Nein, Mutti, das will mein kleiner Bruder nicht." Ich glaube, sie will mir meinen kl. Liebhaber ausspannen, das raffinierte kl. Huhn. [...] Eigentlich müsste sie ja jetzt schon in die Schule, da das Schuljahr neuerdings im Herbst anfängt. Aber ich möchte die Schule gern so lange wie irgend möglich hinausschieben, praktisch deshalb, weil aus der Schule dann all die Infektionskrankheiten ins Haus geschleppt werden können und Albert doch immer noch etwas zart ist, aber im Grunde bewegt mich dazu auch, wenn ich ganz ehrlich sein soll, daß vom Schulbeginn an ein Kind dann doch sehr fremden Einflüssen ausgesetzt wird u. da wird es mir so sehr schwer sie herzugeben. Hier kommt die Religionsfrage hinzu, die mir viel Bedenken macht. [...] Jetzt ist die Sonne herausgekommen und ich will mit den Kindern in den Garten. Mit großen Holzpantoffeln stehe ich in einem riesigen Tomatenbeet herum u. binde sie neu auf, da sie von Früchten beladen teilweise am Boden liegen. Die Kinder helfen, wie sie es nennen, dem Grafen beim Bau eines Hasenstalles. Fachmännisch bemerkte ich, daß ich den Platz für zu dunkel hielte, wo der Stall aufgestellt wurde, und der Graf antwortete gelassen: „Ach wissen Sie, an diesem Platz hat schon mal ein Hasenstall gestanden, es war nämlich schon mal

Krieg und da wurden auch Hasen gehalten". Ja, so geht die Zeit. Verzeih mir, wenn ich Dir mit diesem Brief den Kopf heiß gemacht habe wegen der Religionsfrage. Ich versuche Dich wieder mehr in unser Leben einzubeziehen, als in den letzten 2 Jahren. Ich meine manchmal, die Sehnsucht nach Dir wird jeden Tag größer. [...] Liebster! Immer Deine kl. Margot.

Nr. 65, Kapfing, den 25.9.43, 3 Photos (Eing. 19.2.44)

Guten Morgen, mein Lieber – den Kindern ist es heute eingefallen, schon um ½7 Uhr früh loszuramentern, während das Tageslicht noch nicht mal dazu ausreichte, Bilderbücher anzusehen. [...] So viel Freude mir die Kinder machen, so lässt sich doch nicht ableugnen, daß so ein ganzer Tag mit ihnen zusammen ungeheuer anstrengend ist. [...] Sie kommen mir vor, wie 2 Eichhörnchen in körperlicher wie geistiger Beziehung – ständig in Bewegung.

Alberts Lieblingslektüre ist momentan der Struwwelpeter. Ich kann ihn fast auswendig u. er auch schon allerlei [...]. Zu nett ist, wenn sie von Dir sprechen. Karin zeigt auf Dein Foto mit ihr als Baby im Garten und sagt stolz: das ist der Papi mit der Karin, da warst Du noch gar nicht da, Albert. Aber er protestiert und singt: do-och, da war ich schon da, das ist auch mein Papi! [...] Montag, den 27. Sept. Gestern war ein Regensonntag. Wir haben gebaut u. Bilderbücher angesehen [...].

Nr. 66, Kapfing, 29.9.43 (Eing. 16.2.44)

Wenn dies Brieflein in Euer Lager kommt, mein Geliebter, dann wird Weihnachten sein, zumindest doch schon Adventszeit u. Dein Herz wird Dir nicht leicht sein bei dem Gedanken, daß es das dritte Weihnachten ist, das Du in Gefangenschaft verbringen musst, im dritten Jahr unserer Trennung. Jetzt habe ich lange in die neblige Landschaft hinausgeschaut u. nach Worten gesucht, wie ich weiterschreiben soll. Leichter wäre es vielleicht für Euch, wenn Ihr die Weihnachtszeit möglichst ignorieren würdet. [...]

Und Du wirst an uns hindenken – da liegt in einem alten Park mit riesigen Bäumen, der unmittelbar an Wiesen grenzt, ein altes schlichtes großes Haus, Schloss Kapfing. Durch ein hohes dunkles Holztor tritt man in einen kurzen Gang mit Steinpflaster, der durch ein schönes schmiedeeisernes Gitter von dem viereckigen kl. Hof getrennt ist, der inmitten der vier schmalen Hausflügel liegt. Eben klopfen Albert u. Karin sich den Schnee von ihren Stiefeln, laufen ins Haus u. die 2 dunkelbraunen Treppen hinauf u. stecken ihre rot gefrorenen Näschen zu mir herein: „Mutti, erzähl noch mal vom Christkindchen!" [...] Albertchen wird sicher „Chlistkindchen" sagen. Obgleich er das „R" nun kann, sagt er mit Vorliebe noch L dafür, z.B. [...]. Mir wird immer ganz andächtig, wenn ich erzähle, u. dabei in sein gespannt zu mir erhobenes Gesichtchen mit den großen aufmerksamen Augen sehe. Ach Erwin, er ist ja ein unbeschreiblich süßer kl. Kerl! Und so anhänglich. [...] Ja, und was werde ich Karin dieses Jahr sagen, wenn der Papi immer noch nicht zu Weihnachten kommt? Glaube mir, die kleine Seele hat Dich immer noch in lebendigster Erinnerung, mein Schwalbenvater! [...] Unsere kl. Karin wird an Dich denken zu Weihnachten, ohne daß ich von Dir sprechen brauch, das weiß ich. Und ich? In jedem Kerzenschimmer werde ich Deine schönen Augen sehen, die so strahlen konnten, wenn Du mich immer so reich (u. so rührend lieb ausgedacht) verwöhntest. Ich werde still bei Dir sitzen u. Deine Hand nehmen, wenn Ihr Eure Weihnachtsfeier habt, u. wenn Du ein Rotkreuz-Päckchen auspacken wirst, so denke doch, Geliebtester, es sei ein Weihnachtspaket von uns, mit allerlei Liebe gepackt! Ach Erwin, wir können uns ja nichts vormachen – es ist so sehr, sehr schwer getrennt zu sein. Aber wir dürfen nicht vergessen, wie reich u. wie sehr beneidenswert wir sind dadurch, daß wir die Hoffnung auf ein Wiedersehen haben. Und wenn es so ganz scheußlich schwer ist u. die Tränen kommen wollen, dann wollen wir uns beim Kerzenschimmer das Wiedersehen ausmalen, wollen zu den Sternen aufblicken, die wir so oft zusammen bewunderten, u. wollen daran glauben, daß wir eines

Tages wieder zusammen unter den Sternen stehen werden. Und wie und wo – ach, das spielt ja alles keine Rolle mehr, wenn Gott uns ein gesundes Wiedersehen schenkt. Wenn ich meinen Kopf an Deine Schulter legen kann u. Dir sagen, wie lieb ich Dich habe, so unbeschreiblich lieb, wie ich es Dir noch nie habe zeigen können. Für jeden Tag, den ich Dir Sorge gemacht habe, für jede Stunde, die ich nicht gut zu Dir war, muss ich nun tausendmal büßen. Aber wenn Du wiederkommst, Erwin, dann soll meine Liebe Dich alles, alles vergessen lassen, dann soll das Leben neu und wunderbar für Dich werden. Und ich werde dann überhaupt erst wieder leben! Und die Kinder so erziehen, daß sie Dir Freude machen u. Du stolz auf sie sein kannst – das ist jetzt der ganze Inhalt meiner Tage.

Am 24. Dezember wird hier in der Kapelle eine Mitternachtsmesse sein. Da werden wir drei verlassenen Weiber für unsere Liebsten beten. Es wird fast die Stunde sein, wo für Dich der erste Weihnachtsfeiertag beginnt, nicht wahr, Du? Der Graf rückt Ende Oktober ein, Baron Skal wahrscheinlich auch (jetzt ist er bei einem Offizierslehrgang), so werden wir drei unsere Weihnachtsfreude darin suchen, für die alten Eltern Spreti, die 6 Kinder u. die Leute ein schönes Weihnachten zu richten.

Deine Eltern werden bei Lisel feiern, denke ich, u. Mutti bei Annie u. Irmi in Nickelswalde. Geliebtester, ich schließe die Augen u. bin bei Dir mit ganzem Herzen u. ganzer Seele. Die allerinnigsten Weihnachtsgrüße senden Dir Deine Kinder u. Deine Margot

Nr. 66, Kapfing, 3.X.43 (Eing. 28.3.43)

Mein Geliebter – arm arm klein Schwalbe hat einmal wieder so lange keinen Brief mehr von Dir! Vor 5 Wochen kam der letzte. Ich hoffe nur von ganzer Seele, daß Du nicht auch so lange auf Post von mir warten musst? Denn für Dich ist das Warten in dem Einerlei der Tage doch noch viel schlimmer! [...] Du musst aus meinen Brieflein spüren, wie meine Seele jedes Mal ganz bei Dir ist, wenn ich an Dich schreibe. Einen Augenblick lang darfst Du Dich nicht einsam fühlen, wenn Du meine Zeilen liest – ich bin ja bei Dir Liebtester u. teile alle Deine Leiden, all Deine Gedanken. Wie oft hast Du mich mit meiner blühenden Phantasie geneckt! Jetzt ist sie dazu nütze, daß ich mich ganz in Deine Lage versetzen kann u. mein Herz Deine Gefangenschaft tatsächlich miterlebt. Ich fühle mit Dir die psychischen Anstrengungen, die es immer wieder kostet, um sich nicht gehen zu lassen, um nicht der tödlichen Langeweile zu verfallen. Und ich fühle mit Dir den erregenden Moment, wenn ein Brief kommt, u. die gleichzeitig heiß aufwallende Sehnsucht. Und ich erlebe mit Dir die kl. Intrigen des Alltags, die nicht ausbleiben werden (schließlich kenne ich so viele Deines Kreises) u. in denen Du Dich, Gott sei Dank, gar nicht zu revanchieren verstehst. Ach ja, mein lieber liebster Erwin, wenn auch die ganze dicke Erdkugel zwischen uns liegt – unsere Gedanken u. unsere Gefühle kann man nicht trennen, nicht? Ich bin bei Dir – Du bist bei mir – was wir auch noch zu durchleben haben werden – dieses Zueinanderfinden kann uns niemand nehmen. Vielleicht fragst Du Dich manchmal, wenn ich eine ganze Woche nicht an Dich schrieb, warum ich nicht öfter schreibe? Ich glaube, es liegt daran, daß man auf einen so langen Weg hin doch seine Zeilen gut überlegen muss u. nicht einfach so darauf los schreiben kann, als wenn Du hier wärest. Das ist manchmal gar nicht schön. […] Um uns, geliebter Schwalbenvater, brauchst Du Dir wirklich keinerlei Sorgen zu machen. Wir sind hier so gut aufgehoben, wie man es sich in dieser Zeit nur wünschen kann. Und im Übrigen kannst Du Deiner Schwalbenmutter vertrauen, die zur rechten Zeit die Flügel regt für die Schwälblein. Ach, könntest Du ihr süßes Gezwitscher mal hören, wenn sie früh aufwachen u. sich von Bett zu Bett unterhalten! […]

Nr. 67, Kapfing, 6.X.43 (Eing. 24.3.44)

Mein Geliebter, ja wenn Du wüsstest, wie lebhaft ich heute Nacht von Dir geräumt habe! Noch nie seit unserer Trennung so ausführlich u. lebendig, so, daß ich heute früh wirklich das Gefühl habe, wir seien doch vor wenigen Stunden noch zusammen gewesen! Ich träumte von unserem Wiedersehen, unserem Wieder-Zueinander-Kommen mit einer Deutlichkeit u. Details, die ich gar nicht schreiben kann. Eins aber ist gewiss: ich war namenlos glücklich! Weißt Du, daß ich nämlich gar nicht so sicher bin, manchmal, ob wir wirklich so ganz glücklich sein werden, uns wieder zu haben?! Ich fürchte immer, Du wirst enttäuscht sein, wenn Du Deine Frau nach all den Jahren einmal wiedersiehst. Du denkst an mich wie ich war, als wir uns trennten – aber Du darfst nicht vergessen, daß das Leben inzwischen einen gehörigen Teil Energie von mir verlangt hat, um immer in der richtigen Weise für unsere Kinderlein zu sorgen, deren Wohl für alle meine Entschlüsse bestimmend war u. ist, und daß die ständige Sehnsucht nach Dir u. unserem Zuhause ja wohl auch Spuren in meinem Gesicht gelassen hat. Dir als Mann, schau, Dir schaden ein paar Jahre nichts, aber eine Frau spürt die Jahre, die sie einsam war. – Eins wünsche ich mir so oft: noch einmal nur Dir in Teheran Hausfrau zu sein! Du würdest aus dem Verwundern nicht herauskommen, daß ich mit keinem Diener mehr schimpfe, wenn er etwa fegt, ohne die Mäntel wegzuhängen, oder ein Staubtuch mit einem Stiefel-Lumpen verwechselt – oder wenn ein Gärtner den Baum rund statt lang beschneidet oder wenn eine Näherin den Platz der Knöpfe mit denen der Knopflöcher verwechselt – oh nein, das würde mich alles nicht mehr erstaunen u. ich würde Dir nie nach einem deutschen Dienstbesen die Ohren volljammern! Auch die kl. Geschichten, über deren Möglichkeit der Veröffentlichung wir manchmal lachend sprachen, sind inzwischen noch sehr vollständig, obwohl wir nicht mehr in unserem geliebten Sonnenlande waren. Ach ja, Erwin, Geliebtester – Du würdest mit Deiner Hausfrau ganz zufrieden sein: ich habe auch hinzugelernt, nachdem ich nun selbst so lang als Gast (wenn auch immer zahlender) in verschiedenen Häusern war, daß ein bisschen zu viel Großzügigkeit (so ein bisschen Bohemien-Stil) auf die Dauer sehr viel erträglicher ist als zu große Genauigkeit im Haushalt, die leicht zu Pedanterie ausartet. Hier z.B. geht es durchaus nicht hochherrschaftlich zu. […] Mutti wirft mir manchmal vor, ich sei zu phlegmatisch geworden, meine orientalische Ruhe ginge manchmal zu weit! Aber ich kann mich tatsächlich nicht mehr so leicht aufregen. Siehst Du, in dieser Beziehung habe ich mich also wirklich schon geändert. Wir sitzen im Nebel. An manchen Tagen weicht er gar nicht von den Wiesen. Umso fühlbarer ist unsere Weltabgeschiedenheit hier. Manchmal kann ich es einfach nicht fassen, welch entsetzliches Geschehen rings auf der Welt ist – Blut und Tränen, die in Generationen nicht wieder getrocknet werden können. Und es ist so unbegreiflich, wie wir kleinen Menschen, die unser Leben liebten u. dafür arbeiteten u. für die Zukunft planten, nun plötzlich einen Weltenkampf miterleben, wie er umfassender wohl noch nie gewesen ist, seit Gott die Menschen schuf, u. der jeden Maßstab zunichtemacht u. jeden Einzelnen aus dem Alltag heraus vor letzte Fragen stellt. Und nun kommt es darauf an zu bestehen, und das wissen wir alle. […] Von Henry (Goverts)habe ich seit Anfang August nicht mehr gehört. Ob er zu seiner Mutter gereist ist? Ob er seinen Verlag neu anfängt? Ich ahne es nicht, wo er untergekommen ist. Er hat mir im vergangenen Jahr kaum dreimal geschrieben. Im März traf ich ihn ja in München, wie ich Dir schon schrieb, wohnte im Vierjahreszeiten, gingen ins Theater, in die Oper, in Buchläden, aßen gut bei Walterspiel – aber obwohl Du so fern bist, warst Du mir näher als je in diesen 2 Tagen, die ich mit einem „fremden Mann" zu zweit war! Von Alberto seit Juli nichts mehr gehört. Ob er noch geheiratet hat? Er schrieb sehr beglückt von seiner Braut. Um Roderich bangen wir alle. Gott möge ihn Mutti erhalten! Meno ist auch wieder draußen, aber

Gott sei Dank nicht im Osten. [...] Nun habe ich einen ganzen Morgen geschrieben, obwohl Berge von Strümpfen u. Kindersachen aufs Stopfen warten. Ich merke doch sehr, daß ich kein Kinderfräulein mehr habe. [...] Albert hatte gestern zum ersten Mal einen schwarzen Samtanzug an (zur Feier von Graf Spretis Namenstag), den Mutter ihm letzte Weihnachten machte. Jetzt ist er endlich hineingewachsen u. sieht er aus wie ein kl. Prinz! Die Kinder sind wohl u. süß. Ich warte so auf Post von Dir. Seit über 5 Wochen! Zeit fürs Kinderessen. Ich muss Albert aus dem Garten holen. Karin isst jetzt schon mit uns Großen.

Viele liebe Weihnachtsgrüße von uns allen Drei. Einen ganz innigen Kuß von Deiner Margot.

Nr. 88., Loveday, 3. Oktober 1943. (Eing. 3.1.44)

Meine Geliebte, die gestrige Post brachte mir Deine lb. Briefe v. 11. u. 18. 6., wobei der erste den Poststempel v. 24.6. trug. Hab tausend Dank für Deine lieben guten Nachrichten. Ich bin sehr glücklich darüber, daß Du es in Kapfing so gut getroffen hast u. man zu Dir so gut ist. Könnt ich es doch auch bald wieder sein! Ich wünsche Dir von Herzen, daß dies Dein letzter Umzug vor meiner Rückkehr gewesen sein möge u. Karin Recht behält, daß ich sie dort abhole. Dich hoffe ich ja schon vorher auf irgendeinem Bahnhof oder Landungssteg zu treffen. Dann wird der Bruchteil einer Sekunde die seit 2 Jahren aufgestapelte u. noch immer weiterwachsende Sehnsucht u. Spannung auslösen u. man kann sich gar nicht vorstellen, wie es sein wird. Wohl ähnlich, aber noch schöner, als auf dem Bahnsteig von Magdeburg im Nov. 1934! Ob wir uns dann auch den Graf von Luxemburg ansehen u. nachher in einer Königin-Bar tanzen? [...] Es sind Platten von Kameraden. Vor kurzem gab es Faust (Margarethe) u. die schöne Musik rief lebhafte Erinnerungen an unseren Skala-Besuch im Frühjahr 1935 wach u. oft dachte ich Dich an meiner Seite. Man denkt so oft u.

so viel – u. ich habe ja auch genügend Zeit dazu – daß einem viele Stunden sehr schwer werden. Aber auch dies Schmerzliche des Daseins will ich fruchtbar gestalten u. hier stärker herauskommen als hineingegangen bin. Über meinen Umzug schrieb ich Dir schon. Er beschränkt sich fast nur auf meine Baracken-Kameraden. Ly's Mann meide ich, denn seine Hypochondrie geht einem auf die Nerven. Für mich ist er daran unheilbar erkrankt u. es fehlt ihm jeder Rückhalt ohne seine Frau. Bei S.' Filialleiter liegen die Dinge ähnlich, dem auch jede Führung u. jeglicher Antrieb fehlt, u. wir haben insgesamt wohl kaum ein Dutzend Sätze miteinander gesprochen.

Sei umarmt, meine geliebte Margot, sehr innig gegrüßt u. geküsst von Deinem Erwin.

Nr. 89., Loveday, 10. Oktober 1943 (eing. 8.1.44)

Meine geliebte Margot, in der vergangenen Woche bin ich von Deiner Liebe wieder reichlich bedacht worden. Es kamen Dein Brief Nr. 51, Postkarte vom 25.7. u. Brief v. 27.7. aus Irschenhausen., dazu das angekündigte Päckchen mit „Gedichten" u. „Gasmann" u. ein weiteres mit „Blaue Tage" u. „Brandgänse". Mit sehr viel Liebe u. Geschmack suchst Du bei der geringen Auswahl für mich aus u. die Blauen Tage haben manche Erinnerung an andere blaue Tage, die uns gehören, lebhaft wachgerufen. [...] Ich hoffe, daß das gute Einvernehmen zwischen Deinen lieben u. verständnisvollen Gastgebern weiter bestehen bleibt u. sich festigt u. Du bis zu meiner Heimkehr dort bleiben darfst. Ich will zum Dank dafür dann später meine schönste Brücke oder Miniatur schenken. Ein Gelübde u. ein Opfer für mein Herz, denn Du weißt ja, wie sehr ich an solchen liebgewonnenen Kunstgegenständen hänge. Vorerst hat dies Versprechen allerdings leider noch einen gewissen Haken.

[...] Ich bin gesund u. hoffe es auch von Euch. Ich grüße Dich u. schließe Dich in brennender Liebe in meine sehnsuchtsvollen Arme. Es küsst Dich innig Dein Erwin.

Nr. 90., Loveday, 17. Oktober 1943. (Eing. 10.1.44)

Meine geliebte Margot, da Dich meine Luftpostbriefe durchweg nach 8-9 Wochen erreichen, will ich heute mal versuchen, einen Weihnachtsbrief zu schreiben in der Hoffnung, daß Dich meine Wünsche zu diesem Fest einigermaßen rechtzeitig erreichen u. Du vielleicht diesen Gruß als einziges Geschenk von mir auf den Gabentisch legen kannst. [...] Ich wünsche Dir, meine Margot, u. den Kindern recht schöne Festtage u. für das neue Jahr Gesundheit, Glück u. Freude an den Kindern, womit Du vorliebnehmen musst, bis ich wieder zu Deinem Glück meine ganze Liebe u. Sorge beitragen kann. [...] Aber solche ein wenig besorgt klingende Briefe, daß ich Dich sehr verändert wiederfinden u. enttäuscht oder gar unzufrieden sein könnte, weil ich mehr Zeit u. Gelegenheit habe, mich weiterzubilden, mag ich gar nicht. Du brauchst darum keine Sorge haben, sondern kannst Dich ruhig dem Gefühl hingeben, daß wir dadurch uns noch besser verstehen, glücklicher werden u. unser Leben mehr erfüllen werden als früher, weil mir ja in den letzten Jahren die berufliche Anstrengung für geistige Liebhabereien kaum Zeit ließ u. ich Deine Interessen auf diesen Gebieten vernachlässigen musste. Das soll anders werden. [...]

Nr. 91., Loveday, 24. Oktober 1943. (Eing. 3.1.44)

Meine Geliebte, ein ereignisreiches Wochenende, heute Dein Geburtstag, gestern Mittag Dein Brief Nr. 49, in welchem Du mir so viel von Deiner großen Liebe schreibst, nachmittags Hockeyspiel, das ich schiedsrichterte, abends Kameradschaftsabend mit Theater- u. Musikdarbietungen, heute Vormittag Morgenfeier mit Vorlesungen aus Nietzsche u. der Pathetischen von Beethoven, dann Tennis in alter Besetzung [...], u. es folgt noch Fußball u. am

Abend Skat. Und dies alles ohne Dich ist doch nur halb erlebt. In der ruhigen Mittagsstunde sitze ich jetzt allein in meiner „Koje" [...] bei goldgelben Licht, das durch die gestern neu angebrachten, von Herrn A. gefärbten Vorhänge dringt, mit einer Tasse guten Kaffees u. einer Tabakspfeife u. denke mich zu Dir hin, um Dir all meine Glückwünsche zu sagen. Dein Geburtstag muss ausgerechnet auf einen Sonntag fallen, an welchem ich unter gewöhnlichen Verhältnissen den ganzen langen Tag bei Dir sein könnte. Ach, meine Margot, wie sehr ich mich nach so einem Tag sehne. Was ich Dir alles wünsche, geht nicht auf den kleinen Bogen. Bleibe gesund u. erhalte Dein Gemüt frisch, dann wird die Stunde unseres Wiedersehens all die Entbehrungen unserer langen Trennung mit einem Schlage auslöschen. Karin u. Albert werden Dir, vielleicht gerade in diesem Augenblick, mit Sträußen gratulieren u. ich füge hier eine gepresste rote Wicke bei, so wie die Farben Deiner Lippen, u. hoffe, daß der Censor diesen Gruß durchgehen lässt (er hat: die Wicken sind immer noch am Brief). [...]

Nr. 92., Loveday, 31. Oktober 1943. (Eing. 12.4.44)

Meine geliebte Margot, bei einer guten Zigarre, die mir gestern ein Kamerad schenkte, schreibe ich heute in edle Rauchwolken gehüllt meinen Sonntagsgruß an Dich, meine Liebste. Die vergangene Woche brachte leider keinen Brief von Dir. [...] Diese Woche hatten wir die ersten richtig warmen Tage, die uns einen leichten Vorgeschmack des uns bevorstehenden dritten Sommers geben. Um an den heißesten Tagen der manchmal überhitzten Luft der Blechbaracken entfliehen zu können, haben wir uns heute vor der Baracke eine Laube gebaut. Meine Briefe, in welchen ich Dir schrieb, mit wem ich hier öfter zusammen bin, hast Du ja inzwischen alle erhalten. Es hat sich daran bis heute nichts verändert. Ich komme recht gut ohne enge Freundschaften aus, die bei dem Aufeinandersitzen doch Gefahren in sich bergen u. leicht zu Bruche gehen, wie ich an anderen Beispielen gesehen habe, u. Enttäuschungen will ich mir lieber ersparen. [...]

Nr. 93., Loveday, 14. November 1943. (Eing. 28.1.44)

Meine geliebte Margot, auch mein Geburtstag fällt diesmal, wie Deiner, ausgerechnet auf einen Sonntag, wo ich sonst den ganzen Tag hätte bei Euch sein können. Das ist besonders schmerzlich. Auf meinem Geburtstagstisch vor mir stehen Sträuße von Levkojen, Löwenmaul, Stiefmütterchen u. Petunien zwischen den Geschenken meiner Kameraden, worunter sich auch 3 Zigarren befinden. Aber das schönste sind 3 Fotos von Dir u. den Kindern, die gestern mit Deinem Brief Nr. 52 ankamen u. ob deren guten Gelingen schon viel bewundert wurden. Wie auf dem ersten Leiterwagen-Bild mag ich dich auch auf dem zweiten sehr gern, wo Du so lieb zu mir aufsiehst, wenigstens bilde ich mir das so ein, da Du doch sicher beim Knipsen an mich dachtest! [...] Und einen so lieben langen Brief hast Du mir geschrieben, der mein ganzes Geburtstagsglück ist. Wie aber kommst Du auf den Gedanken, daß mich Deine Schilderungen über Eure Beeren-Exkursion u. Erlebnisse langweilen könnten? Ganz im Gegenteil, meine Margot, ich brenne ja immer so sehr darauf, auch von Deinem Alltag, der außerhalb der Sorge um die Kinder liegt, zu hören. Als Barfüßlerin kann ich mir Dich aber nun wirklich nicht vorstellen u. leider oft auch nur noch schwerlich in anderer, früher sehr vertrauter Gestalt. [...] Heute Abend werden wir bei Kaffee, Kuchen u. Wurst- u. Käsebrötchen in unserem Lagerkaffeehaus, welches nach Muster einer persischen Tschaichané mit Lehmkuppeln gebaut ist, feiern. Und vor dem Schlafengehen würde ich dann ach so gern meinen Kopf auf „mein" Kissen legen – Du weißt schon, welches ich meine. In der Hoffnung, das nächste Mal mit Dir zu feiern, sende ich Dir meine ganze Liebe u. küsse Dich sehr innig, für immer Dein Erwin.

Nr. 94., Loveday, 22. November 1943. Anbei: 1 Foto Nr. 9, 1 Foto; Nr. 36.

Meine geliebte Margot, gestern schob ich das Schreiben auf, weil ich mir sagte, heute oder morgen muss doch endlich wieder ein Brief von Dir kommen, u. siehe da, heute Vormittag kamen Deine lb. Zeilen v. 4. Aug., Nr. 53. Es war mal wieder eine große Lücke seit Deinem Brief v. 27.7. aus Irschenhausen, den ich schon am 6. Okt. erhielt. Allerdings kamen zwischendurch noch die davor liegenden Briefe Nr. [...] mit den vielen schönen Fotos. [...] Margot, Du glaubst gar nicht, was für eine große Freude Du mir mit den Bildern machst, nicht nur weil ich so auch ein wenig von der Entwicklung der Kinder mitbekomme, sondern auch Dich ab u. zu zu sehen kriege. Das erweckt dann ein Gefühl besonderer Nähe, was Du hoffentlich beim Empfang dieser Zeilen auch erleben wirst, denn ich kann Dir heute die versprochenen Fotos schicken. [...] Ich bin mal gespannt, ob Karin mich erkennt. Ich freue mich, Deinen Zeilen v. 4. Aug. zu entnehmen, daß Ihr schöne Sommertage in Kapfing verbringt. [...]

Nr. 68, Kapfing, 8.X.43 (Eing. 3.4.44)

Liebster Erwin, wieder ein Wochenende u. immer noch kein Brief von Dir – seit 6 Wochen. Ich fürchte, es ist nun doch allerlei Post verloren gegangen bei den Unruhen im Mittelmeer. Ich hoffe nur, daß Du zur Weihnachtszeit recht viel Briefe von mir bekommst – ich schreibe Dir jetzt fast alle 3 Tage. Mein Guter, verliere den Mut nicht, wenn es nun auch das dritte Weihnachten ist, das Du in Gefangenschaft verbringen musst – es wird auch vielleicht das letzte sein? Wir wollen uns mal daran halten. [...] Viele von Euch werden wohl oft in großer Sorge sein. Aber Du, Liebster, sollst Dir keine Sorge um Deine kleine Schwalbenfamilie machen – wir sind in diesen alten Mauern so gut aufgehoben, wie man es sich nur wünschen kann. [...] Hoffentlich hast Du den ersten Kummer über das liebe alte Haus nun verwunden? Ich weiß ja, wie sehr Du daran gehangen hast, u. ich selbst habe das Haus, in dem Du aufgewachsen bist (u. ganz besonders Dein Jungenzimmer mit auch mir unvergesslichen Erinnerungen) so sehr geliebt. Lass fahren dahin – was zählt das heute noch. Die Menschheit ist in eine ganz ungeheure Zentrifuge geraten, in der alles restlos durcheinander geschleudert wird u. jeder Maßstab seinen Wert verlor. Du hast nun schon das zweite Heim verloren, aber wenn wir dafür einmal ein Wiedersehen beschert bekommen – welcher Preis wäre dafür zu hoch?! Ich denke oft u. lange darüber nach, wie die Pläne aussehen mögen, von denen Du manchmal schreibst, daß Du sie Dir für unser Wiedersehen, für unsere Zukunft machst? Ich mache keine mehr, als Dich einmal wiederzuhaben, Dir die Kinder gesund in die Arme zu legen und dann – mich! Und dann einen Augenblick denken können, daß alles nur geträumt war, seit wir uns damals in die Taxis setzen mussten u. über die Grenze fahren und daß ich jetzt wieder in Deinen Wagen steigen würde, das Licht ausgeknipst wird u. Du zu Mahmoud sagst: mansil! (nach Haus!)

11. Okt. [1943] Ich hörte auf zu schreiben – zu viel Sehnsucht wäre sonst zu Papier gekommen. Der gestrige Sonntag war so deutsch wie eine Novelle von Storm, so voll „Familiensinn" [...]. Dr. Isemann, unser hiesiger Hausarzt, von dem ich Dir schon schrieb, spielt gern u. ganz ordentlich Geige, seine Cousine, die mit 5jährigem Töchterchen aus München zu ihnen gezogen ist, spielt Klavier u. sonntags findet sich dann aus Landshut ein Cellist zum Triospielen ein. [...] Sonntagnachmittag bei Isemanns. Karin allerdings blieb dort – beglückt ob der Alterskameradin zum Spielen. Morgen hole ich sie wieder ab. Die kl. Deern marschierte die 5 km nach Altfraunhofen mit mir in 5/4 Stunden u. wusste in ihrer Vorfreude sich gar nicht zu fassen. Sie hüpfte wie ein Zicklein neben mir her, ergriff immer wieder meine Hand, küsste mich u. meinte: Mutti, heute ist es der allerschönste Tag mit uns beiden! Es war auch ein köstlicher Tag, glasklare Luft, ein frischer Wind, wie Spielzeug die Dörflein im welligen Gelände u. hie u. da schon ein goldfarbener Ahornbaum oder eine dunkel getönte Kastanie. Bei Doktors ein weißgedeckter runder Kaffeetisch,

mit Streuselkuchen wie im Bilderbuch, eine behäbige Schwiegermutter in schwarzer Seide, und dann wurde Musik gemacht. Und in der geschmackvollen Wohnhalle dieser einzigen Villa im Dorf erklang Mozart klar u. heiter [...]. Als ich allein zurückwanderte, ging der Mond auf, und ich hatte Sehnsucht nach einem eigenen kleinen Zuhause. – Albert fragt heute den ganzen Tag nach seiner „Flester" (Schwester). Und ich genieße die Ruhe u. komme mir mit nur einem kl. Quälgeist wie in den Ferien vor. [...] Liebster – tausend liebe Weihnachtsgrüße und einen innigen Kuß. Immer Deine Margot

Nr. 69, Kapfing, 12. X. 43, 1 Photo (Eing. 16.2.44)

Mein geliebter Schwalbenvater,

eben habe ich unserem kl. Albert einen Gutenachtkuß auf die Stirn gegeben – er schlief schon, obgleich es knapp 7 Uhr abends ist. Aber er hat heute Nachmittag nicht geschlafen, sondern nur bis 2 Uhr herumgewühlt, dann habe ich ihn eher aufgenommen u. in den schönen Sonnenschein an der Südseite des Hauses gesetzt – man muss jetzt doch noch jeden Sonnenstrahl ausnutzen. [...] Schlafend sieht er immer so besonders schön aus, mit rosigen Bäckchen u. den langen dunklen Wimpern, die wirklich beneidenswert schön sind. Albert u. ich sind für 4 Tage allein – ich weiß nicht, ob er es auch so genießt wie ich?! Karin ist bei Dr. Isemanns in Altfraunhofen. [...]

Zu anderen Zeiten wäre ich jetzt liebend gern mit den Kindern nach Pforzheim gefahren, um endlich einmal die Eltern wiederzusehen u. ihnen durch ein Zeigen der Kinder Freude zu machen – aber beide haben mir abgeraten, jetzt auf Reisen zu gehen, auch der Graf meint, man solle jetzt nicht aus dem Bau gehen ohne zwingende Notwendigkeit – man darf ja auch nicht die Bahn mit Vergnügungsfahrten belasten. Wir sind im Krieg u. das bestimmt jede Handlung. [...] Jetzt wo Karin nicht hier ist, merke ich, welch ein Unterschied es ist, ob man ein oder zwei Kinder zu versorgen hat! Morgens früh fängt es an; sonst geht das Rumoren nebenan um ½ 7 Uhr los, wenn Albert zu Karin ins Bett steigt u. auch wenn sie protestiert, sich nicht vertreiben lässt – u. jetzt, wo er allein ist, bleibt er still bis ⅛ Uhr in seinem Bettchen. Nachmittags u. abends – wie viel eher bin ich fertig, wo ich nur das Büblein ins Bett stecken brauch! So genieße ich ein paar „Ferientage".

Denke Dir, was Karin sich wieder geleistet hat: kürzlich macht Albert beim Abbeißen seinen Mund besonders weit auf u. muss gleichzeitig lachen, so daß seine Mundwinkel sich ganz auseinanderziehen u. sich zu den Backen hin zwei scharfe Dreiecksfalten bilden. Da sagt Karin: „guck mal Mutti, wie der Papi" u. tippt mit den Fingerchen auf diese Falten! Sie erinnert Dich also so genau, daß sie sogar Ähnlichkeiten mit Dir herausfindet u. zwar absolut richtige. [...] Rührend war es, wie Albert heute Abend sagte: „weißt Du, ich habe auch ein Papi in Teheran, der is in Teheran!" Erbetet jeden Abend für Dich „un Okel Schlüter un Gloßvater un Gloßmutter un Omama un meine Mutti". [...] Albert ist enorm gewachsen – er ist jetzt 1 m lang. [...] Seine langen Beine sind Deinen lächerlich ähnlich! Überhaupt seine Haut. Wenn ich ihn abends abwasche, kann ich es nicht lassen, ihm einen Kuß auf den Nacken zu geben – er ist ein kleiner Erwin. Er will mich manchmal durchaus auf den Mund Küssen, war er ja nicht soll, u. wenn er dann versucht, mit seinen kl. Händen meinen Kopf festzuhalten u. ich ihn hin u. her wende, so daß er immer wieder vorbei zielt, dann gurgelt er vor Lachen! Und immer wieder muss ich denken, wie gut ich es habe, daß ich diese beiden geliebten kl. Menschlein bei mir habe, mit denen man lachen u. zärtlich sein kann, u. Du, mein geliebter armer Mann, bist so allein. [...] Ja, Weihnachten wird wohl schon sein, wenn dieser Brief zu Dir kommt. Mein Geliebter, wie werden wir uns zueinander hin sehnen! Aber ich glaube, übers Jahr, dann wirst Du frei sein. [...] Allen Lieben geht es gut. Nur mein Herz weint nach einem kl. Brief von Dir. Immer noch nichts seit dem vom 21. Juni. Liebster, tausend innige Weihnachtsgrüße u. einen ganz süßen Kuß von Deiner Margot.

Nr. 70, Kapfing, 17. X. 43, 1 Photo, (Eing. 28.3.44)

Mein geliebter Erwin, Du! Ein Oktobersonntag, so schön man ihn sich nur wünschen kann – auf den Bänken an der Südseite des Hauses sitzt man u. lässt sich wohlig die Sonne auf den Pelz brennen. Ich habe eben eine halbe Stunde damit verbracht, Photos von unserem kl. Albert zu machen, der in seinem schwarzen Samtanzug, den Mutter ihm zu Weihnachten schenkte und den er leider wegen mangelndem Körperumfang immer noch nicht tragen konnte, ganz bezaubernd aussieht. Ach, könnte ich Dir mit den Photos auch sein Lachen schicken – sein unbeschreiblich entzückendes perlendes u. glucksendes Lachen. Ich habe ja schon viele Kinder lachen hören – hier sind ja auch 6 Stück – aber niemand kann so mitreißend lachen wie er! Und da er genau Deine Zähne hat, kannst Du Dir denken, wie gern ich ihn lachen sehe. Und er selbst lacht so gern der kleine Mann. Er bringt es fertig, wenn er eben noch nein-nein geschrien hat u. sich in irgendeine Ecke verkrocht, weil er etwas tun soll, was er gerade nicht will, daß er mitten in mein Schimpfen hinein plötzlich loslacht – vielleicht weil es ihm sehr lächerlich erscheint, wenn ich langes Ende ihn tief gebeugt aus seiner Ecke ziehe! Das Photographieren war keine leichte Sache, weil man doch möchte, daß jedes Bild was wird von dem kostbaren Film, den ich erst gestern bekam. Der alte Graf rief aus dem ersten Stock, wo er uns am Fenster beobachtet hatte: ich glaube, es ist leichter, einen Floh zu photographieren! Jetzt trinken alle Kinder zusammen Kaffee unter Dettas ‚Aufsicht im gr. Kinderspielzimmer. Die Kinderschwester ist gestern aus dem Krankenhaus zurückgekommen, wo sie schließlich 13 Wochen dieses Sommers war. Nun werde ich auch manchmal mehr Ruhe haben vor den kl. Trabanten, hoffe ich!

Gestern hatten wir einen ganz großen Tag: der Graf musste zum Zahnarzt u. die Schwester von Landshut holen und es war

Platz, daß Familie Spiegel mitfahren konnte. So kam kl. Albert nach 4 ½ Monaten Kapfing zum ersten Mal in die Stadt. Er staunte u. guckte u. war so selig, daß man sich mitfreuen musste. Karin bekam neue Stiefel, die ich ihr von Papi u. Mutti schenkte u. die ich heute gleich photographieren sollte, „damit der Papi sie sehen kann". Nett ist, daß Albert ganz zufrieden zusehen kann, wenn Karin etwas Neues bekommt, ohne daß es gleich heißt: ich auch! Was leider bei unserer kl. Karin sehr der Fall ist, deren „ich auch" nie lange auf sich warten lässt. Als wir im Auto saßen, die beiden links u. rechts neben mir, der Graf im hellen Mantel am Steuer – da stellte ich mir einen kl. Moment vor, wir säßen in Deinem Wagen u. Du würdest sagen „wohin zuerst, Schätzlein?" Später wollte Karin, die eine Strecke vorn neben dem Grafen gesessen hatte, zu mir umsteigen u. zu diesem Zweck stieg sie aus u. suchte nach der hinteren Wagentür, vollkommen gewohnheitsmäßig, obwohl dieser kl. Wagen nur eine Tür überhaupt hat. Ist es nicht unglaublich, daß sie nach dem Hin u. Her der letzten 2 Jahre noch mit solcher Selbstverständlichkeit erinnert, daß Dein Wagen 2 Türen hatte?

Der Graf ist ganz reizend mit den Kindern. Er hat jetzt besonders Spaß an Albert, den er so sehr verändert findet in letzter Zeit – zu seinen Gunsten, was auch stimmt! Er ist so viel freundlicher geworden u. schreit nicht mehr nein, wenn ihn jemand anfasst, wie im Anfang hier. Spretis u. ich sind völlig vertraut miteinander. Ich mag sie beide sehr sehr gern u. für mich ist es auch ein schönes Gefühl, daß man mich anscheinend gern hier hat, richtig gern u. nicht nur als notwendiges, durch pekuniäre Vorteile oder als Vorbeugung gegen andere Mieter bedingtes Übel betrachtet. […] Sie ist zu lieb. Und dann saß sie neben mir auf meinem kl. Sofa, tröstete mich u. streichelte mich – bis Albert sich eifersüchtig zwischen uns schob u. die Gräfin nachahmend auch in süßestem Ton „mein Liebes" zu mir sagte. Spretis waren, seit sie verheiratet sind – u. das sind sie seit dem 2. September 39 (verlobt waren sie ein ½ Jahr) praktisch noch nie allein. Als er 41 aus dem Feld heimkam, fingen sie aus pekuniären Gründen den Pensionsbetrieb an […]. Ob Du alle 20 Briefe bekommen hast, die ich Dir von hier ausschrieb? Meist erzählte ich Dir von unserem kl. Alltag, nichts Besonderes sonst – oder ist es etwas Besonderes, wenn ich Dir ab u. zu schrieb, daß ich Dich noch „unbändig" lieb habe?! Ach, Erwin, Geliebter, mein Erwin, wenn ich Dich nur besser trösten, Dir schönere Briefe schreiben könnte – mein ganzes Herz ist immer bei Dir. Heiß wird es jetzt bei Euch sein u. heiß Deine Sehnsucht in der Weihnachtszeit. Verliere nur den Mut nicht – wir verlieren ihn auch nie – das ist selbstverständlich! Und wenn es mal so aussieht, als ob das Glück sich wenden würde – eine Wendung kommt dann auch wieder, u. das Vertrauen in die Zukunft verlieren wir nicht. […]

Nr. 71, Kapfing, 27. X. 43 (Eing. 28.3.43)

Mein Liebster, 3 Tage vor meinem Geburtstag kam nach langer Wartezeit von 7 Wochen endlich wieder ein geliebter Brief von Dir – und das ist meine größte Geburtstagsfreude gewesen! Geschenke gibt es ja nicht zu solchen Tagen, daher fehlen sie auch von Dir durchaus nicht. Mein schönstes Geschenk ist, daß ich spürte, daß Deine Gedanken am 24. besonders intensiv bei mir waren. Ich habe zurückgedacht an all jene Geburtstage, die mir durch Deine Liebe besonders verschönt waren u. da konnte ich mehr Jahre zurückdenken, als wir verheiratet sind, denn in jenem Oktober in Baden-Baden ist mir unvergesslich ein Paket mit grüngold brokatenem Jäckchen u. ein paar roten Rosen darauf u. 2 Jahre später ein Strauß von sonnengelben Chrysanthemen so groß, daß kaum eine der großen chinesischen Bodenvasen in unserer Berliner Wohnung ihn fassen konnte! Es gibt kl. Augenblicke – es sind nicht nur die entscheidenden im Leben – die sich unauslöschlich einprägen mitsamt einem bestimmten Gefühl. Und so, immer wenn ich an jenen leuchtenden, überwältigend großen Chrysanthemen Strauß denke, spüre ich wieder das Gefühl atemberaubender Vorahnung eines großen Glücks, das sich wenig später erfüllen sollte! Die Chrysanthemen sind unsere Blumen geworden, nicht wahr Du? Auch in Teheran hast Du mich damit überschüttet! [...] Karin u. Albert spielen morgens nach dem Frühstück, das wir immer schon um ½8 Uhr aufs Zimmer bekommen (sie wachen so früh auf!) zu süß in ihrem Zimmer zusammen „Mutterpferd u. kleines Pferd", wobei Albert aber meist das Muttertier sein muss, oder „Bauer u. Pferd" oder sie kochen zusammen u. ihre Gespräche dabei sind mein Entzücken. Heute Morgen beim Kaffee greift Karin nach meiner Hand, an der ausnahmsweise mal über dem Ehering nicht auch der Wappenring oder ein anderer saß, u. sagte: „Mutti, da hast Du genauso einen Ring wie der Papi". [...]

Dein Brief, Geliebtester, war vom 18.7. Nr. 77 u. ich war so froh, daß Du da wenigstens schon einen Brief vom April von mir hattest. Nun warte ich brennend auf die noch ausstehenden Deiner Briefe seit 21. Juni. Ach, könntest Du doch mehr schreiben – ich sehne mich immer so danach. Von Alberto noch nichts gehört. Roderich ist im Einsatz, er schrieb mir einen wunderschönen Brief, Carle arbeitet in Berlin.

Liebster Erwin, mein geliebter Erwin Du – wir alle Drei grüßen Dich viel tausendmal! Immer und immer Deine Margot

Nr. 72, Kapfing, 31. X. 43 (Eing. 2.3.44)

Mein geliebter Erwin, eben habe ich eine stille Sonntagsfeier gehalten, indem ich all Deine lieben Briefe seit dem 8. März nochmals gelesen habe. So hintereinander wirken sie dann nicht so schrecklich kurz wie sonst, wo sie mir immer nur als winziges hors d'oeuvre scheinen, so gerade um richtigen Appetit zu bekommen. [...] musste ich dann 7 ½ Wochen warten, bis am 21. Okt. Nr. 77 eintraf. Ich hoffte, die lange Wartezeit würde nun durch reichlich Post auf einmal gut gemacht werden, aber leider blieb Dein Brief von 18. Juli bisher vereinzelt. Immerhin, ich bin froh u. dankbar, wieder von Dir gehört zu haben. Wie oft, wenn ich einen Brief von Dir bekomme, muss ich daran denken, wie unendlich schwer das Leben für Frau Heinzmann u. Fran v. Radanowicz sein mag, die nie ein Wort von ihren Männern hörten. Und doch schreiben beide immer so tapfer [...]. Ach, Erwin, wie oft denke ich mir aus, wie schwer es einmal sein mag für Dich, Dich wieder in ein enges bürgerliches Leben, sogar in das Familienleben, wieder einzufügen. Nach all den Jahren nur unter Männern. Aber ich kann Dir einen kl. Trost geben: ich werde immer Verständnis für Dich haben u. nach der langen Zeit des Getrenntseins Dich auch kaum wieder so total in Beschlag nehmen wollen, wie in unseren ersten Ehejahren. Ich erwarte Dich. Ich will Dir meine große große Liebe zeigen u. beweisen u. immer für Dich da sein. Aber ich will Dich nicht u. nirgends einengen. Du musst all die verlorene Freiheit dieser Jahre nachholen u. in den hoffentlich nicht zu eng gesteckten Grenzen Dir Dein Leben aufbauen.

Ich weiß ja, Du hast diese Zeit nicht vergrübelt u. verloren, sondern wendest sie sinnvoll an mit den vielen Dingen, für die Du in Deinem so arbeitsreichen Leben bisher nie Zeit hattest, u. auch kaum wieder Zeit haben wirst. Ich stelle mir Deinen Tageslauf oft so lebhaft vor [...]. Sag mal, denkst Du eigentlich auch immer mit so wahnsinniger Sehnsucht an unsere zweite Heimat oder sehnst Du Dich mehr nach Deutschland? Du hast noch nie ein Wort über unser liebes altes Nest erwähnt. Verzeih, wenn ich an eine Wunde rühre. Für mich ist das Land meiner glücklichsten Jahre zu plötzlich in eine märchenhafte Ferne gerückt. Es wird meine unvergängliche Sehnsucht bleiben, aber manchmal scheint es mir ganz unmöglich, daß ich dieselbe bin, die damals in dem schönen stillen Haus mit den vielen geliebten Teppichen ein so glückliches Leben führte – ein Leben in das mir niemand herein redete, keine noch so wohlmeinende Verwandte oder Freunde, man war ganz für sich! Weißt Du, Liebster, das ist mit das Schwerste an dem kein-eigenes-zu-Hause-haben, daß man doch eigentlich in all seinen Handlungen, sowohl den persönlichsten wie auch der Erziehung der Kinder usw. immer einer fremden Kritik ausgesetzt ist […] man spürt doch, wenn über einen gesprochen wird, sei es auch nur im besten Sinn. Ach, und wie oft habe ich mich mit der guten Mutti in die Haare gekriegt, die immer so gern „raten" und „Pläne machen" für mich möchte, und gar nicht versteht, wie schwer das für jemand ist, der Jahre lang unabhängig war […]. Über das, was ich zutiefst empfinde, kann ich nicht „reden" – das gehört ganz mir allein. […] Man darf ja nur 4 Seiten schreiben, also Schluß für heute! Geliebtester, möge das Neue Jahr Dich gesund u. allen Prüfungen gewachsen erhalten! Meine Liebe u. meine guten Wünsche sind immer u. immer bei Dir. Möchten sie Deine Schutzengel sein! Karin u. Albert senden ihrem Papi die süßesten Küsse. Ich umarme Dich mein Erwin. Immer u. immer Deine Margot

Nr. 74, Kapfing, 9.11.43 (Eing. 2.3.44)

Mein Geliebter, endlich einmal wieder ein Festschmaus, als vor 3 Tagen, am Samstag, 3 liebe Briefe von Dir eintrafen. Ich begegnete der Gräfin Spreti auf der Treppe, wie sie mit den Briefen für mich zu mir unterwegs war u. mich unter den Arm nahm und samt den Briefen in mein Zimmer brachte. Wenn ich Deine Briefe lese, muss ich ganz allein sein – die Kinder ausgenommen, aber am liebsten eben doch ganz allein! u. das Zimmer muss ordentlich sein, als wenn Besuch käme u. ich setze mich auf mein winziges Sofachen u. denke mich ganz zu mir hin. Es waren Deine Briefe vom 4. Juli, 1. u. 22. Aug., Nr. 75, 79 u. 81. Ja, Du hast Recht, es ist eigen, wie wir manchmal so ganz die gleichen Gedanken haben! am Sonntag vor 8 Tagen schrieb ich Dir, wie ich all Deine lieben Briefe seit März als Sonntagsfreude hintereinander gelesen hätte u. jetzt schreibst Du am 8. ‚August, Du habest das Gleiche mit meinen Briefen getan. Es liegt wohl auf der Hand, denn welch größere Sonntagsfreude können wir armen weit getrennten

Schwalben haben, als aneinander zu denken! Von Deinen Briefen fehlen mir nur noch Nr. 61 u. 62 u. 64 u. 65 u. 76 u. 78. Ich bin ja ganz selig, daß meine Briefe nun endlich auch regelmäßiger zu Dir gekommen sind. Könnte ich Dir nur auch mehr Photos schicken, aber ich kann leider nicht so viel Aufnahmen von den Kindern machen, wie ich möchte. Jetzt ist aber ein Film wieder beim Entwickeln – hoffentlich sind es nette Bilder geworden. Zu Weihnachten werden sie allerdings nicht mehr zu Dir kommen. Aber all unsere Gedanken u. all unsere Liebe werden in den Weihnachtstagen bei Dir sein, mein Erwin, Du, das musst Du fühlen. Sogar unser Albertchen sagt doch schon voll Stolz „mein Papi" u. manchmal sagt er: „Mutti, ich möchte zu mein Papi gehen." [...] Du hast Recht, wenn Du findest, daß unsere beiden sich ähnlich sehen; sie sehen sich sehr ähnlich, finden alle, u. sind doch so sehr verschieden. [...] Die beiden sind jetzt selig, daß die Omama wieder hier ist. Es gibt aber auch niemanden, der entzückender mit ihnen spielen könnte als Mutti. Ich staune immer vor der Fülle von Phantasie, wie sie aus fingerlangen kl. leeren Schachteln die niedlichsten Wagen macht, in denen Prinzessinnen sitzen, die mit goldenen Zügeln fahren – Karin sitzt manchmal wie verzaubert da! Er ist robuster seelisch u. findet leider oft ein teuflisches Vergnügen, ihr die kl. Sächelchen kaputt zu machen. Dann gibt es Klapse u. große Heulerei. Wenn es ihr dann passt mit hm zu spielen, bringt sie es fertig, ihn im Handumdrehen vom Weinen zum Lachen zu bringen – eine kl. Hexe kann sie sein, wenn sie eines der Kinder zu irgendetwas überreden will, es gelingt ihr fast ausnahmslos. Und sein Lachen ist ja unwiderstehlich – er rollt dann förmlich vor Vergnügen wie ein Kanarienvogel. [...]

Nr. 76, Kapfing, 18. XI. 43, frühmorgens (Eing. 4.3.44)

Mein Erwin, eben als ich zum ersten Mal diesen Winter meinen Pelzmantel anzog, um mich nach Landshut zum Zahnarzt auf den Weg zu machen, da musste ich so lebhaft an Dich denken, daß ich die Wartezeit auf das Milchauto, die ich hier im Dorf in der warmen Wohnküche vom Schmied verbringen darf, schnell zu einem Gruß an Dich benutzen will. Hab ich Dir eigentlich damals genug Dankeschön gesagt, als Du mir den Pelzmantel schenktest?! Welche Wohltat ist er für mich! [...] Schlüpfe ich in ihn hinein, spüre ich ihn wie eine Liebkosung von Dir. Ach Geliebter, manchmal frage ich mich, ob ich Dir überhaupt jemals sagte, wie glücklich Du mich in den fernen, fernen Jahren unseres Zusammenseins machtest. Ich glaube, ich werde es nie ganz zum Ausdruck bringen können, so wenig wie sich mit Worten das Gefühl von Sonne-Licht-Wärme vermitteln lässt. Wenn Du bei mir warst, war das Leben erfüllt, hell u. glücklich u. wenn ich das nun sage, darfst Du nicht an kleine Ärgerlichkeiten des Alltags denken, die ich in meiner „Jugend" wichtiger nahm, als sie wert sind, nein, ich meine so ganz ernst u. tief – ganz innerlich. Alle bösen Dämonen schwiegen. Und als Karin geboren war, meinte ich endgültig die Erlösung von mir selbst u. der ewig unruhigen Frage nach dem Sinn des Lebens zu spüren. Aber Karin u. die Freude u. Aufgabe durch das Kind – durch Alberti noch verdoppelt – sind geblieben – u. trotzdem wacht die Unruhe wieder in mir auf. Deine Ruhe u. Sicherheit dem Leben gegenüber aber fehlen. Fehlen mir so sehr, so sehr! [...] Im Wartezimmer schreibe ich diese letzten Zeilen, nachdem ich eben, vorm beim Fahrer sitzend, mit dem Holzgaswagen hereingefahren bin.

Leb wohl, mein Geliebtester! Bald mehr. Geht es Dir gut? Schick mir ein bisschen Wärme, die Dir unterm Wellblechdach sicher oft zu viel wird. Der ganzen Familie geht es gut. Auch von Meno u. Roderich gute Nachrichten. Von Alberto noch nichts, aber sicher wird es ihm auch gut gehen. Ich schicke Dir tausend gute Wünsche und allerinnigste Grüße. In Gedanken umarme ich Dich mit all meiner Liebe. Immer Deine Margot

Nr. 78, z. Zt. Irschenhausen, 28. XI. 43, 1. Adventssonntag (Eing. 18.4.44)

Ich bin auf Ferien, Geliebter, richtig eingeladen mit Karin bei der Omama! Wie ich es genieße!! Anlässe gab es eine Menge zu dieser kl. Reise: erstens musste ich Karin u. auch selber zum Zahnarzt. Fast 10 Wochen musste ich warten, bis der Zahnarzt in Landshut mich drannahm – obgleich ich häufig Schmerzen hatte – u. dann konstatierte er endlich, daß nun der Zahn schon tot u. Wurzelbehandlung nötig war. Karin war mit mir hineingefahren u. kam trotzdem nicht dran. Das war mir zu langweilig, da meldete ich mich in München an […]. In Ebenhausen landeten wir um 14 Uhr […] u. Omama u. Karin marschierten nach Irschenhausen. Als ich später nachkam, fand ich Karin immer noch puppenlustig. Wir kochten dann zus. einen Brei, legten sie auf Omamas Sofa schlafen u. gingen zus. ins kleine Gasthaus zum Abendessen. Wie viele Erinnerungen hat man schon an dieses schöne Fleckchen von damals vom Mai! Richtig heimatlich war es. Bei völliger Dunkelheit fand ich dann meinen Weg durch die Felder nach Ebenhausen zurück. […]

Nr. 80, Kapfing, 12. XII. 43 (Eing. 9.3.44)

Mein lieber geliebter Erwin, als ich Dir das letzte Mal schrieb vor einer Woche, hatte ich die Absicht, Dir gleich am nächsten Tag weiter zu schreiben – u. nun ist es doch nicht dazu gekommen. Die Kinder lassen einem doch relativ wenig Zeit. […] Wie mag es Dir gehen, mein Guter, Du? Hab schon wieder lang keinen Brief mehr von Dir. Der letzte war vom 5. Sept. u. kam Ende Nov. an. D.h. 2 Julibriefe vom 13. u. 24. Nr. 76b u. 78 sind inzwischen gekommen, die so besonders lieb von Dir waren. […] In der letzten Zeit werden unsere Gedanken sich wohl oft in unserem lieben alten Nest getroffen haben, das nun ganz berühmt u. entweiht worden ist. Mein Gott, Erwin, geht es Dir auch manchmal so, daß man denkt, man träumt das alles nur, es kann doch gar nicht Wirklichkeit sein! Oder haben wir nur geträumt, daß wir einmal so sehr glücklich waren in diesem seltsamen, so unendlich anziehenden

Land, in dem wir uns fanden u. in unserem gemeinsamen Verständnis für seine Eigenart u. unserer Liebe zu seinem Volk u. seiner Weite u. ganzem Zauber uns immer wieder fanden? Einmal – ein einziges Mal nur wieder eine Nachtfahrt von 500 km mit Dir machen, bei einer Panne plötzlich im kühlen Nachtwind unter den Sternen stehen u. fern verklingenden Kamelglocken lauschen. Nicht daran denken. Das Herz zieht sich zusammen.

Ich will Dir lieber erzählen, wie begeistert Karin u. Albert heute gehandarbeitet haben. Mutti hatte mit Karin eine kl. Handarbeit angefangen. [...] Und dann wollte Albert auch handarbeiten! Und ich fand noch einen Pappendeckel, stach ihm mit einer Nadel die Löcher vor u. er hat es dann ganz reizend ausgenäht u. war so stolz! Er glühte vor Eifer u. hat auch eine sehr schöne Ausdauer. [...] Sie streiten sich sonst leider oft in letzter Zeit, Alberti hat mal wieder so eine Tour, wo er ihr alles fortnimmt oder sie einfach haut – er ist eben ein richtiger Junge. Und wenn ich immer u. immer wieder schlichten muss, dann werde auch ich wild! Aber Karin gibt sich nun wirklich Mühe, lieb zu sein u. mir Freude zu machen. [...] so haben sich doch ein paar Weihnachtspäckchen gemacht! Es macht ja so viel Freude! „Und für Papi?" fragt die treue kleine Karin! Ach, mein Erwin! Wann einmal wieder? Aber einmal bestimmt wieder! Und das wird so wunderbar schön sein!! Ade, bleib gesund! Ich hab Dich lieb. Deine Margot

Nr. 81, Kapfing, 13. XII. 43, 2 Photos (Eing. 9.3.44)

Mein geliebter Erwin, gestern Abend schrieb ich Dir u. bekam einmal wieder nur die Hälfte von allem, was ich Dir sagen möchte auf das Papier. Also schnell eine Fortsetzung, obwohl es mir immer Luxus scheint, früh morgens schon zu schreiben. Nachdem ich nun ½ Jahr ohne Angestellte bin, merke ich doch, was es für Arbeit macht, zwei Kinder ganz allein zu versorgen, wenn man auch keinen eigenen Haushalt dabei hat. Würde man in der Küche sein, waschen, bügeln usw., würden die Kinder ganz allein sich daneben beschäftigen. [...] Und dann die Stopferei! [...] Und

Du weißt ja, daß ich selbst auch Wert darauf lege, immer einigermaßen auszusehen – da bringt man schon die Zeit mit hin. Sämtlich Wollwäsche [...] usw. wasche ich selbst, um sie richtig zu „pflegen". Dabei ist mir das feine Pulver Deiner Firma, das Du mir selbst mir Deinen guten Händen in die hohe runde Pappdose gepackt hast, von unschätzbarem Wert. Ich bin ja so sparsam mit all meinen Schätzen umgegangen. Manchmal bei all diesen häuslichen Beschäftigungen, denke ich, ob Du nun selbst nähst u. stopfst u. versuche mir das vorzustellen. Interessiert Dich unser Alltag? [...] Karin redet so viel. Es ist das Schwerste für sie einmal still zu sitzen. [...] u. dann beginnt die Aktion des Anpellens zum Spaziergang – lange Hosen, Socken, Stiefel, Schal, Mütze, Mantel, Handschuh – nein was schleppen die kl. Gestelle im Winter an sich herum! Dabei bringt Karin es noch fertig, unterwegs zu laufen u. zu springen wie ein junger Jagdhund [...] Alberti schwerfällig hinterdrein auf seinen langen dünnen Beinen! Dann gibt es um ½12 Kinderessen, wobei Albert leider noch gefüttert werden muss, nicht weil er es selbst nicht könnte, sondern weil der Appetit nicht ganz reicht [...]. So verbringen wir unsere kurzen Tage! [...] Ich will versuchen, im Februar 3 Wochen Ski zu fahren, vielleicht bei Dotti. Mutti will dann so lieb sein u. meine Lütten hüten. Ich freue mich kindisch darauf.

[...] hat geschrieben, daß alles fremde Eigentum in Teheran angemeldet werden musste u. dann öffentlich versteigert sei. Es wird wohl nicht so streng gewesen sein – wir kennen ja die Gegend! Und wenn auch – lass fahren dahin, sie haben kein Gewinn! Es kommt heutzutage auf ganz anderes an. [...] geschrieben, daß Du, mein Geliebter, „ein feiner Kerl" seiest. Ich bin so glücklich darüber, wie eine verliebte Braut. Richtig heiß ist mir geworden, als ich diese Worte las – ein größeres Lob können sich Männer, glaube ich, nicht sagen! Viel würde allmählich doch die Nerven verlieren, habe K. auch geschrieben. Ach, mein Erwin, wie bin ich stolz auf Dich. Und wie glücklich u. beruhigt für Dich, daß Du

Dich so fein hältst! [...] Nun geht es mit Riesenschritten auf Weihnachten zu. Die Kinder so voll Vorfreude. Ich schweren Herzens. Habe heute Nacht so lebhaft von Dir geträumt (was leider selten vorkommt). Du schwammst auf mich zu! War ich in einem Meer von Glück?? Und Du wolltest durchaus spielen! Ja, was werden die Kinder einmal sagen, wenn sie ihre olle Mutti mit Dir teilen müssen?! [...] Leb wohl, Geliebtester! Karin u. Albert grüßen so innig! Ich umarme Dich in Gedanken.

Immer u. immer – Deine Margot

Nr. 95., Loveday, 28. November 1943 (Eing. 29.2.44)

Meine Liebste, seit Deinem Brief Nr. 53 v. 4. Aug., welchen ich vor 6 Tagen erhielt, ist in der vergangenen Woche leider keine weitere Post von Dir eingegangen. [...] Inzwischen weiß ich aber schon, daß Ihr wohlauf seid, aus Deinem lb. Geburtstags Telegramm, welches von Josep am 8. ds. Monats. aufgegeben wurde u. mich vor 4 Tagen erreichte. Ach, meine Margot, wie ist es schön, eine so neue Nachricht über Euer Wohlergehen in Händen zu halten. Eine riesige Geburtstagsfreude hast Du mir damit gemacht, Du Gute. Und dazu noch ein so langes Telegramm. [...] In 5 Wochen bricht schon wieder ein neues Jahr an. Was es uns wohl bringen wird? Doch hoffentlich ein gesundes Wiedersehn, worin uns dieses Jahr so bitter enttäuschte. Bleib gesund, mein Alles, sei umarmt u. geküsst von Deinem Erwin.

Nr. 96., Loveday, 5. Dezember 1943.

Meine geliebte Margot, wenn so lange keine neue Post kommt, wie dies in der letzten Zeit leider wieder einmal der Fall ist, Dein letzter Brief ist vom 4. Aug., der am 22. vorigen M00onats. einging – dann hol ich mir zum Trost einige besonders geliebte ältere Briefe wieder mal vor. [...] Auch ich denke dann oft sehr inbrünstig an vergangene glückliche Tage u. schöpfe daraus neue Kraft, um die Gegenwart besser zu ertragen. Oft versuche ich, mir unsere gemeinsamen Erlebnisse in allen Einzelheiten ins Gedächtnis zurückzurufen, u. erlebe sie so im Geiste nochmal. Oft wird man durch Parallelen, die man in guten Romanen findet, geradezu stürmisch u. zwangsläufig an seine eigenen glücklichsten Stunden erinnert, daß man glauben könnte, die betreffende Stelle des Buches sei für uns geschrieben. Mit Ärger stelle ich aber bei solchen Flügen in die Vergangenheit hie u. da fest, daß mir die eine oder andere Einzelheit entfallen ist u. ich Dich darüber befragen möchte. So z.B. über Isfahan 1932, dann über den Abschied im Dezember 1932 in Berlin, über Magdeburg, über den Abend im Eden in Berlin im Dez. 1934. Es ist ja auch schon 11 bzw. 9 Jahre her. Über Baden-Baden u. Heidelberg im Nov 1932 weiß ich noch recht gut alle Einzelheiten, wie Du mich in Oos abholtest u. wir uns nach 6 Monaten Trennung, ohne zwischenzeitlichen Briefwechsel, wiedersahen. Dann in Magdeburg auf dem Bahnhof nach 2 Jahren, erst ohne, dann mit vielen schönen Briefe, u. jetzt währt unsere Trennung bereist 2 ½ Jahre, mit viel mehr schöneren Briefen. Wie sehne ich mich danach, mit Dir über jene früheren Tage u. Stunden zu sprechen u. Dich dabei auch so manches zu fragen, was Du damals gefühlt u. gedacht hast, denn ich war ja immer so wortkarg, hab nicht viel gefragt u. Dir noch weniger Liebes gesagt. Jetzt erkenne ich den Fehler, aber es ist noch Zeit, ihn wieder gut zu machen. Warte nur, bis ich erst wieder bei Dir bin. Über diese Sturm- u. Drang-Periode habe ich die Zeit nach 1935 nicht etwa vergessen, die Lehrjahre, u. jetzt bereite ich mich auf den nächsten Abschnitt, die Meisterjahre, vor. Zeit darüber nachzudenken habe ich reichlich u. mein Geist ist ausgeruht, um Pläne zu schmieden. Wenn nur der Zeitpunkt zur Ausführung bald kommt! Ich schließe Dich in meine Arme u. küsse Dich sehr innig, Dein Erwin.

Nr. 97., Loveday, 12. Dezember 1943.

Meine Liebste, eben habe ich einige Seiten Noten geschrieben, aber keine Melodien, wie Du in Deinem lb. Brief v. 2. Sept. sie setzen möchtest, sondern ganz einfache Tonleitern u. Lagen-Übungen für meine Posaune. Der christliche Jung-Männer-Verein hat unserem Lager eine Posaune, Trompete u. Klarinette gestiftet u. so bin ich seit gestern wieder unter die Bläser gegangen u. habe dafür heute geschwollene Lippen. Noten sind noch nicht da, so daß ich mir einfache Übungen selber schreibe. Obgleich ich 15 Jahre nicht mehr von Noten gespielt u. so manches vergessen habe, bin ich doch rasch wieder reingekommen. Ich schrieb Dir, glaube ich, schon früher, daß wir außerdem noch Saxophon, Flöte und eine 2. Klarinette haben, neben den Streich- u. Zupfinstrumenten – ein umfangreiches Orchester.

Gestern u. vorgestern waren wieder große Freudentage, da sie mir Deine sehr lieben Briefe v. 15.8., 21.8. u. 2.9. (Nr. 55, 57,60) brachten. Hab sehr herzlichen Dank, Du Geliebte. [...] Zu lieb ist das Foto von Albert an seinem Geburtstag. Ich kann mir aber gar nicht recht vorstellen, daß es mein Junge ist, denn ich sehe ihn immer nur so vor mir, wie er vor fast 2½ Jahren auf Deinem Schoß liegend von mir fuhr. Ich bin immer sehr glücklich, wenn ich höre, daß Ihr alle 3 gesund seid. [...] Natürlich will ich liebend gerne Euch dort einst abholen. Wenn es nur schon bald soweit wäre! auch versuche ich oft, mir ein Wiedersehn in allen Einzelheiten auszumalen, u. die Wirklichkeit wird doch jede Vorstellung übertreffen.

Nr. 98., Loveday, 15. Dezember 1943.

Meine liebe geliebte Margot, heute vor 2 Jahren führen wir in einem Häuflein von 18 Mann unter die weltbekannte Brücke in den Hafen von Sidney ein, um von da in 1½-tägiger Bahnfahrt über Melbourne nach hier zu reisen, bzw. gereist zu werden. Ein wenig haben wir dabei auch von den beiden größten u. modernsten Städten dieses Kontinents zu sehen bekommen, während unser Gros schon einen Monat früher von Adelaide nach hier kam. Nach vielen Unruhen, welche die Reise unserer Gruppe über Bagdad, von da im Lastwagen in 5 staubigen Tagen durch die Wüste nach Palästina in die Nähe von Lydda, dann nach 4 Wochen Aufenthalt weiter über Suez u. von dort nach 5 Tagen Pause mit dem größten engl. Passagierdampfer über Ceylon nach hier mit sich brachten, waren wir schließlich froh unsere feste Bleibe erreicht zu haben, denn schließlich lebten wir doch seit 25. Aug. nur aus dem kleinen Koffer. Daß wir aber nach 2 Jahren noch hier sein würden, hätte damals wohl kaum einer von uns geglaubt. Da wir uns aber nach u. nach häuslich einrichteten, ist die Zeit trotz allem rasch vergangen. Nicht für jeden, aber für die, welche sich nützlich anzuwenden wussten, u. zu den letzteren zähle auch ich mich. Heute Vormittag kam Dein lieber Brief Nr. 59 v. 30.8. [...] Albert musste ich auf den Fotos erst suchen, obwohl ich mir gleich hätte denken können, daß Du ihn nicht von Deiner Seite lassen würdest. [...]

Nr. 99., Loveday, 22. Dezember 1943

Meine geliebte Margot, vor sechs Tagen kam Dein lieber Brief v. 12. Sept. mit 3 Fotos. Die Nachricht, die Du mir vom Elternhaus gabst, hat mich tief erschüttert u. ich habe den Eltern gleich geschrieben. [...] Seit Mitte März ds. Jahres. ist Graf M.-P. unser Lagerleiter. Er war erst seit 1940 od. 41 in Iran bei der Niederlassung von Skoda. Er kennt übrigens die Gegend um Kapfing, das Gut selber aber nicht. [...] Ich denke in diesen Tagen sehr zu Euch hin u. sende Euch alles Liebe, Dein Erwin.

Nr. 100., Loveday, 25. Dezember 1943 (eing. 29.2.44)

Meine sehr geliebte Margot,

gestern kam Dein lieber Brief Nr. 56 v. 20.8. u. es war meine schönste Weihnachtsfreude, zu Heiligabend so liebe Zeilen von Dir in meinen Händen zu halten u. Deine geliebte, mir in diesen Jahren durch Deine vielen Briefe noch mehr vertraut gewordene Handschrift förmlich in mich hinein zu trinken u. Dich dabei zu erleben. Als wir gestern zur ungewohnten Stunde gegen 1 Uhr zu Bett gingen, da hast Du wohl gerade unsere lieben Kleinen an die

Hand genommen u. bist mit ihnen vor den Christbaum getreten u. ich habe mich so danach gesehnt, einen Schimmer von den strahlenden Kinderaugen abzubekommen. Und wenn Du sie dann müde zu Bett gebracht hast, dann hätte ich so gerne eine stille Stunde Heiligabend mit Dir allein gefeiert. Sicher war die Bescherung im großen Kreise dieses Jahr schöner als die beiden letzten Weihnachten, wo Du doch in Klais u. Icking einsamer gewesen bist. Wir hatten um 8 Uhr eine sehr eindrucksvolle halbstündige Feier mit unserem Streichorchester, mehrstimmigem Chor – „Es ist ein Ros entsprungen" u. „Süßer die Glocken" – Gedichten, einer Ansprache des Lagerleiters Graf M.-P. u. gemeinsam gesungenen „Stille Nacht" u. „O du Fröhliche". Danach wurde in den Baracken bei Kerzenlicht, Kakao, Kuchen u. Gebäck, Gesang u. Unterhaltung weiter gefeiert u. dabei die Geschenke des Deutschen Roten Kreuzes in Form von Zigaretten, Tabak, Schokolade, Spielkarten, Keks u. Lebkuchen verteilt. Um ½ 12 Uhr gestern Abend hielt ein unter uns befindlicher Karmeliter-Mönch eine Christmette mit deutscher Predigt. Heute Nachmittag findet ein Tennis-Wettspiel u. Hockey-Spiel statt – in ersterem spiele ich mit u. im zweiten bin ich Schiedsrichter – u. morgen ist nochmal Tennis u. Fußball. Eine Kunstausstellung zeigt die im Laufe des Jahres gefertigten Gemälde, Töpferarbeiten u. Bastelerzeugnisse aus Holz u. Blech. Von Amir erhielt ich vor einer Woche eine Postkarte, mit welcher er den Erhalt meiner Briefe bestätigt u. mitteilt, daß es ihm u. Nurullah gut gehe. Meine nächsten Briefe beginne ich mit der Nr. 1 u. hoffe, daß ich keine so hohe Nr. wie heute mehr erreiche, sondern Dir meine Gedanken u. meine Liebe bald wieder in Worten sagen kann. In wenigen Stunden steht Ihr zum 1. Feiertag auf, für den ich Euch einen schönen u. frohen Verlauf wünsche. Mit vielen innigen Küssen sende ich Dir, meine Geliebte, meine ganze Liebe, Dein Erwin.

(Anm.: An dieser Stelle, nach Erwins 100. Brief im Dezember 1943, mache ich eine mal eine kurze Atempause und kommentiere etwas zum Jahreswechsel. Margots letzter Brief vom 13. Dezember hat die Nr. 81, wobei sie aber anfangs die Nummerierung öfters vergaß. Aus dem Dezember 1943 gibt es von ihr keine Briefe; der erste vom Januar 1944 trägt die Nr. 86, und darin schreibt sie schon nichts mehr über die Weihnachten mit den Kindern – da fehlen also 4 Nummern. Diese Briefe sind entweder verloren gegangen oder von Margot später aus der Sammlung entnommen worden oder Margot war mal wieder – wie schon öfter – nicht konsequent mit der Nummerierung, denn 4 Briefe in 2 Weihnachtswochen wären ja ungewöhnlich viel. Ähnlich scheint es mit den Nummern 72 bis 80

Ende 1943 sind Margot und Erwin 2½ Jahre getrennt. Von jedem neuen Jahr erhoffen sie das Wiedersehn und drücken dies immer wieder aus, wissen aber nicht, dass es genau noch vier Jahre dauern wird bis sie sich dann tatsächlich – in Sidney – wiedersehen).

Nr. 86, Kapfing, 7. I. 44 (Eing. 18.4.44)

Mein Liebster! Dein Brief vom 29. Aug., Nr. 82, hat mich beglückt wie lange nichts. Ein Brief so schön, wie ihn eine Braut sich nur wünschen kann! Und der eine Frau in meinem Alter unendlich glücklich macht. So darf ich nun doch gewiss sein, Dich ein bisschen glücklich gemacht zu haben – trotz all meiner Schwierigkeiten. Wir sind 2 so verschiedene Naturen – im Allgemeinen sagt man, daß das sich gut ergänzt – aber ich habe doch manchmal fürchten müssen, daß Du diese „Ergänzung" nicht so empfandst wie ich, die ich mein Leben durch Dich erst wirklich erfüllt sah. Aus Deinem lieben schönen Brief spricht so viel echtes Gefühl u. so viel Sehnsucht, wie sie nur eine starke Liebe ausströmen kann. Ach Erwin, mein Erwin, bin ich nicht reicher als manche Frau, die ihren Mann täglich sehen kann, weil ich Dich habe, bist Du auch noch so fern. Du bist mein und meine ganz große Liebe gehört Dir. Ja, Geliebter, mir geht es genau wie Dir: wieder u. wieder frage ich mich, wann werden wir uns das, was uns zuriefst bewegt, erst wieder von Angesicht zu Angesicht sagen können? Oft stelle ich mir Dein geliebtes Gesicht vor, ganz nahe, Deine Augen mit den kleinen Goldpünktchen darin – Deine Augen, mit denen keines unserer Kinder mich anschaut! Aber das nächste soll Deine Augen haben, ob Bub oder Mädel, ist mir gleich – aber Deine Augen! Deinen Mund hat Albert, genau, u. so oft Deinen Ausdruck! nun meine Hoffnung. Man wird dann vielleicht auch schon etwas weitersehen. Wie ich mich danach sehne, einmal mit Mutter u. Vater über ihn zu sprechen, zu hören, ob auch Mutter so stark „ihren Bub" wiedererkennt. Was würden die Eltern für Freude an diesen aufgeweckten, klugen, lebendigen u. fröhlichen Kindern haben! Ob wir uns im Frühling noch in Baden-Baden treffen können? Darauf setze ich. Du verstehst doch wohl, daß ich jetzt mit den Kindern die Reise zu Lisel nicht verantworten möchte – nur der Reise wegen! [...] Die Hauptsache ist u. bleibt, daß wir uns alle einmal gesund wiedersehen dürfen. Darum wollen wir beten. Mutti, die nun fast täglich ihre lieben tapferen aufmunternden Briefe schreibt, schrieb mir in der Silvesternacht: wir wollen hoffen u. beten, daß nächstes Jahr Silvester keiner unter uns fehle – mehr dürfe man nicht. Könnte ich Dir doch Muttis Briefe immer alle weiterschicken. Es sind Briefe, bei deren Lesen man sich unwillkürlich gerade hinsetzt u. aufrichtet. Wirklich, Erwin, auf der ganzen Welt gibt es eine Frau wie Mutti wieder, so tapfer, so selbstlos, so großzügig, so hilfsbereit, gütig u. verstehend – so fähig, immer wieder einen Trost zu finden u. auch in schwersten Tagen bricht sich plötzlich mitreißend ihr holsteinischer Humor wieder Bahn! Gott erhalte uns Mutti. Was wären wir alle ohne sie? Mich stupst sie immer wieder zusammen, die Kinder beglückt sie bei jedem Besuch. [...] Tausend, tausend Dank für Deine 3 lieben letzten Briefe vom 3. u. 24. Okt., die am 3. ds. Mts. hier waren, u.

den vom 29. Aug., der vorgestern mir den Tag verschönte. Wie bringst Du es nur fertig, in Deine 22 Zeilen so viel Wärme u. Liebe u. Sorge zu zaubern, daß man sich einbilden kann, man habe einen langen Brief bekommen?! Wie bin ich froh, daß fast alle meine Briefe zu Dir kamen. Und Du liest sie wieder u. wieder in postarmer Zeit. Das macht mich auch froh. Möchte man doch oft mit einem Satz so vieles sagen. Mir gehen so tausend Gedanken durch den Kopf, wenn ich Dir schreibe, daß ich oft nicht weiß, welches Thema nun zum nächsten Satz wählen – erst dieses oder erst das – u. manchmal scheinen Dir die Briefe vielleicht etwas durcheinander? Ein Thema wird gestreift auf dem nächsten Blatt vielleicht fortgesetzt – im Grunde aber alles doch „Variationen" über das Thema Ich liebe Dich. Das musst Du spüren!

Ab Nr. 60 fehlen mir von Deinen Briefen immer noch Nr. 61 u. 62 u. 64 u. 65, Nr. 83, 85, 89 u. 90. Ich finde es fabelhaft, daß fast sämtliche Briefe ankommen!

Du möchtest meine „neue" Frisur sehen? Liebster, ich trug sie nur 2 Tage zur Probe, weil ich mir damals neue Dauerwellen machen lassen musste u. vorher ausprobieren wollte, ob mir die „hohe" Frisur stünde. Es war, glaube ich, nicht schlecht, doch machte es etwas älter u. vor allem – ich hätte mir sämtliche Hüte dafür umändern lassen müssen, also kehrte ich reumütig zur alten zurück, denn wer macht einem das heute. [...] Karin u. Albert schicken ihrem Papi süße Küsse. Ich umarme Dich! Deine Margot

Nr. ?, Kapfing, 16.I.44 (Eing. 18.4.44)

Mein geliebter Erwin, die letzten 14 Tage brachten so häufig Briefe von Dir, daß ich ganz verwöhnt wurde und nun enttäuscht bin, wenn einmal 3 Tage lang kein Brief von Dir kommt. [...]

Von Alberto hörte ich zuletzt im Mai, daß er eine „Dunkle" heiraten wolle. Seitdem fehlt jede Nachricht u. mein Brief an ihn kam zurück, da keine Postverbindung mehr besteht. Ja, auf Sport muss ich ganz verzichten u. das wird mir schwer. Selbst die täglichen Spaziergänge mit den Kindern sind nicht als körperliche Bewegung zu werten, da das Tempo den kl. Beinen entsprechend ein zu langsames ist. Ich glaube, ich würde mich viel wohler fühlen, wenn ich mich körperlich ordentlich ausarbeiten könnte. Ich wollte ja im Febr. 3 Wochen in den Leusenhof [...]. Aber [...] da ich keinen anderen Ausweg wusste, wo Karin inzwischen lassen, musste ich die Reise, auf die ich mich so gefreut hatte, wieder aufgeben. [...] Nun denke ich fahre ich evtl. Ende ds. Mts. einmal mit Karin zus. zu Dotti. [...] Oder ich fahre im Febr. zu ihr, denn ich hoffe, daß Mutti bis dann hier ist. Meine Skier sind noch bei Dotti [...] u. so könnte ich einmal wieder üben. [...] Immer u. immer wieder bin ich dankbar, hier untergekommen zu sein. Wir haben es hier gut u. wie froh bin ich bei dem Gedanken, daß Du Dir um uns wirklich keine Sorge zu machen brauchst. Nachdem ich auch die Enttäuschung überwunden habe, daß die Freundschaft, die die kl. Gräfin mir entgegenbrachte, nicht so echt ist, wie sie schien, u. nachdem ich mich daran gewöhnte, mich mehr zurückzuziehen, fühle ich mich auch wieder ganz wohl hier. Ich freue mich, wenn sie mich hin u. wieder mal zum Kaffee einlädt, aber ich warte nicht darauf u. so geht es ganz gut. Ein großer Halt ist mir Pater Beda. Wir sehen uns jetzt öfters. Ich schreibe fast jeden Abend ein Stündchen für ihn. Gestern am Sonntagnachmittag kam er in mein Zimmer, um meine Meinung bei einem zu übersetzenden Satz zu fragen, was mir sehr schmeichelte. Ich konnte ihm sogar auf die Spur helfen. [...] Den Kinderlein geht es Gott sei Dank gut. Alberti sagte gestern beim Mittagessen, als Ursulas Vater unerwartet für 1 Tag gekommen war: „warum is mein lieber nich gekommen?" Er kann so eine süße zärtliche Stimme haben! Karin möchte, daß Du die Gazelle mitbringst, wenn Du kommst! Ich soll dann mit Alberti schlafen und Du mit ihr! Bist Du damit einverstanden?

Daß Trudel am 10. ds. eine kl. Stephanie geboren hat, schrieb ich schon. Sonst geht es der ganzen Familie gut, Gott sei Dank. Auch Irenchen ist auf der Besserung.

Liebster – lass Dich umarmen u. küssen von Deiner Margot

[da fehlen wohl wieder 3 Briefe]

Nr. 91, Kapfing, 25. I. 44 (Eing. 9.5.44)

Mein liebster Erwin – eben wurde ich ans Telefon gerufen – ein Ereignis in unserer Stille! u. wer rief an? Kesselheim. [...] Ich wiederhole mich vielleicht manchmal, aber man weiß ja auch nicht, ob jeder Brief Dich erreicht. Wenn Du meine Briefe hintereinander liest, wirst Du merken, daß ich manchmal auf jemanden in verschiedenen Briefen zurückkomme, einfach darum, weil mir beim Schreiben nicht immer gleich alles einfällt. Überhaupt – kaum habe ich einen Brief an Dich beendet, so fallen mir wieder hundert Sachen ein, die ich schreiben möchte. Und in meinen Gedanken unterhalte ich mich oft so lebhaft mit Dir, d. h. ich erzähle u. Du hörst zu, daß ich manchmal nicht sicher bin – habe ich es Dir schon geschrieben?? [...] Karin ist enorm groß u. kräftig für ihr Alter. Alberti wächst u. wächst, aber leider nur in die Länge u. ist dünn wie ein Spargel. Von Nov. bis Mitte Jan. ist er allein um 4 cm gewachsen – enorm! Baronin Skal erwartet nun Ende Februar, die Gräfin im Juni. Manchmal bin ich jetzt einer Stimmung wie damals, als Frau v. Radanowicz ihr drittes Kindchen erwartete u. wir nochmal abends zu ihr hinübergingen u. so vieles besprachen. Wie war das gut, als man noch alles zusammen besprechen konnte. [...] Ja, nun sind es schon 2 ½ Jahre, seit wir unser liebes liebes Haus verließen. Ich will nicht klagen u. die Hoffnung nie aufgeben, Dich einmal gesund wiederzusehen. Was zählt dann alles andere noch?! Wir sind uns alle einig in dem Willen durchzuhalten, komme was da wolle. [...] Hier ist es wieder sehr viel gemütlicher geworden! Nachdem d. Gräfin u. ich uns ein bisschen ausgesprochen. Gestern nun machte sie wieder in Gegenwart von anderen eine recht ungeschickte Bemerkung über meine Erziehungs-"Fähigkeiten" u. nachdem ich meinen Zorn darüber einige Stunden hatte ablaufen lassen, ging ich zu ihr, um „unser Hühnchen zu rupfen", u. sie sagte gleich „nein, es sei nicht so gemeint gewesen". Ich ließ das als Entschuldigung gelten, putzte sie aber trotzdem (meist humoristisch) ½ Stunde herunter. Dann tranken wir eine „Versöhnungsmokka", der so gemütlich war, daß wir heute gleich einen gemeinsamen Tee am Radio folgen ließen. Ach Erwin, ich bin längst zu Deiner Ansicht bekehrt, daß es besser ist, einmal 5 gerade sein zu lassen, als sich mit jemandem zu verkrachen, u. viel angenehmer, mit allen Menschen gut zu stehen. Du siehst – selbst bei so weiter u. langwieriger Entfernung hast Du noch starken Einfluss auf Deine Olle! Die Gräfin scheint auch sehr erleichtert, daß wir wieder problemlos u. vergnüglich zueinander stehen, denn sie trällert wieder durchs Haus, woran sich immer unschwer ihre Stimmung erkennen lässt. [...]

Ade, Liebster. Den Kinderlein geht es gut. Sei innig umarmt u. geküsst von Deiner Margot

Nr. 92, Schloss Kapfing, 27.I.44, 1 Photo (Eing. 10.5.44)

Mein Geliebter – so, nun habe ich Dich mit den Brienummern eingeholt: von Dir ist der letzte Nr. 92 u. dieser hat nun dieselbe Nummer! Ja, ja, ich weiß, von Dir sind seit dem 31. Okt. zumindest, hoffe ich, noch 12 Briefe für mich unterwegs – immerhin, ich bin froh in dem letzten halben Jahr viel nachgeholt zu haben! Meinen letzten Brief an Dich schrieb ich mit normaler Schrift, damit Du durch meine so klein u. ordentlich gewordene Handschrift, wie ich sie für Dich zur Papierersparnis oder besser: zur besseren Ausnutzung des Raums, benutze, nicht einen ganz falschen Eindruck von mir bekommst.

Neben mir sitzt Karin u. legt ein Kugelspiel aus erbsengroßen bunten Kugeln. [...] Albert spielt in Spretis Kinderzimmer mit Burschi u. Steffi. [...] Karin ist nun doch zu groß, um dauernd mit den kl. Buben zusammen zu sein. So bin ich sehr froh, wenn wir morgens nach dem Frühstück Alberti loswerden. [...] Hab ich überhaupt schon von unseren Weihnachtsgeschenken geschrieben? [...] Karin nimmt gerade meine Bogen in die Hand: „oh Mutti, solches Papier kaufe ich mir auch, das ist ja ganz durchsichtig, aber rosa soll es sein! Und rosa seidene Karten!" Ist das nicht typisch kleines Mädchen?!

„Lieber süßer Papi, ich bin jetzt 6 Jahre und hab zu Weihnachten ein Schaukelpferd gekriegt und [...] und [...] ich kann schon rechnen und ich lerne lesen. [...] Und der Papi soll mir meinen schönen Dackel mitbringen und mein schönes großes Rädelpferd und [...]. Und wann kommst Du wieder zu mir? Und wie war's denn bei Dir Weinachten? Was hast Du für viele Bücher gekriegt? Und was hast Du noch alles gekriegt vom Christkindchen? Und mein Brüderlein ist jetzt 3 Jahre und wir wohnen in einem Schloss u. da heißt ne Mutti Frau Gräfink (sic!) und die hat 3 Buben. [...] Ich hab meine Mutti so lieb. Hier sitzen Mutti und ich und schreiben Papi ein Brief. Einen guten süßen Kuß von Karin." Wörtlich so von unserer Tochter diktiert bekommen!! Sie ist eine ulkige kleine Nudel. Heute meinte sie: „Mutti, wenn der Papi aber kommt, dann gehen wir mal alle zusammen in Dein Bett. Der Papi und ich zusammen am Fußende u. Brüderlein mit Dir am Kopfende". Sie bereitet mich häufig darauf vor, daß sie dann mit Dir schlafen wolle u. ich mit Brüderlein.

Wir haben jetzt ganz gemütliche Tage. Ausnahmsweise mal kein Gast im Haus. Der Graf kommt samstags/sonntags, wird noch bis 15. Febr. in Landshut sein. So sind wir beim Essen nur die 3 Muttis, wie Karin sagt [...]. Die kl. Hausfrau u. ich stehen uns wieder viel besser, nachdem ich ihr ganz ruhig neulich mal sagte, sie könne mich nicht „unnahbar" bezeichnen u. mir zur Last legen, wenn ich mich zurückzöge, nachdem sie selbst mir durch ihr Benehmen zu verstehen gegeben habe, daß sie die Gesellschaft von ihren Jugendfreundinnen vorzöge. Ich könne das absolut verstehen, jeder solle mit denen zusammen sein, die ihm am nächsten stünden, aber ebenso selbstverständlich sei, daß ich mich dann mehr zurückzöge. Sie liebe wohl Abwechslung wie die meisten Menschen, und wenn im Sommer die Baronin ihr auf die Nerven gegangen sei, so sei nun wohl ich dran. Ich nahm das alles mit Humor u. lachte sie ein bisschen aus u. sie, die mich anscheinend doch ein bisschen gern hat, gibt sich nun wirklich wieder Mühe um mich. Wenn sie mal wieder dumme Bemerkungen macht, sprechen wir uns gleich aus u. ich setze mich in frischfröhlicher Weise durch! So geht es. [...] Ja, mein Erwin, leicht wird es nicht für Euch sein, jetzt immer dort alle Nachrichten zu hören. Aber wir stehen alle zusammen in dem Willen durchzuhalten u. hoffen auf Gott. Möchtest Du Kraft u. Mut immer behalten! Täglich bin ich mit meinen Gedanken bei Dir u. möchte Dich mit meiner Liebe stärken! Ich schicke Dir all meine guten Wünsche, Du Liebster, Du. Immer u. immer Deine Margot

Nr. 1., Loveday, 29. Dezember 1943. (Eing. 18.3.44)

Meine geliebte Margot, an Weihnachtstag schrieb ich Dir meinen hundertsten Brief u. heute an Karins Geburtstag fange ich wieder neu mit Nr. 1 an. [...] Karin wird nun schon 6 Jahre u. damit schulpflichtig. Ich denke natürlich sehr an den glücklichen Tag vor 6 Jahren, da Du zum ersten Mal Mutter wurdest. Und den komischen Vorabend habe ich natürlich auch nicht vergessen. Ich versuche mir Karin als kleines Mädel vorzustellen, was aber schwer ist, wo sie nun doch fast doppelt so alt ist, als zur Zeit unserer Trennung. Gib ihr von mir einen süßen Geburtstagskuß. Den nächsten kann ich dann hoffentlich selber geben. [...] In Deinem Brief v. 4.7. u. 30.8. erwähnst Du mein Telegramm v. 5.2., dessen Inhalt Dir vom RK Berlin mitgeteilt wurde u. worin ich u.a. auch um Geld bat. Mit diesem Telegramm hat es eine eigene Bewandtnis, denn es hat fast 1½ Jahre gebraucht, bis es Dich erreichte; es handelt sich dabei um eine Mitteilung v. 5.2.42, welche durch den hiesigen apostolischen Delegierten über Rom auf besonders raschem Wege nach dort gelangen sollte [...]. Ich benutzte diesen Weg damals – man kann sich dessen auch heute noch bedienen, weil wir ja nicht wussten, ob u. wann unsere gewöhnlichen Briefe ankommen würden [...].

Aus liebevollem Herzen sende ich Dir, Karin u. Albert meine innigsten Wünsche fürs neue Jahr u. küsse Dich u. die Kinder sehr, sehr herzlich, Dein Erwin.

P. S.: Am 26. ds. Mts. schrieb ich an Gräfin S., um mich für Eure Aufnahme zu bedanken.

Nr. 2., Loveday, 5. Januar 1944. (Eing. 28.3.44)

Meine geliebte Margot, nun ist das neue Jahr schon 5 Tage alt u. ich hoffe sehr inbrünstig, daß Du u. die Kinder es gesund angefangen haben u. Euch gute Gesundheit auch fürderhin gewährt sein möge. Wir haben es in Form eines Gemeinschaftsabends im Freien gefeiert, bei Theater- u. Musikdarbietungen. [...] Ich schmetterte kurz vor 12 Uhr unter Begleitung des 20 Mann starken Orchesters ein Posaunensolo „O du wunderschöner deutscher Rhein". Nüchtern u. gesund bin ich nun zum 3. Male hier ins Neue Jahr getreten, u. wie jedes Mal, so hoffen wir auch diesmal, daß es das letzte Mal gewesen sein möge. [...]

Nr. 3., Loveday, 9. Januar 1944. (Eing. 18.3.44)

Meine teure Geliebte, heute sende ich Dir den letzten Gruß aus diesem Lager, welches uns 2 Jahre lang beherbergt hat u. von wo aus ich Dir genau 99 Briefe geschrieben habe. Morgen ziehen wir um in ein benachbartes Lager. Möge diese erste Ortsänderung in Australien ein gutes Vorzeichen sein für einen baldigen endgültigen Umzug nach der Heimat. So manche Ecke hier ist einem doch vertraut geworden u. in Gedanken sind daran sogar auch Erinnerungen an Dich geknüpft, so daß man sich ungern trennt, um sich erst wieder an Neues zu gewöhnen. Wie oft habe ich auf meinem

Bett sitzend an diesem Tisch vor meinem Fenster an Dich gedacht, Dich vor mir gesehen, wenn ich Dir schrieb, Deine geliebten Briefe las oder die netten Fotos mit freudigem Herzen u. gierigen Augen betrachtete oder gute Bücher las u. darin manche Parallele zu unseren früheren Erlebnissen entdeckte, daß man glauben konnte, der betreffende Satz oder Abschnitt wäre uns zugedacht. [...] Es müssen ja wohl bald mehrere Briefe kommen, da die Luftpost von Oktober zu erwarten ist u. mir von Dir noch die ganze 2. Sept.-Hälfte fehlt u. davon noch die Nr. 54, 58 u. 61. Im August hast Du mir ja sehr fleißig geschrieben, meine Liebste, u. deine Briefe, Deine Worte, die ich manchmal zu hören glaube, u. deine Schriftzüge, die mir in den beiden vergangenen Jahren so viel vertrauter geworden sind, daß ich sie geradezu erlebe u. empfinde, machen mich jedes Mal froh u. glücklich. Ich schließe Dich in meine Arme u. küsse Dich innig. Grüße Karin u. Albert von ihrem Papi, Dir alles Liebe von Deinem Erwin.

Nr. 4., Loveday, 17. Januar 1944 (Eing. 8.4.44)

Liebste Margot, vorgestern kam nach langer Reisezeit Dein lb. Bf. Nr. 54 v. 8. Aug. Dein neuester Brief ist immer noch der v. 12.9. [...]. Wie ich Dir vergangene Woche schon schrieb, sind wir umgezogen nach Lager Nr. 14A, welches etwa 3 km vom früheren entfernt liegt. Dieses Lager ist viermal so groß, aber in vier Teile abgetrennt, so daß unser Abschnitt für die gleiche Belegschaft ist wie früher, nur die Gesamtfläche ist größer. Die Hütten sind hier für 48 Mann, aber der Länge nach durch eine Trennwand geteilt. Unsere in Nr. 10 von uns selbst geschaffenen Einrichtungen, wie Schränke, Tische, Stühle u. Trennwände für Kabinen für je 2, durften wir mitnehmen, so daß wir uns rasch wieder wie bisher einrichten konnten. Leider konnten wir die Tennisplätze nicht mitnehmen, sondern nur das bewegliche Material. Hier ist ein Zementplatz vorhanden, von den früher hier gewesenen Italienern gebaut. Weitere Plätze müssen wir erst bauen. Ich habe aber genug davon u. daher die Leitung der Tennisgruppe einem anderen Kameraden unserer Hütte übergeben. [...]

Nr. 5., Loveday, 22. Januar 1944 (Eing. 3.4.44)

Meine geliebte Margot, diesen Brief wollte ich Dir eigentlich gestern schreiben, weil ich natürlich den ganzen Tag an Dich dachte (Hochzeitstag). Aber es war zu heiß, um irgendeine Arbeit zu tun oder vernünftige Gedanken zu Papier zu bringen. Um 10 Uhr hatten wir 38 0 C in der Baracke, am Nachmittag stieg das Thermometer auf 440 und als wir nach 10 Uhr abends schlafen gingen, waren noch 360. Heute war es ähnlich, aber vorhin, kurz nach dem Abendbrot kam der ersehnte Umschlag nach einem voraufgegangenen Sandsturm in Form eines herrlich kühlen Gewitterregens.

Es bricht mir das Herz, wenn ich dir zu Jahrestagen, die uns allein gehören, nicht einmal einen Blumengruß senden kann, geschweige denn noch sonst eine Freude oder Überraschung darbringen kann. Ich hoffe aber, daß die Zeit bald kommt, wo ich das Versäumte nachholen kann. Auch auf meinem Tisch hatte ich diesmal nicht wie im vergangenen Jahr, Blumen stellen können, weil wir in diesem Lager kaum Blumengärten vorfanden, wie wir sie uns im alten Lager in großem Umfange angelegt haben. Dafür war hier von den Vorgängern viel Gemüse angepflanzt, deren Früchte, Tomaten, Gurken, Paprika, Melonen u. Mais wir jetzt ernten. Natürlich denke ich auch sehr an Dresden u. hoffe, diese schöne Stadt nochmal mit Dir zu erleben, im Bellevue an den Ufern der Elbe. Neun Jahre sind seither vergangen u. bald ein Drittel davon ohne Deine geliebte Nähe, nach der ich mich so sehr sehne. Was waren es damals für herrliche u. sorgenlose Tage u. Stunden u. die ganze Welt schien unser zu sein. Aber auch in der Zukunft werden wir nach der bitteren Trennung unser Glück wiederfinden. [...]

Warte sehr auf Briefe von Dir, meine Liebste, u. sende Dir u. den Kindern tausend Küsse u. liebe Grüße, Dein Erwin.

Nr. 6., Loveday, 29. Januar 1943 (Eing. 28.3.44)

Meine geliebte Margot, endlich kam vorgestern ein langersehnter neuer lieber langer Brief, Nr. 63 v. 19. Sept., nachdem ich Nr. 62 schon am 17. Dez. erhalten hatte. Ich habe mich so gefreut, auch über die netten 2 Fotos. Gleichzeitig erhielt ich einen Brief von Mutti v. 23. Sept. aus Tübingen [...] Abends ist hier um 10 Uhr Licht aus, im früheren Lager um 10:30 Uhr. Karten spiele ich nur 2-3-mal in der Woche. An den anderen Abenden habe ich Unterricht oder ich lese. 2-mal pro Woche franz. Literatur u. Dichtkunst u. an einem Abend Geschichtsvortrag. [...] Frühstück ist um 7:20 Uhr, um 6:30 stehe ich auf. Mittagessen 11:45, Tee 14:45 u. Abendbrot 17:20 [...].

Nr. 7., Loveday, den 2. Februar 1944. (Eing. Juli 44)

Meine Liebste, gestern erhielt ich ein herrliches Paket vom RK in Genf mit sieben wunderschönen Büchern. Es datiert vom 25. Juni. Da Du von dieser Sendung in Deinen Briefen nichts erwähntest, war die Überraschung umso größer. Und mit wie viel Liebe, Sorgfalt u. Geschmack diese Werke ausgesucht sind! Die Entscheidung, womit anfangen fiel mir schwer. Am liebsten möchte ich alle 7 zugleich lesen. Ich weiß nicht weshalb, aber auf Bücher, die Du mir schickst, bin ich geradezu gierig u. lese sie zehnmal lieber als solche aus der Lagerbibliothek [...].

Nr. 8., Loveday, 8. Februar 1944. (Eing. 17.4.44)

Meine geliebte Margot,

leider war auch die vergangne Woche wieder ohne Post von Dir [...].

Nr. 9., Loveday, 16. Februar 1944. (Eing. 17.4.44)

Meine geliebte Margot,

meinen Wochenendbrief schob ich diesmal auf, weil ich mir sagte, es muss doch dieser Tage ein Brief von Dir kommen, den ich dann gleich bestätigen wollte. Und mein Gefühl hat mich nicht getrogen, denn heute war ein postreicher Tag für mich, u. der Bann scheint nun gebrochen, da in den letzten Tagen allgemein viel Post kam […]. Deine lieben langen Briefe Nr. 64, 66 u. 69 haben mir viel Freude gemacht. Gleichzeitig kam auch Vaters Brief vom 30.9. als erste Nachricht, seit die Eltern von Feudenheim weg sind […]. Daß Du mich mit Deinen anschaulichen Erzählungen aus dem Leben der Kinder langweilen könntest, Brauchst Du nicht zu fürchten. Es ist doch der einzige Anteil, den ich an den Kindern jetzt haben kann außer den Fotos, u. ich lese Deine Beschreibungen über die Erlebnisse mit ihnen immer begierig u. mit pochendem Herzen. Wenn Albert Deinen Kopf festhalten will u. Du ihn hin u. her wendest, um ihm auszuweichen, so erinnert mich das an ferne Zeiten, in welchen Du es mit mir manchmal ähnlich gemacht hast, u. Dich auch sehr unwillig hast sträuben können, z.B. in Baden-Baden im Herbst 1932! Vergiss aber nicht, auch zwischendurch von Dir selber zu schreiben, was Du abends tust oder Deine Eindrücke aus dem Briefverkehr mit Freunden u. Bekannten. Und dann möchte ich gerne, daß Du mal von den Kindern ausruhst u. für einige Wochen in die Berge … oder … Ob sich so etwas einrichten lässt, kann ich natürlich von hier aus nicht beurteilen. Wir haben hier jetzt die Traubenzeit u. bekommen aus den umliegenden Weinbergen herrliche Trauben. Gerade vorhin kaufte ich mir eine einzige Traube im Gewicht von 2 Pfund für 6 pence. Wegen Karins Schulfrage schreibe ich im nächsten Brief. Sei mit den Kindern sehr herzlich gegrüßt u. geküsst von Deinem Erwin.

Nr. 93, Kapfing, 29. I. 44, 1 Photo (Eing. 2.6.44)

Mein lieber lieber Erwin, es ist Samstagabend. Ich komme eben von den Kindern. Frisch gebadet, in reinen Pyjamas liegen die beiden blonder als je, mit rosig angehauchten Bäckchen, wie sie es leider nur im Schlaf haben, in den frisch weiß bezogenen Betten. Alberts Arme liegen rechts u. links auf seinem Kissen, immer noch in dieser rührenden Babyweise, während Karin die Arme weit über ihre Decke streckt, so daß man die schönen langen kräftigen Hände, gelöst u. schon ausdrucksvoll, bewundern kann. Vor ihrem Bettchen stehen. [...] Es ist alles so friedlich wie im Bilderbuch.[...] Ich habe lange gebetet, an Alberts u. an Karins Bettchen habe ich gekniet u. für sie gebetet, für den Frieden ihrer Kindheit u. für ihre Zukunft. Ich kann nirgends so inbrünstig beten wie an den Betten der Kinder, wenn ich auf ihre reinen Gesichter sehe, die im Schlaf noch so Gott-nahe scheinen. [...] Ich habe seit Weihnachten den Bitten der Kinder nachgegeben u. nehme sie sonntags mit in die Messe. Es ging ihnen so gegen die Ehre, daß der kl. Alexander u. sogar die 2jährige Steffi u. Ursula mit in die Kirche dürfen u. sie nicht. Nun gehe ich also mit ihnen in die Kapelle u. es ist eigentlich erstaunlich, wie still sie während des langen Gottesdienstes rechts u. links neben mir knien. [...].

1. Februar. Dein lieber guter Brief von Deinem Geburtstag, Nr. 93, ist inzwischen gekommen. Ich danke Dir, mein Herz! [...] Und Du, geliebter Lieber, kannst Dir nicht mehr immer vorstellen, wie ich in anderer sonst so vertrauter Gestalt aussehe! Da habe ich es leichter, denn Albertis Körperlein ist Dein Miniatur-Abbild u. jeden Abend, wenn ich den kl. Nackedei auf dem Stuhl am Waschtisch habe, muss ich ihm einen Kuß auf seinen kl. weichen Nacken drücken. Karin u. Albert in der Badewanne zu sehen, ist eine Freude – so wohlgebildet sind sie! [...] Übrigens – das ausgeschnittene Bild von Karin [...] ist aus einem Photo mit mir zusammen [...] u. von mir ganz schauerlich. Wenn Du die siehst, dann kommst Du mir nicht mehr wieder [...].

Nr. 94, Schloss Kapfing, 3.2.44 (Eing. 2.6.44)

Dein Sohn ist ein Diplomat, liebster Erwin: gestern Abend beim ins-Bett-bringen stellte ich ihm die etwas blöde Frage – wen hast du denn am liebsten, Alberti, die Mutti oder die Karin?, worauf ohne Zögern mit Selbstverständlichkeit die Antwort kam „Meinen Papi". Es ist ganz unglaublich, wie lebendig nahe Du dem kleinen Mann bist – wie oft spricht er von Dir. Er liebt seinen Papi, den er doch gar nicht kennt, heiß und bringt ihn immer stolz wieder an. Mir kommen manchmal die Tränen, wenn ich daran denke, welche Freude Du gerade jetzt an ihm hättest – je älter die Kinder werden, so weniger gehören sie einem doch noch. Es ist so zärtlich und kann immer noch so unwiderstehlich lachen. Jedem fällt sein Lachen auf und er selbst fühlt sich anscheinend auch sehr wohl dabei, denn er mag gar nicht wieder aufhören, wenn er einmal beim Lachen ist.

In der letzten Zeit hatte er sich angewöhnt, ohne Grund alle Augenblick die Karin anzufallen, entweder mit Füßen zu stoßen, sie zu zwicken oder ähnlich und Karin heulte dann los, lief klagend zu mir und wehrte sich nicht. Ich habe ihr nun nochmals ausgiebig erklärt, sie müsse dann ganz rasch und ohne erst zu heulen widerhauen. Sie meinte: „ich dachte du schimpfst mich dann". Nun tut sie es also und die Wirkung ist verblüffend. Er ergreift das Hasenpanier und pfeift in den höchsten Tönen und manchmal muss sie darüber lachen und die Streiterei endet in eine ausgelassene Balgerei.

Ich habe viel Freude an Karin in der letzten Zeit – man kann sich schon so mit ihr unterhalten. Über was denkt sie nicht alles nach! Neulich abends fragt sie mich: Mutti, wenn du aber stirbst und ich bin noch nicht gestorben, was soll ich dann bloß tun?! Und sie schwamm in Tränen. Weißt du, Karinchen, sagte ich dann, dann sorgt die Tante Annie für dich oder die Omama. „Nein" unterbrach sie mich, „dann weine ich so den ganzen Tag, daß ich gar nicht wieder aufhöre". Und den nächsten Tag, dann scheint die Sonne und dann lachst du wieder, sagte ich. „Nein, dann sage ich der Sonne, sie soll mir meine Mutti wiedergeben, sie soll einen Strahl herunterhängen und dann kannst du daran herunterrutschen!" So denkt sie sich das. Wir kamen überein, es sei schon besser, ich bliebe erst mal da.

Schlimm ist, daß sie sich dringend ein Schwesterchen wünscht. Und zwar besonders darum, weil der Albert „immer so ein blöder Bub ist". Nachdem er sie eines Vormittags wieder beim Spielen störte, erklärte sie schließlich als schlimmste Strafe für ihn „ach weißt du – ich verschenke dich einfach"! Und am Abend nach dem Gebet sagte sie: „Halt, nun kommt noch ein kleines Gebet: lieber Gott, bitte schenke mir ein Schwesterchen, Amen". Albert hörte sich das schweigend an. Dann kam er mit dem Beten an die Reihe. Es ging besonders hastig und kaum war er fertig, kam im gleichen Tonfall wie Karin: „Halt, noch ein kleines Gebet – Lieber Gott, bitte schenke mir einen kleinen Bub!" Das war seine Rache! Wie habe ich gelacht.

Es wird vielleicht Kummer geben, wenn die Baronin nun ihr Baby bekommt und im Juni die Gräfin auch noch. Ich baue schon vor u. sagte ihr, daß nun doch erst Ursula ein Schwesterchen haben müsse, denn sie hätte doch noch gar kein Geschwisterchen. Und wir kriegen dann eines, wenn der Papi wiederkommt! „Mutti, warum muss denn der Papi da sein, wenn das Schwesterchen kommt?" Ich sagte, damit er mithelfen könne, denn 3 Kinder sei doch sehr viel für mich. [...] Ich habe das bedrückende Gefühl, mein Geliebter, als ob meine letzten Briefe nicht immer bester Stimmung u. frisch genug waren, wie sie sein sollen, wenn sie zu meinem armen geliebten Erwin reisen [...], verzeih mir das, Liebster! Du weißt ja, daß ich manchmal ein wenig leicht kleinmütig werde – daß ich mich aber auch schnell wieder aufrappele, nicht wahr? [...]

Seit 3 Tagen können die Kinder wegen Sturm oder Regen nicht heraus. Es ist mühsam so den ganzen Tag im Zimmer! Ich kehre

Karin lesen. Heute ist ein Festtag für mich, weil Schwester Huberta für 20 Tage hergekommen ist u. dann sind die Kinder ja nicht von ihrer Seite zu bringen [...].

Nr. 95, Kapfing, 7.II.44 (Eing. 9.6.44)

Mein liebster Erwin, die Tage schleichen so, wenn kein Brief von Dir kommt. Hoffentlich geht es Dir gut? Ich wei0 nicht, warum ich in letzter Zeit so unruhig bin, wenn ich an Dich denke. Gott schütze Dich. Werde mir nur nicht krank! Dein letzter Brief kam am 28. Januar u. war Nr. 93. Nun fehlt nur noch Nr. 83. Wie viele mögen es noch werden, bis wir uns widersehen?? Aber eines ist doch wohl sicher: die längste Zeit der Trennung liegt hinter uns! Und so wie die Tage jetzt wachsen u. die Nächte kürzer werden, so neigt sich auch die harte Trennung einem Ende zu und einmal wird alles sein wie ein böser Traum – wenn ich Dir erst wieder in die Augen sehen kann!

Gestern Abend, als ich einmal wieder ganz verzweifelt dem appetitlosen Alberti seine Milchnudeln eintrichterte – alle Kinder waren schon fertig u. wir zwei saßen wieder einmal als letzte in Spretis Spielzimmer – tröstete die dicke Hedwig mich: „Wissen's Frau Spiegel, wir unten in der Küche, wir bewundern Sie alle, was sie für a Geduld ham. Sie sagte: „na, an Frau Spiegel, so a Mutter wie Sie gibt es so bald nicht wieder. Lach mich aus, liebster Schwalbenvater, daß ich Dir die Ansicht eines biederen bayrischen Stubenmadels, die jetzt auch die Kinder versorgt, schreibe. Aber ehrlich gesagt, haben mir die einfachen Worte tatsächlich wohlgetan. Denn manchmal bin ich traurig, daß ich nicht mehr Geduld habe u. die Kinder viel zu oft „hetze". [...] Die Hauptsache ist ja, er isst überhaupt und bekommt sein Fresselchen intus u. nimmt langsam zu. [...] Ich bin nur froh, daß Karin so fein isst. Da hab ich ja gar keine Mühe mehr, überhaupt wird die immer selbständiger u. macht mir viel Freude. Ihr großes Vergnügen ist, wenn sie manchmal zu einem kl. Bauernmadel zum Spielen darf.

[...] Am Samstag kam sie strahlend heim: „Mutti, ich hab den ganzen Nachmittag gestrickt u. gehäkelt, komm nun, gib mir Dein Strickzeug! [...] Nun strickt sie mit Begeisterung! Ihre Händchen sind nass dabei vor Anstrengung. [...]

Heute Abend war ich beim Verwalter drüben, um ihn zu bitten, wenn er morgen nach Landshut fährt, sich nochmal um meine Maschine zu kümmern, die seit Juli dort in Reparatur ist, u. diesen Brief mitzunehmen. In der Küche saß Pierre u. flickte seine Sachen. Da musste ich plötzlich mir vorstellen, wie Du wohl sitzt u. Deine Sachen flickst?! Armer lieber Schwalbenvater – wenn erst Mutter wieder das für Dich tun kann! Verwalter ist eigentlich zu hoch betitelt – ein ganz einfacher Mann, der selbst auf dem Feld mitarbeitet. Seine Frau verpflegt die 5 Landarbeiter mit. Es ist ja nur sehr kl. Landwirtschaft hier: das ganze Gut ist ca. 800 Morgen, davon die Hälfte Wald u. die Hälfte verpachtet, so daß nur ca. 1320 Morgen unter eigenem Pflug sind. 13 Kühe u. 2 Pferde. (Zum Vergleich: Carmen hat 4000 Morgen u. 80 Kühe im Stall) [...]. Die Kinder haben heute selig im Schnee getollt u. gerodelt. Ich habe nun auch Lust zum Skifahren gekriegt, aber [...].

Meine monatlichen Bezüge, nach denen Du fragst, sind brutto, d.h. ich muss Einkommensteuer bezahlen und bin schon ganz erfahren im Umgang mit Finanzämtern, Steuererklärung usw. Mir bleibt monatlich etwa tausend, wovon ich fast zwei Drittel für Pension u. Bedienung brauche. Im letzten Jahr habe ich durchschnittlich monatlich zweihundert übriggehabt. Ich behandle aber diese Angelegenheiten genauso vertraulich, wie Du es immer allen gegenüber tatest.

[...] Nun will ich in mein Bett steigen, habe eben gebadet (Montag ist mein Badetag – bei den vielen Menschen im Haus muss man das Baden einteilen). Du kannst doch wohl nie baden, nur duschen? Karin u. ich duschen uns übrigens nach jedem Bad ganz kalt ab- wir Tapferen! – Der ganzen Familie geht es gut.

Lieber Liebster Du, gute Nacht! Wann kommt wohl das Foto von Dir?? Ich umarme Dich ganz fest u. küsse Dich mein Erwin – hab Dich ja so sehr lieb. Deine Schwalbe Margot

Nr. 96, Kapfing, 2.III.44 (Eing. 13.7.44)

Mein Geliebter! Jetzt hast Du aber Geduld haben müssen: seit dem 7. Febr. habe ich Dir nicht geschrieben. D. h. ich bin eigentlich überzeugt, daß ich Dir am 14. noch den gewohnten Brief sandte u. vergaß ihn zu notieren, denn eine so lange Pause habe ich absichtlich nicht eintreten lassen! Ich hoffe nur, daß die Post, die Dir ja meine Briefe anscheinend ebenso unregelmäßig bringt, wie die Deinen mir, es dieses eine Mal es so vernünftig einrichtete, daß Du den langen Abstand zwischen dem letzten und diesem Brief gar nicht gemerkt hast? Von heute ab werde ich Dir zum Ausgleich diese Woche täglich schreiben. Es gibt ja so viel zu erzählen – von meiner Reise nach Berlin. Ja, Geliebter, ich war 14 Tage in Berlin, um Muttis Wohnung auszuräumen. […] Ich hätte Dir natürlich schreiben können, ohne zu erwähnen, daß ich verreist war – aber das habe ich einfach nicht fertiggebracht – ich war zu bewegt, zu erfüllt, endlich einmal wieder am alten lieben Platz zu sein u. abends so hundemüde, daß ich einfach keinen Brief mehr fertiggebracht hätte. Morgens um 4:15 Uhr, in der zweiten Woche um 6 Uhr ging mein Wecker. Dann fuhr ich von Potsdam, wo ich bei Brauns wohnte, nach Lichterfelde, wo ich nach anstrengendster Packerei abends um 6 Uhr wiederzukommen.

Mein Liebster, verstehst Du, daß ich nicht zum Schreiben kam?! Aber ich hole alles nach, alles! Nun habe ich doch endlich etwas Positives zu berichten, nach meinem mönchischen Leben hier in Kapfing, ein Erlebnis, das mich zutiefst bewegt hat u. zugleich begeistert. Denn die Berliner sind wunderbar. Man fasst unwillkürlich Schritt in dieser ungeheuren Menschenmenge, unbekümmert um alles ihre Arbeit nachgeht.

Aber erst mal möchte ich Dir nun danken Für Deine lieben, so besonders lieben Briefe, die mich hier empfingen u. heute eintrafen. Es ist ja gerade immer beim Nach-hause-kommen, das kein Zuhause ist, so besonders schwer allein zu sein, sich nicht gleich mitteilen zu können, so wie wir zwei Beiden es gewohnt sind. [...] Deine geliebten Briefe sind Nr. 95, 96, 97 u. Nr. 100 [...]. Den Kindern geht es gut, sie freuten sich schrecklich, als die Mutti wiederkam! Albert, dem ein Dorfbarbier das Haar inzwischen noch kürzer geschnitten hat, sieht besonders süß u. frech aus. Er hat so einen süßen Kopf. Ja, Dein Junge, Erwin! Ein ganz besonders wonniges Kind, so fröhlich, viel unproblematischer als unser Karinchen [...]. Ich ließ beide Kinder hier – was sollte ich anderes machen? [...] gestern kam Dein prächtiger Brief an die Gräfin [...] und der Erfolg? Heute früh brachte sie mir eine Dose Honig und [...] und fragte am Abend, ob ich nicht noch ein wenig zu ihr kommen wolle. [...] u. küsste mich u. sagte, jetzt gefiele es mir hoffentlich wieder in bisschen besser in Kapfing u. war so herzlich wie „in alter glücklicher Zeit"! Da kann nur Dein lieber Brief Anlass zu der aufgefrischten Herzlichkeit gewesen sein! Ich danke Dir Du liebster Erwin Du! [...] Leb wohl bis morgen, Geliebter! Alles alles Liebe u. einen ganz innigen Kuß von Deiner Margot

Nr. 97, Kapfing, 3.III.44 (Eing. 29.6.44)

Mein geliebter Erwin, heute die versprochene Fortsetzung meines gestrigen Briefes! Heute Nacht habe ich lebhaft von Dir geträumt – vielleicht, weil ich abends vor dem Einschlafen Deine geliebten letzten 4 Briefe nochmals im Bett las. Der Traum allerdings war unwahrscheinlich: daß Du in dunkelroten Samtshorts Tennis gespielt hast!! Wenn Du vom Tennis schreibst, berührt mich das immer besonders wie aus einer anderen Welt. Tennis – ich kann mir das kaum noch vorstellen. Es bedeutet helle glückliche Nachmittage, wenn man frisch geduscht und ausgeschlafen in knatternd frischen weißen Anzügen im Auto saß u. nach

Schimran zu irgendeiner Einladung fuhr, oder im Herbst in Sweater u. Flanells auf die deutschen Plätze fuhr, um hinterher mit irgendwelchen netten Leuten zu einem drink zu uns zu fahren. Und noch eine besonders liebe Tennis-Erinnerung habe ich: als Du u. Lilo u. Hiendelmayer u. ich (der "Harmlose", der mich durchaus heiraten wollte!) im Herbst 31 früh morgens fast im Dunkeln noch für das kl. Turnier zusammen trainierten u. ich so schlecht spielte, weil ich viel zu oft nach Deinen im Spiel leuchtenden Augen sah. Du ahntest ja nicht wie verliebt ich damals war! – Du fragst mich nach Manchem in Deinem mich so besonders bewegenden Brief vom 5. Dez. Ich werde Dir alle Fragen beantworten, nach u. nach, aber erst muss ich Dir von der Reise erzählen, damit mir keine Einzelheiten entfallen.

[...] Als ich am Montag, den 14. II. früh von hier zu Fuß nach Vilsheim ging (1km) lag noch dicker Schnee u. ich hoffte im Stillen sehr, eine Fahrgelegenheit nach Landshut zu erwischen, da es sich schlecht ging u. 15 km vor mir lagen. Der Milchwagen war schon besetzt, seit 8 Tagen vorbestellt, u. der Militärschlitten, der gerade kam, um den Grafen, der abkommandiert worden ist, zu holen, konnte nur noch seine Frau mitnehmen. Blieb mir nur noch das Postauto nach Moosburg, das meistens schon voll besetzt ankommt. Doch ich hatte Glück: schnell wie ein Wiesel zwängte ich mich neben einer dicken Bäuerin hinein, wodurch die vier Plätze besetzt waren, was besagte Bäuerin zu großem Lamento veranlasste, das „Fräulein" möchte doch wieder aussteigen, ich hätte doch jüngere Beine u. könnte laufen u. ihr Mann stünde nun draußen u. müsste doch mit zur Beerdigung, u. das unglückliche Gesicht dieses alten Mannes bewegte mich tatsächlich, meinen kostbaren Platz wieder aufzugeben. Da stand ich nun u. hatte das Nachsehen. Aber nun half mir die gute Wirtin, die die kl. Poststelle versieht u. durch ihren Telefon- u. Telegrafendienst über alles im Ort orientiert ist u. rief den Gendarmen an, ob er nicht heute nach Landshut führe. Und siehe da [...] meinen Koffer hatte der

Graf schon im Schlitten mitgenommen u. in einem Laden abgestellt. Als ich nun ein Rückfahrbillet lösen wollte, erwies es sich, daß die Reisebüros ausgerechnet am Montag in Landshut geschlossen sind. Ohne Rückfahrbillet wollte ich nicht. [...] Telefonat m. d. Portier des Vierjahreszeiten, der mir bis 7 Uhr ein Rückreisebillet 1. Klasse besorgte. [...] Fuhr nach München, aß ausgezeichnet bei Walterspiel zu Abend u. trank zum ersten Mal in meinem Leben ganz allein an meinem Tischchen eine halbe Flasche Bordeaux! Ich war so verfroren u. müde gewesen. [...]

Nr. 98, Kapfing, 4.III.44 (Eing. 29.6.44)

Was hast Du mir heute für eine Freude gemacht, mein geliebter Erwin Du, mit Deinem Brief v. 15. Dezember. Nun ist Dein geliebter kl. Brief meine Sonntagsfreude! Zum ersten Mal erzählst Du von Deiner Hinreise. [...] Du fragst, wer von den Kindern mein Liebling sei? Ich glaube keines, Erwin! Natürlich kommt es, daß man mit dem Lütten leichter schmust u. zärtlich ist, schon weil ich ihn so leicht auf den Arm nehmen kann, u. er kann nun einmal so himmlisch lachen, wenn man mit ihm Unsinn macht. Aber mein Karinchen ist mir doch auch so innig ans Herz gewachsen. Sie braucht viel Zärtlichkeit u. ist auch selbst so gern zärtlich – ich beobachte das, wenn sie mit ihrer gr. Puppe vom Christkind spielt oder den kl. Leopold vor Liebe fast erdrücken will. Sie wäre sehr viel glücklicher, wenn Albert etwas netter zu ihr wäre und auch ihm ihre mütterliche oder besser bemutternde Zärtlichkeit zuteil lassen werden könnte. Aber er ist so ruppig zu ihr. Wenn ihm irgendwas nicht passt, hat er mit einer verblüffenden Fixigkeit seinen Schuh ausgezogen u. schmeißt sie damit. Das ist so eine neue Angewohnheit, seit ich zurück bin. [...] Beim Kramen in alten Fotos mussten Sabine u. ich noch manchmal an uns herunter lächeln beim Vergleichen! Solche Gesichter wie Anfang dieses Jahrhunderts fand man schon auch in den jungen Jahren meiner Generation nicht mehr: viel gereifter, „erlebter", zielstrebiger sehen unsere Bilder von damals aus, während etwas so kindlich reines, unbekümmertes, vollkommen sorglos glückliches, wie z.B. Mutti als Braut u. Frau oder auch Opi v. d. Heyde einfach nicht mehr gibt. Wir fanden u.a. ein Menu von der Goldenen Hochzeit der Großeltern in Bremen 1914, wunderhübsch gedruckt mit ihren Bildern vom grünen u. goldenen Hochzeitstag, ein Menu mit Weinen, von denen Roderich behauptete, daß er stockbesoffen sein würde, sollte er das hintereinander trinken!

Ach, wie war ich erleichtert, als ich am Dienstagabend in meinem brühheißen Bade bei Brauns saß – das brauchte man täglich, um überhaupt wieder lebendig zu werden – (mit kalter Dusche nach Deinem Rezept hinterher) u. wußte, daß nun das gröbste erledigt war [...]. Ach Geliebter, könnten wir nur über alles sprechen! Ich bin Dir ganz nah u. küsse Dich. Immer Deine Margot

Nr. 10., Loveday, 20. Februar 1944 (Eing. 13.9.44)

Meine geliebte Margot, gestern kamen Deine geliebten Briefe Nr. 61 u. Nr. 65, in welchen Du mir wieder so anschaulich u. lieb von den Kindern erzählst [...]. Ich bin ganz einverstanden, daß Karin mit der Schule bis zu diesem Herbst wartet. [...]. Ich denke, Du schickst sie in die dortige Dorfschule u. nehme an, daß sie den Religionsunterricht besuchen darf u. es auch ruhig tun soll, denn wenn sie hinausgeht bekommt sie wohlmöglich Minderwertigkeitskomplexe. Wenn sie unbedingt will, soll sie sonntags auch mit den anderen Schulkindern in die Kirche. Ich gehe dabei von der Voraussetzung aus, daß die katholische Kirche, unter Berücksichtigung der Zwangslage, in der Du Dich infolge des Krieges befindest, so duldsam ist u. dies zulässt, auch ohne, daß Karin jetzt schon katholisch wird. Man kann ja eine Entscheidung darüber so vereinbaren, sie nach einem Jahr Schulbesuch zu treffen. Ein anderer Ausweg wäre, sie in ein Internat zu geben, etwa Salem oder so. [...], daß Du dadurch Karin weggeben musst, hat für

Euch beide sicher mehr Vor- als Nachteile u. Du hast sie ja als Ausgleich ein Jahr länger ganz für Dich gehabt. Außerdem wirst Du sie ja nicht allzu lange entbehren müssen, hoffentlich, denn es muss ja auch mal der Zeitpunkt kommen, wo durch meine Heimkehr sowieso eine Änderung eintreten wird. Alles Liebe Dir u. den Kindern u. tausend Grüße u. Küsse, Dein Erwin.

Nr. 11, Loveday, 26. Februar 1944. (Eing. 27.4.44)

Meine Liebste, für Deine lb. Briefe Nr. 61 u. 65 [...] dankte ich Dir schon [...]. Wenn Du mir Karins Aussprüche u. Worte zitierst, so kann ich mir ziemlich genau vorstellen, in welcher Art u. Betonung sie diese sagt u. welche Miene sie dabei macht. Nicht vergegenwärtigen kann ich mir aber, wenn Brüderlein etwas sagt, bzw. wie er es sagt. Oft versuche ich mir vorzustellen, wie er „Papi" ausspricht, aber auch das gelingt nicht. Und dann möchte ich auch wissen, was er sich darunter vorstellt u. was er für ein Gesicht machen wird, wenn er mich mal in Wirklichkeit sehen u. hören wird u. was seine ersten Worte bei mir für Empfindungen hervorrufen?

Seit einigen Tagen arbeite ich innerhalb des Lagers am Bau von Wegen zwischen unseren Baracken, wofür die Militärbehörde sh. 1/- täglich vergütet, was der übliche Lohn ist. Es ist gerade so viel, wie ein Luftpostbrief kostet. Ich habe mich dazu entschlossen, um etwas körperliche Betätigung zu haben, da ich seit dem Umzug keinerlei Sport mehr betreiben konnte. Über Tennis schrieb ich Dir schon u. zum Golf, welches ich in den letzten Wochen im alten Lager ziemlich regelmäßig gespielt habe, dürfen wir hier vorerst nicht hinaus. [...]

Nr. 12, Loveday, 4. März 1944 (Eing. 18.5.44)

Meine liebe gute Margot, die letzten Tage brachten mir wieder drei Deiner sehr ersehnten Briefe u. so viel u. ausführlich schriebst Du mir am 31.10 u. 9.11., daß ich mich einen ganzen Abend damit beschäftigen kann. Beide Briefe kamen vorgestern an. Heute kam

Nr. 76 vom Schmied-Wartezimmer. Hab sehr innigen Dank für all Deine Liebe, die aus Deinen Zeilen zu mir spricht. Ich muss mich ja immer so kurzfassen, daß Du Dir mehr als die Hälfte hinzu kombinieren musst. [...] Wegen der Schulfrage Karins schrieb ich Dir [...], wenn Du aber auch aus anderen Gründen, Karin nicht in die dortige Schule schicken willst (weiter Weg, Ansteckungen), so schicke sie in ein Internat. Da fiel mir noch das Kinderheim der evang. Brüdergemeinde in Königsfeld im Schwarzwald ein, wo Gretel im Pensionat war. [...] Beim Empfang von Briefen von Dir, meine Liebste, geht es mir wie Dir. Die Post wird 11 Uhr verteilt. Früher kam ich dann gerade vom Tennis oder Golf zurück oder vom Persisch-Unterricht (2 x wöchentlich von 10 – 11) u. jetzt von der Arbeit beim Wegebau. Dann gehe ich erst duschen, ziehe mich um u. lese dann in Ruhe zum ersten Mal. D.h. richtig ruhig ist es dabei nicht immer, da man oft gefragt wird: von wann? was für Post ist zu Hause angekommen, usw. Mit Genuss u. ungestört kann man dann erst in der Mittagspause oder nach dem Abendbrot lesen. Sei nun mit den Kindern sehr innig gegrüßt u. geküsst von Deinem Dich sehr liebenden Erwin.

Nr. 13., Loveday, 5. März 1944 (Eing. 18.5.44)

Meine geliebte Margot, gestern dankte ich Dir für Deine lb. Briefe Nr. 72, 74 u. 76. Du schreibst so sehr fleißig u. machst mir damit so unendlich viel Freude, denn Deine Handschrift ist ja das einzige, was ich mit meinen Augen sehen u. in mich aufnehmen kann. [...] Daß ich mich ebenso sehr nach Baghe Mansour sehne, auch wenn ich es nicht oft erwähne, darfst Du mir glauben. Es ist wohl richtig, daß Du in Deiner Sehnsucht einsamer bist als ich, denn oft sitze ich mit alten Bekannten zusammen u. wir unterhalten uns über gemeinsame oder gleichartige Erlebnisse oder über gemeinsame eingeborene Bekannte u. ihre Sitten u. Eigenheiten. [...]

Lass Dich nun fest in meine Arme schließen u. sehr herzlich u. innig küssen von Deinem Erwin.

Nr. 14., Loveday, 12. März 1944 (Eing. 18.5.44)

Meine gute geliebte Margot, ein geruhsamer Sonntagvormittag, Heldengedenktag, mit unfreundlichen kühlen Herbstwinden, u. ich bin in Stimmung, Dir einen lieben langen Brief zu schreiben, angeregt durch Deine sehr schönen Briefe Nr. 80 u. 81, die ich vor 3 Tagen erhielt. Aber leider muss ich das, was ich Dir sagen möchte, auf diese kl. bogen zusammendrängen u. wenn ich am Ende bin, dann habe ich oft nicht einmal die Hälfte oder gar ein Viertel meiner Absicht verwirklichen können. Die letzte Zigarre aus der kürzlichen Sendung u. ein Becher Kaffee beflügeln die Gedanken u. wecken gleichzeitig sehnsuchtsvolle Erinnerungen an längst vergangene Sonntagvormittage, nur das damals der Kaffee in Form von Gin oder Vermouth bestand, die Umgebung lieblicher u. jemand um mich war, den ich lieb „halten" konnte, wie Karin es nannte, u. der mich umsorgte. Ob ich auch oft an jene glücklichen Zeiten denke, fragst Du? Ja, meine Margot, so sehr, wie ich es Dir gar nicht schildern kann.

Über die Versteigerung fremden Eigentums habe ich auch schon gehört, aber nicht Verlässliches oder Endgültiges. Auch entschwebe ich manchmal im Traum nach unserem Baghe u. erlebe schönste Augenblick wieder, so wie Du, aber leider auch nur selten, denn die prosaische Umgebung hier bietet der Phantasie offenbar wenig Anregung. Und wenn ich dann erwache, ist die Enttäuschung groß u. bitter. Daß die Kinder später Dich mit mir teilen müssen, wird sie wohl wundern, zumal diese Teilung nicht etwa hälftig sein wird, da ich als Ausgleich für die verlorenen Jahre mehr als die Hälfte von Dir haben will! Ich freute mich sehr über die Nachricht, daß Du Ski laufen wolltest [...]. Eigenartig, am stärksten beleben meine Erinnerungen aus jener Zeit die Tage in Magdeburg u. Dresden u. als erstes möchte ich nach meiner Rückkehr mit Dir Allein dahin „wallfahren". [...] Die 3 Fotos in Deinen oben erwähnten Briefen sind wirklich ausgezeichnet u. ich hole sie jeden Tag mehrmals hervor, um sie immer wieder zu betrachten u. mich daran zu freuen. Karins Haltung so graziös u. damenhaft auf dem Bild mit dem Dackel, Brüderlein im Sonntagsanzug für mich wieder ganz neu u. herzig u. Du vor dem Schloss – schicke mir davon mal eine Gesamtansicht – wie die Schlossherrin, so stolz u. lieblich u. neben Karin so stattlich u. groß, daß mir Dein Anblick die Sinne verwirrt u. mir beinahe, aber nur beinahe, Angst einflößt!! Komm in meine Arme u. lass Dich herzlich u. innig küssen von Deinem Dich sehr liebenden Erwin.

Nr. 15., Loveday, 15. März 1944. (Eing. 9.12.44)

Meine Liebste, [...] Ob Du wohl jetzt schon meinen Brief v. 22.11., Nr. 94, mit den Fotos bekommen hast u. nach nunmehr fast 2 ¾ Jahren mal wieder sehen kannst, wie ich vor einem Jahr aussah? [...] Gestern erhielt ich von meiner Bank eine Überweisung übers Rote Kreuz, um die ich schon vor Monaten gebeten hatte. Ich ließ nicht viel kommen u. dies nur in weiser Voraussicht, da nun langsam das seinerzeit mitgenommene Geld zur Neige geht u. man sich, wenn man immer etwas Geld hier auf Konto hat, doch manche Annehmlichkeit gönnen kann. [...] Vergangene Woche erhielten wir die Erlaubnis, einen Golfplatz außerhalb des Lagers anzulegen u. sind nun feste beim Bauen. Er wird größer als der letzte. Beim Wegebau arbeite ich daher jetzt nur noch halbtägig u. den anderen halben Tag am Golfplatz. Außerdem beginne ich jetzt mit Reckturnen an einem schönen, uns vom Roten Kreuz gelieferten Reck. An Kursen besuche ich jetzt noch eine Vortragsreihe über Astronomie, damit ich den Lauf Deiner Sterne besser verfolgen kann! Außerdem geht auch jetzt nach den Sommerferien der umfangreiche Textilkursus wieder weiter. So bietet schließlich auch uns der Lauf der Zeit immer wieder geistige u. körperliche Abwechslungen, wenn man es nur versteht, keine Eintönigkeit in den Ablauf der Tage einreißen zu lassen. Tausend liebste Grüße u. meine ganze Liebe sende ich Dir, immer Dein Erwin.

Nr. 16., Loveday, 21. März 1944 (Eing. Aug. 44)

Meine geliebte Margot, mit einem trüben, feuchtwarmen Tage beginnt hier heute der Herbst der südl. Halbkugel. Bei Euch wird der Frühlingsanfang ja wohl auch nicht warm u. sonnig, aber irgendwo im weiten Persien wird sicher heute ein schöner warmer Sonnentag das neue Jahr einleiten. Ob es wohl noch so wie früher gefeiert wird oder der Krieg auch diesem Fest seinen Stempel aufgedrückt haben wird? Ich weiß, daß auch Du heute an alle die wunderschönen Jahrestage sehr intensiv zurückdenkst u. Dir manch einen davon genau vorstellst u. ihn mir vielleicht beschreibst. Mir reicht für so etwas leider der Platz nicht u. außerdem bist Du darin viel gewandter als ich u. kannst es besser, so daß ich Dir hierin gerne die uneingeschränkte Herrschaft über mich einräume. Deine Briefe sind mein größter Schatz u. daher bereue ich es auch heute bitter, daß ich ganz früher einmal auf Deinen Wunsch hin – u. damals vor 1935 war mir ja Dein Wunsch noch Befehl! – einige Briefe von Dir verbrannte. Das soll gewiss nicht mehr vorkommen! [...] Leipzig im Nov. 1934. Waren das nicht sehr, sehr glückliche Stunden? Es werden ähnliche wiederkommen, mit Dir, meine Margot, für immer Dein Erwin.

Nr. 17., Loveday, 26. März 1944. (Eing. 7.7.44)

Meine Liebste, heute hatten wir alle das Gefühl eines richtigen Sonntags. Nach dem Frühstück war eine Morgenfeier, wie wir sie alle 14 Tage veranstalten, mit weltanschaulichen Betrachtungen – Sprüche, Briefe usw. deutscher Dichter u. Denker, dazwischen Klavierkonzerte von Beethoven. Diese Feiern geben neue Kraft u. Zuversicht, wie sie uns auch Eure Briefe aus der Heimat oft geben, u. es ist ein eigener Zufall, daß gerade Dein gestern eingetroffener Brief Nr. 67 auch den Satz enthält: „Nun kommt es darauf an zu bestehen u. das wissen wir alle." [...] So sehr mag ich aber Deine gelegentlichen Zweifel, ob nicht unser Wiedersehen ausgerechnet für mich enttäuschend sein wird, nicht leiden. Warum sollten wir nicht wieder so glücklich oder noch glücklicher werden als zuvor?

Du weißt doch, daß ich auf Äußerlichkeiten von jeher wenig achtete, vielleicht manchmal zu wenig. Davon wird mein Glück mit Dir bei Gott nicht abhängen. Und innerlich? Ja, meine Margot, da haben wir beide uns doch stark gewandelt u. nach meinem Empfinden bestimmt nicht zu unserem Nachteil! Darüber hinaus habe ich nun eine große Erwartung: Daß Du ein bisschen mehr Zeit für mich haben mögest, als es im letzten Jahr in Teheran der Fall war, wo ich so viele Abende allein war. Ich weiß, daß es nicht an Deinem Willen lag, sondern an den Umständen. Du sagst, daß an einer Frau die Jahre der Einsamkeit Spuren hinterlassen u. einem Mann die paar Jahre nichts schaden. Mag da auch was Wahres daran sein, ganz so schlimm ist es aber wohl nicht u. Du musst Dich eben dagegen zu schützen u. zu verwahren wissen. Das nächste Mal mehr darüber. Auch wenn Du verändert sein solltest, hab ich Dich für immer sehr lieb, lieber als zuvor, Dein Erwin.

Nr. 99, Garmisch, 11.III.44 (Eing. 29.6.44)

Lieber lieber Guter – nun hast Du schon wieder fast eine Woche keinen Brief von mir bekommen. Das macht, wenn Schwalbe auf Reisen geht! [...] Am Dienstag, 7. ds., bin ich hergefahren, um einmal etwas Sonne zu sehen, etwas Ski zu fahren, überhaupt einmal etwas herauszukommen, ins Kino gehen zu können usw. [...]. Ganz richtige Ferien sind es hier leider auch nicht, da ich Karin mitnehmen musste, weil ich ohne zwingende Notwendigkeit ja nicht wieder beide Kinder der Gräfin aufhalsen konnte, wie als ich nach Berlin fuhr. Wenn die Kinder zusammen sind, brauchen sie doch viel mehr Aufsicht. [...] Aber den Albert allein kann ich ruhig dalassen, der wuselt so mit den kl. Spretibuben mit. Karin hat mir diese ersten 3 Tage hier ziemlich Umstände gemacht, war quenglig u. ließ mir keine Ruhe – sie hat sich wohl erst „akklimatisieren" müssen. [...] Aber diesen Samstagabend will ich zu einem langen Klön mit Schwalbenvater ausnutzen. Deine letzten Briefe vom Nov. u. Dez., zuletzt vom 25. Dez., waren mir so eine ganz große Freude. Immer wärmere Briefe lernst Du schreiben, immer tiefere Gefühle spüre ich daraus u. das Wachsen unserer Gemeinschaft, das trotz der langen Trennung noch zunimmt, was mich immer wieder beglückt. Oh Erwin, wenn Du schreibst, daß es Dir leid tut, mir so wenig Liebesworte gesagt zu haben, dann macht mein Herz einen fast schmerzlichen Ruck bei der Vorstellung, wie es sein wird, wenn Du nun einmal Worte findest für Dein Gefühl. Du weißt ja, daß mich auch ohne diese Du meine Liebe u. all meine Gefühle so vollkommen gefangen hast, daß ich Dich so liebe, wie man einen Menschen nur lieb haben kann – es wird mich überwältigen, wenn einmal Deine Stimme unserer Liebe Ausdruck u. Form gibt. Ach Geliebter – unser Wiedersehen! Vorstellen kann ich es mir ja nicht. Gerade hier in Garmisch kommen mir die Gedanken, wie es schöner werden soll als damals hier, wo ich Dich, ohne es zu wissen, so enttäuschte! So vieles musste erst reifen, aber wenn Du mich nicht gar zu lange warten lässt, dann soll es so wundervoll werden wie Deine schönsten Träume! Wenn ich nur nicht zu alt für Dich sein werde – das ist manchmal meine Sorge!

Denkst Du noch daran, wie wir manchmal darüber sprachen, daß die Treuebegriffe in der Ehe für Mann u. Frau nicht dieselben sein können? Meinem Gefühl nach im Kriege u. bei so langen Trennungen erst recht! Ich finde fast unnatürlich, wenn man da von den Männern dasselbe verlangen würde wie von uns Frauen. Es liegt nicht in der Natur! Und unsere Liebe wird davon nicht berührt. Überlege: in den verschiedensten Völkern u. zu den verschiedensten Zeiten gibt es für die Frauen dieselben Sittengesetze, z.B., daß sie ihrem Mann in den Tod folgen oder doch entehrt sind, wenn sie sich wiederverheiraten usw. Aber nie hat eine Sitte einem Mann Schwierigkeiten gemacht, wieder zu heiraten u. eine neue Familie aufzubauen. Meinem Gefühl nach ist das völlig richtig. Ein Mann braucht die Frau. Während ein Frauenleben von dem Erlebnis einer großen Liebe für immer ausgefüllt ist, zumal wenn sie Mutter geworden ist. Siehst Du, darin liegt doch wohl der große Unterschied – eine Frau wird Mutter! Aber ein Mann erlebt doch wohl niemals diese große Wandlung, wenn er Vater wird. [...]

Die Aufenthaltsgenehmigung für Baden-Baden habe ich bekommen. Allerdings nicht für die Kinder. Die Eltern würden sie nicht bekommen, schreibt Vater, weil sie „Gott sei Dank bei guter Gesundheit" seien. Er will sich noch überlegen, wo ein Treffen mit den Kindern möglich sein könnte. Wenn Mutti im April kommt, will ich sehen, daß ich dann nach Ostern zu meiner Kur in Baden-Baden komme u. Mutti hütet die Kinder.

Leb wohl, mein Geliebter! Karin sagt: „schreib ihm, daß er bald wiederkommen soll, gleich wenn er merkt, daß der Krieg aus ist!" Hoffentlich merkst Du's bald! Die innigsten Grüße, mein Erwin, u. einen Kuß!

Immer Deine Margot

Nr. 100, z. Zt., Garmisch, 17.III.44, 3 Photos (Eing. 13.7.44)

Mein geliebter Erwin – der erste Eindruck, den Dein Bild aus Loveday auf mich macht, ist der der Stärke! Innerer u. äußerer Stärke. Als ich mit Renata u. Karin vom Mittagessen nach Haus kam, fand ich die aus Kapfing nachgesandte Post u. nahm sie mit zum Zeitvertreib während des Anstehens für Kinobillets heute Abend. Als ich den Umschlag der Gräfin dort öffnete, fand ich Deinen Brief u. fühlte darin die Photos. Da habe ich ihn nicht geöffnet, las Muttis langen Brief u. hielt Deinen geliebten inhaltsreichen Brief ungeöffnet in der Hand. [...] überlegte ich, wo ein würdiger Platz sei, Deinen Brief zu öffnen u. Dein Photo zu betrachten, wovor ich mich seit Wochen schon ängstigte u. doch so unbändig darauf freute. Und ich öffnete Deinen Brief. 12 Mann seid Ihr auf dem Bild u. doch sah ich nur Dich, ein Gesicht zwischen anderen nichtssagenden, ein Gesicht, das mir durch die alten Bilder doch täglich nahe ist, u. nun doch auf einmal so unerhört neu, so bejahend u. so fordernd, daß mir der Atem stockte. Mein Mann. Du – mit dem ich Jahre lang zusammengelebt habe, die wir uns doch kennen, gut kennen – und nun ist es doch plötzlich ein anderes Gesicht, nein, nicht plötzlich – es sind ja fast 3 Jahre, daß ich Dein geliebtes Gesicht zuletzt sah, 3 Jahre, die so unendlich viel zu denken gaben, u. Dein Gesicht formten. Es ist so, daß Du, Dein Ausdruck sich auch so gewandelt haben, wie Deine Briefe, die Deinem bisher meist verschlossenen Innenleben Ausdruck zu geben gelernt haben. Das „neue" Gesicht passt so durchaus zu Deinen geliebten letzten Briefen u. es ist doch mein alter geliebter Erwin geblieben! Ich zittere, wenn ich an ein Wiedersehn denke. Du überragst mich jetzt in allem, ich glaube völlig!

Und sogar auf dem Bild, auf dem die mitleidlose Sonne Euch so blendet, daß Du die Augen niederschlägst (Du stehst), sogar da zwingst Du Dich noch zu einem Lächeln, das so rührend u. tapfer zugleich wirkt.

Karin hat Dich sofort entdeckt, als ich ihr die Bilder ohne Kommentar zeigte. Wie sie Dich noch immer liebt! Sie ist nach anfänglicher Quengelei hier jetzt ganz glücklich. Sie strahlt über das ganze kleine Gesicht, weil sie mit mir in „Restaurant" u. Konditorei darf, weil sie abends mit den „Großen" essen darf. […] u. ich habe den Eindruck, da sie nicht mehr die vielen ungezogenen kl. Jungens sieht, daß sie viel artiger u. vernünftiger ist. Zu schade, daß ihr in Kapfing so völlig eine kl. Spielgefährtin in ihrem Alter fehlt. Nun, wenn sie dies Jahr zur Schule kommt, wird sie dann wohl eine Dorffreundschaft schließen. Hier ist Schnuppi, Trixis Foxl, ihre große Freude. Stundenlang spielt sie mit ihm, knüpft sich schließlich selbst das Halsband um u. fühlt sich ganz als „Hund". Wie glücklich wäre sie jetzt zu Haus mit all ihren Tieren!

Gestern kamen Deine lieben Briefe Nr. 1 u. 3 vom 29.12. u. 9.1.44 […].

Ich fahre morgen mit Karin zurück. Die Ruhe in Kapfing ist doch sehr zu schätzen u. die gute Ernährung auch – dafür nimmt man schon die große Abgelegenheit in Kauf. Bei schlechtem Wetter ist ja oft kaum ein Hin- oder Fortkommen im Winter. Wie freue ich mich auf meinen kleinen Mann, auf Alberti. „Die Mutti ist wieder da" wird er strahlend sagen! Leb wohl mein Herz. Gott schütze Dich! Bleib gesund und denke immer daran, daß ich Dich immer immer über alles liebe. Deine Margot.

Nr. 1, Kapfing, 22.III.44 (Eing. 13.7.44)

Siehst Du, mein Geliebter: der erste Tag im Neuen Jahr – Nowruz, persisch Neujahr – und ich fange meine Briefe wieder mit Nr. 1 an, Deinem Beispiel folgend, nachdem nun auch ich Nr. 100 erreichte. 3 Monate später als Du, aber findest Du nicht, ich habe ganz tüchtig aufgeholt, nachdem ich fast 1 Jahr später mit regelmäßigen Briefen anfing als Du. [...] Ich bin vorgestern wieder mit Karin hier gelandet. [...] Wir hatten unvorhergesehenes Glück: Als ich am Moser Bräu aus der Elektrischen stieg, um meinen Koffer dort abzugeben, daß wenigstens der vom Milchwagen am nächsten Morgen mitgenommen werden möge, hielt direkt davor noch das verspätete große Milchauto u. bei dem Wetter hatte der Fahrer Erbarmen u. ließ uns noch hinein quetschen. [...] Albert freute sich so, als er seine Mutti und die Karin wiedersah! [...] Die Känguru-Karte ist auch hier. Dein Photo steht nun in meinem Zimmer u. ich spüre immer mehr, es ist tatsächlich so: ich habe mich vollkommen neu in meinen Mann verliebt! Karin u. Berti grüßen sehr! Ich küsse Dich so inniglich u. sende Dir meine ganze große Liebe als Anlage. Immer Deine Margot

Nr. 2, Kapfing, 24.III.44 (Eing. 6.7.44)

Mein geliebter Erwin, weißt Du, manchmal ist es ganz gut, wenn man mal ein bisschen verreist war – zurückkommend sieht man den alten Platz mit neuen Augen, d. h. mit neuen Vergleichsmöglichkeiten u. empfindet manches, das einem selbstverständlich schien, als beachtenswerten Vorteil u. findet einzelnes, was einem ärgerlich schien, als ganz unwichtig. Also ich muss sagen, seit ich in Berlin u. jetzt in Garmisch war, fühle ich mich wieder so wohl u. beschützt im alten Kapfing u. könnte mir nicht denken, wo ich mit den Kindern besser aufgehoben sein könnte. [...] Nun steht das neue Bild von Dir in meinem einsamen kleinen hochgelegenen Nest, das die Gräfin zu meinem Empfang wieder so lieb mit frischen Primeln u. Alpenveilchen in Töpfen schmückte. Und nun liegt auch wirklich ein kleiner Perserteppich in der Mitte u. zwar der, den wir alle gemeinsam Mutti zum 50sten Geburtstag schenkten u. den Mutti mir nun geliehen hat. Es ist ja nur eine kleine Brücke, aber mir bedeutet er mehr, als ich sagen kann. Manchmal am Abend streiche ich mit nackten Füßen darüber u. empfinde ihn wie eine lang entbehrte Schmeichelei, wie einen Freund, wie eine schmerzlich süße Erinnerung an ein geliebtes Heim, in dem jeder Schritt durch die herrlichen Teppiche gedämpft wurde, in dem das Gehen einfach eine Lust war, immer auf den weichen schönen Teppichen. Ach Erwin – nur den letzten, den Du mir zu Ostern schenktest, oder den Khorrassan oder den Kerman noch einmal wiedersehen! Aber das ist zu viel gewünscht u. man sollte gar nicht daran denken. Und wenn ich Dich erst wiederhabe, wird das auch gar nicht mehr wesentlich sein. Wenn ich Dich wiedersehe, Erwin, mehr wünsche ich nicht mehr vom Leben. Klein Albert habe ich hier nach 14tägiger Abwesenheit recht blass vorgefunden. Er hatte eine kl. Grippe gehabt, wie mir die Gräfin bei meinem Anfragen am Telefon gesagt hatte. Ich wollte daraufhin gleich abreisen, aber die Gräfin sagte, der Weg sei so verweht, daß selbst ein Fußmarsch von Landshut heraus kaum möglich sei, u. ich hatte ja Karin dabei. [...] Gestern war großer Festtag im Hause: die Taufe der kleinen Christine Skal. [...] Es war sehr nett u. gab so gut zu essen!

Bald mehr, mein lieber geliebter Erwin. Bleib gesund u. vergiss nie wie lieb ich Dich hab! Einen Kuß, ganz einen süßen von Deiner Margot

Nr. 3, Kapfing, den 30.3.44 (Eing. 22.8.44)

Geliebtester, zwei liebe Briefe von Dir brachte die Post mir vorgestern vom 5. u. 19. Januar, wovon der letztere der bisher schnellst gereiste von Dir ist. [...]

Ja, es ist schon gut, jetzt keinen Haushalt führen zu müssen u. hier so gut aufgehoben zu sein. Ich bedaure auch keinen Augenblick, daß ich fest hier sitzen geblieben bin. Ich bedaure nur, daß ich mich von der spontanen u. überwältigenden Liebenswürdigkeit der kl. Gräfin so vertrauensvoll einwickeln ließ u. ihr meine Zuneigung offen schenkte. Ich hätte diese mehr in Frage stellen sollen, die Gräfin vielleicht manchmal gegen die Baronin ausspielen, daß sie sich immer weiter um mich bemüht und nicht, wie es im Grunde doch geschehen ist, einfach ad Acta gelegt hätte. Weißt Du Erwin, wenn ich bedenke, in welche Vertrauensfragen hier im Hause mich das Ehepaar Spreti gleich nach den ersten Wochen unseres Hierseins gezogen hat, ich kann Dir das ja nicht alles detailliert beschreiben, aber es spricht doch jedenfalls Bände, wenn ich Dir sage, daß der Graf mich einmal unter vier Augen bat, ich möchte doch seiner Frau immer nahelegen, daß sie das Schüsselchen mit Beerenobst am Abend für seine Eltern nicht zu klein mache!! Ich, eine Fremde, sollte da Einfluss ausüben. Und was hatte man mir nicht alles versprochen: z.B. als ich mein Zimmer gegen 2 kleinere tauschte, hieß es doch: „und wir gehen dann durchs Haus u. Sie suchen sich die Möbel aus, die sie haben möchten", und wie ich nachher mit meinen Sachen aus Icking zurückkam, hatten sie mein Zimmer schon in die neuen beiden umgeräumt u. ich hatte auch nicht ein Stück „Möbel" aussuchen können. [...] Verzeih, wenn ich heute noch einmal mit diesem langweiligen Thema anfange – es kommt, weil ich eben gerade wieder einen kl.

Stich der Enttäuschung hatte, als ich ins Wohnzimmer hinüberging. [...] Da saßen außer der Gräfin und ihm und der Baronin Skal dabei u. hatten sich gemütlich einen echten Tee gebraut und forderten mich nicht einmal der guten Form dazu auf. Da musste ich mich erinnern, wie die Gräfin im Sommer über die Baronin mir gegenüber hergezogen ist [...]. Ob sie nun mit der Baronin Skal genauso über mich herzieht? [...] Wir sind im Übrigen sehr herzlich und natürlich, auch fröhlich zusammen – ein gutes ernstes Gespräch kann man ja überhaupt nicht mit ihr führen – und ich frage mich nur, ob die Gräfin dabei genauso falsch ist wie ich. Ach, es gibt ja auf die Dauer überall Mißstimmigkeiten, wenn man so lange zusammenwohnt, man hört es von überall und dagegen leben wir hier ja wirklich lammgleich wie im Paradies zusammen. [...]

O je, o je, ich fürchte dieser Brief ist gar nicht sehr munter geworden. Ob ich ihn lieber nicht abschicke? Aber doch, Du kennst mich ja viel zu gut, um nicht zu wissen, daß ich manchmal auch kleinen Kummer habe. Ich schrieb Dir ja schon, welch guten Einfluss Dein lieber Brief an die Gräfin hatte – da hast Du trotz aller Entfernung und sicher unbewusst segensreich gewirkt. Um noch etwas Lustiges hinzuzufügen, will ich Karin zu Worte kommen lassen: „Mutti, können Engel sprechen?" Ja, meinte ich, untereinander schon. Pause. Dann „und übereinander?" Sie ist so logisch! Auf dem Gruppenfoto hat sie Dich sofort herausgekannt. Ich finde das erstaunlich. Täglich habe ich neue Freude an Deinem neuen Bild! Alles alles Liebe, mein geliebter Erwin, u. einen ganz innigen Kuß von Deiner Margot

Nr. 4, Kapfing, 31.III.44, 3 Photos (Eing. 16.7.44)

Mein geliebter Erwin – gestern Abend schrieb ich Dir mit gewöhnlicher Post – nun muss doch auch noch ein Luftpostbrief abreisen, damit es keine Pause gibt. Nachdem die Post des Schnees wegen wieder 2 Tage nicht zu uns herauskam, traf heute allerlei auf einmal ein. Die Gräfin u. Baronin warten ja gemeinsam täglich auf Briefe ihrer Männer, die auch fast täglich eingehen. Ob es die Gleichheit ihrer Interessen ist – der „Franzi" Spreti ist eingezogen im Westen, der „Franzl" Skal als Apotheker in Warschau [...], jedenfalls hocken die beiden jetzt immer zusammen u. ich bin ad Acta gelegt. „Deine Sorgen möchte ich haben", wirst Du sagen – aber Du weißt ja, daß ich nun leider einmal so abhängig davon bin, ob die Menschen „nett" zu mir sind. [...]

Von Mutti kam ein Brief, daß sie gleich nach Ostern kommen würde. Wie freue ich mich! Dann wird auch hoffentlich etwas aus meiner Kur in Baden-Baden, für die der 20. April anberaumt ist. [...] Es wird guttun, einmal ohne Kinder auszuspannen u. ich möchte mich so gern wieder etwas verjüngen für Dich! Weißt Du, das ist so eigen – manchmal, wenn ich Deine Briefe lese, habe ich den Eindruck, daß Du viel mehr auf mich als auf die Kinder rechnest, während ich es so gewohnt bin, die Kinder immer als ausschlaggebend zu betrachten, daß ich mir kaum noch vorstellen kann, daß auch an mir etwas liegt! Aber seit ich nun Dein Photo aus dem Lager besitze, das auf dem Du sitzt, habe ich mir aufgestellt, weil Du so vorzüglich darauf aussiehst, seitdem ist in mein Leben eine kleine wesentliche Veränderung gekommen: ich habe mich wieder ganz neu in meinen Mann verliebt. Ich schrieb Dir's schon! Und wie jeder Verliebte gefallen möchte, ist es auch bei mir sehr zum Wunsch geworden, wieder jünger u. besser auszusehen. [...]

Nr. 5, Kapfing, 5. 4. 44, 1 Photo (Eing. 6.7.44)

Mein Liebster, daß Du nun in einem neuen Lager bist – das beschäftigt mich sehr! [...] Hitze – wir haben ja manchen Tag zusammen erlebt, in dem man nur noch stöhnen konnte – aber 44 Grad (Die 0 war hochgesetzt: 0 Zu dieser Zeit wurde in Australien Temperatur in Fahrenheit angegeben, heute in Grad Celsius; 440 Grad Fahrenheit sind 226,66°C, also tippe ich auf 44°?) im Zimmer kann ich mir kaum vorstellen. Bei 40 Grad hast Du ein einziges Mal Dein Büro verlassen – weißt Du noch? [...]

Gestern war das berühmte Datum m. d. 4 gleichen Zahlen, das sich nur alle 10 Jahre wiederholt – wie mag die Welt am 5.5.55 aussehen?! Vorläufig sieht sie nun endlich doch etwas frühlingsmäßig aus u. das ist so tröstlich! Seit 3 Tagen taut es u. am Grashang an der Südseite vom Haus stehen Krokus in gelben, lila u. weißen Farben. Die Vögel jubilieren, daß einem ganz warm ums Herz wird. [...] Deine beiden lieben Briefe vom 22. Dez. u. 22. Januar kamen gleichzeitig beide gestern an. Danke Dir schön, Geliebtester! [...]

Und Du hast so schön Golf spielen gelernt! Himmel, ich werde steif wie eine alte Ziege! Mit Ski war gar nichts mehr mit mir los – nun kam ich ja auch nicht recht zum Üben, da ja Karin dabei war. Wir sind nur ein paar Mal zusammen los gestottert u. ich dachte etwas wehmütig daran, wie ich Dir auf unserer Hochzeitsreise im Skifahren noch über war. [...]

Gestern Abend war es höchst gemütlich: Gräfin, Baronin u. ich saßen im Mondlicht am Radio (Stunde!) – wir waren einfach zu faul die vielen Fenster zu verdunkeln! Von Alkohol angeregt hatten wir lebhafte, lustige Unterhaltung, sprachen auch vom Tanzen u. daß sie beide nicht mit ihren Männern tanzen könnten. Ach, sagte ich, wie herrlich haben mein Mann und ich oft zusammen getanzt! Die Baronin meinte, ich sei die erste Frau, die sie kenne u. die sagte, daß sie mit ihrem eigenen Mann gut tanzen könne. Komisch, nicht? Und was auch kommen möge – einmal wollen wir wieder tanzen, Du u. ich, ja? Kann ja auch auf 'ner Wiese sein! – So sehr, sehr lieb schreibst Du von unserem Hochzeitstag! Und wir werden noch einen feiern – wenn auch wohl sehr anders, aber von tieferem Glück bewegt als jemals bisher. Oh Erwin – kannst Du es Dir vorstellen?! Und ein Fritzelchen muss ich doch noch haben – oder besser zwei! [...]

Nr. 6, Kapfing, Ostersonntag, 9.IV.44 (Eing. 16.7.44)

Mein geliebter Erwin – wie viel offizielle Adressen muss man schreiben, bis man zu Dir kommen kann! Ach Du – wann wird man einmal nicht mehr schreiben brauchen, sondern einmal wieder leise hinter Deinen Stuhl treten können, die Arme um Deinen Hals legen, ein bisschen meinen Kopf an Deinem reiben, um dann ganz befriedigt wieder zu Buch oder Handarbeit zurückzukehren, nachdem man in Deinen Augen gelesen hat, daß Du zufrieden u. glücklich Deinen Feiertag genießt? Ach Erwin, Liebster – wie war Ostern immer schön zu Haus! Und ganz besonders das letzte Osterfest zusammen, als Du gerade von Isfahan zurück gekommen warst u. mir so herrlich Seide u. den traumhaft schönen Teppich mitbrachtest! 3 Osterfeste musst Du armer Geliebter nun schon in Gefangenschaft verleben. Oh Erwin, wie ich zu Dir hindenke. Wie ich mir vorstelle, wie gern Ihr den Tag festlich empfinden möchtet u. doch im Grunde nur herdenkt u. Heimweh habt. Lieber, lieber Guter. Das Schicksal hat Dir schwer zu tragen auferlegt. Deine Kinder wachsen heran u. noch nie hast Du Dich an Albertis ernsthaften Geplauder oder bestrickenden Lachen erfreuen können, u. bis Du zurückkommst ist unser Karinchen ein Schulmädel u. wird kaum noch an den Osterhasen glauben! Aber Liebster – immer, wenn es so schwer scheint, wenn man manchmal denkt, es wirklich nicht mehr aushalten zu können, dann wollen wir einen Augenblick daran denken, wie unzählige Menschen heute nicht mehr darauf warten können, ihr Liebstes noch auf Erden wiederzusehen u. wie glühend sie uns um dieses Warten auf ein Wiedersehn, auf ein neues Glück beneiden könnten. Hat man dann nicht wieder unerschöpfliche Geduld?! Du hast ja überhaupt eine so rührende Geduld, Du lieber guter Kerl, Du! Nie ist in Deinen Briefen auch nur ein Wort der Klage, auch nur die Andeutung einer Mißstimmung, die doch wohl unausbleiblich ist, wenn man Tag aus Tag ein in derselben Umgebung mit den gleichen Menschen zusammen ist. Liebster Erwin, schimpf Dich doch ruhig einmal aus mir gegenüber (soweit es Dir möglich ist!), stöhne ruhig einmal – würde es Dich nicht erleichtern? Sonst muss ich ja schließlich noch ein ganz schlechtes Gewissen bekommen (ziemlich schlecht ist es schon!) über meine Briefe an Dich, die doch oft von kl. Alltagssorgen u. Ärger berichten u. bestimmt nicht immer so nett u. frisch sind, wie sie sein sollten! Aber weißt Du, beim Schreiben denke ich manchmal, Du solltest mich so sehen wie ich bin u. Dir um Gottes Willen keine Idealgestalt vorstellen – wie es vielleicht bei der langen Trennung u. den vielen Wünschen u. Träumen nicht ganz ausgeschlossen sein könnte! Manche Ecken mag das Leben allein, das ich seit bald 3 Jahren führe, mir abgeschliffen haben – die Übersensibilität, an der ich litt, habe ich wohl auch zum Teil abschaffen müssen, bin im Ganzen vielleicht etwas härter geworden u. etwas rücksichtsloser gegen meine Umgebung, von der ich früher stets ganz abhing, die jetzt aber hinter dem Wohl meiner Kinder zurückstehen muss (siehe Fall Nostitz). Aber eines, Du, ist unverändert – meine Liebe, meine große Liebe zu Dir. Vielleicht ist sie gewachsen, denn je mehr ich ins Leben u. in andere Ehen hineinsehe – u. wenn man allein ist, kommt man mehr dazu – je mehr weiß ich, was Du mir bist, mein heiliger Sebastian!

Ostersonntag-Mittag! Ich sitze an meinem schönen alten Sekretär, ebenso schön wie alt u. unpraktisch, denn er hat eine schräge aufklappbare Klappe, von der immer alles runterrutscht u. darunter noch eine einzelne Schublade, die verhindert, daß ich meine langen Beine gerade darunter stellen kann – und ich habe das Fenster neben mir ein wenig offen stehen, so daß ich dem süßen Vogeljubel, der jetzt im Frühjahr auch über Mittag nicht still schweigt, vom Park herauf hören kann. Nebenan schläft Albert mit glühenden Bäckchen bei offenem Fenster, während ich Karin, die bis ½ 3 Uhr ohne zu schlafen auf meinem kl. Sofa gelegen hat, während ich bei der Gräfin Kaffee trank, jetzt in den Park geschickt habe. Sie maunzte u. wollte nicht „so allein" raus, aber ich wollte meine Ruhe haben, um Dir zu schreiben. „Dann schreib dem Papi viele, viele Grüße u. er soll bald kommen, aber ganz bald, gleich wenn er Zeit hat", hat sie mir aufgetragen. Es ist so still hier auf meinem Flügel. Das ist überhaupt das Beste an diesem Haus, daß man auf der einen Seite nicht hört, was auf der anderen geschieht: bei mir können die Kinder brüllen. Wenn die Gräfin nicht gerade auf dem Flur ist, hört sie es nicht auf ihren Zimmern. [...]. Gestern Abend habe ich mit der Baronin Skal den Ostertisch geschmückt [...] es sah süß aus. Am Karfreitag Abend haben wir alle zusammengesessen u. Ostereier bemalt. Es war so lustig u. gemütlich. Heute früh großes gemeinsames Frühstück mit den alten Herrschaften im Esszimmer schon um 8 Uhr, weil um 9 Uhr in Vilsheim Kirche war. [...]

[...] Leb wohl, liebster Erwin! Ich grüße u. küsse Dich so heiß u. innig. Immer Deine Margot

Nr. 18., Loveday, 28. März 1944. (Eing. 15.7.44)Meine herzliebste Margot, heute ist es mal wieder reichlich warm, 38°C, und die Tinte fließt dadurch sehr dünn aus dem Füller u. verfließt daher leider etwas auf diesem wenig geleimten Papier, eine unangenehme Begleiterscheinung. Aber trotzdem muss ich Dir heute schreiben, mein Liebes, Du. Bei meinem letzten Brief war ich am Ende angelangt, als ich mich erst mitten in einem Gedankengang befand. Es ist dann so grässlich, abbrechen zu müssen, weil es doch nur ein unvollkommenes Schriftstück ist. Ich wollte aber nicht gleich auf einem anderen Bogen weiterschreiben, sondern 1-2 Tage warten, weil ich sicher war, Dir dann gleich die freudige Mitteilung über die Ankunft neuer liebster Briefe machen zu können. Mein Herz fühlt sehr gut aus Deinen Briefen, daß Du Dich in meinen Alltag versetzen kannst und jetzt auch weißt, wie sehr ich Deine Briefe brauche. Sie sind für mich ein Stück von Dir meine Schwalbe! Am Vormittag kamen Nr. […] es ist immer noch besser, sie kommen spät als nie, wenn die Post verloren wäre. Die glücklichen Minuten u. Stunden, das frohe Herz u. die starke Sehnsucht, welche Deine Briefe mir vermitteln, könnten, wenn Briefe verloren gingen, durch nichts ersetzt werden. Wenn ich sie lese, entschwebe ich aus dem Lager zu Dir an Dein Herz, trotz der guten Bewachung! Und schönere Briefe brauchst Du mir wirklich nicht zu schreiben, weil es die gar nicht gibt. Dein Herz spricht daraus zu mir u. „Ta chère ecriture est un portrait vivant", wie eine französische Dichterin in dem Gedicht „Les séparés" sagt. Deine Briefe sind mein größter Schatz. Und Kapfing steht für mich unter einem günstigeren Stern als Deine davor liegenden Wohnorte, denn seither ist Deine Brief-Kurve gewaltig angestiegen u. Monate wie März 43 mit nur 2 Briefen brauche ich wohl nicht mehr

zu fürchten!? Das weiß ich gewiss, meine Geliebte. Das Heranwachsen der Kinder erlebe ich im Geiste ganz mit durch Deine sehr anschaulichen u. ausführlichen Schilderungen u. durch die vielen netten Fotos werden diese bildlich recht lebhaft ergänzt. Nun bin ich schon wieder am Ende – der Teufel hole die kurzen Briefbogen (22 Zeilen vorgegeben) u. verschaffe mir längere u. wollte doch in dem Gedankengang des letzten Briefs fortfahren. Das nächste Mal dann. Lass Dich in meine Arme schließen (mit vielen blauen Flecken vom ersten Barrenturnen!) u. Dich nach Herzenslust küssen von Deinem Erwin.

Nr. 19., Loveday. 2. April 1944. (Eing. 1.7.44)Meine Liebste, [...] mit den einsamen Abenden in unserem letzten Teheraner Jahr meinte ich nur diejenigen, an welchen ich allein ausgehen musste. [...] Andere Männer wären vielleicht froh, allein auszugehen. Ich habe aber lieber immer Dich bei mir [...]. Auch was ich wegen Deiner Einsamkeit schrieb, war aus dem gleichen Grunde lückenhaft u. daher falscher Auslegung ausgesetzt. Ich habe Dich ja wiederholt gebeten Zerstreuung zu suchen u. freute mich immer, wenn Du mir schriebst, daß Du in München warst. [...] Meine Margot, tue das so oft Du es ermöglichen kannst. [...] Das meinte ich, wenn ich sagte, Du sollst Dich davor schützen einsam zu werden. [...] Ich glaube dies ist eines der Geheimnisse der Vereinsamung entgegenzutreten u. zu verhindern, daß sie an Deiner Jugend zehrt u. Spuren in Dein Äußeres zeichnet. Solche spuren, wie Du sie erwähnst, sind für mich allerdings kein Hindernis für meine Liebe zu Dir, Margot, wenn nur Dein Herz frisch u. jung u. Deine Liebe zu mir ewig bleiben. Vorgestern erhielt ich einen wunderschönen Kalender von Frau v. Radanowicz mit herrlich Farbfotos von Schweizer Landschaften. Danke ihr bitte sehr dafür. Ich wünsche Dir einen schönen Sonntag, der jetzt dort gerade beginnt, u. gebe Dir einen innigen Gutenmorgen-Kuß, Dein Erwin.

Nr. 20., Loveday, Ostern, 9. April 1944. (Eing. 29.6.44 in Baden-Baden)

Meine geliebte Margot, Eben habe ich ein Ostersträußlein im Garten gepflückt, Löwenmaul, Levkojen u. eine dunkelrote Nelke, die ich in Gedanken an Dein Kleid stecke. [...] Leider sind diese neuen Luftpostbogen noch kleiner als das bisherige Briefpapier, so daß ich mich noch kürzer als bisher fassen muss. [...] Dein neuester Brief ist leider immer noch Nr. 81, der am 9.3. einging. [...] Nun warte ich sehr auf Januarpost von Dir – außer der vorhergehenden noch fehlenden – um über Weihnachten zu hören. Du schriebst ja letzthin so sehr fleißig, daß ich mich auf größere Eingänge gefasst mache u. mich schon sehr darauf freue. [...]

Nr. 21., Loveday. 12. April 1944. (Eing. Aug. 44)

Meine geliebte Margot, [...] Ich schrieb schon, daß ich am 31.3. von Frau v. R. übers RK Genf einen prachtvollen Kalender mit Farbenfotos von Schweizer Landschaften erhalten habe. Er hat hier geradezu Aufsehen erregt, insbesondere bei unseren Malern u. Zeichnern, die sich gleich ans Kopieren machten. Krüger, der für die Gestaltung des Lagers eingesetzt ist, bat mich gleich um einige der Bilder, um sie rahmen zu lassen u. sie in den Gemeinschaftsräumen aufzuhängen. [...] Dieser Tage habe ich fleißig gestopft, genäht u. geflickt, weil ich die Sommersachen wegpackte, wozu sie bei meiner Ordnungsliebe heil sein müssen. Meine Wäsche, insbesondere die Wollsachen, wasche ich fast immer selber mit Persil u. Lux, was wir in der Kantine kaufen können. [...] Ich bin wohlauf, nur an Armen, Beinen u. Leib voll blauer, grüner, gelber usw. Flecken von Reck u. Barren, wo's halt nicht mehr so leichtfällt wie das letzte Mal vor 19 Jahren in der Oberprima! Sei tausendfach gegrüßt u. geküsst von Deinem Erwin.

Nr. 22., Loveday, 18. April 1944. (Eing. 21.7.44)

Meine Geliebte, vor 4 Tagen erhielt ich Briefe b. Mutti v. 27.1., Voigt v. 30.12. u. Lauenstein v. 20.12. u. geriet in helle Wut, daß Dein neuester Brief immer noch der v. 13.12. war, den ich schon vor 5 Wochen erhielt, u. das Schicksal so ungerecht ist, mir von anderen, die mir nur gelegentlich schreiben, neuere Post auf den Tisch flattern zu lassen als von Dir. Jetzt ist aber der Ärger verraucht, da ich soeben Deine sehr lb. Briefe v. 20.11., 7.1. u. 16.1 erhielt, für die ich Dir sehr herzlich danke. D.h. Ärger gibt es trotzdem noch ein bisschen, weil man auf diesem neuen Briefpapier weniger u. schlechter als bisher schreiben kann. [...] Ich werde Genis gleich schreiben und ihn bitten, mir den Don Quichote auf Spanisch zu verschaffen u. wenn möglich auch mal Zigarren, wovon ich übrigens gerade vor einigen Tagen 75 Stück von Ziallahs Vater erhalten habe. Ich komme mir mit dieser Menge wie ein König vor, obgleich ich etwa die Hälfte davon verteilt habe. Ich konnte mir's aber nicht verkneifen, am ersten Tage zu schwelgen u. gleich 7 Stück zu verpaffen. [...]

Nr. 23., Loveday, 23. April 1944. (Eing. Aug. 44)

Meine geliebte Margot, am 18. April schrieb ich Dir schon, wie sehr ich mich über Deine Briefe [...] gefreut habe. [...] Bei uns Spiegels scheint ja die Aufteilung der Kinder ganz symmetrisch zu gehen durch das 2. Mädel von Trudel, Lisel mit ihren 2 Buben u. Du hast natürlich die goldene Mitte gewählt! Wer von unseren beiden hat Deine sanften schön geformten Lippen? Du schreibst immer nur, daß sie nicht meine Augen haben. Soweit es bei mir liegt, will ich mein Möglichstes tun beim nächsten Dir diesen Wunsch zu erfüllen! Dein Brief Nr. 86 ist ein so schönes Bekenntnis Deiner Liebe, daß Du wohl kaum ermessen kannst, was solche Zeilen mir bedeuten. Auch ein Internierter kann glücklich sein u. ich bin es durch Dich u. Deine Briefe. Eine Frau kann ja auch ihre Gefühle viel besser zum Ausdruck bringen. Bei uns Männern sind die Worte nüchterner, es sei denn, man wäre dichter, aber die Empfindungen sind bei mir für Dich deswegen doch stärker, als meine Zeilen es zum Ausdruck bringen können. [...]

Lass Dich umarmen, meine Margot, u. herzlich küssen – wann wird dies nicht mehr nur in Gedanken, sondern endlich wieder richtig wahr sein? – Ich weiß es nicht u. freue mich doch jeden Tag darauf – Dein Erwin.

Nr. 7, Kapfing, 13. 4. 44 (Eing. 28.7.44)

Mein geliebter Erwin, eben gelangte Dein lieber Brief Nr. 10 v. 20. Febr. in meine Hände. Ist das nicht phantastisch schnell?! 53 Tage Reisezeit?! Ich bin immer besonders glücklich, wenn ein Brief von Dir so schnell zu mir kommt. [...] Es ist Mittag – strahlender milder Frühlingstag. Eben kamen die Kinder aus dem Garten, mit leuchtenden Augen brachte Alberti mir die ersten Himmelschlüsselchen, seine Augen strahlten, als ob er sie eben frisch aus dem Himmel geholt u.m.d. Englein bei Mutter Maria gespielt habe! Er ist ja so ein Blumennarr – unser Bübchen! Er hat sich in den paar Sonnentagen prächtig erholt – wie anders sieht er gleich aus mit den roten Backen. Und Karin blüht wie ein Röslein. [...] Ich muss gleich schreiben – mir drückt es das Herz ab, Erwin, Geliebtester, denn ein Satz in Deinem Brief tut mir so weh, so weh. Du meinst, wenn ich Karin in ein Internat, etwa Salem tun würde, so hätte das für uns beide mehr Vor- als Nachteile. Was habe ich nur geschrieben, Geliebter, daß Du zu der Annahme kommen musst.

Wenn Du aus meinen Briefen gespürt hast, daß das Erziehungsproblem dasjenige ist, was mich hier, wo ich keine Sorgen um das tägliche Brot u. derlei habe, am meisten beschäftigt, so war ich – ohne es zu wollen, denn ich will doch nicht meine Sorgen zu Dir tragen – zu ehrlich u. Du sehr feinfühlig! Es ist ja die Wahrheit, daß ich viel über Erziehung nachdenke u. mich oft beschimpfe, nicht genug Geduld zu haben. Es liegt nicht an Nachlässigkeit oder zu großer Bequemlichkeit, wenn ich es sicher oft nicht richtig mache u. die unruhigen kl. Geister als störend empfinde – es liegt nur etwas an den müden Nerven, wie mich Dr. Isemann neulich beruhigte, und das kann sich wieder ganz geben, wenn andere Zeiten kommen. Es wird sich sogar sofort geben, wenn Du erst wieder bei mir bist! Aber daß die Kinder mir so zu viel werden, daß das Störende so in den Vordergrund tritt, daß ich bei Karins mehr Vor- als Nachteile empfände – das ist doch ganz ausgeschlossen. Ein Stück meines Herzens würde doch weggerissen, müsste ich Karin weggeben. Die Kinder sind doch der Inhalt meines Lebens jetzt u. Karin, deren erwachender Geist mich jetzt so beschäftigt – Karin würde ich unsagbar vermissen! Nein, mein Erwin, für mich hätte Karins Fort Sein auf die Dauer keine Vorteile! Etwas anderes ist es, wenn man sich für 1-2 Monate trennt, gewissermaßen „zur Erholung" – das würde natürlich guttun. [...] Ach Liebster, wenn der eine Satz in Deinem Brief doch etwas weh tut – es ist trotzdem so schön, daß Du auch dieses Problem auf dem winzigen Dir zur Verfügung stehenden Bogen so tapfer aufgegriffen hast! Gibt es für mich doch kaum Schöneres, als jetzt hin und wieder zu spüren, daß unser Briefwechsel – so ungleich er sei – es doch fertigbringt, daß ich manchmal einen Rat von Dir bekomme (ohne den ich einstens glaubte, kaum einen Kleiderstoff noch einkaufen zu können) u. daß Du an meinem Leben noch teilnehmen kannst. Ja, Karin würde in einem Internat bestimmt glücklich sein – entbehrt sie doch vor allem Altersgenossen. Und ihr 8wöchentlicher Aufenthalt im Kinderheim damals hat gezeigt, wie gut ihr die Gemeinschaftserziehung tut. Ich würde nicht zögern mich von ihr zu trennen, um dieser Vorteile für sie, in normalen Zeiten. Aber heute trennt man sich nicht gern voneinander. [...] Auch will ich sie mit den Dorfmädelchen zum Beerensammeln schicken, damit sie etwas Arbeit u. Ausdauer lernt, denn sie ist ein richtiger kl. Faulsack. Jetzt z.B. muss sie mir helfen, alle Säume ihrer Sommerkleider aufzutrennen – wie ist sie gewachsen: 1,25 m lang! – aber nach einem Viertelstündchen schon hat sie meist genug u. will wieder spielen. [...] Du schlägst vor, sie ruhig am Religionsunterricht teilnehmen zu lassen u. das finde ich mal wieder eine fabelhafte Idee! [...] Ich werde darüber mal mit dem hiesigen, d.h. Vilsheimer Pfarrer sprechen. [...] Ob Karin einmal katholisch wird – das ist ein schwerer, schwerer Entschluß Darüber hoffe ich, mein Erwin, können wir dann doch noch mündlich sprechen! Überhaupt bis zum Winter – wer kann heute bis zum Winter Pläne machen!? Ich weiß nun, daß Karin erst im Herbst zur Schule kommt, daß Du damit einverstanden bist (zu schön, das zu wissen!!) u. nun freue ich mich auf den Sommer, der mit den doch schon sehr viel verständigeren Kindern sicher herrlich wird!

[...] Seit die Sonne wieder scheint u. die Wiesen grün werden, fühle ich mich schon gar nicht mehr kurbedürftig! Liebster Mann – morgen mehr. Karin u. albert grüßen ihren lieben Papi vielmals! Ich küsse Dich, so heiß wie lange nicht! Immer Deine Schwalbe.

(Anm.: Margot hatte sich in Kapfing mit Pater Beda angefreundet und ihm auch wegen ihrer Probleme geschrieben; zwei Antwortbriefe von ihm sind erhalten, der vom 17. 4.1944 und jener vom 17.7.1944. Sie folgen hier in der Datumsfolge).

Schäftlarn, 17. 4. 44

Liebe Frau Spiegel,

ich las gerade: Se tu sarai solo, tu sarai tutto tuo; d.h. wenn Du allein bist, bist Du ganz Dein. Da kam Ihr Brief. Das italienische Sprichwort war die Einleitung dazu und kann auch als Antwort dafür dienen. Glauben Sie mir: das Alleinsein ist die beste Schule für die innere Größe des Menschen, ist die Mutter großer Gedanken und reift das Leben. Und es kann einem im Grunde auch niemand helfen, als wie sich selbst. Die Zeit selbst ist oft schwer, aber wenn sie vorbei ist, merkt man erst, was sie an Säften und stillem Wirken und Weben gewesen ist. Der Weinstock muss allein die Traube wirken und reifen. Daß Sie Ihr Herz ausgeschüttet haben, war kein Kleinmut, wie Sie meinen, sondern das rein natürliche Bedürfnis des Menschenherzens nach Mitteilung und Erleichterung. Und das war gut so. Tun Sie es immer, ich werde stets gern die offene Schale sein, die Ire Klagen aufnimmt und hoffentlich auch ertragen hilft.

Die Hauptsache Ihres Briefes aber betrifft doch Karin. Und da sehe ich, daß auch Ihr Mann die Lage nicht richtig auffasst, da er das nicht anders weiß. Die Kirche hat mit der Sache nichts mehr zu tun. Sie ist ganz ausgeschaltet. Der Religionsunterricht der heutigen Schule ist ganz dem Ermessen der Eltern anheimgestellt. Der Geistliche darf in vielen Gegenden überhaupt die Schule nicht betreten. Und auch in früherer Zeit hätte die Kirche nie geduldet, daß ein Kind vor der Verstandesreife in ihren Schoß aufgenommen wurde, d. h. vor 14 Jahren. Der Punkt scheidet also aus. Es kommt jetzt nur darauf an, was Sie praktisch tun müssen. Und da wird Ihnen nichts anderes übrigbleiben, als daß Sie mit der Lehrerin sprechen, wie Karin, resp. Sie sich verhalten sollen, wenn das Kind nicht am Religionsunterricht teilnimmt. Ob Karin reif ist, mit ihr darüber vorher etwas zu besprechen, muss Ihnen Ihr mütterliches Gefühl sagen. Ich würde es ihr erst sagen, wenn alles in Ordnung gebracht ist. Das Spätere kommt dann von selbst. Es ist nämlich die Frage, ob ein Kind, wenn es nicht katholisch ist, von der Lehrerin oder vom Lehrer überhaupt – auch mit Willen der Eltern – in den katholischen Unterricht aufgenommen werden kann. Das müssen Sie sich genau erkundigen. Hat es keine Schwierigkeit, umso besser. Dann lassen Sie Karin auch alles andere mitmachen, ich meine mit den Kindern in die Kirche gehen. Viel mehr als andere fürchte ich, daß Karin unter den eigenen Mitschülern zu leiden haben wird, da sie doch von ihnen als nicht zu ihnen zugehörig betrachtet wird, doch das wird sich ergeben und viel von Karin selbst abhängen. Sie muss eben alles mitmachen, was auch die Kinder tun und nett und lieb zu ihnen sein, auch wenn sie es nicht mit ihr sind, dann hat sie bald gewonnenes Spiel. Es wird darauf ankommen, wie sie in die ersten Wochen übersteht. Das wird auch für Sie eine Geduldsprobe werden. Darauf müssen Sie sich gefasst machen. Hoffentlich wird alles gutgehen. Sie müssen ihr auch sagen, falls Unannehmlichkeiten vorkommen, daß sie das alles ruhig ertragen soll mit Hinblick auf ihren Vater, der in Australien so viel ertragen müsse und sicher von ihr erwarte, daß sie auch etwas tapfer aushalten müsse und werde. Das macht ihr sicher Mut. Sagen Sie ihr das aber erst, wenn es nötig wird, nicht vorher, sonst geht sie mit Bangen in die Schule.

So, das sind so meine Gedanken und ich hoffe, daß sie Ihnen nicht unwillkommen sein werden. [...]

Seien Sie herzlich gegrüßt von Ihrem aufrichtig ergebenen P. Beda

Nr. 8, Kapfing, 20.IV.44 (Eing. 13.10.44)

Lieber liebster Schwalbenvater – eben komme ich von einem kl. Abendspaziergang zurück [...] – auf demselben Weg, der diesen ganzen Winter lang unser Spazierweg war u. der im Abendlicht so schön ist. Du kennst ihn inzwischen hoffentlich von den Kinderfotos her. [...] u. wie im Bilderbuch standen in der Wiese vor den Tannen leuchtende Himmelschlüsselchen und hinter dem frisch umgebrochenen Acker, dessen Braun ins warme Violett spielte, sank rot u. rund die Sonne nieder. Einzelne Vogelstimmen tönten so süß u. sehnsüchtig durch die kühle Abendluft u. ich – wünschte ich wäre nicht allein. Als ich ins kleine Dorf zurückkam, packte mich die Lust, noch beim Bauer Seibold Gute Nacht zu sagen, wo ich manchmal mit den Kindern [...]. Ich setzte mich neben sie. Die Mutter hantierte noch am Herd u. kam dann auch zur Bank ans Fenster. Auf dem Sofa neben dem Herd ein Bild des Friedens: in der einen Ecke schlief ein etwa 7jähriges Mädelchen schon fest u. in der anderen lag der Sohn von 15 Jahren, der letzte, der zu Hause ist (zwei sind im Feld) u. schnarchte. Langsam u. gemächlich kam ein Gespräch zustande. Worüber? Natürlich über die Zeiten. Über den Krieg. Über die Zukunft. Dann wurde das Licht angeknipst u. die Verdunkelungen herabgelassen, eine Katze sprang auf meine Knie u. schnurrte. Es war alles so still u. beruhigend. [...] In meinem Zimmer auf dem runden Tisch vor dem Sofa liegt heute frisch die gestickte Decke, die Du mir schicktest, als ich noch Deine heimlich liebende (u. geliebte?) Freundin war, die im Kaiserlichen Yachtclub Sekretärin spielte. Ach, wie oft hat sie auf unserem schönen hellen Tisch vor dem Kamin gelegen! Und darauf steht – genau wie dort im Frühling – eine silberne Vase vom Imami mit Stiefmütterchen. Schön u. vertraut, aber auch schmerzlich ist dieser Anblick. Aber wie dankbar muss ich doch sein, noch so viel zu besitzen. Wie viele Menschen haben gar nichts mehr. – Karin hat sich wieder einmal nette Fragen geleistet: „Mutti, wie sieht denn ein Schutzengel aus?" Ja weißt Du, wie Englein, nur etwas größer. „Mutti, u. ein Schutzmann?" [...] „Mutti, im zilogischen Garten, sind da die Tiere eigentlich alle Lose?" Sie meinte, oder in Käfigen. Und Albert bemerkte dazu, daß die Löwen doch etwas „lieber" seien als die Tiger, die er anscheinend für ganz fürchterlich hält. Weil er heute ganz besonders lieb u. viel zu Mittag gegessen hatte, schenkte ich ihm nach dem Essen, als er auf dem Töpfchen hockte, einen Bonbon. In einer selten großmütigen Anwandlung (im Allgemeinen ist es Karin, die immer alles verschenkt) wickelte er das „Guti" in ein altes Papier u. sagte, „den hebe ich für Karin auf, wenn sie sich mal weh tut". Am Nachmittag holte er ihn wieder hervor u. lutschte einmal dran u. erklärte Karin, die mal abbeißen wollte, nein der sei für sie, wenn sie sich mal weh täte zum Trösten. Erstaunlich schnell tat denn auch Karin irgendwas weh! Aber sie durfte nur einmal lutschen – er traute der Sache nicht ganz. Dann wickelte er ihn wieder ein: „guck, Karin, das Papier ist schon ganz klebrig, bleibt von alleine zu". Und die kleine Katze fing an ihn zu küssen u. zu betören u. schließlich bissen sie abwechselnd ab – es war ein Bild u. ich konnte nicht ernst bleiben!

Bald mehr, mein Geliebter! Lass Dich umarmen u. küssen von Deiner ganz Deiner Margot

Nr. 9, Kapfing, 23.4.44 (Eing. 31.8.44)

Mein geliebter Erwin, Deine geliebten Briefe Nr. 8 u. 9 v. 8. u. 12. Febr. erreichten mich am 17. ds., nachdem Dein Brief Nr. 10 v. 20. Febr. schon am 13. ds. Mts. hier war. [...] Mein Erwin, Du! Hab Dich doch so lieb. Was gäb ich drum, könnte ich Dir mehr Freude machen. [...] Was für besonders liebe Worte Du mir gerade mit jenen Briefen schickst! Daß Du mich so unbändig liebhabest – ach Erwin, wie tut das gut, das einmal wieder zu hören. Ich hoffe, daß es Dir nicht so geht wie mir, die ich manchmal nicht mehr aus noch ein weiß vor Sehnsucht nach Dir und daß diese Sehnsucht mit der Länge der Zeit immer schlimmer u. quälender wird. Wenn Briefe von Dir kommen, wenn ich, beim Spaziergang z.B.

im Wald, mir ein Wiedersehn, ein Zusammensein mit Dir ausmale, dann kann ich froh werden und „himmelhoch jauchzend" wie eine verliebte Braut. Kommt dann das Erwachen zur Wirklichkeit, die Rückkehr in das fremde Haus – dann muss ich all meinen Willen zusammennehmen, um meinen Pflichten gerecht zu werden. Diese Schwankungen nehmen manchmal arg mit. Aber was schreibe ich Dir? Keiner wird das besser wissen als Du. Könnte ich nur bessere Briefe schreiben. Z.B. wie Mutti. Was bedeuten mir ihre gläubigen vertrauensvollen Briefe. Ich kann Dir nur immer wieder sagen – hab Dich lieb, mein Alles Du – mein Leben – mein Bestes – so lieb, so lieb, so lieb.

Gesegnet sei Annie, daß sie Dir „so einen erfrischenden Brief" geschrieben hat [...]. Sie ist schon ein prachtvoller Mensch, diese Annie. Eine tapfere Frau, harmonisch, gütig ausgeglichen in ihren Gefühlen, die von sich selbst alles verlangt u. von anderen nichts erwartet. Ganz anders dagegen Lilo. Immer wieder beobachte ich, wie sie an sich u. andere verschiedene Maßstäbe legt. Dadurch leidet sie selbst ja am meisten u. ich halte eben dieses für die Ursache all ihrer Schwierigkeiten. Zu eigen, dabei haben wir drei Schwestern doch alle die gleiche Erziehung gehabt – wie unheimlich ist doch die Macht der Veranlagung u. Vererbung. [...] Ich wäre ja so gern dieses Frühjahr einmal zur Firma gefahren [...], aber ich kann es nicht verantworten, wenn es nicht nötig ist, jetzt dorthin zu reisen. Doch sollten sich die Verhältnisse einmal ändern, werde ich mich gleich dort sehen lassen. Die persönliche Fühlungnahme ist m.E. so wichtig. Aber wer weiß, ob das in den nächsten Jahren überhaupt alles noch wichtig sein wird – wir stehen in einem für alle Menschen im ganzen Ausmaß doch unfasslich großen Geschehen der Völkergeschichte, daß persönliche Pläne u. einzelnes Schicksal wirken wie ein Flohhupser auf leerem Papier: keinen Eindruck u. keine Spur hinterlassend! Liebling, ich bin heute entschieden zu philosophisch, um einen „erfrischenden" Brief zu schreiben. Sprechen wir ein wenig vom Wetter. Das ist nun bezaubernd, endlich sonnig u. die Kinder regen ihre von langen Hosen u. Socken u. schweren Stiefeln, Mütze, Mantel u. Handschuh befreiten Glieder (man läuft im Winter doch als Garderobenständer spazieren) in fröhlicher Freiheit im Park. So etwas von wilden Veilchen, wie sie hier auf den Parkwiesen stehen, sah ich noch nirgends. Blau ziehen sich breite Streifen zwischen den Himmelschlüsselchen u. kleinen flattrigen weißen Anemonen. Und ein feiner süßer Duft steigt von dieser kl. Frühlingsgesellschaft empor, so daß ich am liebsten den ganzen Tag in der Hocke Blumen pflücken möchte. Karin besorgt das u. bringt mir prächtige Büschel leuchtend gelber Himmelschlüssel ins Zimmer, das danach ganz wie von süßen Pfirsichen duftet. Pfirsiche!! Weißt Du noch zu Haus? Hab ich einmal wieder Lust darauf. [...] So sehr lieb schreibst Du mir, daß ich nicht denken solle, ich müsse „auch" Päckchen schicken. Lass Dich küssen dafür, mein Erwin, Du hast aber auch für alles Verständnis u. denkst Dich immer so in mich hinein. [...]

(Anm.; Der Arzt in Altfraunhofen, Dr. Wolfgang Isemann und seine Frau Herta, wurden Margots engste Freunde in Altfraunhofen, nachdem wir im Januar 1945 dorthin auf den Lausbach-Hof (s. u.) umgezogen waren. Mit einem Brief vom 25. April 1944 beantwortete er einen Brief von Margot in Kapfing):

Altfraunhofen, den 25.4.44

Liebe Frau Spiegel,

Ihren freundlichen Brief, den ich soeben erhielt, habe ich verbrannt. Ich hielt das für besser. Als ihn vom Winde verwehen zu lassen, denn es wird Ihnen angenehm sein, bestimmt zu wissen, daß er nicht in unrechte Hände kommt. Ich danke Ihnen herzlich für Ihre so liebenswürdig vertrauensvollen Mitteilungen. Das volle Vertrauen erleichtert dem Arzt seine Tätigkeit so außerordentlich, und zwar in mehrfacher Hinsicht. Die Mitteilung der kleinen Einzelheiten einer Begebenheit ist in einem solchen Falle wichtig und wertvoll und lässt sich keinesfalls ersetzen durch allgemeine Erwähnungen, wie Sie es in unserem letzten Gespräch taten. Denn die Einzelheiten machen den Bericht lebenswahr und anschaulich und verhelfen zu einer richtigeren Deutung seelischer Vorgänge. Ich finde es besonders nett von Ihnen, daß Sie sich die Mühe gemacht haben, schriftlich etwas nachzuholen, was Ihnen ebenso wie mir als eine Unvollständigkeit unseres letzten Gesprächs vorgekommen ist.

Legen Sie es mir bitte nicht als Unfreundlichkeit oder gar als Rohheit aus, wenn ich Kranken gegenüber manchmal deutlicher, ja derber in Worten bin als es sonst schicklich sein mag. Es erweist sich dies oft als notwendig; jede konventionelle Verblümtheit versagt und wird sinnlos in dem Augenblick, wo durch ein Gespräch mehr erreicht werden soll als das Ausfüllen überflüssiger Zeit. Auch im vorliegenden Falle hat ja das unmittelbare Verfahren seine Früchte getragen.

In einem Punkt kann ich Ihrem Brief nicht zustimmen, nämlich wenn Sie schreiben, Sie fürchteten, nicht mehr die Kraft zu haben, durch eigen Persönlichkeit allein Mann und Kindern „Heim" zu bedeuten. Sie trauen damit sowohl Ihrer Persönlichkeit als auch der Zukunft zu wenig zu. Eine Frau, die einen solchen Willen nicht nur zu Pflichterfüllung, sondern vor allem zu letzter Klarheit, Offenheit und Hingabe besitzt, bedeutet immer und in jeder Lage und in jedem Alter einen Schatz, der allezeit selten auf der Welt ist; und wer mit Ihnen zusammen zu leben hat, wird diesen Schatz zu schätzen wissen. Und was Ihnen heute vielleicht an Wärme zu fehlen scheint, ist nur eine durch die Unklarheit aller Verhältnisse erzwungene Herbheit, die von Ihnen abfallen wird in dem Augenblick, da Sie wieder Heim sein dürfen. Ich habe Ihnen vermutlich schon genug Grobheiten gesagt, so daß Sie nicht mehr versucht sein werden, diese Äußerungen als bloße Schmeicheleien aufzufassen.

Hoffentlich lässt auch Ihr körperliches Befinden Sie bald diesen kleinen Zwischenfall vergessen. Es wäre mir lieb, wenn Sie ihn schon jetzt unter die Rubrik „kleine Panne" einreihen wollten, wohin er gehört.

Mit den besten Grüßen Ihr sehr ergebener Wolfgang Isemann.

Nr. 10, Kapfing, 28. 4. 44 (Eing. 22.8.44)

Mein sehr Geliebter, gestern kam Dein Brief vom 26. Febr., für den ich Dir mit einem innigen Kuß danke. [...] Guter, guter Schwalbenvater, könnte ich nur einmal für Dich arbeiten. Ich gebe nur Geld aus, habe reichlich auszugeben u. in der Beziehung keinerlei Sorgen u. Du, der Du durch Jahre lange angestrengteste Arbeit all das verdient hast, was die Firma mir nun monatlich überweist – Du hast nicht einmal ausreichend Taschengeld. Ich lebe hier von Dir sozusagen sorgenlos in pekuniärer Hinsicht u. Du arbeitest am Wege bauen zwischen Euren Baracken für eine Luftpostmarke am Tag. Mit welcher Andacht sehe ich Deine kleinen geliebten Briefe an. Ich streichle sie, als seien es Deine geliebten Hände, die heiß u. schwielig werden von der Arbeit. Bleib nur gesund, Du, damit ich Dir doch einmal noch zeigen kann, daß auch ich für Dich zu arbeiten fähig bin, wenn wir einmal wieder zusammen leben können u. ich Abbas, Achmed u. die Badschi in einer Person sein werde! Glaub nicht, daß ich verwöhnt werde durch diese lange Zeit ohne eigenen Haushalt u. diesbezüglicher Arbeit – ich japse geradezu danach, einmal wieder etwas zu leisten u. zu schaffen. Für Dich. [...] Es ist schon arg einsam hier. Gestern kam allerdings unerwartet Besuch: ein Kamerad des Grafen [...] u. binnen kurzem war eine Stimmung entstanden, daß ich die Einzige war, die früh um ½ 5 Uhr sich schlafen legte, während die anderen Drei bis zum Morgen durchfeierten. Stell Dir vor: 3 Weibsen u. ein Mann, u. diesem gelingt es, uns alle Drei so reizend zu unterhalten u. allen gleichzeitig den Hof zu machen, daß eine

Nacht um war, ehe man sich dessen versah – das ist doch schon eine Leistung. Dabei ist die Gräfin im 9. Monat, aber sie ist ja nicht klein zu kriegen, wenn es sich um ein Vergnügen handelt. [...] Wir saßen, Gräfin, Baronin u. ich, am Ostersonntag nach dem Abendessen am Radio in der Dämmerung bei einer Flasche vom guten Rotwein Deiner Quelle! Herr S. musste uns Karten schlagen u. sagte uns die lustigsten Dinge, später holte die Gräfin eine kl. Kerze, wir sangen, er spielte ein wenig Mundharmonika, schließlich begleitete er mich in den Weinkeller, ich holte noch eine Flasche u. er raubte eine Flasche Sekt aus kargen gräflichen Beständen. Wir machten nun Türkenblut! Ich glaube, ich hatte einen kl. Schwips, fühlte mich herrlich wohl dabei u. kam auf die Idee, mir Kleider von Baron Skal anzuziehen, u. erschien mit Brille u. schwarz angemaltem Bärtchen als Dr. Isemann. Die Kerzenbeleuchtung war so günstig, daß die Täuschung gelang u. S. sich mir offiziell vorstellen ließ. [...] Am Montag nach dem Mittagessen verabschiedete er sich u. man nahm ihm das Versprechen ab, nächste Wochenende wiederzukommen – was er auch tat!!

Das war nun wie im Lustspiel: am nächsten Samstagnachmittag saßen wir alle Drei mit Dirndlkleidern der Baronin angetan [...] u. erwarteten „ihn"! Die Sonne schien, die Vögel sangen, wir hatte alle frische Blumen angesteckt – er muss sich nach der Kaserne wie plötzlich ins Paradies versetzt vorgekommen sein! Am Abend gab es wieder viel Lustigkeit [...]. Am nächsten Morgen frühstückten wir gemeinsam bei Grammophon Begleitung, dann gab es einen kl. Morgenspaziergang. [...] Und zum dritten Mal kam er am nächsten Wochenende. Ja, und das war nun schade. Die Gräfin hatte nun anscheinend keine Lust mehr, ihren Gast durch 3 zu teilen, sie machte ihm solche Avancen u. es kam ein so eindeutiger Ton auf, daß es nicht mehr hübsch war. Und am Abend – hat sie mich einfach abgehängt u. sich mit ihrem Gast in d. Wohnzimmer der Baronin im ersten Stock verzogen. Nachdem wir 14 Tage so ausgelassen zusammen waren, so richtig frühlingsmäßig vergnügt (ach Erwin, wann war ich das letzte Mal ausgelassen?), war das eine kalte Dusche, die recht sehr weh tat. [...]. Siehst Du Erwin – was es alles gibt in Kapfing! Sturm im Wasserglas ...

Nr. 11, Kapfing, 29.IV.44 (Eing. 31.8.44)

Mein liebster Erwin, dieser Morgen fing ganz plutokratisch an: mit einem heißen Bade um ½ 9 Uhr! Jetzt, da kaum noch geheizt wird, muss man das warme Wasser wahrnehmen, wenn es läuft. [...] habe danach im Bett gefrühstückt u. da es nun doch schon so ein luxuriöser Morgen ist, gehe ich weiter meinem Vergnügen nach u. – schreibe an Dich, Liebster. Die Kinder habe ich in den Garten gejagt. [...] Ich soll Albert ausziehen – der faule kl. Man kann aber schon ganz gut allein Stiefel u. Mantel los werden u. Mutti bleibt eisern sitzen. Wie ist er doch lang. 1,05 m! Dürr wie ein Stecken, aber seine langen graden Beine sind fest wie Eisen. Alle glauben, daß er mal ein sehr schöner Mann würde u. ich bin natürlich überzeugt davon!! Er hat immer noch die Stromlinienform, die Dich schon damals, als er noch auf dem Bauch auf dem Wickeltisch lag, zu der Äußerung veranlasste, er habe eine Linie wie ein Fröschlein – so ein winziges Popöchen! Auch jetzt noch die breiten Schultern u. unglaublich schmalen Hüften. Seine Augen sind von schwer zu bestimmender Farbe – da will er seinem Farben-Papi vielleicht eine Entdeckerfreude vorbehalten? Grau, aber auch grün, aber auch bräunliche Tupfen drin – jedenfalls sind sie schön, betont von Wimpern, um die Greta Garbo ihn beneiden könnte. Sein Haar ist nicht ganz so hell wie Karins. [...] Weißt Du, was ich gestern Abend gemacht habe? Briefe gelesen, die ich 1931 an Mutti geschrieben habe! [...] Ach Erwin, u. der nette sachliche Brief über meine erste Reise nach Isfahan!! Und was steht für mich alles hinter jenen Zeilen! Die Briefe haben auf mich gewirkt wie Sekt, ich bin so befangen in jenem ersten tiefen Erleben des Orients, in jene Mädchenzeit voll Ideale, Willen zum

Erleben u. sorglosem Übermut. [...] Und Du träumst davon, was Brüderlein für ein Gesicht machen wird, wenn er Dich sieht. Reißen werden sie sich um Dich, Karin u. Albert. Du solltest sehen, wie Karinchens Augen leuchten, wenn ich von Deinem Wiederkommen erzähle! „Kopf stehen kann Dein Papi, Albert", prahlte ich gestern u. er fragte sachlich: „auf welchem"?? [...]

Nun leb wohl, Geliebter Du. So viel liebe gute Wünsche sende ich Dir u. umarme Dich in Gedanken. Immer Deine Margot.

Nr. 11, Kapfing, 3.V.44 (Eing. 13.10.44)

Mein liebster Erwin, eben kam die Post und von Dir u. von Mutti keine Nachricht. [...] Heute ist ein heller warmer, aber sehr windiger Tag. Die Kinder spielen selig in der Sandkiste, garnieren Kuchen mit Blümchen u. Hedwig hat ihnen allen zur Feier der Rückkehr von Schwester Huberta, die heute Nachmittag erwartet wird, Kränzlein aus Gänseblümchen auf die Köpfchen gesetzt. Karin sieht wirklich seraphisch damit aus. Albert eher wie ein kl. Bacchus: er war zu faul, die winzigen Gänseblümlein zu pflücken, brachte dicke saftige Kuhblumen an, die nun goldgelb um sein rundes Köpfchen stehen. Er leuchtet förmlich vor Freude über den Schmuck. [...] Heute habe ich mein neues Dirndl angezogen [...] wie also Alberti, während ich beim Mittagessen neben ihm hockte, mich mit einem langen bewundernden Blick von unten nach oben anschaut u. dann mit ganz zärtlicher Stimme sagt: „Mutti, Blau finde ich am schönsten!" Nur das, aber es war ein so süßes kl. Kompliment, daß selbst die dicke Hedwig ganz gerührt war. Er kann so bezaubernd zärtlich sein! Bringt er mir mal was u. ich sage: Dankeschön mein Liebchen, so flötet er (wenn er guter Stimmung ist) im süßesten Ton zurück: „bitteschön mein Liebchen" – da soll dann so ein altes Mutterherz nicht weich werden. [...] Nun gute Nacht, mein Geliebter, ich will in mein Bett steigen – is so langweilig! Aber 3 Jahre dauert es nun nicht mehr, bis wir uns wiederhaben, nicht? Tausend Küsse! Immer Deine Margot

(Anm.: Es dauerte noch 3½ Jahre!)

Nr. 12, Kapfing, 5.5.44 (Eing. 31.8.44)

Mein lieber liebster Erwin, so nun bin ich mit Dir mit der Nr. 12 um eine Nr. voraus, nachdem Dein Brief Nr.11, der am 27. April einging, noch der letzte geblieben ist. [...]

Weißt Du, was ich gestern gemacht habe: an Melchers geschrieben u. um die Adresse des Grafen (gemeint ist: von der Schulenburg, der 1931/32 Gesandter in Teheran war) gebeten, der sich in der Nähe von Regensburg angekauft haben soll. Ich habe die tolle Idee, ihn mal zu besuchen – wie findest Du das? Erinnerungen von vor 13 Jahren auffrischen – es könnte doch sehr romantisch sein. Ich sehe mich schon mit ihm bei Mondschein auf einer alten Burgterrasse sitzen, warme Sommernacht, blühende Linden, funkelnder Wein in schön geschliffenen Gläsern u. unter leisen warmen Worten entstehen Bilder aus glücklicher sorgloser Zeit. Total verrückt – wirst Du jetzt von Deiner Schwalbe sagen! Aber warum soll man es sich nicht ein wenig erträumen? In Wirklichkeit wird es vielleicht nur ein Tee-Besuch bei Regenwetter, aufgeweichtem Weg dorthin u. in der Gegenwart einer anderen Frau – die er sicher als „Cousine" bezeichnen wird – und das Gespräch nüchtern u. formell verlaufen.

Siehst Du, da ich hier nichts erlebe, schreibe ich Dir von dem, was ich erleben könnte! Nun kommt nächste Woche Mutti u. darauf freue ich mich erst mal unendlich. [...] Allerdings – jedes Mal, wenn ich sage: nun kommt die Omama bald, fragt Albert „un mein Papi?" Eben sagte er von nebenan durch die offene Verbindungstür: „Mutti?" „Ja?" „Du Mutti, ich wollt bloß mal hören, ob Du noch da bist, weil Du so still warst wie ein Mäuslein"! Er kann so unwiderstehlich lieb sein, der kleine Bengel! Die Kinder sind jetzt so viel leichter zu haben, wo sie so viel mehr u. auch allein draußen sein können. [...] Heute Nachmittag sah ich Karim mit dem kl. Anton in einer Wiese. Sie holten Hasenfutter! Karin war vor das Leiterwägelchen gespannt u. war natürlich „Pferd"! „Mutti, kann der liebe Gott mich denn nicht zu einem schönen Schimmel machen?" hat sie mich neulich gefragt. Ihr Entzücken sind all die kl. Küken, Enten u. Gänslein, die die Bauern jetzt haben. „Und denk mal, Mutti, bei Seibolds dürfen die sogar in der Stube sein!" Hier bei uns gibt es noch nichts dergleichen. Der Hasenstall ist seit dem Herbst fertig, aber – noch nichts drin! Unter uns gesagt, weißt Du, könnte ein Hamal die Sache hier besser führen, als es manchmal geschieht!! Es brennt mir manchmal unter den Nägeln, hier zu organisieren, auszunutzen u. mal ordentlich durchzugreifen. Dieser einfache Verwalter (bei uns im Norden würde man höchstens „Vorarbeiter" dazu sagen) muss reichlich in die eigene Tasche wirtschaften. Denn heutzutage mit einem landwirtschaftlichen Betrieb Defizit zu machen – das ist schon ein Kunststück! Spretis sind sehr verschuldet, ich glaube Kapfing ist schon überbelastet; aber es wundert mich nicht! Wie gesagt, es spricht doch schon Bände, heutzutage keine Kaninchen zu halten, keine Gänse, keine Bienen, ja nicht einmal Enten! Ach, hätte ich nur mal einen eigenen Garten kaufen können, wenn auch nur mit einer Hütte darin – aber was hättest Du vorgefunden: eine ganze Menagerie! Und was hätte es den Kindern für Spaß gemacht. Aber ich will nicht undankbar sein, wir haben es auch hier herrlich. Was mag die nächste Zeit bringen? […]

Ich habe heute einen reizenden kl. Roman von W. Geissler beendet: Der Liebe Augustin! Verklingendes Rokoko, leicht humorvoll u. anmutig geschrieben – wie gern würde ich es Dir schicken. Dann habe ich augenblicklich die Außenpolitik in Bildern von Hassel vor, dasselbe Buch, das Mutti Dir einst zu Weihnachten schenkte u. das Du auch gelesen hast. Ich komme ja an und für sich kaum zum Lesen, aber manchmal hat man es einfach nötig.

In der Familie ist m. W. alles gesund, Gott sei Dank. Roderich im Einsatz. Die Kinder schließen ihn jeden Abend in ihr Gebet ein.

Geliebter – gute Nacht! Ich habe eben nach dem Abendessen (Knödel gab es, zum Abend!!! das kann man sich auch nur in Bayern leisten!!) zu Ende geschrieben. Lass Dich ganz ganz lieb umarmen u. sei geküsst von Deiner Margot

Nr. 13, Kapfing, 7.5.44, 1 Photo (Eing. 28.7.44)

Mein Geliebter, was für ein grauer Maientag! In 4 Tagen jährt es sich, daß ich zum ersten Mal hierherkam. […] Ich beschäftige mich, die Sommersachen der Kinder in Stand zu setzen. Was sind sie gewachsen! Nichts passt mehr. […] Heute Nachmittag war ich mit Albert spazieren – Karin wurde mir untreu, als wir Schwester Huberta im Park trafen, die mit den anderen Kindern draußen war; aber Albert ließ meine Hand nicht los u. stiefelte mit mir u. ich war so beglückt u. stolz über meinen kleinen Ritter. Als wir in den Wald kamen, sprach er ganz leise – kaum zu hören sein süßes Stimmlein da unten an, einer Hand – damit die Häslein nicht weglaufen, „weißt Du Mutti, wenn ich eins sehe, dann zeig ich's Dir ganz leise." Er pflückte mir hellblaue Waldveilchen u. einmal sah er zu mir auf u. sagte: „gell Mutti, wir haben uns doch lieb, wir Zwei?" Musste ich ihn da nicht küssen?! […]

… als Postkarte: Landshut, Wartesaal, 10.V.44 (Eing. 7.10.44)

Mein geliebter Erwin, auf der Reise z. Zahnarzt n. München habe ich hier eine kl. Stunde zu warten […]. Welch ein Ereignis, einmal wieder in die Stadt zu kommen! Als ich das letzte Mal in Landshut war, am 20. März von Garmisch kommend, war ein Schneesturm, daß man kaum was sehen konnte. Nun ist es Frühling. – Über die Beziehungen von Schwester Hubertas Freundin, einer Ärztin hier, bin ich sogar zu einem Zimmer gekommen, wo ich heute übernachten kann – andernfalls hätte ich heute noch zu Fuß nach Kapfing zurückmüssen. So nimmt mich morgen früh das Milchauto, mit dem ich eben kam, wieder zurück […].

Die Fahrt eben bei strahlendem Wetter, obgleich eisigem Wind, war ganz herrlich. Die jungen Saaten flimmerten grün u.

silbern in der Morgensonne u. der Wind brachte den Ruch frischen Klees u. feuchter Erde [...] u. wenn der ratternde Wagen hielt, um die schweren Milchkannen aufzuladen, erwischte man einen Lerchentriller aus der blauen Höhe. Schwalben schossen vorbei, so niedrig, daß man die schneeweiõen Bäuchlein fast greifen konnte [...]. Jetzt ist es 9 Uhr. In Kapfing werden an Hedwigs Hand jetzt Karin u. Albert aus der Kapelle kommen [...].

Nr. 14, Kapfing, 12.V.44 (Eing. 7.10.44)

Geliebter – ach könnte ich nur einmal, nur einmal dieses Wort an Deinem Ohr sagen. Nur einen einzigen kl. Abendspaziergang mit Dir jetzt durch den Frühling machen. Die Frauen wissen ja gar nicht, wie gut sie es haben, wenn sie alle paar Monate ihre Männer auf Urlaub sehen können, wenn sie einmal wieder zusammen alles durchsprechen, einmal, nur einmal ihr Herz öffnen können. Der Baron Skal ist volle 14 Tage auf Urlaub hier. Er ist Apotheker beim Militär in Warschau. „Helden" sind der Graf u. der Baron wirklich nicht u. deshalb nennen ihre Frauen sie immer so! Überhaupt merkwürdig, wie diese jungen Frauen manchmal über ihre Männer reden. Als ob sie sie gar nicht richtig lieb hätten. Dann allerdings können sie ja auch nicht verstehen, was es heißt, von seinem Mann, den man wirklich liebt, getrennt zu sein. Drei Jahre sind es bald, mein Erwin. Bis dieser Brief Dich erreicht, werden sie sich runden. Aber dann soll es auch kein einziges ganzes Jahr mehr sein, bis Du erlöst wirst, mein Liebster. Pass auf, ich glaube wirklich, heute übers Jahr hat sich alles entschieden u. wir können wieder Pläne machen, nicht? Und mit der Gewissheit vor Augen, daß wir uns wiedersehen, Du u. ich u. Karin u. Albert, unsere süßen Kinder, daß wir eines Tages wieder ganz nah beieinandersitzen werden, mit diesem Glück vor Augen kann man ‚ne ganze Menge Geduld aufbringen, nicht? [...] Mein kleiner Ausflug in die Stadt, von dem anliegende Karte erzählt, war eine nette Abwechslung. Ich meine damit nicht München, wo ich nur bei Dr. A. war u. sofort zurückfuhr, sondern Landshut. Ich war nachmittags um

½ 5 Uhr wieder dort, als gerade er Bummel in der Hauptstraße in vollem Gang war; zu niedlich, die Backfische zu zweit u. zu dritt, mit angestrengt unbeteiligtem Gesicht u. die Soldaten! Dazu die reizenden alten Barockhäuser in allen Farben, grün u. gelb, lichtblau, rosa u. ocker, oft nur 2 Fenster breit. Und alles überragend in herrlich beschwingter Linie der Turm der berühmten Martinskirche. [...] In der vom Abendlicht sanft erleuchteten Kirche betete ich drei Vaterunser für Dich, für Karin u. für Albert, u. brachte mein Herz mit all seinen Wünschen u. Hoffnungen zum Altar. [...] Im Kino sah ich dann „Die Feuerzangenbowle" mit Heinz Rühmann [...]. Also der Film u. ich kam in so lustiger Stimmung heraus, daß ich um ein Haar „ja" gesagt hätte, als mir auf dem Weg ins Hotel ein Soldat seine Begleitung anbot! „Frollein" sagte er (es war ja schon fast dunkel), aber leider zu gut erzogen habe ich brav geradeaus geguckt u. ihn nicht mal angesehen! Dienstgrade kann ich übrigens doch nur in seltenen Fällen unterscheiden! Am anderen Morgen habe ich dann noch ein paar kleine Besorgungen gemacht u. bin um 10 Uhr wieder mit dem Milchwagen herausgefahren.

Karin rannte selig auf mich zu, als sie mich im Park erblickte, Albert war nicht einmal zu bewegen mich anzusehen – er hatte einen Maikäfer in der Hand!! Die Aufregung! Wir stehen nun im Zeichen der Maikäfer – für die nächsten 8 Tage brauchen die Kinder kein anderes Spielzeug. [...] Heute Nachmittag, bei bezaubernd sonnigem Wetter, ging ich mit Schwester Huberta u. sämtlichen Kindern an den Waldrand, wo ein paar Eichen stehen u. in eine große Pappschachtel haben wir unentwegt Maikäfer gestopft – es war furchtbar schön!! Die Kinder kreischten u. schrien vor Begeisterung, wenn wir die Bäume schüttelten oder Stöcke hinaufwarfen, so daß klack - klack die fetten braunen Käfer herabfielen, die von eifrigen kl. Händen eingesammelt wurden – als Abendessen für die Hühner! Ja siehst Du, Liebster, so hole ich entgangene Jugendfreuden nach, indem ich mit 35 Jahren zum ersten

Mal in meinem Leben mich mit Maikäfern beschäftige! [...] Hoffentlich geht es Dir gut? Mein geliebter Erwin! Lass Dich küssen u. umarmen mit allen guten Wünschen von Deiner Margot (die Dich so von ganzem Herzen lieb hat).

Nr. 15, Kapfing, Sonntag, 14.V.44 (Eing. 7.10.44)

Mein liebster Erwin – wie kann ein schöner warmer Tag in diesen Breiten anders enden, als mit Regen oder Gewitter?! Heute Vormittag war es wie der Mai besungen wird: strahlend klar, warm u. kaum windig u. ein Duft von den blühenden wilden Kirschen, den Teppichen von Vergissmeinnicht auf den Parkwiesen, von dem großen Stiefmütterchen Beet vor der Haustür u. den Narzissen aus der langen Rabatte erfüllte süß die Luft. Zu Mittag essen alle 6 Kinder im Freien, d. h. in einem winzigen runden Holz Tempelchen [...]. Am Sonntag isst Karin auch mittags mit den Kindern; meistens ist dann ein Gast da – seit Ostern immer der Leutnant S. – u. der Ton am Tisch passt dann nicht recht für unser Karinchen [...]. Ja, der Herr S. muss der Gräfin jetzt die Wochenenden vertreiben u. ihre übrigen Gäste vergisst sie darüber ganz. Sie kann es nun nicht mehr abwarten, ihr Kind „los" zu werden. [...]

Nach dem Mittagessen habe ich auf dem Liegestuhl in einer blühenden Wiese gelegen u. versucht, nicht an die Nachrichten zu denken, sondern nur gerade diese friedliche frühlingshafte Stunde zu genießen. Bienen summten – der Kuckuck rief u. oben im Zimmer schliefen zufrieden die Kinderchen. Ach, welch herrliches, kostenloses u. kartenfreies Spielzeug hat uns dieses Frühjahr geschenkt: Maikäfer! Die haben jetzt das ausschließliche Interesse der Kinderschar [...].

Mein Gott Erwin, daß das nun bald 3 Jahre her ist! Hast Du Deine Olle auch noch richtig ‚n büschen lieb? Oder hast Du nur Sehnsucht nach ihr, weil sie ein Stück der so bitter entbehrten Freiheit für Dich bedeutet? Weißt Du auch noch, wie eklig sie manchmal sein kann u. wie oft Du Dich an ihr geärgert hast?!! Oder erinnerst Du besser, wenn wir Freudentänzelein machten oder wenn ich Dir im Auto laut u. lange meine schönsten Lieder vorsang? Hab mich immer sehr angestrengt, gar sehr! Ach Geliebter, lass uns denken, wir seien eben einen Augenblick nur zusammen. Ich küsse u. umarme Dich mit all meiner Liebe. Immer u. immer Deine Margot.

Nr. 24., Loveday, 2. Mai 1944 (Eing. 13.7.44)

Meine geliebte Margot, leider brachten mir die letzten 14 Tage keine Deiner lieben u. so heiß ersehnten Briefe. Aber Deine Briefe v. 7. u. 16. Jan. sind ja so schön, inhaltsreich u. vielsagend, daß ich lange davon zehre. Gar sehr warte ich auf die Fotos, die Du in München machen ließest. Gute Aufnahmen will ich hier von unseren Künstlern, die in eigenen Ateliers arbeiten, malen lassen, so z.B. das Dackelbild von Karin u. Albert. Um aber den Gesichtsausdruck genau herauszubekommen, sind größere Bilder als 6x6 vorteilhafter und so hoffe ich sehr auf eine gute größere Aufnahme von Dir, denn Deine von mir so geliebten Züge müssen wahrheitsgetreu kopiert werden, während bei den Kindern kleine Ungenauigkeiten, die sich beim Kopieren eines kl. Bildes ergeben können, nicht so wichtig sind, weil sie sich ja doch wieder ändern, bis ich heimkomme. Aber Dich will ich genauso haben, wie die die Foto zeigt u. diese fällt hoffentlich wahrheitsgetreu aus. – Gestern u. vorgestern hatten wir große leichtathletische Wettkämpfe, verbunden mit der Erwerbung des Reichssportabzeichens. Ich habe mich nur passiv als Zeitnehmer u. Zielrichter beteiligt u. wehmütig zugesehen, wie unsere 18-20jährigen Jungens die 100 m in 12 Sek. liefen, 1,50 hochsprangen u. 5,85 m weit. Vor 20 Jahren könnte ich das auch noch. Diese Jungens sind aus der deutschen Kolonie in Palästina u. wurden vor 4½ Jahren mit ihren ganzen Familien interniert. Wenn sie 18 sind kommen sie aus dem

Familienlager, das im Staat Victoria liegt, nach hier u. bringen uns „Alten" großen sportlichen Auftrieb. Nebenbei machen sie unter Leitung unserer Iran-Deutschen Lehrer ihr Abitur. Gestern Morgen hatten wir unterm Maibaum eine schöne Feier u. abends ein Lustspiel, von einem Kameraden verfasst und unter H.'s Regie einstudiert. In der Pause spielte unsere Kapelle Märsche u. im letzten Akt traten die Bläser, auch ich [...] auf der Bühne auf. [...] Mit viel lieben Grüßen u. herzlichen Küssen bin ich Dein Erwin.

Nr. 25., Loveday, 6. Mai 1944.

Meine Liebste, in Deinem Brief vom 16. Jan., der immer noch der neueste u. auch der zuletzt angekommene (am 18.4.) ist, stellst Du eine Reihe Fragen, die ich noch nicht beantwortet habe. [...]

Nr. 26., Loveday, 10. Mai 1944. (Eing. 29.8.44 in Baden-Baden)

Meine liebste Margot, gestern kam Dein lb. Bf. Nr. 91 u. heute Nr. 92 mit dem sehr netten Bild von Karin. [...] Gestern Nacht träumte mir, Du hättest einen Jungen geboren, mit meinen Augen u. ich war bei der Geburt dabei. Ein schöner Maientraum, nicht wahr? [...] Über Eure Weihnachtsgaben hast Du mir so lieb berichtet u. mir bricht das Herz, daß von mir nie etwas dabei sein kann, nicht einmal ein Blümelein, eine oder 12 gelbe Chrysanthemen, wie eine grade vor mir eine in meiner Vase steht. Empfange dafür meine ganze Liebe, meine Margot, Dein Erwin.

Nr. 27., Loveday, 18. Mai 1944.

Meine geliebte Margot, die letzten 8 Tage haben mir leider keine neuere Post von Dir gebracht [...], aber auch nichts von den noch fehlenden. [...] Aber Du machst mir mit Deinen vielen u. ausführlichen Briefen so viel Freude u. Deine Haltung u. Deine Liebe, die darin zum Ausdruck kommen, geben mir oft neue Kraft u. Zuversicht. [...] Wir haben jetzt schöne klare Herbsttage. Die Rebenfelder um den Golfplatz sind goldgelb gefärbt u. die schöne Traubenzeit geht zu Ende. Seit Ende Jan. habe ich mir fast täglich ein Pfund gekauft. Aus dem Garten hatten wir täglich Tomaten, Paprika u. Melonen. [...] Heute ist Himmelfahrt, aber ich sehne mich nicht nach den an diesem Tage üblichen Herrenpartien, denn die Habe ich seit 2½ Jahren bis zum Überdruss, sondern nach ganz was anderem!! [...] Bleib gesund, meine Liebste, und sei gegrüßt u. geküsst, ganz innig, von Deinem Erwin.

Nr. 28., Loveday, 24. Mai 1944. (eing. 13.12.44)

Meine geliebte Margot, nach einem sehr nebligen Morgen ist über Mittag ein so herrlicher warmer Sonnentag geworden. [...] Ich arbeite jeden Morgen eine Stunde in unserem Garten, um ihn zu säubern u. umzugraben [...]. Fürs Frühjahr habe ich schon viel Samen von Nelken, [...] gesammelt. Es wäre mir aber viel lieber, ich brauchte sie nicht mehr säen u. setzen, denn meine Sehnsucht zum hiesigen Frühjahr liegt nicht darin, dann noch hier zu sein, sondern lieber wieder bei Dir! [...]

Nr. 29., Loveday, 30. Mai 1944 (Eing. Okt. 44)

Meine Liebste, leider brachte mir Pfingsten nicht die langersehnte neuere Post [...]. Pfingstsonntagabend hatten wir ein gut gelungenes Konzert u. ein Singspiel veranstaltet. Das Streichorchester spielte das „Celebre Menuett" von Boccherini u. in voller Besetzung mit Bläsern, das Hindulied, einen Walzer u. Frühlingserwachen v. E. Bach, worin ich ein Posaunensolo hatte. Dieses gleiche Stück war früher eines meiner Lieblingsstücke auf dem Cello. Unser Dirigent spielte auf dem Klavier einige Brahms-Walzer u. unser italienischer Lagerarzt ein Cello-Solo aus einem sehr schweren Dvorak-Konzert. Dies hat mich so begeistert, daß ich jetzt auch wieder mit Cello spielen begonnen habe, wofür er mir sein Instrument zur Verfügung stellt. Darüber werden sich sicher auch die Eltern freuen. Von ihnen erhielt ich am Pfingstsamstag ein Päckchen mit Lebkuchen, welches Vater mir nebst einem weiteren im Jan. avisiert hatte. So verbringe ich jetzt meine Tage mit viel Musik, Gartenarbeit, 3-mal wöchentlich Turnen, franz. u.

span. Sprachstudien, Bücher lesen u. gelegentlich spiele ich Golf u. 2-mal abends Bridge. Dann besuche ich die kaufm. u. Textilfachkurse u. warte u. warte immerzu bis der Tag der Heimkehr in Deine Arme anbricht. Ich grüße u. küsse Dich sehr herzlich, Dein Erwin.

Nr. 30., Loveday, 4. Juni 1944. (eing. 8.9.44)

Meine geliebte Margot, vorgestern kamen Deine lieben Briefe Nr. 93 u. 94, für die ich Dir sehr herzlich danke. Du schreibst mir so fleißig u. so lieb, daß ich mich sehr lebhaft in Deine kl. Erlebnisse mit den Kindern hinein fühlen kann. [...]

Nr. 16, Kapfing, 11.V.44 (Eing. 22.8.44)

Lieber liebster Erwin, ach, wie unsagbar schön ist es, wenn einem die Post auf den Tisch gelegt wird u. man entdeckt als erstes das schmale längliche Brieflein, nach dem man sich täglich sehnt. Wie elektrisiert ist man plötzlich, liest natürlich erst rasch die andere Post [...], um sich dann mit ganzer Seele Deinen ersehnten geliebten Worten hinzugeben. Drei Briefe von Dir erhielt ich eben auf einmal, Nr. 12, 13 u. 14. Drei Wochen genau hatte ich tapfer darauf warten müssen. [...] Ich stelle mir vor, daß Du beim Wegebau immer gebückt bist, sicher wirst Du oft Kreuzschmerzen haben – Schwalbenvater krieg mir nur keinen Buckel! Deinen Gang u. Deine Haltung habe ich immer so besonders geliebt. Merkwürdig lebendig ist mir ein Augenblick vor vielen, vielen Jahren im Jan. oder Febr. 1932, als ich eines Morgens bei einem Bummel im Basar unerwartet plötzlich Deine hohe Gestalt im Gewühl auftauchen sah – ich konnte ja nur Deine Schultern u. Deinen Kopf sehen – u. wie mir da der Gedanke kam, wie gut es sein müsse, im Leben immer neben Dir gehen zu können. Wie fern lag einem damals auch nur der Gedanke, wie furchtbar schwer es gerade, nachdem man neben einem so guten sicheren Beschützer wanderte, dann einmal wieder ganz allein gehen zu müssen.

Wenn Du endlich einmal wieder zu mir kommen wirst, dann möchte ich Dich schon von Weitem erblicken können, Deinen besonderen Gang unter den anderen herauskennen können u. Dich dann langsam auf mich zukommen sehen – es wird der schönste Augenblick meines Lebens sein.

Aber vorläufig muss ich noch allein bleiben u. Du bist allein u. wäscht Dir Deine Sachen selbst u. ersparst Dir lieber Deine Leibbinde! Liebling, jedes Mal, wenn ich nun unsere Woll- u. Seidenwäsche selbst wasche, werde ich nun Deine geliebten Hände vor mir sehen mit Wäsche u. Seige beschäftigt – nein, vorstellen kann ich es mir doch nicht!! Siehst Du auch nicht traurig aus dabei, sondern lächelst ein wenig über schmutzige Wäsche, Dein Reinlichkeitsbedürfnis u. Dich als Hof- u. Leibwäscher?! [...] Ich bin ja so energisch geworden inzwischen! Weißt Du, Erwin, wie ich mir manchmal vorkomme? Wie in Paraffin getaucht, d. h. äußerlich mit einer starren Masse überzogen, die immer die glatte Form hält (ach, immer muss man sich ja beherrschen!) u. innerlich ist alles weich, unverändert u. immer sehnsüchtig. Ja, Magdeburg – nie werde ich das Erlebnis dort vergessen können so wenig wie Dresden mit seinem großen neuen Erleben u. hilflosen kleinen Augenblicken, die uns später noch oft so herrlich amüsierten – das Strumpfband, weißt Du! [...] Von Mutti natürlich tausend liebe Grüße! Auch von Karinchen u. Alberti, jeder schickt ein Küsschen. Ja, mein Erwin, ich komme in Deine Arme, lege meinen Kopf an Deine Schulter u. will von nichts anderem mehr wissen. Hab Dich lieb! Immer u. immer Deine Margot

Nr. 17, Kapfing, 26.5.44 (Eing. 22.9.44)

Mein sehr geliebter Erwin, [...] Ganz heimlich muss ich Dir erzählen, daß mein kl. Albert mich tief beglückt hat: als nun die Omama kam, weißt Du, hatte ich mich schon ganz darauf gefasst gemacht, daß beide Kinder wieder mitfliegenden Fahnen zur Omama überlaufen würden, aber – er ist mir treu geblieben! Da freut sich Schwalbe dann doch, nicht? Natürlich liebt er seine

Omama u. liebt bei ihr zu sein u. so, aber wenn es darauf ankommt ent oder weder, dann will er doch seine Mutti. (Wo ich doch manchmal so streng bin). Als ich neulich einen Tag lag u. die gute Omama die Kinder versorgte, holte sie sich der Einfachheit halber beide in ihr Zimmer zum Waschen. Ich fragte ihn dann aus u. sagte, na, Albert, das war aber lustig bei der Omama waschen, nicht? Woraufhin er in seiner langsamen Art ganz ernst antwortete: „so sehr lustig war es nicht." [...] Jetzt sind also 8 Kinder beisammen! Am Freitag, also heute vor einer Woche hat die Gräfin ihr 4. Kind geboren – den 4. Jungen! [...] Von Melchers hörte ich, daß der Graf noch im Amt sei [...]. Nun gute Nacht mein Lieb. Klein Albert schnorchelt nebenan wie ein Mann! Ich will jetzt Karin noch auf Potti setzen u. Albert auf den Rücken drehen – sicher schnarcht er wieder in sein Kisselchen. Ach Liebster, wenn Du erst mal wieder in einem richtig schönen Bett liegen kannst! Bleib gesund u. behalt mich lieb. Ich küsse Dich gar sehr, Deine Margot

Nr. 18, Schloss Kapfing, 28.V.44, Pfingstsonntag. (Eing. 13.10.44)

Lieber liebster Erwin, [...] So hat manches gewiss mehr Sonnentage als unser Deutschland, viel mehr schöne Tage im Jahr. Aber wenn einmal so ein deutscher Frühlingstag wirklich schön ist, dann überstrahlt er auch alles, was es an landschaftlicher oder klimatischer Schönheit auf der Welt gibt. Nirgends kann die Luft süßer u. balsamischer sein, als wenn in einem geschützten alten Park, wenn Schleier honigduftender Vergissmeinnicht blau über den Wiesen liegen u. die Sonne warm u. durchdringend den Duft aus allem Blühen löst. Gibt es irgendwo auf der Welt noch eine solche Skala von Grün, wie das schon reife dunkle der Ahornbäume, die neben dem hellen Gelbgrün der Eichen stehen, das strotzende Salatgrün der jungen Buchen neben dem vornehmen Graugrün der uralten riesigen Ulme, die Pappel mit ihrem silbrigen Blattgeflirre u. die „Dame" des Waldes, die wehende anmutige Birke, die so zart neben den blaugrünen stillen Tannen steht.

Und zwischen diesem noch so ganz neu glänzenden Laub hindurch erfasst der schweifende Blick die welligen Wiesen, hie u. da leuchtend vom blühenden Löwenzahn, der auf den Südhängen schon die weißen fedrigen Laternchen angesteckt hat. Ich lag auf dem Liegestuhl stundenlang, während die Kinder ihren Mittagsschlaf hielten, u. kein Buch konnte mich ablenken von all dieser Schönheit ringsum. Hoch oben in den Baumkronen war ein unaufhörliches sanftes Rauschen vom Frühlingswind, ein Buchfink schmetterte – ach, seinen Jubel so hinaus singen zu können! – kleine Falter torkelten sonnentrunken über das schon hochblühende Gras u. über mir ein Stück Himmel so blau, so leuchtend blau u. so unbeschreiblich klar u. strahlend, ich glaube, Erwin, auch einen solchen Himmel, der einen geradezu ans Herz rührt, gibt es auf der ganzen Welt nicht wieder.

Das ist der Frühling, wie ihn Eichendorff, wie ihn Storm erlebt haben mögen, als sie ihre sehnsüchtigsten u. schönsten Gedichte schrieben. Und man selbst, arme kleine, von keiner musischen Gabe begnadete Seele, wird unruhig in dem Verlangen, dieser gottbegnadeten Schönheit irgendwie lobsingen zu können. Und da schreibt man seinem Liebsten auch noch einen Brief, der vielleicht heißes Heimweh auslöst, statt erfrischend zu wirken? Ach, mein Erwin, dann denke nur daran, mit wie viel kalten grauen Tagen wir einen solchen bezahlen müssen. Was haben wir bisher vom Mai gehabt?! Und in 3 Tagen ist er zu Ende!

Heute Morgen hatte ich Mutti zu einem Bohnenkaffee eingeladen zum Frühstück. Hatte meine schönste persische Decke auf den runden Tisch gebreitet, Muttis Porzellan aufgestellt u. es gab ein festliches u. gemütliches Frühstück. Wir sprachen natürlich von – Dir, mein Geliebtester! Und ich musste so herzlich lachen in Erinnerung an unsere norddeutsche Reise u. wie Du in Bremen versuchtest, mir ein ganz zerknirschtes Gesicht zu zeigen, weil wir nun das Rathaus usw. nicht besichtigen konnten, weil Du „unbedingt" das Hallen-Tennis-Turnier sehen musstest, u. wie in

Hamburg, als ich kurz vor der Abreise noch eine Anprobe bei der Schneiderin hatte u. Dich mit Onkel Richard schickte, die Alster usw. zu betrachten, Ihr beide dann nachher so schuldbewusste, aber auch verschmitzte Gesichter hattet, daß ich unschwer erriet, daß Ihr stattdessen zusammen einen „gehoben" hattet! Wir haben heute noch darüber gelacht.

[...] da bin ich also zum ersten Mal mit den beiden in die Vilsheimer Kirche gegangen. Sie hüpften auf dem Weg neben mir her, als ginge es zum größten Fest – diese Freude! Der Wind kam uns frisch entgegen, strahlend lag das Land im Morgensonnenschein u. die kl. Dörfer wie Spielzeuge. Als wir durch den Friedhof zur Sakristei gingen, wie Karin sagt: „der Garten, wo all die gestorbenen Leute sind", fragte sie, ob das nachts „gemacht" würde, wenn man alt sei u. das Herz zum lieben Gott geholt würde, u. ob das weh täte? Mutti, wird da der Bauch aufgeschnitten? [...] Gestern Abend spielte das Radio „Eine Frau wird erst schön durch die Liebe" u. plötzlich stand klar, als wäre es gestern gewesen, unsere Ausgelassenheit damals in Ffm. im Parkhotel vor mir, weißt Du wie Du Lilo noch Herrn L. als Deine Frau präsentiertest. Damals ging uns gerade eben dieser schöne Walzer im Kopf herum u. in unserem riesigen Doppelzimmer tanzte ich danach! Ich sah Dich so lebhaft vor mir, Deine dunklen lachenden Augen – ich meinte die Tür müsse nun aufgehen u. Du hereinkommen. Immer sah ich auf die Tür u. stellte es mir vor. Einmal wird sie wieder aufgehen, nicht? Und dann wollen wir aber glücklich sein – das walte Gott! Leb wohl, Liebster! Tausend gute Wünsche u. einen Kuß von Deiner Margot

Nr. 19, Kapfing, den 2. Juni 44, 1 Photo! (Eing. 13.10.44)

14 Tage bin ich wieder ohne Brieflein von meinem liebsten Erwin – mag Schwalbe gar nicht! [...] Ich genieße Muttis Hiersein unendlich. Und denke dabei immer, was es für Dich bedeuten würde, einmal den Besuch eines lieben Menschen zu haben. Es ist

so entspannend, von Dir reden zu können, sich von früher zu erzählen, von der Familie, vom Heute u. manchmal auch von dem, was man sich noch von der Zukunft wünscht – etwas doch immer noch, wenn man auch ganz bescheiden geworden ist! Für mich sind alle Wünsche erfüllt, wenn ich erst einmal wieder in Deinen starken Armen liegen kann, Du, Erwin. […] Ach Erwin, jetzt erst kann ich ganz miterleben, was Ragnheiden erlitt, als man sie von ihrem Liebsten trennte. Jetzt finde ich Worte darin, die mein u. Dein Leid ausdrücken, den unstillbaren Schmerz zwei leibender Menschen, die getrennt sind. Wie geht es Dir, mein Herz? Frierst Du auch nicht in Eurem Winter […].

Nr. 20, Kapfing, 6.6.44, 1 Photo (Eing. 13.10.44)

Mein Geliebtester, wie werden wir heute aneinander denken! Meine Gedanken jedenfalls wandern mehr noch als sonst zu Dir u. ich fühle, wie Du herdenkst u. mit all Deinen Wünschen u. Hoffnungen bei uns bist. Und ich glaube, wir dürfen das Vertrauen haben, daß sie in Erfüllung gehen werden. Schließlich war ja niemand überrascht u. die ganze Linie der letzten bitteren Monate wurde doch in weiser Voraussicht gezogen. So dürfen wir sicher alle guten Mutes sein. Ach, weißt Du noch, wie wir zusammensaßen u. besprachen, wenn uns zu Haus damals das Radio all die großen Nachrichten übermittelte. Jetzt findet man sich auch zu jeder Nachrichtenstunde am Radio u. manchmal meine ich fast, ich sähe wirklich Deine geliebte Hand am schwarzen Knopf drehen – es ist hier auch ein Mende-Apparat. Liebster Erwin, wie geht es Dir mein Jung? Morgen sind es schon wieder 3 Wochen, daß ich nicht von Dir hörte ....

Gestern war ein großer Tag: Schuleinschreibung in Vilsheim. Ich hatte auch die Aufforderung bekommen u. zog mit unserer Karin um 3 Uhr nachmittags hin. Die Sonne sengte fast iranisch, Karin hatte ihr weißes Leinenhütchen auf u. das hellblaue Kleidchen mit den vielen bunten Pünktchen, das sie in Teheran schon trug […]. Als wir an der Reihe waren, vergaß sie ihren Knix, als die Lehrerin ihr die Hand gab, [...]. Am Religionsunterricht dürfe sie ohne Weiteres teilnehmen, es sei auch ein Hamburger Kind in der Schule. [...]

Als ich heute mit Albert schmuste u. ihn auf meinem Schoß haltend fragte: was bist Du: Papis u. Muttis [...]? sagte er: Papis u. Muttis und Omamas Herzenssöhnchen. Ich erzählte ihm, daß er den allerbesten u. liebsten Papi auf der Welt habe. Seine Antwort: „was sagen denn Burschi u. Steffi, wenn sie ihn sehen?" [...]

Nr. 20 (!), Kapfing, den 13. Juni 44 (Eing. 17.9.44)

Mein Erwin, nun sind es 4 Wochen, daß ich keinen Brief mehr von Dir erhielt. Arm, arm Schätzelein! Leider ist es so, daß auch ich dann so schwer schreiben kann, wenn ich so lange ohne Nachricht von Dir bin [...]. Wenn auch mit immer größerer Anspannung Eurer Geduld oft schwere Stunden kommen mögen – ach wie ich das mit Dir fühle, mein Erwin! Versuche dann ganz sachlich wie ein guter Wächter Deine Sorgen, Deine Sehnsucht u. Deine Unruhe einzuschließen u. Dich intensiv in Gedanken mit einer bestimmten Erinnerung zu beschäftigen – ich habe erfahren, daß das hilft. Plötzlich ist man in Hamburg, bei Hagenbeck, oder auf dem kl. Boot auf dem Ganges oder auf einem WHW-Fest im Deutschen Haus u. Kleinigkeiten, die man längst vergaß, Bekannte, an die man kaum noch dachte, fallen einem ein u. lenken ab. [...]

Nr. 21 [Nr. ausgeschnitten; von Erwin nachgetragen]. Baden-Baden, Hotel Haus National, 20.VI.44 (Eing. 16.11.44)

Liebster, am Sonnabend, den 17. ds. morgens früh um 5 Uhr feierte ich Wiedersehn mit unserem Baden-Baden [...]. Am Freitag schwang ich mich also samt Koffer früh um ½8 Uhr in Kapfing hinten auf das Milchauto u. fuhr hoch auf den Kannen thronend nach Landshut. Dort holte ich mir Reisemarken u. mein Retourbillet. Ich hatte einen fabelhaften Zug herausgefunden, der um

16:30 Uhr in München abfahren u. schon um 23 Uhr in Baden-Baden sein sollte. Zunächst fuhr ich also nach M. [...] So habe ich mich heute schon bei den Bädern einschreiben lassen und mein erstes Thermalbad genommen. Das Rheuma sei sehr gering, aber der Blutdruck niedrig. Ich weiß ja, im Grunde fehlst nur du mir u. ein eigenes Heim, es ist auf die Dauer schwer, ohne rechte Aufgabe zu sein. Die Kinder werden ja immer selbständiger. Aber pass mal auf, die Bäder werden mich wieder verjüngen. [...] Ich schreib heut immer von mir u. denke doch immer an Dich, mein Erwin! 5 Wochen sind es nun, daß kein Brieflein mehr von Dir kam. [...] Das Essen schmeckt mir hier prächtig. National soll die beste Küche hier haben von ganz B.-B. Ich genieße mittags u. abends Nachtisch, nachdem wir in Kapfing nicht einmal sonntags welchen bekommen!

Leb wohl, mein Erwin. Gott schütze Dich. Ich umarme u. ich küsse Dich. Immer u. immer Deine Margot

Nr. 22 [Nr. von Erwin nachgetragen, weil wieder – wohl von der Zensur? – ausgeschnitten]. Baden-Baden, 24.VI.44 (Eing. 13.10.44)

Mein liebster Erwin, am 20. ds. schrieb ich Dir den ersten Brief aus „unserem" Baden-Baden, so richtig angefangen mit: also ich fuhr los! Weißt Du, so wie wir und immer erzählt haben, brav von Anfang an! Mit dem Hotel National habe ich wirklich großes Glück. Es ist so ein sympathisches Haus. Wir sind ca. 25 Gäste.

Meist ältere Leute. Ich bin ja so froh mit Schulze-Smidts hier zusammen zu sein. Allein wäre es grässlich. [...] Ich genieße das schmackhafte Essen. Wenn in Kapfing ja auch bestimmt gehaltvoller gekocht wird, so doch so lieblos u. immer dasselbe u. nie Nachtisch. [...]

Nun ist es heute schon genau eine Woche, die ich hier bin. 4 Wochen kann man bleiben. Ich möchte jeden Tag festhalten! Komme mir vor wie im Traum, so schön ist es alles. [...] so ist fast jeden Tag was los! Und das Wetter ist schön! Die Linden blühen, der Duft ist herrlich. Man hat gar nicht mehr gewusst, daß es noch ein so schönes gepflegtes Plätzchen auf der Welt gibt. Unser Baden-Baden, nicht?! [...] Weiter ging ich zum Neuen Schloss, saß da im Garten einsam auf einer Bank u. blickte über das herrlich schöne Stückchen Erde im nachmittags Sonnenglanz. Rosen gibt es hier – so etwas habe ich noch nie gesehen! Die Stämme sind meist höher als ich u. an ihnen hängen wahre Teppiche von dunkelroten, rosa oder lachsfarbenen Rosen herunter. Und die Kletterrosen mit ihrem leuchtenden starken Rosa oder Rot u. die Rabatten m. d. niedrigen Rosen, die sich wie bunte Bänder durch die Gärten ziehen – es ist eine Pracht! Und ich genieße, genieße all die Schönheit u. spüre erst jetzt, wie bescheiden man geworden ist, daß ein schöner Tag im Park von Kapfing mit seinen paar Baumgruppen u. 3 Blumenrabatten einen schon so begeistern konnte!! Ach, u. die herrlichen Wege hier, nach jedem Regen gleich wieder trocken, das gute Pflaster, die gepflegte Kurpromenade – alles ein Genuss! Und ganz erstaunt bin ich über die Eleganz! Man sieht fabelhaft angezogene Menschen. [...] Mutti schreibt rührend liebe Briefe.

Sogar Karin hat für ihre „liebe Mutti" einen Brief gezeichnet, lauter Pferde, ganzen Stall voll u. „Mutterpferd" u. „Vaterpferd" u. viel Regen in Strichen u. Wellenlinien. Das liebe kl. Huhn. Ich habe schon Heimweh nach den Kindern, nach ihren weichen zärtlichen Ärmchen u. süßen Stimmen. Ach Erwin, daß Du sie immer entbehren musst. [...] So, und nun will ich denken, ich ginge jetzt noch in der Dämmerung mit Dir Arm in Arm an den Tennisplätzen vorbei u. nicht so allein. Gott behüte Dich. Bleib gesund. In großer Liebe umarme u. küsse ich Dich.

Deine Margot

Nr. 23 [Nr. wieder von Erwin nachgetragen, weil wieder ausgeschnitten] Baden-Baden, 29.VI.44 (Eing. 12.11.44)

Mein lieber liebster Erwin, Mutti hat mir telegrafiert, daß ein Brief von Dir unterwegs sei! Ach, wie freue ich mich darauf! Endlich, endlich wieder Nachricht. [...] Ich habe beschlossen, am Abend in den Spielsaal zu gehen, denn das muss doch ein Glückstag sein, wenn ein Brief von Dir kommt! [...] Sonntag, 1. Juli. Nach 42 Tagen Warten Deine ersten Briefe!! Ach, Geliebter, welche Freude. Gestern noch der vom Ostersonntag u. jetzt Nr. 17 u. 19. Vielen Tausend Dank. [...] Für mich ist es wirklich noch größere Freude zu wissen, daß meine Briefe Dich erreichen, als Deine zu bekommen, weil ich mir nur zu gut vorstellen kann, wie sehr Du darauf wartest! [...] Nein, Du hast tausendmal Recht – mein graues Haar oder die Fältchen um die Augen werden Dich nicht stören, so gut sollte ich Dich doch kennen! Immerhin hast Du Dir ja auch einen Typ ausgesucht, der nicht dick u. schwerfällig wird! Und meine Liebe zu Dir ist so groß u. so warm, Erwin, daß sie mit ihrer Kraft auch die jüngste u. schönste Frau besiegen könnte! Ja, Du hast Recht, warum sollten wir nicht glücklicher noch sein als je? Ist es doch natürlich, daß wir dann erst wirklich wissen, was Liebe ist u. tun kann! [...]. Nein, Geliebter, Zeit will u. werde ich für Dich haben, so viel, daß Du mich noch über kriegst!! [...]

Nr. 31., Loveday, 10. Juni. 1944. (eing. 18.12.44)

Meine liebste Margot, gestern kam Dein lieber Brief Nr. 95. Eigenartig wie Deine Briefe seit Nr. 91 genau der Reihe nach angekommen sind, während davor, zurück bis Nr. 72, immer noch elf Briefe fehlen. […] Nach der Landshuter Photo zu schließen, scheint Karin ja sehr an Dir zu hängen […] Daß Albert ausgerechnet mich am liebsten hat, ist nur zu gut verständlich, denn ich komm ihm ja nie zu nahe! Die Kinder werden sich ja von ihrem Papi, von dem sie wohl nur Gutes hören u. nie Unangenehmes zu spüren bekommen, ein Bild von einem Idealwesen machen u. dann, wenn er mal in die Erziehung eingreifen wird, sehr enttäuscht von ihm sein. Aber vielleicht hast Du sie bis zu meiner Rückkehr schon so gut erzogen, daß mir nichts mehr zu tun bleibt, als mich daran zu freuen?! Ich bin doch ein unverbesserlicher Optimist, nicht wahr, meine Margot? Ich freue mich aber sehr für Dich, daß Karin in ihrer Entwicklung u. auch im Essen Dir so viel Freude macht. Die Ess-Unlust Alberts wird hoffentlich bald vergehen. Daran hab ja wohl ich Schuld, denn den geringen Appetit hat er eher von mir als von Dir geerbt. Wie ich darin als Kind war, weiß ich allerdings nicht. […] Sei nun innigst umarmt u. geküsst von Deinem Dich sehr liebenden Erwin.

Nr. 32., Loveday, 15. Juni 1944. (Eing. 8.2.45)

Meine Liebe, für Deinen Brief Nr. 95 dankte ich Dir schon […]. Die Zigarren von Sioallah kannst Du mir hoffentlich schicken. Es sind gerade in letzter Zeit wieder verschiedene Privatpäckchen mit solchem Inhalt angekommen […]. Die Annahme solcher Päckchen soll allerdings von der Beurteilung u. dem guten Willen der Annahmestelle abhängen u. daher gelegentlich verzögert werden. […] Bis ich nach Hause komme, wird mir Karin eine Weste oder einen Schal stricken können, wenn der Eifer anhalten sollte. Ich lass mich aber nicht lumpen u. habe für sie einen Schal selbst gewebt. Und kalt duschen tut ihr beide nach dem Bad, das ist recht so. Ein Wannenbad haben wir natürlich nicht, aber schöne heiße

u. kalte Duschen, wovon ich im Sommer letztere mehrmals täglich benütze. [...] Sei nun mit Deinen beiden Schwälblein sehr innig gegrüßt u. geküsst von Deinem Erwin.

Nr. 33., Loveday, 23. Juni 1944. (Eing. 3.3.45)

Meine geliebte Margot, eben war die Entlassungsfeier der Abiturienten. Elf der Anfang v. Ja. aus dem Familienlager in Tatura in unsere Lagergemeinschaft überwiesenen jungen Leute aus Palästina, die, weil sie 18 Jahre wurden, aus dem Familienlager u. von ihren Eltern, mit welchen sie vor 4¾ Jahren interniert wurden, wegmussten, haben vorgestern die Reifeprüfung bestanden. An Lehrern für die Vorbereitung hierzu fehlte es uns in der iran.-deutschen Kolonie ja nicht [...].

Du schriebst einmal, daß es mir später wohl schwerfallen wird, mich wieder in ein enges bürgerliches Leben einzufinden. Ich glaube es nicht, denn erstens habe ich hier größere Anpassungsfähigkeit gelernt u. zweitens Hat L., der ja im ersten Weltkrieg 5 Jahre interniert war, sicherlich Recht, wenn er schreibt, daß man danach die Freiheit u. das Leben erst doppelt zu schätzen weiß. Ich stelle es mir jedenfalls auch so vor. Wenn ich erst wieder Dir über Deine seidenen Haare streichen kann – man kann sich ja so etwas kaum noch vorstellen u. die Kinder an der Hand nehmen kann, dann zählen äußere Umstände gar nichts. Übrigens seit 8 Tagen trage ich einen Schnauzbart, was mir nach dem Urteil anderer gut stehen soll. Mal sehen, ob ich ihn behalten werde, bis ich heimkomme u. was Du dann sagen wirst. Natürlich nur ganz kurz u. mittelbreit. Ich glaube, mein Gesicht wirkt dadurch breiter. Post habe ich seit 14 Tagen nicht bekommen; Nr. 95 ist noch immer Dein letzter u. neuester Brief. Mit vielen Küssen sende ich Dir meine ganze große Liebe, Dein Erwin.

Nr. 34., Loveday, 29. Juni 1944. (eing. 9.12.44)

Meine geliebte Margot, heute Vormittag kamen Deine 3 lb. Briefe Nr. 97-99 an, die mich unendlich beglückten, besonders der vom 11.3. So ist die lange Pause, die durch Deine Reise nach Berlin entstand u. mich 3 Wochen ohne Post ließ. reichlich wett gemacht […]. Seit 10 Tagen hören wir hier am Radio u. aus Zeitungen, daß ein Abkommen über den Austausch aller Zivil-Internierten zwischen England u. Deutschland getroffen worden ist. Wir sind natürlich großer Stimmung u. voller Hoffnungen, obwohl wir noch nichts Näheres darüber wissen, wann wir an die Reihe kommen werden. Aber wir haben doch ein Ziel vor Augen u. das Ende in Sicht u. wenn's auch nicht das Kriegsende ist, so hab ich's doch gemerkt, wie meine Tochter hoffte. Allerlei Gedanken schwirren mir jetzt durch den Kopf, man macht Pläne u. kann sich auf keine geistige Tätigkeit mehr richtig konzentrieren, weil die Gedanken sich immer wieder auf das eine Ziel richten. Ob ich Weihnachten bei Dir bin oder vielleicht schon früher? Die beiden ersten Male kamen wir nach langer Trennung in den Monaten Oktober/Nov. wieder zusammen, 1932 in Baden-Baden u. 1934 in Magdeburg. Wird es auch diesmal einer unserer Geburtstags-Monate sein? Ob Du schon Näheres weißt? Wie ich im letzten Brief schon schrieb, will ich mit einem Schnauzbart heimkommen. Hoffentlich erschreckt er Dich nicht zu sehr. Er soll mir gut stehen, obwohl ich dadurch älter scheine. Von Lisel hatte ich heute einen Brief vom 14. März mit guten Nachrichten über die Eltern. Nun hoffe ich, daß anstelle der Buchstaben bald meine Stimme zu Dir sprechen kann u. küsse Dich sehr herzlich, Dein Erwin.

Nr. 35., Loveday, 4. Juli 1944. (eing. 9.12.44)

Meine Liebste, wie sehr ich mich über Deine 3 geliebten Briefe Nr. 97-99 freute, schrieb ich Dir schon am 29.6. […]. Dein Traum mit den roten Samtshorts ist eigenartig. Ich erwähnte, glaube ich, nie, daß wir hier burgunderrot gefärbte Hosen u. Jacken gestellt bekommen u. nur in dieser Kleidung aus dem Lager hinausdürfen, also zu Arbeiten außerhalb oder zum Golfspielen. [...] Wie viele Namen u. schöne Erinnerungen kamen mir beim Lesen Deiner Zeilen ins Gedächtnis zurück, als ob es erst kürzlich gewesen wäre, daß wir zusammen dort waren! Und inzwischen wirst Du wohl auch in Baden-Baden, wo Du an einem Oktobertage ganz früh aufstandest, um auf der Glasveranda des Haus National mit mir zu frühstücken u. mich dann zur Bahn begleitetest, von der Du mich einige Tage zuvor in Oos abholtest. Wann u. wo wirst Du mich das nächste Mal abholen. Vielleicht sehr bald, meine Margot, nachdem Du diesen Brief erhalten haben wirst, oder, wenn er lange genug unterwegs ist, womöglich gar schon vor seinem Eintreffen. Wenn wir nur erst wüssten, wann wir an der Reihe sind, damit wir die Tage am Kalender abstreichen können! Mit meiner ganzen Liebe sende ich Dir viele innige Küsse, Dein Erwin.

Nr. 24, Baden-Baden, Hotel Haus National, 2.VII.44 (Eing. 19.11.44)

Mein liebster Erwin, schon der vorletzte Sonntag in Baden-Baden! Ich mag gar nicht daran denken, daß ich hier wieder wegmuss. Es ist zu eigen, da ich doch Norddeutsche bin, aber hier im Badischen fühle ich mich heimatlich, kein Vergleich z.B. mit Bayern! Mag daher kommen, daß mir der hiesige Tonfall u. die Art doch durch Deine Familie schon vertraut geworden ist. Könnte ich doch hier mit den Kindern leben! Wie leicht könnte man dann mal mit Trudel oder Gretel, ja sicher auch Lisel u. Hanna zusammenkommen. Und die Eltern könnten endlich einmal unsere Kinder kennen lernen. [...] Nach 6 Wochen kamen nun Deine lieben Briefe Nr. 17 u. 19 u. 20. Ich antwortete Dir gestern per Luftpost. [...]

Mittwoch, 5.VII.44. Schon wieder 3 Tage herum – festhalten möchte ich jede Stunde! Der Brief hätte längst fort gesollt, aber [...] Du siehst, ich führe ein so bewegtes Leben hier, daß ich „keine Zeit" habe! Ach Erwin, ich genieße es ja so restlos. Das kann sich kaum jemand vorstellen, wie sehr! In Gedanken schreibe ich Dir ja dauernd Briefe, z.B. jedes Mal, wenn ich am Quellenhof vorüberkomme u. das ist fast täglich auf dem Weg zu den Bädern – dann muss ich schnell mit dir von damals sprechen, als Du dort u. ich im Reichert wohnten u. uns so nach einander sehnten, ohne es einzugestehen. Einen Brief schriebst Du dann einmal aus dem Quellenhof, der begann: auf meinem Tisch steht ein Topf mit blühendem Heidekraut u. unsichtbar steht darin geschrieben „Margot" – komisch, ich erinnere das genau! Und wie wir einen Abend zusammen im Kurhaus Sekt tranken u. Du mich nachher auf einem kleinen „Abstecher" auf dem Weg zur Sturka-Kapelle geküsst hast. Ja, so viele Erinnerungen hat Baden-Baden! Bist Du entsetzt, daß ich mich ein bisschen nach einer eigenen Wohnung in dieser Gegend ungesehen habe?! Natürlich nicht in Baden-Baden selbst, denn ich muss mit den Schwälblein ja bei der Kuh bleiben, aber vielleicht in einem dieser reizenden sauberen Dörfer, die alle aussehen wie Villenorte, gegen die der Schmutz u. Primitivität der Gegend, in der ich letzten Winter verbrachte! Aber es wird nur ein kl. Traum bleiben, denn natürlich ist alles längst belegt bis unters Dach u. ich muss tapfer einem 2. Winter in meiner freiwilligen Internierung entgegensehen! [...] Von Mutti heute wieder so lieber Brief über die Kinder. Ich habe allein herzlich lachen müssen: Albert mit Steffi u. Ursula im größten Dreck am Graben auf Froschfang! Verbotenerweise am Graben! Ich sehe den kl. Mann vor mir, wie er an Omamas Hand schuldbewusst gesenkten Hauptes sich ins Haus führen u. stillschweigend ins Bett bringen lässt. Nach 1 Stunde kommt die Omama u. sieht, w e er die Wand hinter seinem Bett malträtiert hat, da muss er zur Strafe auch noch sein Mittagessen im Bett nehmen. Er isst –

wieder stillschweigend – mit großem Appetit. Als er fertig ist, erkundigt er sich liebenswürdigst: „Omama, warum muss ich eigentlich im Bett Mittag essen?"

Tschüss mein Herz! Möchte dieser Brief Dich gesund u. bald antreffen! Lass Dich umarmen mit einem Kuß. Immer immer Deine Margot"

Brief von Pater Beda (s. o. ersten Brief v. 17.4.):

Schäftlarn, 17. 7. 44

Liebe Frau Spiegel,

Ich habe Ihren Brief vom 10. ds. Mts. am 16. erhalten. Wir leben von einem Schrecken zum anderen, denn seit der Zeit, wo Sie ihren Brief abschickten bis gestern hat München viermal amerikanische Bomber über sich gehabt. Die Stadt ist ganz dahin, wir sehen immer noch Rauch aufsteigen, da Mangel an Wasser herrscht, kann der Brand nicht gelöscht werden.

Doch ich komme zu Ihrem Briefe selbst. Die innige Teilnahme, die mein Herz empfand, als ich ihn las, ließ jedoch Raum für eine nüchterne Verstandeserwägung aus meiner Jugendzeit und die ist eine Erinnerung an einen Ausspruch unseres alten Mathematik-Professors: Kinderchen, was macht sich die Sonne daraus, wenn ein Frosch sie an quakt. Ich weiß zwar nicht, um was es sich bei Ihnen handelt, aber ich sage: Frau Spiegel, was sollen Sie sich daraus machen, wenn eine kleine Person Sie an quakt. Ihre Ehre wird dadurch nicht verletzt, selbst wenn sie eine geborene und verheiratete Gräfin ist. Gewiss ist das hart und bitter, aber Sie müssen sich darüber hinwegsetzen in der kühlen Erwägung, die Sie ja auch andeuten: Dort haben Sie Ruhe, haben zu essen und ein Dach über dem Kopf mit Ihren Kindern. Sie kommen sonst nirgends unter, da alles überflutet ist von Ausgebombten und Flüchtlingen, zu denen jetzt auch die Ostpreußen kommen und bald noch mehr, wenn der Krieg nicht aufhört. Ich glaube ja, daß er bald aufhört und dann sind Sie ja frei. Aber bis dahin heißt es: auf die Zähne gebissen und ausharren.

Daß Ihr Bruder von seinem Einsatz nicht zurückgekehrt ist, ist noch nicht die Gewissheit von seinem Tode, es kommen da merkwürdige Dinge vor. Z.B. hat ein Pater von hier von seinem Bruder in Cherbourg lange keine Nachricht erhalten und die Briefe kamen zurück. Da erhielt er plötzlich von ihm Nachricht aus einem Lazarett. Ebenso war der Bruder eines anderen in der Festung Sewastopol lange vermisst und auf einmal kommt von ihm Nachricht. Also nicht die Hoffnung aufgeben. Muss sie aufgegeben werden, wird es immer noch früh genug sein, und dann in Gottes Namen, ohne den kein Haar von unserem Haupte fällt.

Seien Sie etwas mutig. Ich werde Ihnen mit meinen Gebeten beistehen, soweit ich armer Mensch es kann. Vertrauen Sie auf Gott und Ihr gutes Gewissen und suchen Sie bei ihm Trost und Zuversicht. Er wird es Ihnen reichlich gut machen. Sie müssen wie ein Kind ihm Ihr Herz ausschütten. Und nicht wie ein von allerlei Bedenken angekränkelter Mensch. Wir sind leider keine naiven Gotteskinder mehr und doch müssen wir es wieder werden. Lasset die Kinder zu mir kommen und wehret es ihnen nicht, denn ihrer ist das Himmelreich.

Ich will nicht predigen, aber es ist gut, einmal wieder die Dinge zu hören, von denen ich erst in meinem Alter ganz durchdrungen worden bin. Und alle meine gelehrten Studien und aller Gelehrtenkram verblasst vor diesen einfachen Dingen.

Wie es mir geht? Ich sagte, man lebt von einem Schrecken zum anderen. Den größten hatten wir in der Nacht vom 13. Zum 14. Juni, wo unser Kloster von Bomben umsät wurde, wo in Ebenhausen und Schäftlarn über 40 und in der Gegend vom Kanal auch 40, also im Ganzen über 80 Bomben fielen. Und doch hatten wir keinen Verlust an Menschen und Vieh zu beklagen, es war wie ein Wunder Gottes. Nur ein Stadel ist abgebrannt und viele Fenster zerbrochen. Aber seit der Schreckensnacht ist man zerrüttet und fürchtet neuen Schrecken. Aber wie Gott will, er hat uns sichtbar beigestanden, er wird es auch ferner tun. Sein Wille geschehe wie im Himmel so auch auf Erden.

Grüßen Sie ihre liebe Mutter und die Kinder und seien Sie herzlich gegrüßt,

Ihr P. Beda

(Anm.: Der Brief mit der Nr. 25 fehlt. Ende Juni war Margot eine Woche in Baden-Baden zur Kur. Sie hat von dort mehrere Briefe an ihre Mutter und an einen Rechtsanwalt geschrieben, die sich mit einer unangenehmen Sache in Kapfing befassten, in der Margot auf einer Art Ehrenerklärung eines Offiziers bestand, die sie dann im Juli auch erhielt und die lautet):

Erklärung, Landshut, den 12. Juli 1944,

Unter der Voraussetzung der Erledigung dieser Sache, erkläre ich folgendes: Ich habe Gräfin S. gegenüber eine Frau M. Spiegel betreffende Äußerung gemacht, die dahin verstanden werden konnte, daß Frau Spiegel nachts versucht habe, sich mir zu nähern. Ich bedaure dieses.

Jedenfalls erkläre ich hiermit, dass jene Äußerung jeder tatsächlichen Unterlage entbehrt, und das ich nichts der fraulichen Ehre von Frau Spiegel Abträgliches behaupten kann.

J. – Oberleutnant.

(Anm.: Margot hat Erwin möglicherweise im nicht erhaltenen Brief Nr. 25 darüber geschrieben. Oder auch gar nicht, wegen der Zensur. In ihren späteren Erzählungen erwähnte sie mal, dass sie dies sowie überhaupt das „zu ausgelassene" Leben von Offizieren im Schloss und die damit verbundene Gerüchteküche im Dorf veranlasst habe, Kapfing zu verlassen).

Nr. 26, Kapfing, 23.VII.44, 2 Photos, (Eing. 5.5.45)

Mein Geliebter – von Deinen liebsten Briefen fehlen noch [...]. Die Reise nach Baden-Baden, vielmehr den Aufenthalt dort, habe ich von ganzem Herzen genossen u. ich möchte Dir heute noch einmal von Herzen meinen sehr innigen Dank sagen, liebster Schwalbenvater, für die genussreichen Tage. Wieder habe ich es einmal für Dein Geld so sehr gut gehabt u. habe dann immer ein bisschen schlechtes Gewissen, wenn ich an Dich denke, weiß aber ja, wie Du es mir gönnst u. Dich mit mir freust. Ich habe Dir eben mit Luftpostschrift einen ausführlichen Bericht gemacht [wohl der fehlende Nr. 25] über das plötzliche u. traurige Ende meiner Kur – da an Lilo die Nachricht kam, daß Roderich in der Nacht vom 28. auf 29. Juni vom Feindflug nicht zurückgekehrt ist, reiste ich unverzüglich zu Mutti hierher zurück. [...] Und die Gegensätze zwischen denen hier und uns in der ganzen Lebensauffassung u. allem, machen sich mit der Zeit doch immer bemerkbarer u. den Aufenthalt hier im Hause nicht immer angenehm. Ich kann ja auch ein Maß von Frivolität vertragen, aber in dieser bitterernsten Zeit gibt es doch Grenzen, mag man noch so jung sein! [...] Oh, wie tut es gut, nach der Luftpostschrift wieder normal schreiben zu können – als wenn man nach deutschem Trab in einen weichen schwungvollen Galopp fällt. Ich würde gern noch „großzügiger" schreiben – aber ich muss Papier sparen.

[...] habe ich schwer nachgedacht, wie soll ich meinen Verlust bei der Spielbank verbuchen? Ja Erwin, Dein leichtsinniges Weib hat sich ans Roulette gewagt u. wie üblich nur verloren! Zu eigen, daß ich aber auch immer beim Spiel verliere – außer bei Spielen, bei denen es auf Geist ankommt! Das erste Mal 50,- Mark, das nächste Mal 100,- Mark, beim 3. Mal 50,- Mark. Mit Lilo bin ich übrigens nicht so recht warm geworden dieses Mal. [...] Schade, wir hätten uns so viel sein können! Versicherten uns immer wieder, wie wir uns aufeinander gefreut hätten u. waren wohl beide enttäuscht voneinander. Lieber Gott, wenn Du nur nicht auch einmal enttäuscht von mir sein wirst, Erwin, beim Wiedersehen! Vielleicht bin ich wirklich schon gefühlskalt und „herb" geworden. Ich mag ja so wirken, denn es ist doch nur natürlich, daß man sich seine Gefühle nicht so anmerken lassen kann, wenn man immer u. täglich mit fremden Menschen zusammen sein muss. Außerdem bin ich, glaube ich, den meisten Menschen gegenüber immer zurückhaltend gewesen u. habe in der englischen Beherrschung oder orientalischen Gleichmut eine Art Ideal gesehen. Wie dem auch sei – ein Feuer brennt tief in mir u. wird eines Tages wieder in heller Flamme aufschlagen – die Liebe zu Dir! Geliebter, es kann ja nun nicht mehr allzu lange dauern, bis Du wiederkommst. Ich warte mit Zuversicht, die sich gerade jetzt noch gestärkt hat! Lass Dich umarmen u. küssen von Deiner Margot

Nr.27 [von Erwin nachgetragen, da im Original ausgeschnitten]. Kapfing, den 30.VII.44 (Eing. 17.2.45)

Mein geliebter Erwin, gestern kam zur heutigen Sonntagsfreude Dein lb. kl. Brief v. 18. April. Welche Mühe muss das Schreiben auf dem winzigen Bogen sein! Schreib nur ruhig immer abwechselnd per Luft u. Land resp. Wasserweg. Ich mache es jetzt ja meist auch so. Die Briefe kommen ja leider so ganz unregelmäßig an, daß es nichts ausmacht, wenn man nicht nur Luftpost schreibt. Die Hauptsache ist doch; sie kommen an, nicht? Und ich freue mich ja so über jeden lieben kl. Gruß von meinem liebsten Mann u. sei er noch so kurz u. schwer leserlich – ich entziffere ihn schon. Denn ich lese ja mit dem Herzen.

Eine ganz besondere Freude ist mir immer, wenn ich höre, daß Sias Vater Dir etwas schicken konnte. Das ist so beruhigend, nicht? Ich schreibe es dann gleich Sioallah, der sich mit mir freut.

Und Du Verschwender hast gleich 7 Zigarren an einem Tag geraucht?! Ja wo soll denn das hin?! Es zeigt mir, daß Du auf Zigarren denselben Heißhunger hast wie wir auf Obst, das in Niederbayern leider nicht wächst. Dein letzter Brief sprach von Hitze u. ich habe Dich beneidet. Hier kommt es mir so vor, als ob wir Sommer „spielen", brav unsere Sommersachen anziehen u. uns meistens fast nach Wintersachen sehnen! Wenn dann mal ein schöner warmer Tag ist, dann sind die Kinderlein kaum zu bändigen vor Freude. Zweimal erst haben sie diesen Sommer in ihrer geliebten Holzwanne a. d. Rasen baden können. Du kennst ja Karin, was sie für ein Wasserfex ist. Sie ist ein ausgesprochenes Sommerkind: wenn sie halbnackt herumtoben kann, sonnendurchglüht, dann sieht sie blühend und bezaubernd aus. Hingegen im Winter mit schweren Schuhen u. dunklen Kleidern wirkt sie blass u. steif.

Die schönen Tage von Baden-Baden scheinen märchenfern, nach allem, was inzwischen war, u. sind erst 3 Wochen her. Vielleicht war es gut, daß ich eher als beabsichtigt abreisen musste, wenn auch der Anlass ein so bitter schwerer war, da ich Mutti, wie schon geschrieben, die furchtbare Nachricht bringen musste, daß Roderich vom Feindflug nicht zurückgekehrt ist. Wir haben alle noch eine winzige Hoffnung, daß er in Gefangenschaft geraten sein möge u. noch lebe, Mutti hält sich daran, aber ich selbst kann diese Hoffnung kaum teilen. Sein Abschuss ist nicht beobachtet worden, aber wenn ich mir die Nacht u. den Kampf über Wasser vorstelle – da bleibt kaum Hoffnung. [...] Ja. so ging meine Rückreise am 8. ds. noch tadellos, nur von Landshut hierher musste ich die 15 km zu Fuß laufen. Von Planitzens haben wir noch gar nichts gehört u. machen uns auch um sie große Sorge. Aber im Allgemeinen ist es immer ein Wunder, wie verhältnismäßig gering die Opfer durch die Luftangriffe sind. Das andere kann man eines Tages wiederaufbauen.

In dieser Woche jährte sich unser Abschied zum dritten Mal. Du wirst auch daran gedacht haben, ich spüre das, denn ungewollt stand unser Teheraner Milieu mit einer Deutlichkeit vor mir, die nicht von ungefähr sein kann: Deine Gedanken werden dort gewesen sein u. mich einbezogen haben. Ach, die Sehnsucht ist oft groß. Und noch größer der Wunsch, alles mit Dir zu besprechen u. Deine Ansicht zu erfahren! Über die Ereignisse des 20. Juli kann ja wohl nur eine Ansicht herrschen. Wir wissen ja alles nur aus Zeitungen u. Radio, gemerkt hat man fast nirgends was u. wir danken Gott, der das Chaos verhütete. Wir wissen alle, daß wir durchhalten müssen. Mutti, die solche Ereignisse ja immer viel mehr bewegen als mich, entbehrt an mir oft einen gewissen Schwung. Sie selbst ist durch Papis Beruf eben doch an politisches Denken gewöhnt u. nimmt von jeher an allem immer den größten Anteil. Sie sagte gestern Abend einen schönen Satz, der mir in seiner Größe u. Schlichtheit immer unvergesslich sein soll: „siehst Du, Margot, ich lebe nicht nur in Deutschland – ich lebe mit Deutschland" u. unausgesprochen lag darin: ich lebe oder strebe mit Deutschland. Ob einer von uns jemals Muttis ganze Größe erkennen wird? Möchte Karin so werden wie sie!

Unser Karinchen lebt nun ihre letzten freien Kinderwochen – am 4. Sept. fängt die Schule an. Ich versuche sie öfters zu kl. Hilfen heranzuziehen, denn sie ist ausgesprochen faul. Sehr aufschlußreich war die Verschiedenartigkeit der Geschwister jetzt beim Himbeeren-sammeln. Mutti u. ich nahmen eines Morgens Albert mit im Wald u. der kl. Mann sammelte emsig wie ein Bienlein, scherte sich nicht um die „piekenden" Brombeerranken u. war mit Freude u. Eifer dabei. Am Nachmittag nahm ich Karin u. ihre kl. Freundin Elfriede aus dem Dorf mit, hoffte sie würde es nun Elfriede gleichtun. Aber nein, Karinchen maunzte u. jaulte, wenn sie sich an den Beinen piekte, pflückte mal hier u. da, die meisten in den Mund, u. redete dabei unaufhörlich. Sie brachte nichts zusammen. Da nahm ich am nächsten Tag beide Kinder mit u. siehe da- Karin folgte Alberts Beispiel u. pflückte ihr Eimerchen voll. Zu nett war es, ihrem Geplauder untereinander oder kl. Selbstgesprächen zu lauschen. „Komm meine kl, Biene, dies ist meine Beere" sagte Brüderlein, u. auch mit den Beeren, mit den Blumen u. sogar mit der Sonne unterhielt er sich in süßen Tönen. Die Beiden sprechen so ähnlich, Erwin, daß ich, wenn mich einer vom Nebenzimmer ruft, oft nicht ihre Stimmen unterscheiden kann. Gestern rief Albert paar Mal „Papi mein Papi", ich fragte, warum rufst Du ihn denn? „Weil ich ihn so lieb hab!"

Wir haben aus München noch 4 Personen ins Schloss bekommen, vom Museum. Den Dr. K. mit Frau, die eine köstlich natürliche hübsche Person in meinem Alter ist, einen Oberst u. einen Inspektor, einfachen, aber gutmütigen Mann. Nun sind wir bei Tisch 12 Personen, da auch noch 2 ältere Damen zur Erholung hier sind. Die eine schläft bei der Gräfin im Schlafzimmer! Die aus München sind in den Museumszimmern untergebracht. Es ist ganz nett, ein paar mehr Menschen zur Abwechslung. Nun Ade für heute, Liebster! Karin, Albert u. ich grüßen Dich von Herzen!

Immer u. immer Deine Margot

Nr. 36., Loveday. 6. Juli 1944 (Eing. 28.1.45)

Meine Liebste, heute trafen Deine beiden lb. Briefe Nr. 2 u. 5 ein, u. ich war froh zu hören, daß mein Foto angelangt ist, so daß Du sehen konntest, wie ich nach 1 ½ Jahren Trennung aussah. […]. Ganz reizend fand ich das Bildchen vom Neujahrsmorgen, die Kinder auf Skiern u. Du siehst sehr wohl aus. […] Karin beinahe zünftig u. Albert drollig u. frech, als ob er gar keine Bretter an den Füßen hätte, die mir fast vorkommen wie meine Holzsandalen, die ich zum Duschen anziehe. Danke bitte Gräfin Spreti für ihre Zeilen v. 24.3., über die ich mich sehr freute.

In diesem Lager haben wir uns wieder gemütlich eingerichtet, Lauben errichtet, eine größere u. schönere Bühne gebaut, einen [...]raum, den wir im alten Lager nicht hatten; Bastelwerkstätten, ein geräumiges u. von Krüger kunstvoll ausgestattetes Café, in welchem den ganzen Tag über Café ausgeschenkt, belegte Brote (mit Wurst, Schinken, Leberkäse usw.) u. Gebäck verkauft werden u. man sich auf Bestellung Eierspeisen, Sülze, Knödel etc. machen lassen kann. Vergangene Woche hatten wir die kältesten Tage seit unserer Internierung mit -5 Grad C. nachts. Beim Aufstehen morgens nur knapp 0 Grad. Aber über Mittag herrlich warmer Sonnenschein, so daß ich beim Umgraben im Garten heftig ins Schwitzen kam, obwohl ich Jacke u. Pullover ausgezogen hatte. Mein Turnen macht gute Fortschritte, die Kippe geht wieder u. sogar die Flanke übers 2,30 m hohe Reck, was ich früher nicht konnte. [...]

Ich bin glücklich, Euch drei gesund zu wissen u. Dir dankbar, daß Du die Kinder so wohl hältst. Dafür einen liebsten Kuß von Deinem Erwin. (im Bild Mitte)

Nr. 37., Loveday, 11. Juli 1944 (Eing. Jan. 45)

Meine geliebte Margot, ein musikreicher Tag liegt hinter mir: heute Vormittag 1½ Stunden Cello geübt, am Nachmittag 2 Stunden Orchester, wo wir z. Zt. die Ouvertüre zu Rosamunde u. das Larghetto aus der II. Sinfonie von Beethoven spielen, u. nach dem Abendbrot 1½ Stunden Haydn-Trios für Violine, Flöte u. Cello. Du siehst, ich bin fleißiger Musiker geworden u. es macht mir viel Freude. Dafür habe ich das Golf spielen z. Zt. etwas zurückgestellt. Seit kurzem spiele ich auch wieder Tennis, aber höchstens 1 bis 2mal die Woche, um meine neuen Bälle, die ich ergattern konnte, möglichst zu sparen, damit ich lang daran habe. Andererseits aber hoffe ich nicht mehr so lange hier zu sein, wie die Bälle halten werden, im Hinblick auf die bevorstehende Repatriierung. [...]

Nr. 38., Loveday, 14. Juli 1944 (Eing. 9.12.44)

Meine geliebte Margot, was für frohe Tage warten gestern u. heute. Gestern kamen Deinen sehr lb. Briefe Nr. 96, 100 u. 1 mit den netten Zimmer-Aufnahmen von den Kindern; heute Bertis Geburtstag, kalt u. regnerisch, also keine 30 Grad C, unter denen Du damals zu leiden hattest, dann wurde eine große Sendung Zigaretten, Tabak u. Süßigkeiten vom Deutschen RK verteilt u. die Zeitung brachte die Nachricht über den ersten Austausch von Internierten aus Südafrika in Lissabon. Wann wird eine gleiche Meldung über uns in den Zeitungen stehen? Man platzt beinahe vor Spannung u. Ungeduld. Ob Du Dich gleich mit Ffm. in Verbindung setzt, was man nach der Heimkehr mit mir vorhat. Und je nach dem Bescheid bittest, daß man sich für uns nach einer geeigneten Wohnung, evtl. möbliert, umsieht, möglichst Vorort, Taunus oder Bergstraße? Du ahnst ja nicht, was mir jetzt alles durch den Kopf scheint. Mit gleicher Post schreibe ich an Josep (in Lissabon), daß er Dich zu sich einlädt, damit wir uns dort treffen können. [...] Nun feiere mit Brüderlein einen schönen Geburtstag, den letzten ohne mich. Bald werde ich Dich in meine Arme schließen u. herzhaft u. nach Lust küssen, Dein Erwin.

Nr. 39., Loveday, 23. Juli 1944 (Eing. 29.9.44)

Meine geliebte Margot, am 16. Juli kamen Deine lb. Briefe Nr. 4 u. 6 an. [...] Auf Deine Briefe aus Baden-Baden warte ich sehnsüchtig, da sich an diesen Ort so viele lb. Erinnerungen knüpfen. [...] Im letzten Brief schrieb ich über Joseps Einladung an Dich. [...] Fahre ruhig 1-2 Wochen früher hin – Ihr werdet ja dort erfahren, wann wir hier abgereist sind, von wann ab wir 4-5 Wochen unterwegs sein werden. [...] Ach, es klingt ja wie ein Traum, Dich dort schon in meine Arme zu schließen. [...] Sei innigst gegrüßt und geküsst von Deinem Erwin.

Nr. 40., Loveday, 28. Juli 1944 (Eing. 6.12.44)

Meine Liebste, heute vor 3 Jahren verabschiedeten wir uns am Zollhaus in Bazirgan, ohne zu wissen, daß es eine so lange u. harte Trennung werden würde. Eine böse Vorahnung steckte allerdings schon damals in mir. Drei Jahre lang haben wir immer ins Ungewisse Auf ein „baldiges" Wiedersehen gehofft u. doch schien dieses in immer weitere Ferne zu rücken, bis es jetzt seit einigen Wochen durch das Austausch-Abkommen plötzlich in greifbare Nähe gerückt ist. [...] Heute kamen Deine lb. Briefe Nr. 7 u. 13 u. ein Paket aus Ffm. v. 14. März mit viel brauchbaren Medikamenten u. 20 schönen Zigarren, deren Rauch gerade diese Zeilen umwölkt. Ich bin aber sehr betrübt, daß es mit Baden-B. nichts wurde, zumal ich ja Garmisch nicht als eine gründliche Erholung für Dich betrachte. In meinem Brief Nr. 10 hast Du meine Anregung mit dem Internat für Karin ein bisschen falsch ausgelegt, was ja nicht verwunderlich ist, wo ich mich immer so kurzfassen muss u. kaum die Hälfte von dem zu Papier bringe, was ich sagen will. Im nächsten Landpostbrief, wo ich mehr Platz habe, komme ich darauf zurück. Am 12. Juli schrieb ich Lilo, um ihr zum Töchterlein zu gratulieren. Ansonsten werde ich an Bekannte u. Geschwister nicht mehr viel schreiben im Hinblick auf die baldige Heimkehr. Mit all meiner Liebe grüße u. küsse ich Dich, Dein Erwin.

Nr. 41, Loveday, 6. August 1944 (ziemlich beschädigt, Eing. 1.2.45)

Meine geliebte Margot, vergangene Woche war leider ohne Post für mich u. gerade in diesen Tagen, wo die sonstigen Nachrichten nicht sehr rosig klingen, sehnt man sich doch ganz besonders nach Briefen aus der Heimat. Ich denke viel an Annie u. Irmgard, Lisels Kurt u. Kesselheim, denen sich die Brennpunkte der Ereignisse immer mehr nähern. Wie weit noch? Mit dem Austausch geht es langsam voran, so daß unsere Geduld in jeder Beziehung auf harte Proben gestellt wird. Aber wenn die Heimat durchhält, dann können wir es auch.

Nun zu Deinem Brief Nr. 7. Ich schrieb schon, daß Du meine Zeilen vom 20.2. nicht richtig verstanden hast. [...] Ich meinte so, daß die Nachteile, die eine Trennung von Karin für Euch bringen würde, durch gewisse Vorteile wieder ausgeglichen würden u. letztere vielleicht überwiegen würden. Dabei habe ich nicht nur an die Zeit der Trennung, sondern besonders auch an die Zukunft gedacht. Erstens dachte ich dabei ja an keine allzu lange Trennung, die ja auch durch Ferien unterbrochen würde, u. wenn es mit dem Austausch was wird, wird ja doch zum Frühjahr eine Änderung eintreten, wenn ich zu Hause bin. Karin hätte dann gleichaltrige Gespielen u. wäre nicht so allein u. immer nur mit Erwachsenen zusammen. Der Schulweg, der dort im Winter nicht angenehm ist, u. das Einschleppen von Krankheiten entfiele. Eine Gemeinschaftserziehung schadet sicher nicht u. Karin gewöhnte sich leichter an Selbständigkeit. Wenn wir später mal wieder ins Ausland gehen sollten, so wird für kurze Zeitspannen vielleicht doch mal wieder eine Trennung nötig u. Karin ist es dann schon ein bisschen gewöhnt., auch Du, u. das Heimweh wird nicht so schlimm sein. Schließlich würde es auch Deinen Nerven guttun, wenn Du mal eine Zeit lang nur Berti zu versorgen hättest. Sieh, meine Margot, wir Erwachsene wissen, warum Du jetzt in einer einsamen Gegend u. ich hinterm Stacheldraht leben, ein Kind weiß aber nicht, warum es Gespielen usw. entbehren muss. Schließlich war der Vorschlag ja auch nur für den Fall, daß ein Schulbesuch, Religionsfrage usw. dort eben auf Schwierigkeiten stoßen würde, denn es ist für mich ja schwer, die dortigen Verhältnisse richtig zu beurteilen. Lege also Deinen Kummer ruhig wieder ab, denn meine Beweggründe waren andere als Du vermutest hast. Komm in meine Arme u. lass Dich herzlich küssen, Dein Erwin.

Per Postkarte als Luftpost:

Kapfing, 23. VII. 44 (Eing. 18.11.44)

Liebster Erwin, vielleicht erreicht Dich ein Kartengruß mal etwas schneller? Dein lb. Brief vom 2. Mai kam vor einer Woche – da hattest noch nicht meine Briefe über Weihnachten! Aber wenigstens einen vom 17. Jan. u. an der Nummernfolge weißt Du, wie viele Dir noch „bevorstehen", alle mit so viel Liebe geschrieben. Möchten sie Dich noch erreicht haben! Dein Brief Nr. 7 kam gestern u. Nr. 17, 18, 19 u. 20 sind auch da. Tausend Dank. Dein Brief vom 28. März war wieder eine ganz besondere Freude! So lieb! Wie tapfer, daß Du Barren turnst […]. Die Kinderlein sind lustig u. gesund. Nur zu schade, daß sie diesen Sommer so viel im Zimmer sein müssen. In 6 Wochen kommt Karin in die Schule […].

Nr. 28, Kapfing, 3. Aug. 44, 2 Photos (Eing. 17.12.44)

Mein sehr geliebter Erwin, die Gräfin radelt heute Nachmittag nach Landshut, um den kl. Leutnant Kögl zu besuchen, der dort im Lazarett liegt, da will ich die Gelegenheit benutzen, um schnell einen Gruß für meinen Schwalbenvater fertig zu machen. Die Schwälblein sitzen gerade am Mittagstisch im Kinderzimmer u. die liebe gute Omama hat seit längerem übernommen, mittags u. abends die Fütterungen mit ihnen zu machen, während ich morgens u. nachmittags den Herrn Sohn stopfe. Er interessiert sich immer noch nicht richtig fürs Essen, aber allmählich ist er nun gewohnt, größere Mengen eingepramft zu bekommen, u. lässt es Gott ergeben über sich ergehen. Seit Januar hat er immerhin wieder 1½ Pf. zugenommen u. an 30 Pf. fehlt ihm nur noch eines. Aber mir ist immer eine Beruhigung, wie fest seine langen dünnen Glieder sind – muskulös! Karin macht ja keinerlei Schwierigkeiten mehr beim Essen, im Gegenteil, sie isst gern gut! Wenn Albert immer nur Speck u. Wurst bekommen würde, würde es auch wie geschmiert gehen, denn das ist nun mal seine Leibspeise. Wir haben ja so viel Freude an dem Bübchen. Du solltest nur einmal hören, wie süß er von seinem Papi spricht! „Mein Papi ist staak" erzählte er gestern Abend Hedwig, wie sie die Betten ablegte, „weiß Du, der ist viel stärker als Euer Papi, der kann die Mutti auf den Aam nehmen". Das sind so die Sachen, die sich die beiden so untereinander ausdenken. „Und er kann auf dem Kopf stehen" „Ich kann es auch!" Die Omama hat ihm so oft beim Essen vorgebetet, daß er doch auch so groß u. „staak" wie sein Papi werden wolle, daß Du nun seine Idealfigur geworden bist. Ach, und wie das Karinchen strahlt, wenn wir davon sprechen, wie es sein wird, wenn unser Papi wieder da ist. Das geht ihr denn doch wohl noch über Pferde!! Erwin, wo soll das bloß hin mit dem Kind mit ihrer Pferdeliebhaberei?! Heute an einem kühlen, regnerischen Morgen (August?!) haben sie wieder den ganzen Morgen im Zimmer Pferd gespielt. […] Wie geht es Dir, mein Geliebter? Hoffentlich sind meine Briefe alle angekommen? Ich fürchte manchmal, es gehen jetzt doch allerlei verloren, was ja kein Wunder wäre. […] Es sind harte Zeiten. Aber der Gedanke an Dich u. daß wir uns wiedersehen werden ist immer ein Trost. Ich muss schließen. Leb wohl Liebster. Die Eltern sind in Pforzheim. Einen lieben süßen Kuß u. all meine Liebe u. guten Wünsche sendet Dir Deine Margot

Und auch diese Postkarte erreichte Erwin per Luftpost:

Kapfing, 10.8.44 (Eing. 22.12.44)

Liebster Erwin, ich will jetzt öfters Karten senden, denn ich glaube, die reisen noch am schnellsten! Am 6. ds. schrieb ich Dir zuletzt per Luftpost, Brief Nr. 29. [...] Von Dir ist immer noch die letzte Nachricht vom 2. Mai u. nun fange ich doch an, mich zu sorgen. Wenn Du nur gesund bist, Liebster. [...] Für Mutti ist diese Zeit überhaupt eine harte Probe: mit letzter Post kam Nachricht, daß Roderichs Bordfunker in engl. Gefangenschaft ist. Du kannst Dir denken, daß nun unsere Hoffnung auflebte, daß auch Roderich leben möge. [...]

Ich habe diese Woche schwer gearbeitet, habe 3 Tage bei Isemanns in Altfraunhofen ausgeholfen, da es der Doktorin gar nicht gut geht. Und gestern ein Tag freiwilliger Erntehilfe! Kannst Du Dir Deine Schwalbe vorstellen?! Macht so Freude u. die gute Omama hütet die Kinder. Endlich schöne warme Sommertage [...]

Nr. 29, Kapfing, 6. Aug. 1944, 2 Photos (Eing. 23.12.44)

Liebster Schwalbenvater – hättest Du eben Deine kl. Tochter sehen können: zu Pferd! Diese Seligkeit! Der kl. Leutnant Kögl ist seit 2 Tagen hier gelandet (nur Fußverletzung) u. heute zum Sonntag hat die Gräfin zwei verwundete Kameraden von ihm aus dem Lazarett hierher eingeladen, u. die kamen in einem Zweispänner. Wenn ein Gefährt auftaucht, stürzen die Kinder sich ja immer darauf, um das seltene Ereignis zu erleben u. heute durften sie mit dem Wagen in die Ökonomie hinüberfahren u. beim Ausspannen hob der Bursche Karin u. Alexander je auf ein Pferd u. als ich mit dem Photoapparat ankam, saßen sie beide auf den friedlich an der Raufe speisenden Gäulen. Der „gute Soldat" führte sie mir vor die Tür, damit ich im Licht Aufnahmen machen konnte, für unsern Papi! Alberti saß dann noch hinter Burschi – es war ein Anblick! Karin wollte natürlich überhaupt nicht wieder herunter, aber der nette Kutscher vertröstete sie: heute Nachmittag würde er alle Kinder spazieren fahren. Und nun glaube ich werden sie vor Aufregung alle nicht zu Mittag schlafen!

Ach, Erwin Liebster – wie ist das schön einmal ein Sonnen-Sonntag! Er wird zum Festtag, ganz von allein. Ich hatte den Kindern gestern versprochen, wenn es nicht regnen würde, heute mit ihnen nach Vilsheim zur Kirche zu gehen. Wie schön war der Weg, zu beiden Seiten goldenes Korn, das diese Woche wohl der Sense anheimfallen wird, ein leichter Ostwind kam uns entgegen, so daß man endlich hoffen kann, das Wetter wird sich halten, u. nur einzelne schöne Wolken segelten dahin. „Keine hässlichen Regenwolken", sagte Brüderlein, „und der blaue Himmel is am vielsten"! In der Kirche, oben auf der Empore, hinter den bleigefassten runden Scheiben, waren sie sehr brav. „Weil ich nu 4 Jahre bin", hatte Albert versprochen. Ich ertappte mich, als der Pfarrer lateinisch sang, daß meine Gedanken dabei nach Teheran abschweiften – ein heißer Mittag, durch Strohmatten gedämpftes honiggelbes Licht im Zimmer, u. drüben vom Neubau die tremolierende Stimme eines Bauarbeiters bei der Arbeit. Herrgott – kann man plötzlich Heimweh haben!

Es ist überhaupt eigen, wie intensiv ich in den letzten Tagen oft an unser liebes Zuhause, an gemeinsam erlebte Fahrten in die Weite, an unser Zusammenleben denken muss! Es geht Dir doch gut? Liebster, Dein Brief vom 2. Mai ist immer noch die neueste Nachricht, die ich von Dir habe, u. der kam schon am 13. Juli. Inzwischen erreichten mich noch Deine lieben Briefe vom 18. April Nr. 22, vom 28. März Nr. 18 u. 2. Februar Nr. 7. […]

Ich freue mich herzlich, daß Du die beiden Bänder von Gabriel erhalten hast, um deren Sendung an Dich ich schon lang das RK gebeten hatte. Ach, wie wäre das schön, wenn ich Dir manchmal ein Paket schicken könnte! Doch ich will dankbar sein, wenn meine Briefe u. Photos Dich immer erreichen. Ob wir uns noch sehr lange schreiben werden? Liebster, wir müssen vertrauen u. tapfer sein. Wir müssen! Uns bleibt die Hoffnung u. das Gebet, das einen doch manchmal richtig stärken kann.

Später: Die Kinder sind alle 6 mit der Schwester im Wagen spazieren gefahren. Im Park sitzt die Gräfin mit ihren drei Verwundeten, Kühlmanns sind für sich, der große Kreis heute ganz verstreut. Mutti schreibt – ach, wie kann so ein Sonntagnachmittag voll Sehnsucht sein. Ich werde einen kl. Weg in den Wald machen u. schauen, ob es nochmal lohnt, einen Tag in die Himbeeren zu gehen. Diese Woche war ich sehr fleißig, habe einige Pfunde gesammelt, Marmelade gekocht u. gestern 6 kl. Fläschlein Saft, u. dachte dabei an die Dutzende, die Abbas für uns einkochte.

Abends: So, nun sind die Schwälblein wieder da, glühend vor Freude – den Sonntag werden sie so bald nicht vergessen!! Wie hab ich es gut, wenn ich mich eben noch so einsam fühlte, die lieben warmen schwatzenden zärtlichen kl. Geschöpfe in den Arm nehmen zu können. Mein Geliebter, heute habe ich empfunden, wie reich ich gegen Dich bin. Liebster armer Schatz – wenn Du wenigstens einen hättest! Ich warte so sehnsüchtig auf Post von Dir u. ob endlich mehr Briefe von mir angekommen sind? Karinchen u. Alberti senden süße kl. Sabbelküsse. Mutti grüßt herzlichst. Ich umarme Dich mit all meiner Liebe.

Immer u. ewig Deine Margot

Nr. 30, Kapfing, 13. Aug. 44, 2 Photos (Eing. 5.3.45)

Mein Geliebter – hast Du aus Kindertagen noch im Ohr, wie es tut, wenn die Sense durch saftigen Klee fährt? Schrtt schrtt macht es – ein voller u. zuletzt harter Ton. Kannst Du Dir Deine Frau Mutter mit der Sense in den Händen vorstellen? In den altbekannten langen Leinenhosen, die manche Wüstenfahrt mitmachten, u. einem Kopftuch, richtig am Hinterkopf geknotet wie bei einer

Bäuerin? Da unten am Waldrand, noch 10 Min. zu gehen von jener Waldecke, zu der uns immer unser Spaziergang führt u. wo ich Karin u. Albert mal unter hängenden Tannenästen fotografierte, da wohnt ein Bauer, dessen Frau vor 3 Wochen ihr 6. Kind bekommen hat. Wir hatten uns in diesem Frühjahr angefreundet u. ich hab sie manchmal besucht u. ihr versprochen, in der Erntezeit zu helfen. Und da die gute Mutti mir die Kinder abnimmt bei solcher Gelegenheit, kann ich also dann einen ganzen Tag hin. Dieses war eine arbeitsreiche Woche! Am Montag u. Dienstag bin ich früh um 7 Uhr nach Altfraunhofen gegangen, um bei Isemanns auszuhelfen. [...] in Haus u. Garten [...]. Nächste Woche, wenn ich wieder hingehe, darf ich Karin mitbringen – sie wird ja selig sein. Ermüdend ist am Abend dann der Heimweg, 1 Stunde, aber einmal traf ich auf ein Ochsenfuhrwerk u. durfte mich auf eines der Bierfässer hinaufschwingen u. das war nicht gerade die rascheste, aber eine geruhsame Beförderung. Wenn man seine müden Füße baumeln lassen kann, wandern die Augen gern in die Weite. Wie herrlich so ein Abend, der langsam mit kühlem Hauch die Tageshitze löscht, der im letzten schrägen Sonnenlicht das reife Weizenfeld bronziert u. dem Himmel über Dir die Farbe eines klaren Bergsees gibt, während er am Horizont rosa u. golden schimmert. Müde Menschen kommen von den Feldern, mit der Sense oder Gabel oder Rechen über der Schulter, u. Du hast das Gefühl, es ist alles erfüllt, gesegnet u. reif u. die Natur hält über dem goldenen Gerstenfeld einen Augenblick den Atem an, ehe es morgen im Schwung von der Sense niedersinkt.

Ja, ich habe es allerdings nicht weit gebracht bei meinem Versuch zu mähen. Eine Feldlänge – dann meinte der Bauer, ich solle es lieber lassen, ich konnte mit den anderen nicht Schritt halten, gelernt ist gelernt. Aber im Speicher war ich nützlich u. habe die Garben aufgefangen, die der Bauer vom Wagen hochstakte. Das war unsere erste Arbeit am Morgen. D. h. zuallererst habe ich das Baby in der Küche gebadet, während die 5 Geschwister, dralle, gesunde Kinder, uns umstanden. Später musste ich ein Feld abrechen, Garben niederlegen, u. als die Frau Mittag kochte, fragte der Bauer: Kannst Du ein Fuder ableeren Frau Spiegel? Und ich habe allein ein ganzes Fuder Grünzeug abgeleert! Das Mittagessen war saftig! Erst köstliche Fleischsuppe m. Nudeln, dann Schweinefleisch, ein großes Stück, Knödel u. grünen Salat. Da hab ich zum ersten Mal in meinem Leben mit anderen aus einer Schüssel gefuttert, d. h. nur den Salat, aber ich hatte so Appetit darauf bei der Hitze! Im Übrigen habe ich die Essweise der anderen nicht studiert, sondern den Blick auf den Teller gesenkt. Nur am Schluß, als der alte Vater der Frau neben mir anfing hörbar kund zu tun, daß es satt war und es ihm geschmeckt habe, da musste ich mich doch sehr zusammennehmen. Nach dem Essen wurde stehend vor dem Tisch in einer Gruppe laut gebetet, wie auch vor dem Essen. Es war ein Bild – all die Kinder mit gefalteten Händen! Dann habe ich aufgewaschen u. die Älteste, 11-jährige trocknete ab. Und dann hat Schwalbe sich in den Wald verdrückt u. auf dem Boden ausgestreckt u. schlief auch sofort ein. Später wurde ein Roggenfeld aufgeladen u. dann gab es eine köstliche „Brotzeit", wie man hier in Bayern die kl. Mahlzeiten nennt – ein köstliches Brot u. Butter. Aber um 5 Uhr habe ich schon Feierabend gemacht – der Rücken machte nicht mehr mit. Das war also Mittwoch. Am Donnerstag war ich wieder bei Isemanns u. am Freitag früh um $1/27$ bis abends um $1/28$ in den Himbeeren. Und habe 11 Pfund mitgebracht – stolz wie ein Spanier! Ach, u. die herrliche Müdigkeit, die man sich mitbringt – körperliche Bewegung – das ist, was mir bisher so gefehlt hat. Ich kann gut verstehen, daß Du lieber am Wegebau arbeitest, als gar nichts tust.

[…] Wie ich auf Nachricht von Dir warte! Diese Woche schickte ich Dir eine Postkarte, unnummeriert per Luft. Ich werde von jetzt ab jede Woche eine Karte per Luft absenden, ohne Nummer. Du musst doch jetzt erst recht oft von uns hören. Sorge Dich nicht. Wir sind alle in Gottes Hand. Und wir wollen ja durchhalten und tapfer sein. Wenn auch harte Zeit kommen sollte – es kommt auch wieder anders. Und wir beide lieben uns und wissen einander gesund u. die Kinder gesund – da müssen wir doch dankbar sein! Vielleicht sind wir uns durch diese Trennung u. allen Leiden, die sie seelisch mit sich bringt, erst unserer Liebe ganz bewusst geworden, frei vom Alltag u. aller (ach so lieben!) Gewohnheit. Und sind Deine Brieflein auch noch so kurz – ich spüre, wie Du innerlich gewachsen bist, wie Gedanken u. Gefühle in Dir gereift sind, die vielleicht sonst in Deinem arbeitsreichen Leben nicht gewesen wären. Und ich dagegen, die ich so verwöhnt war durch Deine fast unmerklich, aber ständige Fürsorge, Deine ganz große Geduld u. Liebe mit mir – ich habe jetzt auch bis ins Letzte gespürt, was ein Leben ohne Dich bedeutet. Ich werde Dich lieben immer u. ewiglich. Ein Glück, wie wir es nun kennen, da wir zueinander fanden, kann man nie vergessen.

So, das ist heute nun ein richtiger Sonntag, an dem man wohlig die Füße ausstreckt nach getaner Arbeit. Gestern habe ich meinen Himbeersegen zu Saft u. Marmelade verarbeitet u. jetzt sitze ich am Kindertischchen an der Sandkiste u. schreibe meinem Geliebtesten! Karin spielt mit den kl. Dorfmädeln bei Seibolds, Mutti sitzt auch auf der Wiese u. schreibt u. auch dem Rasen vor dem Haus spielt die Gräfin mit ihren Gästen unter großen Hallo Krocket. Dazu spielt das Radio vor der Haustür (Du kennst sie im Bild) u. ich finde, daß Musik u. Spiel in einer so ernsten Zeit schlecht passen zu der Erntearbeit rings umher. Wir waren heute Mittag wieder 1 Dtzd. Leute bei Tisch: [...] Die „Kögelei" wird Ende ds. Mts. wieder fort fahren, die Gräfin kümmert sich nun noch um sie. Ich habe mich ganz aus diesem Kreis zurückgezogen – ich kann in dieser Zeit den frivolen Ton u. das Nichtstun nicht mitmachen – das wirst Du verstehen. [...] Albert spielt neben mir versunken mit seinem Auto im Sand. Nur mit einem Spielhöschen bekleidet. Seit einer Woche ununterbrochen Sonnenwetter – herrlich! Die Kinder sind eingebrannt. Albert sieht ganz bronzen aus

u. ich beobachte mit Genuss seine schönen Bewegungen beim Spiel. Du wir haben schon 2 schöne Kinder! Stolz können wir sein! Wirklich Papi! Bleib mir gesund u. lass Dich umarmen. Mit meiner ganzen Liebe bin ich bei Dir immer u. ewiglich. Deine Margot

[Nr. ausgeschnitten, Zensur?, von Erwin nachgetragen: Nr. 31]
Kapfing, 20. Aug. 44 (Eing. 17.12.44)

Liebster guter Erwin! Lange muss Schwalbenmutter wieder warten, bis Nachricht von Dir kommt. Dein Brief vom 2. Mai, der am 17. Juli hier eintraf, ist immer noch die neueste Nachricht von Dir. Gebe Gott, daß es Dir gut geht! Man muss nun wohl wirklich damit rechnen, daß mancher liebe Brief „in den Krieg" kommt u. sein Ziel nicht erreicht. Möglicherweise waren sie mir schon ganz nah. Und immer wieder finde ich, es ist eigentlich wunderbar, daß überhaupt noch Briefe durch diese zerrissene Welt sich hindurch schlängeln. Es ist mir immer ein süßes u. tröstendes kleines Wunder, wenn so ein Brieflein von Dir zu mir kommt. Oft denke ich jetzt darüber nach, wie überwältigend es für Euch werden wird, wenn Ihr eines Tages – der doch nicht allzu fern sein kann – aus Eurer völligen Abgeschiedenheit wieder in die Welt treten werdet. In diese Welt, die sich seit Eurer Gefangennahme so verändert hat, wie es sich nur der vorstellen u. klarmachen kann, der die einzelnen Phasen miterlebte. Wie unendlich schwer mag es Dir u. anderen Kameraden da manchmal sein. alte lieb gewesene Begriffe u. Gewohnheiten überlebt zu sehen, wie fassungslos mögt Ihr manchmal vor der „neuen Welt" stehen! Da ist es gut, sich darüber klar zu werden, daß wir an einem geschichtlichen Wendepunkt stehen, wie er einschneidender kaum gedacht werden kann. Die Menschheit scheint an einem Abgrund angelangt, über den sie nur auf ganz neuen Brücken u. in neuer Ordnung weiteren Zielen entgegen schreiten kann. Wer da zu viel Gepäck – lieb gewesene Tradition, Gewohnheiten, Vorstellungen – mit sich schleppt, der kommt nicht hinüber. Und wer sich der Ordnung nicht einzureihen versteht, wird liegen gelassen werden. –

In dieser bitterernsten Zeit, wo sich das Leben unseres Volkes entscheidet, müssen wir unser Schicksal an der Größe der ganzen Menschheitsgeschichte messen, an Untergang u. Aufstieg von Völkern u. Kulturen – u. vor so atemlosen Geschehen wird man selbst unwichtig u. dadurch wird alles, was einem selbst geschieht, tragbar. Im Kleinen kann man schon in den schwer geprüften Städten sehen, wie sich die Menschen, wenn es sein muss, mit einem Schlage umstellen u. anpassen u. manchem eingefleischten Spießbürger mag es (fast wie ein erlösendes?) Wunder vorkommen, daß das Leben auch ohne die festen Mauern gewohnter Anschauungen weitergeht.

Ich schreibe im Dämmerlicht meines durch die Holzladen vor der Mittagshitze geschützten Zimmers. Und denke Dir: durch 2 kl. Spalten fallen 2 Sonnenflecke auf meinen Bogen u. zwar genau einer auf meine u. einer auf Deine Adresse oben auf diesem Bogen! So schwimmt „South Australia" in einem weißen Sonnenfleck u. Kapfing auf der anderen Seite! Möchte es symbolisch sein! Kaum fassbar der Gedanke, daß es die gleichen Sonnenstrahlen sein werden, die dieses kl. Papier nach langer, langer Reise in Deiner leiben Hand berühren werden! Die gleichen Sonnenstrahlen, die schon in 12 Stunden Euch wohlig einen „Wintertag" erwärmen. So wird unsere Erdkugel an der Sonne vorübergeschleudert, Tausende von Jahren schon, Völker wuchsen, prägten ein Zeitalter, schufen eine Kultur u. wenn die Zeit gekommen war, erfüllten sie sich. Und die Sonne blieb unveränderlich u. die Sterne trösteten nachts die einsame kleine Menschenseele, die zitternd u. nur ahnend Ewiges empfand.

Welch unbeschreibliches Heldentum erfüllt sich wieder in diesen Tagen. Unsere Wünsche u. Gedanken sind bei unseren Helden u. sie werden es spüren u. es wird sie stärken in ihrem unvorstellbar schweren Kampf.

Es ist unsagbar schön, daß Mutti noch bei mir ist – Mutti, die alles Deutsche auf das Idealste verkörpert. Immer wieder findet man Mut u. Auftrieb bei ihr. Ach, u. die Kinderleine – immer mehr Freude habe ich an ihnen! Am Montag u. Dienstag dieser Woche (ich schrieb Dir am Sonntag zuletzt) habe ich wieder beim Bauern gearbeitet u. am Mittwoch früh nahm ich mein Karinchen bei der Hand u. wanderte mit ihr durch tauige Wiesen u. auf der Landstraße nach Altfraunhofen. Nein, war das Kind glücklich! Unaufhörlich hat sie geplappert u. zwischendurch sagte sie wieder u. wieder: ach ich freu mich ja so, ich bin ja ganz selig, Mutti. 6 km ist sie tapfer marschiert – wenn sie sich auch am Ende sehnsüchtig nach einem Wagen umschaute, der uns mitnehmen könnte. Es war ein ganzer Freudentag – am schönsten war das kleine Springbrunnenbassin, wo die Kinder baden durften. Nach dem Mittagessen schlief sie fast 3 Stunden – ich musste sie wecken. Sie glühte vor Freude wie ein Moosröslein, als sie ein 2. Mal baden durfte. Ich machte Gartenarbeit. Nach dem Abendessen auf dem Heimweg erwischte uns Gewitter. Ach, wie konnte unser müdes Karinchen plötzlich laufen, als sie die drohende Schwärze aufziehen sah, das Leuchten u. Blitzen u. das Donnern näher kam! Wir schafften es bis zum letzten Dorf vor Vilsheim, da ging der Regen mit Macht los. Und der Sturm. Im nächsten Haus warteten wir ab, aber es wurde nur doller. Die nette dicke Frau, bei der wir saßen, u. die 3 nette saubere gesunde Kinder hatte, sagte ich solle „s'Dirndl" doch über Nacht dort lassen u. Karin stimmte begeistert zu. Aber ich wollte es nicht annehmen u. schließlich brachen wir auf. Als aber die Haustür aufging u. pechschwarze Nacht, Sturm u. Regen uns entgegenschlugen, da tat mir das müder Karinchen doch leid u. ich gab ihren Bitten nach u. tapfer blieb sie allein da. Und Mutti zog nun ganz allein mit einem geliehenen Regenschirm nach Hause. Als ich Karin am anderen Morgen um ½ 10 Uhr abholen wollte, kam sie schon hier an u. erzählte, sie hätte Milch u. Butterbrot bekommen u. in einem Federbett geschlafen neben der Frau, die ihre kl. Tochter zu sich ins Bett genommen hatte. Das war alles natürlich ein großes Abenteuer für unser Karinchen gewesen! – Am Freitag war ich nochmal einen ganzen Tag in den Beeren u. gestern habe ich vormittags Marmelade gekocht u. nachmittags wieder beim Bauern geholfen u. weiß nun vom Feld, was es heißt „im Schweiße Deines Angesichts sollst Du Dein Brot essen". Aber es macht mir so viel Freude. Das Wetter ist immer noch herrlich. Sogar warme Nächte. Karin hat heute einen Brief an Dich diktiert – ich schicke den extra. Wir alle grüßen u. küssen Dich. Mein Geliebter – bleib gesund. Ich umarme Dich wie früher – meine Liebe ist u. wird immer bei Dir sein. Deine Margot.

Postkarte, gestempelt Pforzheim, 25.8.44 (Eing. 8.12.44)

Mein geliebter Erwin, nun ist es endlich wahr geworden, daß ich endlich wieder mit den Eltern zusammensitze. Es ist zu schön! [...] Ich bin auf der Reise nach Baden-B., wo ich meine Kur beenden will. [...] Aus B.-B. mehr. Bin morgen dort. [...]

Karte von Bruder Roderich aus Prisoner of War Camp Como, Kompanie 33, c/o G.P.=. Box 20 New York, N. Y. USA

Como, 25. Aug. 1944. Meine liebe Margot! Oft denke ich an Erwin. Es ist schrecklich, still liegen zu müssen, sich im Kampf um Leben und Tod unserer Heimat nicht mehr einsetzen zu können. Möchtet ihr nur alle behütet bleiben, Mut und Hoffnung nie verlieren. Wie gut, Mütterlein jetzt bei Dir zu wissen. Ich bange, daß mit Irmi alles gut geht! Mir geht es gesundheitlich gut, an Lebensnotwendigem fehlt es nicht. Ihr dürft euch nicht die geringsten Sorgen um mich machen. Postempfang unbegrenzt. Adresse genau abschreiben. Immer Dein Roderich.

[Nr. wieder ausgeschnitten, von Erwin nachgetragen: Nr. 32]
Baden-Baden, 27.8.44 Eing. 17.12.44

Ja, mein Geliebter, Deine Schwalbe ist ganz flatterhaft geworden: schon wieder in Baden-B.! Letzten Sonntag, als ich in meinem Kapfinger Zimmerlein an Dich schrieb u. durch die Spalten der wegen der Hitze geschlossenen Fensterläden über die teilweise schon leeren Felder u. Wiesen sah, da ließ ich mir auch nicht träumen, daß ich am nächsten Sonntag in – Frau Kapplers Garten sitzen würde. [...] Vor allem anderen sollst Du jetzt aber die Nachricht hören, die uns so bewegt, wie man nicht sagen kann – Nachricht von Roderich aus engl. Gefangenschaft. Er lebt. Er ist gesund. [...] Nun, warum ich mich wieder auf den Weg machte. Ich muss Dir gestehen, daß durch meinen Aufenthalt hier vor 2 Monaten u. durch das sehr veränderte Benehmen der kl. Gräfin in mir der Wunsch sehr groß wurde, nach hiesiger Gegend überzusiedeln. Vor allem, da auch die Eltern nun in Pforzheim Wohnung genommen haben. Also setzte ich mit Mutti sämtliche Bekannten u. Verwandten in Bewegung, diesem Wunsch zur Ausführung zu verhelfen. Es wurde eine enorme Schreiberei in den letzten Wochen. Und durch Vera Wessel, einer Enkelin von Tante Olga, die in Bayern auf einem Hof ist, wurde uns durch eine gr. Beziehung in der Nähe von Freudenstadt u. im Kreis Bühl Wohnung vorgeschlagen. Inzwischen hatte sich die Situation nun dahin verändert, daß vor allem Irmi u. Annie mit ihren Kindern neues Quartier brauchen. Und da ich ja ein Dach hatte, trat ich natürlich zurück u. stellte d. Suche erst einmal auf diese beiden um [...]. So muss Schwalbe brav in der Kapfinger Einsamkeit bleiben, wo die Menschen immer noch nicht begriffen haben, um was es jetzt geht u. frivol in den Tag hineinleben u. – nichts tun! Ach, wie gern wäre ich in den geliebten Schwarzwald gezogen! Aber lange wird es ja nun wohl auch nicht mehr dauern, daß ich in K. aushalten muss, u. die Kinder haben es dort gut. Das ist u. bleibt die Hauptsache! [...] Ich staunte die schöne gepflegte Wohnung an – alles wie früher – kaum fasslich. Es war heiß; wie in Teheran schlief ich nachts unzugedeckt u. die Sehnsucht nach Dir wurde ungestüm, mit all den alten Erinnerungen, die in Baden haften für uns Beiden! [...] Am Freitag früh um 5 Uhr bin ich dann nach Freudenstadt gefahren, um einer „hohen Frau" für die Bemühungen in meiner Wohnungsnot zu danken u. mitzuteilen, daß ich nun doch in Kapfing bleiben würde, was sie sehr richtig fand. [...] Abends landete ich hier. Das war vorgestern. Bald mehr! Den Kinderlein geht es gut. Ich umarme u. küsse Dich. Wir halten die Ohren steif!! Immer u. immer Deine Margot.

Baden-Baden, 27.8.44, 3 Photos! (Eing. 18.12.44)

Liebster Erwin – ich Kamel habe eben Brief Nr. [ausgeschnitten] zugeklebt, ohne Dir Photos beizulegen. Da muss ich schnell noch einen kl. Brief schreiben. [...] Ja, so verschieden wie meine Hotels ist auch B.-B. von vor 7 Jahren u. jetzt. Lilo könnte nicht mehr im Brenner wohnen, neue Hotels sind Lazaretts geworden. Keine Kurmusik mehr. [...] Ob ich im Schloss bleiben werde steht noch nicht ganz fest, aber in der Gegend dort wirst Du mich immer finden. [...]

[Postkarte], Baden.-B., 31.8.44 (Eing. 18.11.44)

Liebster Erwin, morgen früh ist mein zweiter Aufenthalt hier, der gestern 6 Tage gedauert hat, zu Ende. [...] Dieses Mal bin ich hergekommen, offiziell um meine Kur „zu beenden", inoffiziell, um Wohnungen anzusehen [...] nun bin ich wohl heil für diesen Winter. Das ist so wichtig. Jetzt kommt es darauf an u. wir wollen uns nicht klein kriegen lassen! „Und wenn die Welt voll Teufel wär"! [...] Ich schrieb Dir 2 Luftpostbriefe von hier. Alles alles Liebe u. alle guten Wünsche mein Erwin. Immer Deine Margot

Baden-Baden, 1.IX.44 (Eing. 21.4.45)

Mein geliebter Erwin, wie gut, daß wir alten Orientalen warten gelernt haben. So können uns einige Stunden auf d. Bahnhof nicht aus der Ruhe bringen. Ich bin nur froh, daß ich die Kinder in Kapfing gelassen habe, obwohl ich große Lust hatte, wenigstens Karin mitzunehmen, um endlich mal eins den Eltern zu zeigen [...]. Mein Erwin, wie viel denke ich an Dich. Freue mich schon so auf die Kinderlein, meinen „kleinen Erwin"! Sie sind so süß u. Mutti schreibt, auch lieb. Es wird noch alles gut werden! Ich grüße Dich von Herzen u. bin immer u. immer Deine Margot

Nr. 34, Kapfing, 5. Sept. 44 (Eing. 18.11.44)Mein lieber liebster Erwin! Habe ich Dir eigentlich schon für Deine lieben Briefe Nr. 16, 21, 23 u. 26 gedankt? Es sind die letzten, die von Dir eintrafen, u. da ich Dir zuletzt von unterwegs aus B.-B. schrieb, ist es möglich, daß ich vergaß sie zu erwähnen. Ich habe sie eben alle nochmal gelesen u. mich so besonders daran gefreut. Ach Liebster, ich muss mir ja bei jedem Wort, das Du schreibst, immer so viel mehr vorstellen, weil Du ja nur so wenig schreiben kannst, aber Du weißt ja, ich kann mir auch immer allerlei vorstellen. […] Die beiden brachten mich nach Mitternacht an die Bahn und um 10 Uhr früh befand ich mich tapfer marschierend auf dem Weg von Landshut nach Kapfing. Das Glück war mir hold: der Schimmelwagen vom Nachbarsgut Ost überholte mich u. nahm mich mit, so daß ich dann nur noch 1 Std. zu Fuß laufen brauchte! Leider fand ich Karin mit einer Halsentzündung im Bett, aber auf der Besserung – zu unserem großen Kummer nur versäumt sie heute den ersten Schultag! Ich schreibe Dir gleich mit gewöhnlicher Post weiter, Geliebter. Mutti u. ich verlieren den Mut nicht u. grüßen Dich innig! Nochmals Dank für Deine lieben Briefe u. so viel süße Küsse – auch von den Kindern! Immer u. immer Deine Margot

[Wieder wurde die Nummer entfernt; von Erwin nachgetragen: Nr. 35] Kapfing, 10. Sept. 44 (Eing. 18.11.44)Mein geliebtester Schwalbenvater! Eben habe ich Besuch gehabt! An der einen Längsseite meines Zimmers, wo der Kelim über dem Sofa hängt, davor ich Karin u. Albert diesen Winter mal photographierte (ich schickte Dir das Bild) steht ein runder Tisch mit 2 Lehnstühlen, auf der schönen alten Kommode daneben stehen meine Bücher, etwas Silber u. Deine Bilder u. das Ganze ist eine sehr gemütliche Wohnecke. Heute hatte ich […] Frau Kommerzienrat Sedlmayr aus München, die Mutter der Baronin Skal [...] zum Mokka eingeladen. [...] u. sie war so interessiert in die Bilder u. ließ sich so viel erzählen, daß die glücklichen Zeiten mir wieder ganz lebendig wurden! [...] Draußen ist ein kalter grauer Tag, aber in meinem Zimmerlein entstand unser geliebtes Sonnenland; anhand der Bilder die langen Autoreisen, Tennis Reiten, Maskenball im Club (ich im weißen Frack über schwarzseidenem Rock), das Kaspische Meer, Kamele. [...] Ja, es war einmal. Unser Karinchen saß dabei, glühend vor Aufregung, wie immer, wenn sie die alten Bilder sieht mit Papi u. Flip u. ihrem Schäflein. [...] Ihre Halsentzündung hat sie gut überstanden, nur leider die „Stoppelblattern" immer noch nicht. Das ist eine dumme langwierige Geschichte, kreisrunde Blasen, die eitern, man weiß eigentlich nicht recht, woher es kommt, aber da die Landkinder es meistens nach der Ernte haben, nennen sie es hier „Stoppelblattern". An u. für sich ganz harmlos, aber sehr mühsam zu pflegen! Ich doktere morgen 1-2 Std. an ihr herum, mit heißen Seifenbädern, Salben u. Verbinden. Sie hat an jedem Fuß noch 3, ein bisschen Ausschlag um den Mund u. an jedem Arm eins.

Vorgestern (wir bekommen montags, mittwochs u. freitags hier die Post) kam Dein lieber Brief vom 4. Juni Nr. 30. Endlich neue Nachricht, nachdem der letzte Brief vom 10. Mai war. Tausend Dank, Geliebter! [...] Dein Brief vom 23. April ist so besonders schön, Erwin! Du ahnst nicht, was es mir bedeutet, wenn Du schreibst, daß Dir meine armseligen kleinen Briefe wirklich etwas sein können, daß sie Dich sogar glücklich machen können in Deiner Gefangenschaft. Mit diesen Worten machtest Du lieber Mensch mich so reich. Könnte ich nur besser schreiben! Und über das, was einem jetzt am meisten am Herzen liegt, kann man nicht schreiben, das ist oft so furchtbar schwer. Ach, Du weißt das ja

 alles. Und ich weiß und fühle, Geliebtester, daß Du so denkst wie ich, wenn es um die geliebte Heimat geht. Ich bin ganz betrübt, daß meine 4 Briefe von Ende Dez. Dich noch nicht erreichten! Es lagen so viele Kinderphotos bei, besonders eine ausgezeichnete Aufnahme von Karin in Landshut […]. Liebster leb wohl! Albert u. Karin spielen u. lachen zusammen nebenan. Ich umarme Dich u. ich küsse Dich so sehr – gar sehr! Immer Deine Margot

Nr. 42., Loveday, 15. August 1944 (Eing. 9.12.44)

Meine geliebte Margot, seit 28.7. erhielt ich keine neue Post; es kam allgemein nur sehr wenig; Nr. 13 ist Dein letzter lieber Brief; davor fehlen noch Nr. 3 u. Nr. 8-12. Heute Nacht träumte mir von Dir! Ach, wenn doch diese Träume bald Wirklichkeit würden u. ich wieder bei Dir sein könnte. Unsere Heimkehr über Lissabon oder Spanien wird wohl durch die ganz jüngsten Ereignisse kaum noch möglich sein. Bleibt nur noch Schweden, nach dem die Türkei ja nun auch ausfällt. Unsere Bekannten in Istanbul werden ja inzwischen auch heimgekehrt sein. […] Freitag abends machen wir Kammermusik […]. H. hat sich seine Violine schicken lassen, die auch gut ankam. Ich benutze K.'s Cello. […] Sonntag morgens haben wir wieder Grammophonkonzerte deutscher Platten, die wir kürzlich von deutschen R. K. erhielten […]. Ich bin sehr traurig, daß meine schönen Pläne mit Josep's Einladung an Dich nun wohl nichts werden? Grüße die Kinder sehr herzlich und sei Du, meine Liebste, innig umarmt u. geküsst von Deinem Erwin.

Nr. 43., Loveday, 22. August 1944 (Eing. 1.2.45)

Meine Herzliebste, mangels neuer Post habe ich mir heute Deinen Brief von Ostersonntag (Nr. 6) wieder mal durchgelesen, weil es ein ganz besonders lieber u. schöner ist. Daß an solchen Festen u. Feiertagen überhaupt meine Sehnsucht nach Dir, den Kindern u. unserem Heim ganz besonders stark ist, hast Du richtig erkannt, u. es wird Dir ja auch nicht anders gehen. Bergen doch solche Tage die Erinnerungen an die glücklichsten Stunden in sich, abwechslungsreiche u. entspannende Erholung von dem Alltag der entweder eintönigen oder aufregenden Berufstätigkeit. Wie Du weißt, lag mir diese ja auch sehr am Herzen u. Du musstest wohl manchmal sogar zurückstehen, was Dir sicher nicht immer verständlich war, zumal in den ersten Jahren unserer Ehe. Aber jetzt erntest Du dafür die Früchte jener Saat. Wie oft denke ich an unser Heim, die verschiedenen gemütlichen Ecken in Haus u. Garten, wo wir so viele Stunden allein oder mit Freunden u. Gästen verbrachten. Jeden Teppich kann ich mir in Muster u. Farbe noch ganz genau vorstellen. Übrigens stelle doch bitte zusammen, was Du von unserem Inventar erinnerst, fallweise, wenn Dir gerade etwas einfällt. [...] Eben werden mir Deine lb. Briefe Nr. 3, 10 u. 16 auf den Tisch gelegt. So wie Du in Nr. 16 schreibst, musste auch ich auf diese 3 Briefe drei Wochen warten, da Nr. 13 als letzter am 28.7. eintraf. Und ich werde sie nicht mal gleich lesen können, weil ich jetzt zur Orchesterprobe muss, wo wir neue Stücke, Ouvertüre zur Zauberflöte u. Frühlingsstimmen-Walzer, einstudieren wollen. – Im Osterbrief schreibst Du, ich soll mich ruhig mal ausschimpfen. Was mich persönlich angeht, habe ich keinen Grund dazu. Was man aber als unbeteiligter Zuschauer manchmal in Bezug auf Haltung u. Benehmen gewisser Elemente erlebt, darüber könnte man stundenlang wettern u. sich aufregen, nur würde dies nichts an der Tatsache ändern. Mit die unangenehmsten sind [...] u. dann noch andere Dir bekannte, die man früher nie sah, weil sie wohl lichtscheu waren. Man erlebt gar viel Merkwürdiges! Sei sehr herzlich geküsst von Deinem Erwin.

Loveday, 27. August 1944 (Nr. 44?, Eing. 1.2.45)

Meine geliebte Margot, vor 5 Tagen, als ich gerade meinen letzten Brief per gewöhnlicher Post schrieb, legte man mir Deine 3 lb. Bfe. Nr. 3, 10 u. 16 auf den Tisch, eine große Freude nach mehr als 3 postlosen Wochen. Herzlich gelacht habe ich über die Maulwurf-Jagd unserer beiden u. mich für Dich über die beiden lustigen Wochenenden mit dem Besuch sehr gefreut. Sehr schade, daß Du dann beim dritten so enttäuscht wurdest u. es tut mir sehr leid um Dich, daß Euer anfänglich so gutes Einvernehmen so ins Gegenteil umgeschlagen ist. Lass mal, meine Margot, Enttäuschungen über die Umgebung bleiben einem eben nicht erspart. Auch wir erleben hier oft Unglaubliches an Intrigen u. Unaufrichtigkeit, Neid u. Missgunst. Ich möchte diese Erfahrungen aber nicht einmal missen, denn sie sind eine gute Lehre für später, wenngleich sie mich persönlich weniger betreffen, sondern mehr auf Beobachtungen an anderen beruhen, weil ich mich ja von Anfang an auf keinen engeren Umgang einließ, sondern mehr meine eigenen Wege ging. Setz Dich darüber hinweg, wenn ich erst wieder bei Dir bin, ist alles rasch vergessen u. Dein Glück umso reicher, denn gestern las ich in einem Buch über Bolivar, daß Glück auch die Erinnerung an vergangenes Leid sei. – Deine Briefe 43 u. 58 über Siegwald sind wohl endgültig verloren wie auch eine ganze Anzahl Zigaretten-Sendungen. von ihm u. ich fürchte leider auch die Partie Zigarren, die H. auf diesem Wege gesandt hat […].

Nr. 45., Loveday, 31. August 1944 (Eing. 20.2.45)

Meine Liebste,

heute Vormittag regnete es in Strömen u. mein geplantes Golfspiel fiel also aus. Ich war nicht einmal böse, sondern freute mich, ein gestern begonnenes Buch rasch zu Ende zu lesen, weil ich es herrlich fand. Ich musste oft herzlich vor mich hin lachen u. war kurz vor Mittag gerade mit dem letzten Abschnitt „Susanne" fertig, als Deine lb. Bfe. Nr. 9, 11 u. 12 mir in den Schoß gelegt wurden. Ich war durch das Buch schon heiterster Stimmung, die nun durch Deine Nähe – wenn Deine Briefe kommen, fühle ich immer auch Dich ganz nah bei mir – einen Höhepunkt erreichte. Und als ich gar beim letzten Brief (Nr. 12) auf der letzten Seite anlangte, traute ich meine Augen kaum als ich las, daß Du, als Du den Brief schriebst, gerade das gleiche Buch: „Der liebe Augustin" zu Ende gelesen hattest. Ist das nicht sehr eigen?! Es enthält so nette Erlebnisse u. Lebensweisheiten in anschaulichen Gleichnissen oder sonst gefälliger Art geschildert, daß ich dabei sehr oft zu Dir hin dachte u. den Titel in meine Notizen über lesenswerte Bücher aufnahm, die ich Dir später mal zu lesen empfehlen, bzw. auf den Geburtstagstisch oder untern Christbaum legen will. Beim „Lieben Augustin" fällt das ja nun aus. Im Abschnitt „Weltgeschichte" gefiel mir besonders die Ansicht, man solle hübsch Distanz halten, einen Menschen niemals genauer kennenlernen, weil man beim näheren Zusehen doch enttäuscht wird; nur „Sie" zueinander sagen usw. War mir alles aus der Seele gesprochen, wie noch viele andere Stellen. [...] Bertis Frage zu meinem Kopfstand birgt einen saftigen Witz in sich, wenigstens für internierte Männer! Ob Du es ahnungslos hinschriebst oder die Zweideutigkeit entdecktest, weil lt. lb. Augustin die Ehefrau stets klüger ist als er „denkt". Ich würde mich freuen, wenn Dein Rendez-vous mit dem Grafen in Regensburg klappen würde. Er ist also demnach im Ruhestand. Seit wann? Heute Nachmittag habe ich mir erst beim Sprung übers Pferd in der Länge u. dann nochmals beim Schulterstand auf dem Barren das rechte Handgelenk verstaucht, so daß das Schreiben recht mühsam ist. Aber für Dich, meine geliebte Margot, geht alles u. so soll es auch immer sein, wenn ich wieder bei Dir bin. Ich hab Dich gar sehr lieb u. küsse Dich sehr herzlich, Dein Erwin.

Nr. 46., Loveday, 4. September 1944 (Eing. 28.1.45)

Meine geliebte Margot, am 31. Aug. dankte ich für Deine 3 lb. Bfe. Nr. 9, 11 u. 12, die mir wie alle Deine Bfe. einige glückliche Stunden bereiteten, denn bis ich drei Bfe. von Dir gelesen u. mich in Gedanken dann hinterher noch mit ihrem Inhalt befasse, vergehen schon einige Stunden. Deine alten Briefe aus erster Iranzeit an Mutti hast Du vorgehabt. In den ein oder anderen möchte ich wohl mal hineinsehen, ob Du Deine Gefühle damals auch darin so gut getarnt hast, wie damals vor dem 7. Jan. in Isfahan mir gegenüber? Hast Du auch noch alte Briefe von mir? Ich glaube ich habe vor meiner Reise nach hier noch einige weggepackt. Deine Briefe an mich, soweit Du sie mir vor Ende 1933 schriebst, habe ich ja leider auf Deinen Wunsch damals schon verbrannt. Da hast Du selber Schuld u. ich auch, denn ich hätte es ja nicht tun brauchen; aber wenn man verliebt ist, tut man halt eben oft unbedachte Schritte, die man später bereut. [...] Vor 1 Stunde lag ich unterm Messer u. habe mir meine Krampfadern an der rechten Wade operieren lassen. Sie waren nicht schlimmer als früher, aber da sich die Gelegenheit bot, habe ich sie ergriffen, um vorzubeugen, daß sie später sich nicht vergrößern [...]

(Nummer 47 fehlt). Nr. 48., Loveday, 17. Sept. 1944 (Eing. 4.12.44)

Meine geliebte Margot, seit 31. Aug. erhielt ich heute die erste Post in diesem Monat, Deinen lb. Bf. Nr. 20 [dann geht es weiter mit Berichten über die in Mannheim ausgebombten Eltern.]

Nr. 49., Loveday, 24. September 1944 (Eing. 2.3.45)

Meine sehr geliebte Margot, soeben habe ich Schuld u. Sühne von Dostojewski beendet. Es hat mir gut gefallen. Und der Roman endet damit, daß zwei sich Liebende 7 Jahre aufeinander warten müssen, bis er von einer Verbannung nach Sibirien frei wird. Gelassen nehmen es beide auf sich u. freuen sich des Tages, an welchem sie einen neuen Lebensabschnitt beginnen werden. Wenn auch in unserem Falle die Umstände grundanders sind, so freue auch ich mich auf die Freiheit u. einen neuen Lebensabschnitt mit Dir u. den Kindern, auch wenn wir ganz neu aufbauen müssen. Trotz allem will ich mich mühen Dir eine schönere u. reichere Zukunft zu gestalten u. glaube, daß durch meine größere Reife u. Abgeklärtheit die Voraussetzungen dafür gegeben sind. Ach, Margot, wenn es nur recht bald soweit ist, daß ich Dir meinen guten Willen zeigen u. meine Vorsätze in die Tat umsetzen könnte! Vorgestern kam Dein lb. Bf. Nr. 17 zus. mit Briefen von Mutti vom 27.5. u. Lisel vom 21.5. Dein Sturz auf der Treppe hat mich sehr besorgt. Hoffentlich bleiben keine unangenehmen Folgen nach. Einer Schwalbe sollte so etwas aber nicht passieren, wo sie doch einfach die Flügel ausbreiten braucht, um zu schweben? Nimm Dich also bitte auf der Treppe u. auch sonst gut in Acht. Mit meinen Briefen scheinst Du wieder ein bisschen Kuddelmuddel zu machen, denn 8 u. 10 fehlen Dir nicht mehr [...].

Nr. 50., Loveday, 27. Sept. 1944 (Eing. Jan 45)

Meine Liebste, gestern erlebten wir ein nettes Schauspiel: 4 junge Schwalben flogen erstmalig aus ihrem Nest an der Krankenstube aus, d. h. sie wurden von den Alten regelrecht rausgeschmissen [...]. Schließlich landeten alle auf einem Balken unterm Dachvorsprung der Musikbaracke. [...] Am Nachmittag hatten wir Orchesterprobe u. da saßen die Jungen gerade über dem Fenster, wo ich meinen Platz hatte. Durch die lautesten Posaunentöne ließ sie sich aber keinesfalls erschrecken [...]. Jedes Mal, wenn ich ein paar Takte Pause hatte, schaute ich rasch hinaus u. dachte sehnsüchtig an meine Schwalben [...]. So, nun habe ich Dir mein Schwalbenerlebnis hinter Stacheldraht erzählt. Es war zu niedlich, doch wüsste ich ein noch schöneres mit meiner Schwalbe [...]. Bleib gesund, erhalte Dir die Frische des Geistes u. die reine

Wärme des Herzens, die beiden Geheimnisse jung zu bleiben! Alles Liebe von Deinem Erwin.

Nr. 51., Loveday, 3. Oktober 1944

Meine geliebte Margot, nun hat der Monat mit den vielen Geburtstagen begonnen, an die so viele liebe Erinnerungen gebunden sind, so daß ich an diesen Tagen mit noch größerer Sehnsucht zu Dir u. den Eltern u. Geschwistern hindenke. Zum vierten Mal werdet Ihr ohne mich feiern, d. h. feiern werdet ihr wahrscheinlich doch nicht, sondern die Tage werden äußerlich gesehen eben einmal mehr nur so dahingehen. Damit muss man sich eben abfinden u. Gott danken, wenn man sie bei guter Gesundheit begehen darf. Dieser Tage las ich in der Zeitung, daß verheiratete engl. Soldaten, die 3 Jahre in Übersee gedient haben, auf Antrag Sonderurlaub bekommen sollen, wenn sie eine Familie gründen wollen. Das könnte man doch auch für Internierte einführen, meinst Du nicht auch? Wir brauchen zwar keine mehr zu gründen, könnten sie aber doch vielleicht erweitern! – Für die Eltern wird es besonders schwer sein, zum zweiten Mal ihre Geburtstage ohne eigenes Heim zu begehen, was in ihrem Alter doch sehr hart für sie ist. Vergangenes Wochenende führte unsere Schwabengruppe aus Palästina ein Lustspiel in schwäbischer Mundart auf. Viele liebe alte Worte habe ich da wiedergehört, die mich sehr lebhaft an meine Kinder- u. Jugendzeit erinnerten. Zwischen den Akten spielten wir im Orchester schwäbische Volkslieder [...].

Nr. 52., Loveday, 8. Oktober 1944 (Eing. 9.12.44)

Meine Liebste, gestern kamen Deine lb. Bfe. Nr. 14 u. 15. Deine ausführlichen Erzählungen vom 12.5. haben mich besonders beglückt. Ich freue mich ja immer so, wenn Du mal aus der Einsamkeit herauskommst nach Mü. od. Landshut [...]. Ende Sept. hatten wir die ersten heißen Tage mit 36 o C in den Baracken u. heute liegt Sandsturm im Anzug u. bis Mittag wird's wohl sehr heiß u.

unerträglich werden. All meine Liebe, meine Margot, sende ich Dir mit einem Kuß, Dein Erwin.

[Nr. rausgeschnitten, von Erwin nachgetragen: Nr. 36] Rumgraben, bei Konsul Wessel, Post Bergen 2, Obb., 24. Sept. 44 (Eing. 10.1.45)

Mein lieber liebster Erwin, im September – erst zwei Briefe habe ich Dir geschrieben, das ist lang nicht vorgekommen, nachdem doch durchschnittlich monatlich 6-8 lange Berichte an Dich abgingen. Aber dieser September hat mich in Atem gehalten u. bei allerbestem Willen bin ich kaum an den Schreibtisch gekommen. Was hat sich nun alles angestaut, Dir zu erzählen, Geliebter. Zunächst das große Ereignis: Schwalbenfamilie ist in ein neues Nest gezogen! Ja, Erwin, was wirst Du nun denken?! Ich habe so richtig ein bisschen Angst, Du könntest denken, daß ich es nirgends auf die Dauer aushalte u. zu unruhig sei, endlich einmal an einem Platz Deine Rückkehr abzuwarten. Aber nein mein Erwin, so ist es nicht! Glaube mir, ich bin sehr viel sesshafter, als man es durch meine vielen Umzüge annehmen kann, u. der Entschluß zu einem Wechsel wird mir immer unendlich schwer. Zumal in einem Augenblick, wie diesem, wo man doch unbedingt das richtige tun möchte u. die Verantwortung für die Kinderlein mehr denn je spürt. Nun auch dieser Umzug, der vierte in 3 Jahren entsprang den Verhältnissen u. nicht etwa einer Langeweile oder eines Überdrusses. Du weißt ja aus meinen letzten Briefen, daß ich schon im Schwarzwald eine neue Bleibe suchte. Das hatte ich ja auch nicht nur deswegen getan, um endlich den lieben Eltern einmal nahe sein zu können, damit sie doch einmal Freude an Deinen Kinderlein haben könnten, sondern weil die Verhältnisse in Kapfing sich so gestaltet haben, daß mir ein Wechsel ratsam schien. Abgesehen davon, daß die anfängliche Freundschaft mit der Gräfin sich leider gänzlich getrübt hatte u. ich als bestzahlendster Gast im Hause am schlechtesten behandelt wurde (es ging so weit, daß sie sich zum Abendessen ihren „Hofstaat", die Kinderschwester, die Baronin u. sonstige Gäste im Hause in ihr Wohnzimmer einlud u. ihnen etwas viel Besseres servieren ließ, als der kümmerliche Rest wie Mutti u. ich, die Sekretärin u. sonst noch dieser oder jener im Esszimmer bekamen), abgesehen davon also schien es mir doch notwendig, sich jetzt mit Gleichgesinnten zusammen zu tun, um diese harte Zeit zu überstehen. Der Winter ist vor der Tür. Ich erzählte Dir schon oft von der Abgelegenheit in K. u. der großen Einsamkeit dort, ich wäre diesen Winter vollkommen auf mich angewiesen gewesen u. das ist nicht immer gut. – Schrieb ich Dir eigentlich, daß es Vera Wessel war, die mit im August die Adressen im Schwarzwald vermittelte? Sie ist eine Cousine 2. Grades von mir, Tochter von Willi Wessel, dem Papa damals den venezolanischen „Konsul" vermittelte. Er verdankt Papa dadurch unendlich viel! Hoffentlich vergisst er das nicht. Mutti kam auf die Idee, ich solle mich auch an ihn wenden, als ich meine Wohnungssuche begann, u. statt seiner antwortete mir dann seine Tochter Vera. Er ist einer der fünf Kinder von Tante Olga u. hat die väterliche Wandplattenfabrik in Bonn. Sehr wohlhabend! Vor 7 Jahren kaufte er den Hof hier u. seit dem Krieg ist seine Frau, Tante Violet, mit Vera hier. Als ich nun am 2. Sept. aus Baden-Baden zurückkam, schrieb ich Vera, warum ich nicht ins Badische ziehen könne jetzt u. fügte hinzu, wenn Du aber bei irgendeinem Bauern ein Plätzchen für uns weißt, schreib mir bitte; arbeiten will ich gern u. Primitivität stört mich nicht. Ihre Antwort war: „willst Du zu uns ziehen? Wir haben gerade unser letztes Hausmädchen hergeben müssen, dadurch wäre Platz für Euch, Du müsstest nur im Haus mithelfen" (das war deutlich: sie brauchte Hilfe). Sehr nett schrieb sie weiter: „Du kämst zu halbwegs vernünftigen Menschen, zu Bauern, zu denen wir inzwischen geworden sind, am besten Du machst Dich mal zu uns auf, damit wir alles besprechen können". Als ich den Brief bekam, hatte ich das Gefühl – es ist ein ganz großer Glückszufall. Ich war so bewegt, daß ich einen Augenblick in der Kapelle kniete u. betete. Am Montag, den 11. Sept. fuhr ich hierher u. konstatierte als erstes, daß diese „Weltreise" mit den Kindern absolut auszuführen war. Bis Traunstein nur einmal umsteigen, in kl. Personenzügen, u. von dort noch eine Station hierher. Meine Spannung auf die Verwandten, die ich seit 12 Jahren nicht gesehen hatte (zuletzt mal bei Tante Olga) war enorm! Vera machte mir die Tür auf. Ich mochte sie gleich leiden. Sie ist fünf Jahre jünger als ich, hübsch, natürlich u. freundlich. Sie war nur ein Jahr verheiratet, ließ sich scheiden u. führte ein sehr mondänes Leben, teils in Berlin, teils bei ihren Eltern. Ich hörte schon, daß sie sich so fabelhaft umgestellt habe u. eine so besonders tüchtige Landfrau geworden sei, u. davon konnte ich mich schon in wenigen Tagen überzeugen. Tante Violet macht immer noch reizende Fehler im Deutschsprechen, sieht noch sehr hübsch aus u. scheint sehr herzlich. Wir Drei besprachen mein Kommen einen langen Abend u. den ganzen Dienstag – ich habe ja allmählich Erfahrung, was in einem solchen Moment alles zur Sprache gebracht werden muss. Ich sollte dann entscheiden – sie waren bereit uns aufzunehmen. Oh Erwin, wie ist so eine Entscheidung schwer. Dieses Mal gab es für mich nur 2 Gesichtspunkte, die für eine Entscheidung maßgeblich waren: die Lage u. die Ernährung. Alles andere spielt ja keine Rolle. Ganz offen u. nach allen Seiten besprach ich mich mit Vera u. sagte dann unser Kommen, verbunden mit meiner Mithilfe zu. Am Mittwoch früh um 7 Uhr wollte ich zurückfahren. Aber es kam noch eine aufregende Nacht! Gänzlich unerwartet kam um 1 Uhr nachts Onkel Willi hier an! Da ich in seinem Zimmer untergebracht war, schaute ich heraus und erbot mich zu „räumen", aber er lehnte ab. Ich hörte, wie T. Violet u. Vera noch 2 Std. mit ihm redeten u. dachte mir mein Teil. So war ich nicht erstaunt, als Vera sehr früh am Morgen in mein Zimmer kam u. mir allerlei erzählte – ihr Vater würde nun auch hier bei ihnen bleiben, es würde dadurch mehr Arbeit geben usw., das teilte sie mir unter anderem mit. Es wäre wohl besser, ich würde erst mittags zurückfahren u.

erst mal noch selbst mit O. Willi sprechen, ob ich bei meinem Entschluß bleiben wolle. Krieg ist Krieg – ich blieb natürlich. Aber nach allem, was ich von ihm erfahren konnte, entschloss ich mich doch herzuziehen. Gebe Gott, daß ich richtig gehandelt habe. Ich habe dabei immer nichts anderes in Augen gehabt, als daß ich Dir einmal die Kinder heil und gesund in die Arme legen möchte u. ich glaube, gesünder können es die Kinder nirgends haben als hier! Vera sprach ganz offen mit mir; sie sagte, daß ihre Eltern beide große Egoisten seien, daß sie ihnen innerlich ganz fernstünde u. daß sie sich freuen würde, wenn jemand jüngeres in ihrer Generation herkomme, mit dem man manchmal ein vertrauliches Wort reden könne.

Also ich blieb bei meinem Entschluß, fuhr mittags nach Kapfing zurück, kam erst am späten Abend nach Landshut, so daß ich dort übernachten musste u. erst per Milchwagen am Donnerstagmittag in Kapfing landete. Der Milchfahrer konnte mir mein Gepäck frühestens am Dienstag nach Landshut transportieren, so daß ich unsre Abreise auf Mittwoch, den 20. ds. Früh ansetzte. So hatte ich genau wie damals (weißt Du noch?!) bei unserer Abreise nur fünf Tage Zeit f. d. Packerei u. es war eine große Hetze. Aber ich dachte daran, wie Du damals sagtest, wenn, dann gleich, damit nichts dazwischenkommt. Die rührende Mutti half mir unbeschreiblich lieb – ohne sie hätte ich es gar nicht geschafft, denn es war viel, was sich im Laufe der 5/4 Jahre in K, so angesammelt hat u. dazu noch eine Näherin, der ich verschiedenes für die Kinder zuschneiden musste. Denn hier bin ich nun ja gänzlich ohne Hilfe. In dieser Hinsicht war es schon ein tüchtiger Sprung ins arbeitssame Leben vom Schloss, wo man das Frühstück aufs Zimmer serviert u. die Wäsche gewaschen u. gebügelt bekam!! Aber es ist schon besser, ich mache diesen Sprung jetzt, als erst, wenn Du wiederkommst, nicht? Es muss mir dann doch schon glatt von der Hand gehen, einen Haushalt allein zu versorgen!! Mutti war so froh für mich, daß ich hierherkam. Und dabei war ihre Freude wieder so rührend selbstlos, denn nun können wir nicht mehr zusammenwohnen, da das Haus hier bis unters Dach besetzt ist. O. Willi hat auch noch seine Sekretärin kommen lassen. Ich beschreibe Dir im nächsten Brief das Haus u. die Leute, damit Du über unsere neue Bleibe ganz im Bilde bist. Heute will ich schließen, damit der Brief nicht zu lang wird. Noch nicht einmal die Eltern wissen von meinem Umzug, es ging ja alles so schnell u. diese ersten Tage hier waren sehr anstrengend! Die Kinder sind selig. Veras 8jähriger Sohn ist ein reizender Spielkamerad für Karin. Sie können völlig unbeaufsichtet den ganzen Tag ums Haus herum spielen, zwischen dem Geflügel, den Weiden der Kühe u. Pferde – Karins ganzes Glück.

Woran man jetzt immerzu denkt, weißt Du, Erwin, u. unsere Gedanken werden sich da täglich u. stündlich begegnen. Möge Dich dieser Brief bald erreichen, damit Du weißt, wo wir sind! Und möge er Dich gesund antreffen! Dein letzter geliebter Brief war vom 4. Juni! So sehr muss man Geduld haben jetzt. – Um Annie sind wir in großer Sorge. Dazu hat sie von Meno seit 6 Wochen keine Nachricht. – Leb wohl, mein Geliebtester. Zum ersten Mal aus dem Bauernhof unsere innigsten Grüße! Ich küsse Dich u. hab Dich lieb. Immer und immer Deine Margot.

[Postkarte] Rumgraben 29.9.44 (Eing. 29.1.45)

Liebster Erwin, in meinem letzten Luftpostbrief vom 29. Ds. Schrieb ich Dir, daß wir am 20. Sept. von Kapfing fortgezogen sind, hierher zu Onkel Willi, der [...] ich musste einsehen, daß Kapfing in der jetzigen Zeit nicht mehr der richtige Aufenthaltsort für uns war. [...] ich habe nun wirklich genug vom Umziehen – definitiv. Nun musst Du kommen – mit Dir will ich gern weiter umziehen!! Mit dem größten Vergnügen! [...] Wir wollen uns immer wieder unser Wiedersehen vorstellen u. darauf vertrauen – das stärkt! Und zu zweit kann man mehr u. ich glaube wir Beiden sogar alles tragen. [...]

Nr.37 [von Erwin nachgetragen], Rumgraben, 4. Okt. 44 (Eing. 10.1.45)

Mein innigst Geliebter! Welch große Freude war Dein Brief vom 23. Juli (Nr. 39), der als erster nach Deinem letzten Brief v. 2. Juni hier vor 3 Tagen ankam. Der schnellste Brief, der bisher zu mir reiste. Und gerade einer, der als Hauptthema unser Wiedersehen hat und schon ganz detaillierte Pläne darüber. Ach Geliebter, das war so überwältigend. Ja, es muss ja nun bald werden u. wird ja auch bald werden; aber, mein Erwin – doch wohl nicht ganz so, wie Du Dir denkst. Daran merke ich, daß Du doch auf einem anderen Weltteil lebst!! Wie sollte ich je Josep besuchen – so liebend gern ich es auch täte! Aber es ist ja auch vollkommen gleichgültig, wo wir uns wiedersehen, wenn wir uns nur endlich, endlich wiederhaben werden! Ich kann es mir einfach nicht vorstellen. Daß Du wieder da sein wirst, Deine Stimme, Deine Augen, Deine starken Arme. Daß jemand da sein wird, der wieder die Verantwortung teilt für die Kinder, ein bisschen für mich sorgt u. mich verteidigt, wenn es nötig ist gegen hässliche Menschen, die es überall gibt, der für mich plant u. mit dem man alles besprechen kann – ach, es ist nicht auszudenken!! Und dann werden wir auch wieder ein eigenes Zuhause haben u. wenn es nur 2 Zimmer mit Küche sind – aber meins!! Weißt Du, jedes Mal bei einem Umzug empfinde ich es wieder von Neuem so schwer, immer bei „anderen" sein zu müssen, u. seien es selbst Verwandte wie hier! Wie sehnt man sich danach, wieder eigener Herr zu sein, den Kindern sagen zu können: hier sind wir nun bei uns! Weißt Du, das ist all diese Zeit meine Gefangenschaft, daß man seit Klais immer in fremden Haushalten leben muss, immer sich in allen Kleinigkeiten nach anderen richten muss. In K. hatte ich in der Beziehung ja noch die größte Freiheit, denn die Gräfin kümmerte sich ja gar nicht um ihren Haushalt u. es war ganz Bohème u. somit konnte jeder so ziemlich tun u. lassen, was er wollte. Aber schließlich tat u. ließ die Gräfin selbst zu ausschließlich, was sie wollte u. die

Aussichten für diesen Winter in der vollkommenen Abgelegenheit dort mit der Hausfrau, die für nichts vorsorgte, u. manches andere förderten meinen Entschluß zum Umzug. Wenn der Graf selbst da gewesen wäre, hätte ich mich vielleicht doch dort halten lassen, denn er war zuverlässig, tadellos in seinen Formen u. hätte auch sicher für manches vorgesorgt. Er hätte auch niemals zugelassen, daß seine Frau mit ihrem jeweiligen Flirt u. einigen im Hause oben in ihrem Wohnzimmer sich Extra-Abendessen servieren ließ [...]. Ach, es hatte sich vieles in Kapfing verändert. Für die Kinder ist es ja so gut, daß sie nicht mehr dort sind. Auch für Kinder kann eine gewisse Einsamkeit nicht gut sein, jedenfalls müssen sie sich ihrer Umgebung ganz zugehörig fühlen. Und die Kinder haben es hier ja ganz wunderbar! Rumgraben besteht auch nur aus fünf Höfen, aber es sind Kinder genug da und auf den Wiesen ums Haus ist immer großer vergnügter Kinderbetrieb. Und wenn ich Karin u. Albert so sorglos vergnügt durch Ställe und Hof strolchen sehe u. daran denke, wie in K. diese Herrlichkeiten alle für die Kinder verboten waren, dann tröste ich mich damit immer über die viele, viele Arbeit hinweg, die ich durch diesen Wechsel übernommen habe. So viel Arbeit, daß ich seit 10 Tagen nicht einmal dazu gekommen bin, meinem Erwin zu schreiben – u. das will schon etwas heißen!! Und wenn einmal ein sonniger Tag ist u. die Sonnenstrahlen warm und ungehindert durch dicken Nebel – wie es in K. doch schon seit Sept. morgens oft bis 10 Uhr ums Haus stand – zu uns dringen, u. wenn ich den Kindern die gute Milch geben kann, die nicht vorher in der Küche von der Köchin entrahmt worden ist, dann tröste ich mich auch mit allen diesen Vorteilen über den Abschied von K. Denn es ist doch so, daß man an einem Platz hängt, wo man 5/4 Jahre (u. zuerst so sehr glücklich) gewesen ist. Und die Arbeit hier war wirklich für den Anfang etwas überwältigend, da Vera „jemanden" treffen wollte u. für 10 Tage fortgefahren ist. So muss ich ohne jeden dienstbaren Geist im Haus für 7 Personen kochen – wo ich doch selbst für 2 Personen noch nie allein gekocht habe!! Und Onkel Willi ist schrecklich verwöhnt im Essen u. will zu jeder Mahlzeit mindestens 2 Gerichte haben – das ist schwer heute. Nun, bis Du kommst werde ich in Schwung gekommen sein u. von hier wirst Du sicher eine bessere Hausfrau abholen, als vom Schloss K. Bis Du kommst – bis Du kommst!! Ich fühle immer, wie mein Herzschlag stockt, wenn ich daran denke. – Von Vater kam heute so ein lieber u. tapferer Brief, der mich so besonders freute. [...] Freue mich so auf Deine nächsten Briefe! Hab Dich so lieb, so lieb! Küsse u. umarme Dich. Immer Deine Margot

Nr. 38, Rumgraben, 11.X.44, 4 Photos! (Eing. 29.1.45)

Mein geliebter Erwin, Dein liebster Brief vom 23. Juli, der endlich vor 12 Tagen ankam, nachdem Dein letzter davor vom 2. Juni war, hat mich doch mächtig erschüttert. Was Du Dir für Vorstellungen machst – wir könnten uns bei Josep treffen. [...] Dein Brief hat mich so aufgerührt, daß ich zum ersten Mal von unserem Wiedersehen geträumt habe, u. zwar nicht nur einmal, sondern gleich drei Nächte hintereinander! Merkwürdigerweise blieb das große Erlebnis dabei aus; es war irgendwie alltäglich u. viel Unruhe u. Formalitäten. Ach Erwin, ich werde ganz wild, wenn ich mir ausdenke, daß wir übers Jahr zusammen sein könnten. Als ich Vera von Deinem Brief erzählte, hörte Karin das u. fragte mit leuchtenden Augen: kommt denn der Papi bald? Die kleine Seele, ich glaube sie kann sich mit mir freuen! Alberti ist so eifersüchtig auf unsere Erlebnisse in Teheran, daß er anfängt, allen Leuten aus Teheran was zu erzählen, z.B. heute, als er zum ersten Mal in seinem Leben Pflaumenpfannkuchen bekam, erzählte er Vera skrupellos, die habe er in Teheran immer gegessen!! Ich finde, er hat sich in den drei Wochen hier schon offensichtlich erholt. Es tut ihm so gut, daß hier so viel Freiheit für die Kinder ist, daß Ställe u. Weiden u. solche Herrlichkeiten nicht wie in K. für die Kinder verboten sind. Und da die Mutti den ganzen Tag schwer beschäftigt ist, so spielt er unbeaufsichtigt mit den anderen Dorfkindern u. wird dabei auch freier u. selbständiger. Ein Fest ist es aber dann doch, wenn die Mutti mal mit „pazieren" gehen kann. Heute Abend bei Sonnenuntergang gingen wir ein Stückchen Hand in Hand. Leute kamen zurück vom Heuen u. in ihren Sensen spiegelte blutrot das Abendlicht. Diese blutroten Sensen – ich dachte an die harte Zeit. Neben einem Mann, der noch dunkler war als Ali, schritt Karin u. „half" beim Pflügen. Es ist natürlich nicht der Pflug, sondern die Pferde, die so anziehen. Seit wir hier sind, träumt sie sogar nachts von Pferden! Über den langen Schulweg stöhnt sie heftig, aber die Schule macht ihr Spaß. Es ist ein Anblick, wenn sie früh um 7 Uhr mit Carli u. Seppi, den Nachbarbuben, zur Schule abzieht. Stolz mit dem prächtigen Schulranzen, den die lb. Eltern schon vor 2 Jahren schenkten, auf dem Rücken. Der Hinweg geht in einer guten Stunde vonstatten, aber für den Rückweg brauchen die Kinder meist 2-3 Stunden. Da kann man nichts machen. Sie spielen u. bummeln unterwegs. Wenn es in Strömen gießt, dann kann ich sie nicht zur Schule schicken des Schuhwerks wegen. Sie genießt dann ihren Ferientag! Ach, wie verlockend Dein Vorschlag, mit Josep einzukaufen! Man hat für Deutschland doch nicht so die richtigen Sachen, meine Kleider sind meist viel zu leicht u. fein. Vera beneide ich um ihre hübschen sportlichen Kostüme u. molligen Pullover u. das handfeste Schuhzeug vor allen Dingen. Erwin, merke Dir: Deine Frau möchte ihr Leben doch sehr, sehr ungern im mitteleuropäischen Klima beschließen! – Ich leide unter der Sonnenlosigkeit u. der Kälte des größten Teils des Jahres. Ich bewundere immer wieder Mutti, wie sie sich trotz 20 Tropenjahren wieder hier eingelebt hat u. hier lebt. […] Ich gewöhne mich so langsam an die Arbeit u. sie macht mir auch Freude, aber abends ist Schwalbe müde! Alles, alles Liebe u. Gute, mein Geliebter! Gott schütze Dich. Einen Kuß von Deiner Margot

(Nummer 39 fehlt).

Nr. 40, Rumgraben, 25. Okt. 44 (Eing. 23.1.45)

Mein geliebter Erwin, wie sehr spärlich ist jetzt die Post von Dir! Seit Dein Brief Nr. 30 am 8. Sept. ankam, sind inzwischen nur noch Nr. 39 am 29. Sept. u. die Briefe vom 3. U. 30. Mai eingetroffen. 3 Briefe in 2 Monaten! [...] Nun schrieb Vater mir vorgestern zum Geburtstag u. berichtete von Deinem Brief an ihn vom 27. Juli, daß Du auf ein baldiges Ausgetauscht werden hofftest. Ich wurde ganz still vor süßem Schrecken, dachte, dieses ist nun meine Geburtstagsfreude, konnte es nicht fassen u. fühlte doch tief in mir eine unbändige Freude hochwachsen. Ich wollte Dir schreiben, war aber zu bewegt dazu. So saß ich nur still neben meinem Schreibtisch, betrachtete all meine lieben Bilder u. machte eine kleine hoffnungsvolle Geburtstagsvorfeier. Es war so schön zu wissen, daß Du in dieser Stunde an mich dachtest. Nebenan schliefen unsere Kinder u. draußen leuchteten die Sterne, unter denen wir so oft zusammen glücklich gewesen sind. [...] Heimtransport, der dann aber nicht gekommen sei. Ach Erwin, was wird das für Euch eine Enttäuschung gewesen sein. Ich fühle das so mit Dir. Und doch denke nur, ich glaube, es ist besser so! Wir haben uns unser Wiedersehen wohl beide unzählige Male ausgemalt und damit verbunden das Ende dieses grausigen Krieges. Ich kann es mir gar nicht vorstellen, wie es wäre, wenn Ihr zur Kriegszeit heimkämt. Man möchte doch Euch einen schönen Empfang bereiten nach den langen Jahren der Gefangenschaft. Ja, das sind so Gedanken u. schließlich kommt es doch ganz anders, als man denkt.

Ich glaube, ich habe Dir noch gar nicht von Alberts Geburtstag berichtet. Er fiel ja zwischen meine beiden Fahrten nach Baden-Baden. Wir hatten natürlich Kindergesellschaft mit großer Torte u. der kleine Mann strahlte über seine 4 Lichtlein u. über ein paar Holz-Eisenbahn-Wägelchen, die ich von Weihnachten aufgehoben hatte. (Ja, Deine Schwalbe ist unheimlich sparsam geworden mit allen Sachen!). Leider waren die anderen Kinder nicht mehr so gut im Zug, wie vor einem Jahr. [...] Hier habe ich meine Beiden ja nun ganz allein u. dazu all die Haus- u. Küchenarbeit – ich muss sagen, so schnell wie hier mit all der Arbeit ist mir die Zeit noch nie vergangen. Es ist ja gut so. Ich gebe die Hoffnung nicht auf, daß es doch noch bis zum Frühjahr glückt – u. wir endlich den ersehnten Frieden bekommen! Ach, mein Erwin, was werden wir uns alles zu erzählen haben nach der langen, langen Zeit. Das Schreiben ist oft so schwer u. je näher Dein Kommen nun rückt, umso schwerer wird es mir zu schreiben, weil man sich immer sagt – bald wird man alles so viel besser mündlich besprechen können.

Übrigens, unserer kleinen Karin fällt das Schreiben auch schwer. Vor ein paar Tagen war ihre Lehrerin, ein nettes junges Mädchen zum Tee bei Vera u. ich fragte sie über Karin. Sie sei brav u. aufmerksam, begriffe sehr rasch – nur das Schreiben ginge noch nicht – sorglos über u. unter die Linie! Nun sind die Linien auf ihrer Papiermaschee Tafel auch wirklich schwer zu sehen. Aber sie gibt sich jetzt rührend Mühe damit. Neulich war ihre Tafel leer. Ich fragte sie, warum hast Du nichts für morgen geschrieben? Woraufhin die antwortet: „das Fräulein hat gesagt, heute sollten wir eine Seite schreiben, was wir wollen, u. ich wollte eben nichts"! Was willste machen? Alberti ist hier leider noch nicht so gut eingelebt, er ist so sehr nervös, wie er noch nie war u. hat leichte Hemmungen beim Sprechen wie damals, als wir in die große Kinderschar nach K. kamen. Hoffentlich gibt es sich bald [...].

Ach, hätte nur alles bald ein Ende. Tschüss Geliebter! Bleib mir gesund u. lass Dich so innig umarmen u. küssen von Deiner Margot.

Karin u. Albert senden viele Küsschen!

Nr. 41, Rumgraben, 4. Nov. 44, (Eing. 7.3.45)

Mein lieber liebster Erwin, es geht mir nun wieder so, daß ich mich manchmal zwingen muss an Dich zu schreiben, weil das fatale Gefühl wieder da ist: ach, die Briefe kommen ja doch nicht an! In 2 Monaten habe ich nur 2 Briefe von Dir bekommen, den vom 23. Juli am 29 Sept. u. im Oktober den vom 30. Mai! Bis Nr. 30 fehlen noch Nr. 15 u. Nrn. 27 u. 28. Dann kommt einzeln u. allein Nr. 39 vom 23. Juli. Und mir tut es so furchtbar leid, daß anscheinend all meine Dez. u. viele andere Briefe an Dich nicht angekommen sind. Gerade in der Weihnachtszeit hatte ich Dir so oft geschrieben u. so viele Photos geschickt. Mein Gott, u. nun ist bald schon wieder Weihnachten u. wenn diese Zeilen Dich endlich erreichen, dann ist wohlmöglich ein neues Jahr schon angebrochen. Was wird es bringen – das ist die bange Frage.

Frau Kühnreich schrieb von einem Brief ihres Mannes vom 4. August, in dem er davon berichtet, wie Ihr auf den schwedischen Dampfer gewartet habt, um ausgetauscht zu werden. Auch die Eltern hatten einen Brief von Dir vom 27. Juli, in dem Du von der Hoffnung auf Austausch schreibst, u. durch diesen lieben Brief von Dir sind Vaters Lebensgeister richtig wieder wach geworden. Er brauchte auch so eine kleine Aufmunterung, unser lieber Vater. [...] Wie mir bei dem Gedanken an eine Austauschmöglichkeit wurde, kann ich schwer beschreiben. Immer hat man sich das Wiedersehen im Frieden, in besseren Zeiten ausgemalt. Aber wir wollen dankbar sei, wenn wir uns nur einmal wiedersehen können u. uns darüber klar sein, daß ein Leben, wie wir es zusammengeführt haben, nicht wiederkommt. Vielleicht einmal für Karin u. Albert. Ich glaube, der Lütte wird einmal enorm groß. Er wächst u. wächst – nur leider nicht in die Breite. An seinem Geburtstag war er so selig, begriff schon so süß, daß er mit Kuchen u. Lichterchen gefeiert wurde. 4 Jahre alt – bald ist auch seine erste Kinderzeit vorbei, ohne, daß er den Begriff „Zuhause" kennen gelernt hat. 6 Tage später erhoffte ich eine glückliche Wendung, aber ich schrieb Dir ja schon, daß der Plan des Umzugs scheiterte. Nun sind wir über 6 Wochen in Rumgraben u. leicht waren sie nicht. Es ist doch recht schwer, sich wieder in einen neuen Haushalt einzuleben, u. zwar dieses Mal „aktiv", d. h. mitwirkend, aber nicht selbständig, sondern sich in jeder Kleinigkeit nach der Hausfrau richten müssend. Deine Schwalbe muss sich von ihrer Kusine Vera sagen lassen, daß d. Kissen im Wohnzimmer nicht gründlich genug abgebürstet sind oder die Teller nicht heiß genug gespült usw. Nun ja, man gewöhnt sich an alles u. ich halte mich an die Lebensregel „nichts ist mühsam, wenn wir es willig tun"! Die Verpflegung ist prima, Vera kocht glänzend u. ich kann viel von ihr lernen. Das wird Dir zugutekommen!! Es ist eine Freude zu sehen, wie Karin sich hier kräftigt u. erholt u. entwickelt. Für sie war K. mit all den ganz kleinen, ewig lärmenden oder heulenden Kindern ja nicht mehr das Richtige. Die Schule u. der 6 ½ km lange Weg füllen sie aus, lenken von ihrem Selbst ab u. kräftigen sie gesundheitlich. Sie hat noch nie so gut geschlafen wie hier. In K. lag sie stundenlang abends wach im Bett. [...] Albert bekommt es hingegen hier nicht so gut. Ich weiß nicht, warum er so furchtbar nervös geworden ist. Und seine Mutti quält er mit ewigem „nein", was ich auch (u. wie ich auch) ihm sage. Er hat vielleicht herausbekommen, daß ich ihn hier nicht so einfach strafen kann, wie in K., denn wird er eingesperrt oder bekommt einen gehörigen Klaps, dann brüllt er u. hier sind wir nicht in einem dickwandigen Schloss, sondern einem leicht gebauten Bauernhaus u. durch die Holzwände werden Geräusche nicht gerade gedämpft. Onkel Willi u. Tante Violet sind maßlos verwöhnt in jeder Beziehung u. finden die Kinder furchtbar laut u. unruhig, was wirklich nicht so schlimm ist. Da muss man nun immer lavieren u. das merkt der kleine Mann natürlich! Ich habe nun an das berühmte Kinderheim in Garmisch von Dr. Neu geschrieben, ob er eine Zeit lang dorthin kann. Ich habe eingesehen, daß ich mich eine Zeit lang von ihm trennen muss, daß er seinen Widerstand gegen mich verliert, u. es ist ja immer so, daß Kinder unter anderen viel lieber folgen lernen

u. ruhiger werden. In seinem Alter hatte ja auch Karin damals das Kinderheim Schlederloh so gutgetan. Dorthin möchte ich Albert jetzt natürlich nicht geben. Überhaupt wird mir die Trennung augenblicklich wahnsinnig schwer, aber ich glaube, es ist für sein Wohlergehen nötig. Und in Garmisch ist die gute Dotti, die mir immer berichten kann u. in jedem Fall sich für ihn einsetzen würde. [...] Mutti u. Irmi sind, wie ich schon schrieb, ganz in der Nähe von Kapfing in primitivstem Quartier bei Bauern untergekommen. Mutti hat es in größter Mühe gedeichselt, um für Irmi sorgen zu können. Ich finde es aufopfernd für diese schwierige Frau! Im Januar erwartet sie ihren „Sohn"! [...] Ach, mein Erwin, möchte doch ein gütiges Geschick diese Zeilen auch wirklich in Deine lieben Hände legen. Dieses kleine Papier, das jetzt noch auf meinem Schreibtisch neben meinem Bett in dem hellen weißen Zimmer liegt, durch dessen Fenster die ganze rot und goldene Pracht des Herbstes hineinleuchtet. Wenn nur dieser Winter schon hinter uns läge u. Du wiederkommst! Vielleicht wartest Du ein bisschen bei Josep? Übermorgen schicke ich Dir meine neueste Photo aus Landshut. Ich umarme Dich Geliebter u. küsse Dich, immer und immer Deine Margot.

Nr. 42, Rumgraben 7.XI.44, 1 Photo (Eing. 21.1.45)

Mein geliebter Erwin – nur einen sehr lieben Gruß zum Geleit der versprochenen Photo. [...] hier findet man, daß ich auf dem Bild älter aussehe als in Wirklichkeit. Nun, hoffentlich kannst Du Dich bald von der Wirklichkeit überzeugen. [...] Ich schrieb so kurz in der Hoffnung, daß die Zeilen dann schneller durch die Zensur reisen u. das Bild Dich vielleicht noch zu Weihnachten erfreut! Alles, alles Liebe mein Erwin u. einen Kuß von Deiner Margot.

Nr. 43, Rumgraben, 10. Nov. 44 (Eing. 21.1.45)

Mein liebster, lieber Erwin, manchmal muss man sich doch wirklich ärgern: gestern erfahre ich, daß Onkel Willi meinen letzten Brief an Dich vom 7. ds. mit anderen Briefen einfach in den Kasten geworfen hat, anstatt ihn an der Post per Luftpost aufzugeben! Und ich hatte gerade gehofft, der Brief würde Dich ungefähr zum Jahreswechsel erreichen! Nun schreibe ich Dir gleich nochmal mit all meinen guten Wünschen. Es ist ja mein großer Kummer, wie spärlich die Post jetzt von Dir eingeht. [...] Ach was soll man sich wünschen? Nur ein Wiedersehen, nur ein Zusammensein, was auch kommen möge. Du kannst Dir denken, daß ich die Verantwortung für die Kinder, das Alleinsein jetzt oft besonders empfinde. Es sind nun schon über 3 Jahre! Aber wieviel unzählige Frauen müssen wie ich allem allein entgegensehen u. haben nicht mehr die Aussicht auf ein Leben zu zweit. Die soll mich immer hochhalten. Ich schrieb Dir schon, daß ich mich entschließen musste, Alberti für eine Zeit lang in ein Kinderheim zu tun u. das wird mir jetzt natürlich entsetzlich schwer. Dr. Neus Kinderheim in Garmisch will ihn in allernächster Zeit aufnehmen. Dr. Neu kennt die Kinder ja von damals u. seine Frau ist eine Schwester von Frau Dr. Strunk, denke Dir doch! Auch Veras Bruder ist oft u. gern dort gewesen u. Tante Violet hat für mich auch dorthin geschrieben. Durch all diese Beziehungen dürfte eine baldige Aufnahme glücken, worauf man sonst Monate lang warten muss. Es reißt ein Stück von meinem Herzen, wenn ich Albert weggeben muss, meinen kleinen süßen zärtlichen kleinen Jungen. Aber es geht so nicht weiter u. Du würdest auch nicht zufrieden sein, wenn Du wiederkommst u. einen Sohn findest, der immer nur „nein" sagt, statt zu folgen. So sehr er mich liebt u. so ganz unglaublich an mir hängt, so hat er doch einen merkwürdigen, ich finde nervösen Widerstand gegen mich. Sieht er mich nur von weitem mit seinem Essen, schreit er: nein – nicht essen, will ich ihn hereinholen von draußen, dann läuft er mir davon, u. zu Karin ist er richtig scheußlich! Ich glaube aus Eifersucht! Er ist außerordentlich eifersüchtig, u. ich führe darauf auch gerade die Schwierigkeiten, die ich hier mit ihm habe, zurück. In Kapfing waren wir immer allein u. zusammen, in den letzten Monaten, in denen ich mich mit der Gräfin nicht mehr so gutstand, u. hier unterhalte ich mich beim Frühstück schon mit Vera, bin sehr beschäftigt, habe nicht mehr so viel Zeit für ihn – das reizt ihn irgendwie. Zudem scheint ihm die Luft hier nicht so gut zu bekommen. Oder ist es nur das Neue? Jedenfalls schläft er viel zu wenig u. dadurch ist er natürlich auch matt, unartig u. grantig. [...] Karin hingegen blüht hier auf. [...] Veras Junge Jürgen, 8jährig, lieb u. problemlos, ist ein netter Spielgefährte für sie. Leider können sie den 6 km langen Schulweg nicht gemeinsam machen, da Jürgen am Montag, Mittwoch u. Freitag Schule hat u. Karin an den anderen Tagen. Wenn allerdings so ein Schneesturm ist, wie heute, dann lassen wir die Kinder nicht zur Schule. Aber mit Begeisterung haben sie im Schnee gespielt, Karin in einem Paar hoher Stiefel von Jürgen. Mit ihren kleinen Halbschuhen hätte ich sie nicht hinauslassen können. Kälte scheint sie gar nicht zu empfinden, spielt mit Schnee wie mit Sand, während Berti nach kurzem kalt u. fast weinend wieder hereinkam. Übrigens gestern, als ich ihn nach dem Mittagsschlaf aufnahm, empfing er mich mit diesem Reim: „Mutti, Du Liebe, bald ist Friede!" Muss man ihn da nicht abküssen?! Was mag er sich so alles ausdenken, wenn er stundenlang wach im Bett liegt? Ich gestehe mir ehrlich ein, daß ich gewiss die Schuld trage, wenn er jetzt so widerspenstig ist u. mit sich u. der Welt nicht so ganz einverstanden; ich war vielleicht nicht streng genug, immer Rücksicht auf seine Zartheit nehmend. Ach, ich will versuchen, es nicht tragisch zu nehmen – in ein paar Wochen, wenn er im Kinderheim ist, wird er gleich vernünftig u. ruhig werden – davon bin ich überzeugt. Er muss mal von Muttis Schürze loskommen u. lernen, daß die Mutti auch für andere als nur für ihn da ist – was machen wir sonst, wenn Du kommst. [...]

Nr. 44, Rumgraben, 12. Nov. 44 (Eing. 23.1.45)

Mein geliebter Erwin – Sonntagnachmittag ist es. Wir haben eben eine von Veras selbstgezogenen Gänsen verspeist, die Vera wirklich großartig gebraten hatte. Ich habe sehr aufgepasst u. hoffe, daß ich es gelernt habe u. daß ich einmal Gelegenheit haben werde, Dir an einem Sonntag eine Gans zu braten. Wieviel schließt dieser Wunsch in sich ein! Dich – u. Friedenszeiten – u. ein eigenes Heim. Nein, es ist vermessen, so viel jetzt zu wünschen. Wenn nur Du kommst! Ich glaube, Erwin, ich möchte doch, daß Du kommst, wenn auch die Zeiten sich noch nicht geändert haben. […] je mehr Wochen vergehen, umso stärker wird nun doch der Wunsch in mir, daß Du jetzt bald kommst, daß wir das letzte zusammen durchstehen. Es ist ja eigen: in dieser Beziehung „heilt" die berühmte „Zeit" nicht, sondern der Wunsch u. die Sehnsucht nach Dir wird immer stärker. Liebster, komm nur um Gottes Willen ohne Illusionen von mir! Ich bin älter geworden, es waren keine leichten Jahre u. die Eltern können Dich auch nicht so empfangen, wie sie wohl möchten. Nur unsere Liebe zu Dir ist unverändert, wenn möglich noch gewachsen. Und das eine Gute ist wohl auch, daß ich gelernt habe, mit vielem allein fertig zu werden u. mir ganz große Mühe geben werde, daß dieses so bleibt u. daß Du durch unser Zusammensein nicht mehr Sorge, sondern nur Freude hast. Sorge wirst Du auch haben, ohne daß wir beisammen sind, u. das ist ja nun auch so, daß man dankbar sein muss, wenn man neben seiner Sorge noch die Hoffnung hat. Wie viele haben die nicht mehr. Wenn ich so am Sonntag im hellen warmen Zimmer sitze, die Kinder habe u. so ein gutes Essen, dann bin ich von allergrößter Dankbarkeit erfüllt, daß ich es jetzt noch so guthabe. Nur das Heimweh nach den Menschen, die einem nahestehen, wird jetzt täglich größer. […]

Neulich war so ein richtig grauer Novembertag u. ich sagte zu Vera: heute gehört viel liebe Post ins Haus! Und siehe da: 7 Briefe kamen nach Tisch für mich. Ich saß gerade etwas verzweifelt über unseren Strümpfen u. stopfte u. stopfte, als die Post kam. Von Mutti, Annie u. [...]. In K. ging ich ja mit den Kindern regelmäßig spazieren. Das fällt hier weg. Die Kinder spielen u. toben allein draußen mit den Dorfkindern u. ich habe meine Arbeit. Und habe ich eine freie Stunde, dann muss ich flicken und schreiben. Die rot, gold u. bronzene Herbstpracht draußen ist schon zugedeckt vom weißen Winterkleid u. die Kinder sind selig u. spielen mit dem Schnee [...]. Wenn diese Zeilen in Deinen Händen sein werden, dann wird ein neues Jahr angebrochen sein. Was wird es uns bringen?? Jetzt kommt Weihnachten – das vierte ohne Dich. Und aus der letzten Weihnachtszeit hast Du all meine Briefe nicht bekommen! Oder noch nachträglich? Du weißt ja, Geliebter, wie ich an Dich denke, nur wie seht ich Dich lieb hab – das weißt Du wohl nicht. Du hast mein Leben so reich u. glücklich gemacht, daß ich dankbar bin u. vom Schicksal nicht mehr viel verlangen darf. Deine Kinder u. ich senden Dir unzählige gute Wünsche. Ich liebe Dich, immer u. immer, Deine Margot

Nr. 45, Rumgraben, 14. Nov. 44, 1 Photo (Eing. 21.1.45)

Mein Geliebter – heute ist Dein Geburtstag u. ich bilde mir ein, ich hätte Dir einen Kuchen gebacken u. würde Dir mit ein paar Herbstblumen dieses Bild aufbauen. Schön ist es nicht! Die Beleuchtung ist ungünstig. Ganz so alt sehe ich vielleicht noch nicht aus?! [...] bin immer noch ohne neue Nachricht von Dir [...]. Wie mag es Dir gehen? Mir geht es gut, die Kinder sind selig [...] Als ich Albert sagte, heute ist Papis Geburtstag, fragte er: „wie weißt Du denn das?!" [...] Wann Du auch kommst – die Kinder erwarten Dich dann als Weihnachtsmann mit Stiefeln [...]. Liebster – Du wirst mit Kaffee feiern heute, nicht? Und ich fahre nach Traunstein heute Nachmittag zur Feier des Tages zum Wirtschaftsamt. Muss schließen, dann kann ich dieses in Traunstein spedieren! Mein lieber Erwin, hunderttausend gute Wünsche für Dein neues Lebensjahr. Auf Wiedersehe?! Einen ganz innigen Geburtstagskuß von Deiner Margot

[Nr. wieder ausgeschnitten, von Erwin nachgetragen: Nr. 46]
Rumgraben, den 19. Nov. 44 (Eing. 9.2.45)

Lieber Papi, wenn der Krieg aus ist, komm wieder u. pack sofort Deine Sachen. Ich weiß schon ganz genau, daß Du in Australien gefangen bist u. ich habe Dich sehr lieb u. bin sehr traurig, daß Du gefangen bist, mein lieber Papi. Und es sollte ein Schiff hinfahren, hat mir die Mutti erzählt, das sollte die ganzen Deutschen, die in Australien sind, abholen, aber es ist nicht gekommen. Und Albert läuft jetzt gerade draußen auf dem Balkon herum und vorhin war ich auch draußen und habe verdunkelt. Und ich habe mir heute Nachmittag 7 Stück schöne Pferde ausgeschnitten – das sind 6 Soldaten und 1 Führer u. das sind doch 7! Und lieber Papi, der Albert steht jetzt neben mir u. hört zu. Ich hab eine wunderbare Puppe zu Weihnachten gekriegt u. ich wünsche mir jetzt zu Weihnachten eine Kamelreihe, so 20 Stück. Und lieber Papi, schick mir doch einen Brief nochmal. Jetzt geht Dein liebes Töchterlein hier in die Schule u. da geht man von Rumgraben bis nach Vachendorf 1½ Stunden u. ich gehe mit 2 Buben u. 1 Mädel u. jetzt gehe ich gar nicht, weil Schnee ist. Hast Du schon den Brief gekriegt, den ich Dir neulich mal geschrieben hab? Und ich grüße Dich vielmals u. küsse Dich, meinen lieben Papi! Deine KARIN:

Lieber Papi ich wünss mir eine Eisenbahn. Un ich wünss mir ein Kamel. Heute hat der Jürgen das Haar geschnitten gekriegt. Wir haben Kätzlein, eine schwarzweiße u. eine rote Katze. Grüße un Küsse un liebhaben! Dein ALBERT:

So wurde mir wörtlich von den Kindern diktiert, liebster Erwin! Karin hat sogar ihren Namen ganz allein geschrieben. Einer stand rechts, einer links von mir u. Albert wollte natürlich durchaus auch seinen Namen schreiben. So habe ich ihm die Hand geführt. Wir verbringen den späten Nachmittag alle Drei in meinem Zimmer zur Feier des Sonntags. Solange es hell ist, sind die Kinder ja draußen. Es war ein bezaubernd schöner Sonnentag! Vera stellte nach dem guten Sonntagsmittagessen die Russin aus dem Stall zum Spülen an – wie man das genießt, einmal nicht selbst Geschirr u. Pötte putzen zu müssen!!

So konnte ich ein richtiges Feierstündchen machen auf Liegestuhl in Sonne! Bezaubernd schön leuchten noch einzelne rot belaubte Büsche im Schneefeld. Und nachdem der Wald ein erstes Schneekleid wieder abgeschüttelt hat, sieht man auch da noch prächtige Herbstfärbung, besonders schön gegen die weißen Felder. [...] Ach Erwin – was für lange Wintermonate stehen nun wieder bevor! Die Sehnsucht nach Sonne u. Wärme wird immer größer. Ob ich mein Leben in diesem Klima beschließen muss? Das hängt von Dir ab. Wieder ging eine Woche zu Ende, ohne daß Nachricht von Dir kam. [...] Ob diese Zeilen Dich gerade an unserem Hochzeitstag erreichen? Der zehnjährige, mein Geliebter! Und wenn keine glücklichen Jahre mehr folgen sollten – die Jahre des Zusammenseins mit Dir haben mein Leben reicher u. glücklicher gemacht, als die meisten Frauen es in einem langen Eheleben erleben! An unserem Hochzeitstag werde ich an Isfahan denken u. an Dresden, Berlin, Bagdad u. wo immer wir besonders glücklich zusammen waren. [...] Wir haben uns hier ganz gut eingelebt. Karin blüht u. gedeiht. Albert will ich besonders aus pädagogischen Gründen in ein Kinderheim nach Garmisch tun [...]. Mir geht es gut, bis auf die von der Arbeit so kaputten Hände. [...] Vera u. ich freunden uns sehr an. Sie ist oft sehr grob, meint es aber nicht so. Steht mir immer gegen ihre Eltern bei, wenn Tante Violet was zu meckern hat.

Nun leb wohl, mein geliebter Erwin. Ich hab Dich lieb u. küsse Dich! Bleib nur gesund für Deine Margot.

Nr. 47, Rumgraben, 30. Nov. 44 (Eing. 23.2.45)

Ja, mein geliebter Erwin, wie mag es Dir gehen? Wo magst Du sein?? Die letzte Nachricht von Dir ist über 4 Monate alt! [...] Möchten wenigstens meine Briefe Dich erreicht haben, damit Du,

Geliebter, weißt, daß es uns gut geht. [...] Weißt Du, mit diesem Winter vor Augen muss man mindestens zur Hausfrau Vertrauen haben können u. das konnte ich in K. nicht mehr. Seit der Graf fort war, ist vieles verlottert – die kl. Gräfin sogar moralisch! Es kam vieles zusammen, das mich veranlasste, dort fortzuziehen. Nur das eine glaube mir: persönliche Gründe hätten mich nicht bewogen, nochmals umzuziehen. Ich habe bei allen meinen Entschlüssen immer nur das Wohl u. die Sicherheit der Kinder im Auge. Leicht ist mir das Einleben nicht gefallen am neuen Platz, ja im Grunde fühle ich mich hier immer noch fremd. Aber darauf kommt es ja heute nicht an. Die Kinder bekommen hier eine prima Milch u. das bäuerliche Milieu gefällt ihnen sehr. [...]

Leider ist gleichzeitig mit mir auch Onkel Willi mit Sekretärin aus Bonn hergekommen u. vor 14 Tagen auch noch seine Mutter, meine Großtante Olga. Nun sind wir ein Haushalt von 9 Personen, den Vera u. ich ohne jede Hilfe versorgen müssen. D.h., nachdem die Sekretärin kürzlich von ihrer Hochzeit zurückgekommen ist, hilft sie auch nett mit, aber es bleibt genug Arbeit. Siehst Du, mein Herz – so bin ich im Haushalt trainiert, bis Du kommst! Wenn ich früh um 7 Uhr in 3 Minuten ein prasselndes Feuer im Herd habe (wie lösen uns ab mit dem Frühstück-Machen), dann denke ich immer, wie es sein wird, wenn Du dann zum Kaffee in die Küche kommst u. zufrieden mit Deiner Hausfrau bist! Ich war doch noch nie ohne Bedienung u. muss mich noch sehr einarbeiten, aber es macht Freude im Hinblick auf einen eigenen Haushalt später mit Dir!! Gestern kam Menos erster Brief. [...]

Mein geliebter Erwin, nun stehen wir im 4. Jahr unserer Trennung! Und am 21. Januar ist unser 10jähriger Hochzeitstag. Lass uns hoffen, daß wir im zweiten Dezennium unserer Ehe nicht so lange getrennt sein müssen! Ich habe unbeschreibliche Sehnsucht nach Dir. Die Kinder sprechen schon von Weihnachten u. St. Nikolaus. Wünschen sich wieder Schnee! Ich bin froh, daß die Welt

wieder ein herbstliches Antlitz hat – der Winter ist noch lang genug! Lass Dich umarmen, Geliebter, mit einem süßen Kuß
von Deiner Margot

[Nr. rausgeschnitten, von Erwin nachgetragen: Nr. 48] Rumgraben, 13. Dez. 44 (Eing. 23.2.45)

Liebster Erwin – anbei die versprochenen Bilder, die ich Dir schon im vorigen Dez. schickte, die aber anscheinend nicht bei Dir angekommen sind. Sie sind beide noch sehr ähnlich, auch heute noch nach Jahresfrist! Ich bin so froh, daß endlich wieder Briefe von Dir gekommen sind, nachdem Okt. u. Nov. mir nur 3 ältere Briefe brachten, kamen in diesen ersten Dezembertagen schon 11 Briefe von Dir – datiert zwischen März u. Okt. Der letzte vom 8. Okt.! Gott sei Dank, daß Du gesund bist. Im Geheimen habe ich doch gehofft, daß die lange Pause in Deinen Briefen vielleicht doch Deinen Austausch bedeuten könne! […] Mein armer Geliebter! Aber eines Tages wird es doch!! Und bis dahin wollen wir nur alle gesund bleiben […]. Karin hat Weihnachtsfeiern – glücklich das kleine Faultier. Alberti hat sich in den letzten Wochen entschieden gekräftigt. Ich denke an dich u. habe dich lieb u. meine Sehnsucht wird immer, immer größer! Mit einem Kuß von Deiner Margot

(Anm.: Margot erhielt einen Brief von Hermann W., Vorstandsmitglied der IG Farben, Frankfurt, den 18. Dezember 1944, zu ihrer finanziellen und zur allgemeinen Lage):

Sehr geehrte Frau Spiegel!

Ihre werten Zeilen vom 24. ult. sind mit großer Verspätung in meinen Besitz gelangt. Besten Dank dafür. Obwohl ich nicht hoffe, daß der Zustand eintreten könnte, daß Sie keine Postverbindung mit Frankfurt mehr bekommen, so ist immerhin eine gewisse Vorsicht am Platze. Wie Sie aus beiliegendem Durchschlag unseres Briefes vom 15. ds. Mts. an die Leitung unserer Verkaufsstelle in München ersehen werden, haben wir dieselbe veranlasst, als Ausweichstelle sich Ihrer anzunehmen, falls die Verbindung mit hier nicht mehr möglich wäre. [...]

Das Konto Ihres Gatten zeigt folgenden Stand:

Reichsmark-Konto: einen Haben-Saldo von RM 1.074,25

Sfrs.-Konto: einen Haben-Saldo von Sfrs. 46.060,55 zum heutigen Kurs von 57,95 = RM 26.692,09

Ich würde Ihnen gleichfalls empfehlen, einige tausend Mark auf eine Bank in der dortigen Gegend, die Sie jederzeit leicht erreichen können, überweisen zu lassen, damit Sie diesen Betrag unter allen Umständen stets greifbar haben. Evtl. möchte ich Sie bitten, mir nähere Nachricht zu geben, damit ich die Überweisung alsdann veranlassen kann.

Mit großem Bedauern habe ich gehört, daß Ihr ältester Bruder schwer verwundet aus Russland zurückgebracht worden ist, und daß die übrigen männlichen Mitglieder der Familie entweder Zivilinternierte sind oder sich in Kriegsgefangenschaft befinden. Es sind zweifellos schwere Verhältnisse, welche wir zurzeit durchzumachen haben, aber deshalb dürfen wir den Lebensmut nicht verlieren, denn denklich werden auch wieder bessere Zeiten kommen. Hoffentlich kommen die in Aussicht gestellten neuen Waffen nun in Bälde und in ausreichenden Mengen zum Einsatz und wirken sich derart aus, daß das Kriegsglück sich wieder zu unseren Gunsten wendet, so daß wir einen erträglichen Frieden erreichen können.

Es freut mich, Ihren Zeilen entnehmen zu können, daß es Ihnen und Ihren Kindern gesundheitlich gut geht. Hoffentlich werden Sie sich in Ihrem neuen Standort gut einleben und sich dort recht wohlfühlen.

Streng vertraulich möchte ich Ihnen mitteilen, daß vor einigen Monaten ein Austauschabkommen über Zivil-Internierte für England und die britischen Kolonien abgeschlossen worden ist, und unter dieses Abkommen fällt auch Australien. Der Heimtransport nimmt allerdings lange Zeit in Anspruch, weil nur ein Schwedendampfer dafür zur Verfügung steht. Soweit ist ja ein Transport von England und Südafrika bereits eingetroffen. Es sollen nun zunächst die restlichen Internierten von Südafrika heimgebracht werden, dann wird voraussichtlich Indien an die Reihe kommen und anschließend Australien. Zwischendurch soll der Dampfer aber auch eine Tour nach Stambul und Lissabon machen, um Deutsche von diesen Gebieten zurückzuholen. Es wird daher wahrscheinlich immer noch 1 Jahr vergehen, bis mit dem Heimtransport der in Australien internierten Deutschen begonnen werden kann. Dies ist sehr bedauerlich, lässt sich aber nach Lage der Dinge nicht ändern und die Hauptsache ist, daß die Heimbeförderung immerhin in Aussicht steht. Da indessen immer wieder auch mit Zwischenfällen gerechnet werden muss, legt das Auswärtige Amt großen Wert darauf, daß dieses Austauschabkommen geheim behandelt wird und daß vor allem den Internierten keine Mitteilung darüber gemacht wird, damit im Falle einer Verzögerung des Austausches die Enttäuschung nicht zu groß wird. Ich möchte Sie daher bitten, meine Ausführungen ebenfalls als nur für Sie bestimmt zu betrachten und nichts nach draußen zu schreiben. In dieser Verbindung möchte ich erwähnen, daß mit zu Ohren gekommen ist, daß schwedische Freunde einigen Zivilinternierten, darunter auch Ihrem Gatten, ein Geldgeschenk von erheblichem Umfange in das Internierungslager überwiesen haben. Denklich wird dieses Geschenk noch vor Weihnachten in den Besitz der Internierten gelangen, so daß sie dadurch eine zusätzliche Weihnachtsfreude haben. Auch hierüber bitte ich Sie, nichts nach draußen zu schreiben. Sie werden dann von Ihrem Gatten dann schon hören, sobald das Geld eingetroffen ist.

Mit und meinen Angehörigen ergeht es gesundheitlich befriedigend, wennschon wir unter dem fortwährenden Fliegeralarm mit gelegentlichem Bombenwurf in Wiesbaden und Frankfurt stark in Mitleidenschaft gezogen werden. Bis jetzt ist indessen alles gutgegangen und wir hoffen und wünschen, daß es so bleiben möge. [...] In diesem Sinne verbleibe ich mit den besten Grüßen

Ihr H. W..

Nr. 49, Lausbach 31. Dez. 44 (Eing. 3.6.45)

Mein geliebter Erwin – in 3½ Stunden ist dieses Jahr abgelaufen u. ich muss sagen – es wird mir der Abschied von ihm nicht schwer! Trotz der harmonischen Doppelzahl 44 war es das dunkelste Jahr meines Lebens. So fehlt jede Wehmut des Abschieds, wie man sie doch sonst am Silvesterabend manchmal empfindet u. alle Gedanken, alles Wünschen u. Hoffen ist der Zukunft zugewandt. Möchte doch nun endlich, endlich die Zeit kommen, daß wir uns wiederfinden, u. wenn es auch noch Krieg sein sollte. Aber ein neues Leben würde dann doch anfangen. Geliebter, wie wirst Du in dieser Stunde zu mir hindenken. Ich fühle es. Eben komme ich von draußen, wo die Landschaft im Neuschnee u. zauberhaften Mondlicht schimmert. Auch einzelne Sterne blinkten – ob es dieselben sind, zu denen Du heute Nacht aufschaust? Die Sehnsucht ist jetzt manchmal überwältigend. – Ja, und was sagst Du zu meiner neuen Adresse?? Nun wirst Du doch lachen: Schwalbe ist vom Rumgraben in den Lausbach gefallen! Ach Erwin, schön ist es nicht, zwei Umzüge in einem Vierteljahr! Und ich habe immer das abscheuliche Gefühl, Du könntest denken, daß ich mein Quartier jetzt so fot wechsle, wie früher einmal die Hotelzimmer! Du erinnerst Dich doch, wie Du früher mich oft necktest, ich sei immer erst im 2. oder 3. Hotelzimmer zufrieden? Ach nein, meine Ansprüche habe ich sehr, sehr zurückgeschraubt u. wenn ich mich jetzt zu einem Umzug entschließe, so nur dann, wenn ich es für nötig halte, wobei für mich immer die Hauptsache ist, daß ich Dir Deine kl. Familie einmal heil zuführen kann.

Neben mir sitzt Irmi, Roderichs Frau am Tisch u. braut einen köstlich duftenden Cacao-Schnaps – die richtige Apothekers-Tochter! Hinter mir in der abgedunkelten Ecke schläft unser Karinchen. Ja, jetzt findest Du Dich überhaupt nicht mehr durch, nicht? Alles in einem Zimmer! Also Erklärung: bei Wessels war das Haus überfüllt dadurch, daß Onkel Willi mit Sekretärin u. die 81jährige Tante Olga noch hingezogen waren, alles alte Leute, die ihre Ruhe haben wollen, ein frommer Wunsch, den sich auch nur heute noch Menschen leisten können, die noch nicht richtig vom Kriege gepackt worden sind. Der Haushalt sollte dadurch entlastet werden, daß Tante Olgas langjährige Haushälterin auch noch kommen sollte – so war ich mit den Kindern überzählig, was man mich reichlich unverblümt wissen ließ. Doch ist mein Fell nach 3 Jahren bei anderen Leuten dick genug geworden, daß mich dieses allein nicht zum Umzug bewogen hätte. Doch hinzu kam, daß auch in der Ernährung nicht für so viel Menschen vorgesorgt war u. eine Fliegenplage besonders unser Karinchen nervös machte. Ich hätte es ja nicht für möglich gehalten, daß wir diesen Winter noch ein neues Quartier finden würden, doch unsere unvergleichliche Mutti hat es fertiggebracht. Trotz langer ermüdender Fußmärsche u. meist mürrischem Bescheid ist Mutti auf all den umliegenden Höfen herumgelaufen, bis sie für uns ein passables Zimmer fand. Es ist auf einem einzeln gelegenen Hof, ½ Std. zu Fuß von Muttis u. Irmis Behausung in Gundihausen u. nur ¼ Std. von Altfraunhofen entfernt, wo Karin zur Schule gehen wird. Ja, das hätte ich mir vor einem Jahr auch nicht träumen lassen, als ich in Schloss K. Silvester feierte, daß ich heute nur wenige Kilometer entfernt in einer niederbayrischen Bauernstube sitzen würde. Aber ich bedaure nicht, aus K. fortgezogen zu sein. Es ist nicht das Richtige m. Ansicht nach, heute in einem Schloss zu sitzen u. nichts zu tun. Auf dem Hof werde ich meinen kl Haushalt selbst zu versorgen haben, wenn es auch nur eine Ein-Zimmer-Wohnung ist, ich bin da mein eigener Herr u. nicht Pensionsgast u. im Sommer werde ich mich nützlich machen können bei der Erntearbeit in Hof u. Garten. Auch dort werden Fliegen sein, aber nicht so viel, u. überhaupt halte ich es für das Allerwichtigste, daß wir uns heute an das einfache Leben u. harte Ansprüche gewöhnen u. unsere Kinder da hinein erziehen.

Du hättest mich vielleicht lieber auf einem Schloss abgeholt! So wirst Du wohl eine Bäuerin wiederfinden mit verarbeiteten Händen, aber so Gott will mit gesunden Kindern u. heil u. ganz. Wie es heute ist, ich musste natürlich sofort umziehen, damit das neue Quartier nicht in die Binsen ging, u. so war Weihnachten für mich nur Packen u. am 28. Dez. bin ich von Rumgraben gestartet. Du hast inzwischen sicher mal nachgeschaut, wo Bergen liegt und welch wunderschöne Gegend wir verlassen haben. Es war ein zauberhaft schöner sonniger Morgen, als wir abfuhren. Erst am nächsten Mittag landeten wir bei der Omama u. haben Karinchens Geburtstag noch mit Kuchen u. Lichtern gefeiert. Leider konnten wir nicht gleich das neue Zimmer beziehen, da der Ofen noch nicht gesetzt ist, aber sofort nach den Feiertagen, also übermorgen wird es gemacht. So lange sind wir provisorisch bei Mutti u. Irmi untergeschlüpft u. das ist wirklich ein Kunststück, da beide auch nur eine Ein-Zimmer-Wohnung haben. Mutti bei der Frau Lehrerin u. Irmi auf einem Bauernhof, eine sehr große niedrige Stube, die Mutti unglaublich geschickt in Schlag-, Wohnzimmer u. Küche aufgeteilt hat. Hier bei Irmi essen wir alle an einem großen Tisch u. hier schreibe ich Dir nun auch den letzten Brief im alten Jahr. Es tut mir unendlich leid, daß eine längere Pause in meinen Briefen eingetreten ist, aber Liebster, ich war in den letzten 3 Wochen, seit Mutti mit dem Vorschlag, herzuziehen an mich herantrat u. ich dann zur Besichtigung herfuhr, nicht in der Lage zu schreiben. Auch seelisch nicht, denn der abermalige Wechsel u. Entschluß dazu haben mich doch ein bisschen mitgenommen.

Nun wird es alles besser werden in Muttis geliebter Nähe u. ich will all die ausgefallenen Briefe an Dich nun nachholen – alle, alle! Es war auch so viel Lauferei – Gundihausen liegt 13 km von Landshut, der Weg musste zu Fuß gemacht werden, auch von Bergen nach Traunstein – es war ein ganz gutes Training! Für die Kinder hatte Mutti ein Muli-Gefährt aufgetrieben – zur Begeisterung von Karin!

Weihnachten in Rumgraben war an und für sich wunderhübsch, die Kinder selig! Für Karin hatte ich noch aus dem Schwarzwald eine Sparkasse u. sie bekam den kl. Kaufladen neu eingerichtet u. Buntstifte. Und für Albert hatte ich noch einen kl. Baukasten u. von der Omama ein Bilderbuch u. von Tante Olga ein Legespiel, die Kinder waren jedenfalls glücklich!

Nun noch schnell wiederholen, welche Briefe von Dir eintrafen [...]. Nun leb wohl, mein Erwin, mein Alles. Bleib uns gesund. Karin und Albert grüßen viel, vielmals. Ich hab Dich lieb u. küsse Dich. Immer und immer Deine Margot.

[Postkarte], 1.1.1945

Mein geliebter Erwin. Prost Neujahr! Ich bin noch kurz vor Jahresschluß wieder in die mütterliche Nähe gezogen, da der Wesselsche Hof bei Bergen durch die Familie aus Bonn u. Streithof überbelegt. [...] Mutti hat erstaunlicherweise fertiggebracht, für uns Quartier auf einem großen Hof in der Nähe von Altfraunhofen zu finden [...] Ich fühle mich ganz heimatlich berührt im Kreise Landshut, wo ich doch schon 5/4 Jahre verbrachte. Jetzt werde ich also eigenen Haushalt führen u. will mich auch sonst nützlich machen. [...] Inzwischen sind wir im Lausbach-Hof installiert u. ganz reizend aufgenommen. Karin ist auf der Dr. Isemann hat bestens für sie gesorgt. [...]

[Ohne Nr., von Erwin nachgetragen: Nr. 50 od. 51] Lausbach, 18. Jan. 45 (Eing. 13.4.45)

Mein Geliebter – manchmal scheint es mir ganz unwirklich, daß ich im fernen Australien einen Mann habe, der mich liebt. Mit dem ich die glücklichsten Jahre meines Lebens in engster Verbundenheit erlebte – es scheint alles so weltenfern u. traumhaft wie die märchenhafte Reise 1938, von der ich eben unten in der Küche meiner Wirtin u. ihrer Tochter erzählte, während der 70jährige Bauer u. die beiden jungen Knechte schon sanft am Ofen schliefen. Wenig habe ich gesagt u. Hundertfaches gedacht, lebenswarm u. farbig wurden Erinnerungen wach u. die Sehnsucht nach Dir ist fast überwältigend geworden. Nun ist es besser, ich schreibe Dir noch ein wenig vor dem Schlafengehen. – Als Begleitung tönt ein herrliches Streichquartett von Beethoven vom Radio aus der Küche herauf, dazu die sanften Atemzüge von Alberti u. Püzi, die mit apfelroten Bäckchen in ihren Betten liegen u. das sanfte Knistern des Feuerchens im kl. eisernen Ofen, an den ich mir Tisch u. Stuhl ganz nah gerückt habe.

Wie wenig höre ich seit letztem Sommer von Dir! Wieviel meiner Briefe an Dich mögen schon im Anfang ihrer Reise zu Dir verloren gehen? So meine ich immer, ich müsste das Wesentlichste, obgleich ich es ja schon schrieb, wiederholen, sonst verstehst Du evtl. gar nicht, wieso ich jetzt vom Lausbach statt vom Rumgraben schreibe. Bei Wessels war das Haus durch das unerwartete Zuziehen [...] überbelegt. [...] Doch seit ich hier bin, habe ich die Überzeugung, richtig gehandelt zu haben! Wir haben hier viel mehr Ruhe u. das Zusammensein mit Mutti, ihre rührende Hilfsbereitschaft u. liebe Anteilnahme an allem sind so wunderschön. Die ersten Tage waren wir alle bei Mutti u. Irmi einquartiert, weil hier der Ofen noch nicht gesetzt war. Feierten zu dritt mit vielen kulinarischen Genüssen Silvester in einer niederbayrischen Bauernstube! Dann kam der erste Kummer im neuen Jahr: unser Karinchen legte sich mit Grippe u. leichter Lungenentzündung, die sich wohl auf der langwierigen u. sehr kalten Reise geholt hat. Gott sei Dank ist das Fieber seit 2 Tagen herunter u. sie scheint entschieden auf der Besserung. Nur konnte ich sie nicht hier heraufnehmen, da ein Transport bei Fieber natürlich nicht gut gewesen wäre. So ist sie bei Mutti im Zimmer geblieben u. Mutti pflegt sie hingebungsvoll. Aber Du kennst Deine Schwalbe gut genug, um zu wissen, wie schwer es mir wird, sie nicht selbst pflegen zu können! Mein kleines Karinchen. Sie ist ein so rührender Patient. Nun sehe ich sie nur alle 2-3 Tage, da der Lausbachhof ½ Std. zu Fuß von Gundihausen, wo Mutti u. Irmi sind, abliegt u. Alberti diesen Weg im Schnee noch nicht schafft. Aber von Altfraunhofen, wohin ich in 12 Min. gehe, telefoniere ich täglich u. hole mir Nachricht. Ich konnte ja auch Alberti nicht länger bei Irmi lassen, die täglich ihr Kind erwartet u. uns schon zweimal mit falschem Alarm beglückte. So habe ich ihre kl. Irmela, genannt Püzi, mitgenommen; so hat Irmi Ruhe u. Alberti Gesellschaft.

Die beiden sind oft mitreißend komisch zusammen! Püzi hat was ausgesprochen Lehrerinnenhaftes u. Berti reagiert sauer darauf. Ich habe ihr natürlich gesagt, sie solle nur feste widerhauen, wenn er mit Füßen stößt, welch schlechte Eigenschaft ich ihm noch nicht ausgetrieben habe u. neulich kam ich dazu, wie sie sich gerade revanchieren wollte u. eifrig sagte: „halt mal still", um im dann eine zu „kleben"! Sie ist ¾ Jahr älter als er. Sie können herrlich zusammen spielen, z.B. Puppendoktor. Er ist da noch etwas linkisch, weiß nicht, was sagen. Du musst fragen, was dem Kind fehlt, sagte ich ihm. Er also: „was hat denn die Kleine?" Und Püzi wichtig: „sie hat Mittelohrentzündung". Und sachlich sagt er: „dann müssen wir ihr die Medizin in die Ohren gießen" und darüber will er sich dann ausschütten vor Lachen! Ein anderes Mal schienen sie Kirche zu spielen. Als ich hereinkam, sang Püzi in den höchsten Tönen „heilige fröhliche Zeit, heiliges Christkind usw." Albert kniete still daneben. Schließlich meinte er: „hör doch auf mit dem dummen Gesinge". Sie hörte auf. Worauf er sich zur

Wand drehte u. unverständlich murmelte. Nun sagte Püzi: „Dummkopf – was machst Du denn da?" „Ich bin der Herr Pfarrer und wenn die Menschen in der Kirche aufhören, dann fängt Herr Pfarrer an, das hab ich selbst mal gehört!"

Da ich mein Gepäck bis heute noch nicht habe, bin ich froh, daß sie sich ohne Spielsachen unterhalten können. Über Mittag toben sie stundenlang zusammen im Schnee draußen. Nur wenn es so kalt weht, kommt mein Alberti ganz verfroren in die warme Küche u. lässt sich von der Bäuerin mit Äpfeln oder Birnen verwöhnen. Die alte Bäuerin ist rührend gut zu uns. Sie war zuerst sehr zurückhaltend, kaum zu bewegen, uns vorläufig, bis ich mit meinen Sachen eingerichtet bin, von ihrem Mittagessen abzugeben. Aber nachdem ich ihr Sauerkraut mit Knödel u. Fleisch lobte u. eine ordentliche Portion vertilgte, strahlte sie u. sagte: es sei ihr so zuwider gewesen, uns das Essen zu geben, weil sie glaubte, daß wir es bestimmt nicht mögen würden; nun freut es sie. Nach 3 Tagen fragte sie mich, wie es mir denn so gefalle? Ich sagte sehr, es sei doch so gemütlich! Und sie sagte richtig erleichtert: „na dann ist's recht, ich hab glaubt es geht nicht, denn Sie san doch oane gebildete Frau und wir san nur Bauern." Aber Menschen, die das Herz auf dem rechten Fleck haben u. so hilfreich sind – ich fühle mich wirklich sehr wohl hier! Wenn ich auch nicht mehr auf Polster sitzen kann u. kein fließend Wasser habe u. als Matratze vorläufig nur einen Strohsack – aber die nahrhaftesten Mahlzeiten, die man sich denken kann, u. Feuerung für den Ofen genug, da der Bauer selbst Holz hat, u. Ruhe – muss man da heute nicht dankbar sein?! Nach K., das ja nur eine Fußstunde entfernt liegt, zieht es mich nicht zurück – auf die Dauer kann man nicht untätiger Pensionsgast sein u. Schloss ist durchaus nicht mehr zeitgemäß. Abends sitze ich in der Küche u. stricke u. höre mit den anderen den Wehrmachtsbericht. Nun gute Nacht, mein Erwin. Gott behüte Dich. Bleib mir nur gesund. Ich tue alles Menschenmögliche, um Dir Deine kl. Familie heil zuzuführen. Lass Dich küssen! Immer u. immer Deine Margot

Nr. 52, Lausbach, 19. I. 45 (Eing. 9.4.45)

Mein geliebtester Erwin, man muss doch nun glauben, daß dieses das letzte Jahr ist, das uns als einzigen Ausdruck des Verbunden Seins diese kleinen Briefe erlaubt, die in den letzten 7 Monaten oft so elend lang unterwegs sind. Das Neue Jahr brachte mir bisher 2 Briefe von Dir, Nr. 37 vom 12 Juli u. Nr. 50 vom 27. Sept. Der letzte ist also immer noch Nr. 52 vom 8. Okt, der am 7. Dez. einging. […]Es fehlen also noch 11 Briefe. Aber ich hoffe so sehr auf neue Post von Dir! 3½ Monate sind vergangen, seit du von den ersten heißen Tagen schriebst. […] Wenn ich an diesen Sommer in Baden-Baden zurückdenke, dann scheint es mir wie eine Friedenszeit. Es war zu schön […]. Dazwischen liegt der Auszug aus Kapfing, das Vierteljahr bei Wessels u. abermalige Umzug nach Niederbayern. […] Es war eine fatale Situation: da hier im Lausbachhof unser Ofen noch nicht gesetzt war, waren wir alle bei Irmi und Mutti. […] Nun ist Karin Gott sei Dank wieder gesund […]. Gegenüber wohnt Familie Grassl […]. Frau Grassl hat zwei Söhne im Feld verloren, der letzte ist vermisst. Ihre beiden erwachsenen Töchter sind zuhause. […] Weil unser Töchterlein seit 1 Tag dort wohnt […]. Weißt Du Erwin, manchmal ist man ganz sprachlos vor so viel Hilfsbereitschaft wie in diesem Fall z.B. […] Karin wurde also in Decken gewickelt zu Grassls hinübergetragen, wohnt mir Frl. Gretl in einem reizenden, molligen Mansardenzimmer u. wird gepflegt u. verhätschelt wie eine Prinzessin.

Auch ich bin hier bei so herzensguten Menschen gelandet. Da ich immer noch keine Nachricht von meinem ganzen Gepäck hatte, bin ich am Montag zu Fuß nach Landshut gelaufen (12 km) u. die gute Kathi, die erwachsene Tochter des Hauses hat mich von selbst begleitet. Ohne ihre Hilfe hätte ich noch nichts hier.

Nachdem wir am Bahnhof festgestellt hatten, daß die Sachen da waren, ging Kathi mit mir zum Schlachthof, wo sie einen Bekannten auftrieb, der die Sachen mit seinem fuhrwerk erst mal bis zu sich mitnahm u. gestern nach Altfraunhofen beförderte. Um 1 Uhr mittags marschierten wir ab, um ½ 8 Uhr abends landeten wir wieder auf dem Hof, todmüde. Hubert, der 15jährige Knecht zog mir die hohen Stiefel aus, die Bäuerin brachte mir Filzpantoffel u. noch ehe ich den Mantel ablegen konnte eine Tasse heißen Tee. Sie hatte die ganze Zeit die Kinder gehütet, ihnen Abendessen gemacht – einfach rührend!! Die Kinder erzählten strahlend von vielen Pfannkuchen! Wenn ich vergleiche: kam ich von kurzer Abwesenheit zu Wessels zurück, hörte ich nur, wie schwierig die Kinder gewesen seien usw. Von Hilfe keine Spur. Na, Schwamm drüber! […]

Geliebter! Ich kann Dir ja gar nicht sagen, wie viel ich gerade an Dich denke. Mit so sehr viel Sehnsucht, sehr! In die Zukunft können wir nicht sehen, möchte ich jetzt auch nicht. Möchte Dir nur immer und immer wieder sagen, Geliebtester – vergiss nie, daß Du mich glücklich gemacht hast, daß Du mein Leben reich und erfüllt gemacht hast – das ist etwas Seltenes, mein Erwin – mehr kann man fast nicht vom Leben verlangen. Und ich bin so froh, mein Herz, daß auch mit Deinen lieben Eltern ich mich jetzt ganz innig verbunden fühle. Und Mutti ist nur ½ Std. weit, wir haben ein heiles Dach, Ruhe u. beste Ernährung – muss ich da nicht dankbar sein? […] Wenn uns das Schicksal nun noch ein Wiedersehen schenkt, wenn ich Dir die Kinder gesund in die Arme legen darf – ach Erwin, Erwin, dieses Glück kann ich mir kaum vorstellen! Bleib uns gesund! Ich küsse Dich, hab Dich lieb! Immer und immer Deine Margot.

Nr. 53. Loveday, 12. Oktober 1944 (Eing. Jan 46 ???)

Meine geliebte Margot, es dauert mal wieder schrecklich lang mit neuer Post, denn seit dem Datum Deines neuesten Briefes Nr.

20, den ich schon am 17.9. erhielt, sind wir nun vier Monate weiter. […]. Und um die Jahreswende müssen wir uns auf größere Ausfälle gefasst machen, da wir über den hiesigen RK-Delegierten eine Mitteilung des Deutschen RK von Anfang Sept., daß bedeutende Mengen Post für Internierte u. Kriegsgefangene verloren gegangen seien. Vermutlich also wohl Briefe aus August. Vielleicht werden wir aber von der Qual des vergeblichen Wartens auf diese verlorenen Briefe dadurch erlöst, daß wir bis zum Zeitpunkt, wo diese eintreffen sollten, bereits auf dem Austauschschiff heimwärts fahren. Wir hoffen von einem Tag zum anderen endlich mal etwas zu hören, wann wir an der Reihe sind. Der Filialleiter von Karins Patenonkel beabsichtigt zu seiner Frau zurückzukehren! Damit zeigt er nun sein wahres Gesicht endlich mal ganz offen. – Es interessierte mich sehr, in Deinem lieben langen Brief Nr. 14 zu lesen, mit welchen Büchern Du Dich befasst hast. […] Wir haben ja so viele gute Bücher in der Bibliothek u. in Privatbesitz (mehrere Tausend), daß man trotz der vielen Zeit, die man zu haben glaubt, bei weitem nur einen geringen Anteil bewältigen kann. Grüß bitte Mutti, meine Karin u. Albert, u. Dir geb' ich einen innigen Kuß, Dein Erwin.

Nr. 54. Loveday, 14. Oktober 1944

Meine heißgeliebte Margot, der gestrige Freitag, der 13. War ein großer Tag, ich glaube, der schönste u. glücklichste seit der Internierung, denn ich bekam 8 Briefe, alle mit Deiner geliebten Handschrift, wobei sich dann bei näherem Besehen „nur" 6 als von Dir erwiesen u. 2 von Mutti (29/5 u. 30/6). Bisher waren 3 Briefe die Höchstzahl auf einmal, u. mit den sechsen u. alle so lang bin ich kaum fertig geworden, so aufgeregt war ich. Wie soll ich nun auf alles eingehen, bei meinem beschränkten Raum, denn durch all die Anregungen, die mir Deine Briefe geben, könnte ich stundenlang schreiben. Ich entdeckte auf einem Brief den Poststempel Baden-Baden, der dann auch als erster gelesen wurde, obwohl er jüngsten Datums war, denn sonst geht es genau der

Reihe nach. Das war nun mein größtes Glück zu hören, daß Du zur Kur nach Baden-Baden gereist bist, denn als Du schriebst, Du wolltest die Kur auf Sept. verschieben, da sind mir in den letzten Wochen doch Bedenken gekommen, ob infolge der Entwicklungen im Westen Reisen dorthin noch möglich sein würden. [...] Du bist es Dir u. vielleicht auch ein bisschen mir schuldig, mal länger auszuspannen u. Dich zu erholen. [...] Die beiden Fotos aus Potsdam, die gestern kamen, finde ich sehr lieblich von Dir. Auf Fotos ohne die Kinder kommst Du mir oft wie ein Mädchen vor, wie ich dich bei 2 Gelegenheiten besonders klar in Erinnerung habe: Auf dem Bahnhof in Oos im Okt. 33 u. auf dem Bahnsteig in Magdeburg im Nov. 34. So schüchtern, unschuldig u. jung siehst Du auf den Potsdamer Fotos aus. [...] Alles Liebe u. viele, viele herzliche Küsse sendet Dir Dein Dich liebender Erwin.

Nr. 55. Loveday, 15. Oktober 1944 (Eing. 1.2.45)

Meine Liebste, gestern schrieb ich Dir, daß ich am 13.10. sechs liebe Briefe von Dir erhielt u. [...]. Gestern beim Golfspiel stellte ich mir eine Runde mit Dir auf dem Selighof-Golfplatz vor, der heute allerdings außer Betrieb sein wird. [...] Ich spiele jetzt wieder regelmäßig, 3-4-mal in der Woche. [...] Daß Du mit Mutti oft über mich sprichst, freut mich u. ich kann mir vorstellen, wie einer den andern im Loben überbieten will! Wenn „man" so weit weg ist, liegt darin ja auch nicht die Gefahr, daß der Belobigte übermütig würde, aber trotzdem klingt häufig mein linkes Ohr! Mutti schreibt sehr lieb von den Kindern u. muss sich ihnen zuliebe sogar von Maikäfern bekrabbeln lassen. [...]

Nr. 56. Loveday, 21. Oktober 1944 (Eing. Dez. 45)

Meine sehr geliebte Margot, nach der reichen Ausbeute vom 13. ds. Mts. mit der Rekordzahl von 6 Briefen von Dir, brachte mir diese Woche nichts mehr, wie ja auch kaum anders zu erwarten, obwohl in den letzten Tagen zahlreiche Briefe aus Juli u. August ankamen. [...] Daß Karins Schulfrage nun so günstig gelöst ist, freut mich. Wie sie nun schon seit fast 3 Monaten durch die Landschaft zur schule pilgert, kann ich mir beim besten Willen nicht richtig vorstellen, denn trotz aller Fotos ist sie für mich immer noch das kleine Mädel, so wie ich mit ihr im Garten spielte od. sonntags früh nach Golhak fuhr. Dafür stell ich mir nun Brüderlein so vor, wie ich Karin von Damals in Erinnerung habe. [...]

Nr. 57. Loveday, 24. Okt. 1944 (Eing. Dez 45)

Mein liebes Geburtstagskind, wer hätte vor 3 Jahren geglaubt, daß Du heute zum 4. Mal Deinen Geburtstag ohne mich verbringen musst. Und die 3 letzten Mal hoffte man jedes Mal, daß es der letzte Geburtstag allein sein möge. Leider ist es aber so sehr anders gekommen u. wie es übers Jahr in Europa aussehen wird, steht heute auch noch bei den Sternen; hoffentlich aber besser als gegenwärtig. Vor Dein Bild habe ich heute den ersten Strauß von Blumen eigener Zucht gestellt: dunkelrote Nelken, lavendelfarbene Levkojen u. feuerfarbene Löwenmaul. So viel gute Wünsche habe ich Dir heute schon in Gedanken gesandt [...].

Ich wollte, ich könnte auch mal andere Umgebung u. andere Menschen sehen, so ein Stück herrlicher Schwarzwald-Landschaft u. nicht immer den langweiligen graugrünen Busch. Drei Jahre immer das gleiche Bild am Horizont ringsherum wirkt doch sehr abstumpfend auf das Empfinden [...]. Was kann ich Dir sonst noch zum heutigen Tage sagen, als daß ich Dich durch Deine schönen Briefe u. die lange Trennung sehr viel stärker liebe als früher u. große Sehnsucht nach Dir habe. Ach, meine Margot, könnte ich Dich nur heute für wenige Sekunden in meine Arme schließen – man ist ja so bescheiden geworden trotz vermehrter Liebe – u, Die mit einem Kuß Glück u. Gesundheit fürs neue Lebensjahr wünschen, Dein Erwin.

Nr. 58. Loveday, 2. November 1944

Meine geliebte Margot, Deine leiben sechs Briefe, welche ich am 13.Okt. erhielt, mussten bis jetzt vorhalten [...]. Du musst ebenso geduldig längere Pausen über Dich ergehen lassen, obgleich ja meine Briefe Dir wenig Neues od. Veränderungen bringen im Vergleich zu Deinen, die immer Neues über das Heranwachsen der Kinder, über Reisen u. von der großen Familie berichten. [...] Nach einem anormal heißen, trockenen u. windigen Oktober haben wir heute die bisher höchste Temperatur mit 400 C. in den Baracken erreicht u. das nennt man dann Frühling, denn der Sommer beginnt erst richtig gegen Ende Dez. Wind gibt es hier überhaupt häufig, oft von Staub u. Sand begleitet u. wenn das ein paar Tage hintereinander so geht, wird man ganz rammdösig u. flucht sich was zusammen. Aber das vergeht dann auch wieder. Mit gar sehr herzlichen Küssen schließ ich dich in meine Arme u. sag Dir Gute Nacht, meine Margot, Dein Erwin.

Nr. 59. Loveday, 8. November 1944 (Eing. Dez. 45)

Meine Liebste, so sehnlich warte ich Tag für Tag auf Briefe von Dir, denn es muss ja eine ganze Menge im Anrollen sein. [...]. Kannst Du mit Alberto keine Verbindung kriegen? Sein letzter Brief an mich ist vom April vorigen Jahres, der im Januar dieses Jahres ankam. Ich schrieb an ihn zuletzt am 26.1.44. Ich hoffe, daß es Dir gut geht, mein Alles Du, u. küsse Dich sehr innig, Dein Erwin.

Nr. 60. Loveday, 14. November 1944 (Eing. 20.2.45)

Meine geliebte Margot, als ich heute früh aufwachte u. gewahr wurde, daß ich meinen vierten Geburtstag ohne Dich begehe, fing ich noch ein bisschen verdöst an zu überlegen, ob ich nun auch schon vier Jahre interniert bin, u. freute mich dann, als ich herausbekam, daß es doch „erst" drei Jahre sind, trotz viertem Geburtstag hinter Stacheldraht. Ich weiß, daß Du heute sehr an mich denkst u. daß wir beide hoffen, uns lange vor dem nächsten wiederzusehen. [...]. Vorgestern kam als Sonntagsfreude Dein lieber Brief vom 29. Juni, bzw. 1. Juli [...] und ich dachte daran, wie ich bei dem verregneten Spaziergang – wodurch wir uns aber keineswegs stören ließen – nach dem Jagdhaus im Nov. 1933 hinter einem Baum, bei dem Du vor mir Schutz suchtest, einfing u. nach Herzenslust küsste. Das möchte ich mal wieder u. anderes mehr, was es allerdings damals noch nicht gab! [...]

Nr. 61. Loveday, 19. Nov. 1944 (Eing. 20.2.45)

Meine sehr geliebte Margot, gestern war es zwar unerträglich heiß u. drückend schwül u. trotzdem ein herrlich schöner Tag für mich, denn Deine Briefe Nr. 34 u. vom 27/8 u. 10.9. (letztere zwei Nr. ausgeschnitten, wahrscheinlich sind es Nr. 33 u. 35) u. die Postkarten vom 23/7 u. 31/8 trafen ein. Man schwitzte bei 380 C. so sachte vor sich hin, nur im Lehnstuhl sitzend, dann unter die Dusche u. zwischen diesen beiden Dingen hin- u. herlaufend verbringt man solche Tage. Als dann aber gegen 11 Uhr die reiche Post von Dir kam mit lauter guten Nachrichten, da rann mir das Wasser von Stirn u. Nacken vor Erregung u. Freude nur so herunter, denn unter der kühlen Dusche kann ich die Briefe ja nicht lesen. [...] Zwischen 29/6 u. 27/8 habe ich keinen Brief von Dir u. daher von Trudel zuerst erfahren, daß Du Dich in ihrer Gegend nach einer Bleibe umsahst. Ich hätte mich gefreut, wenn es geklappt hätte, in meinem Schwarzwald, aus dem ich ja stamme, u. den ich durchweg gut kenne durch Rad- u. Skitouren, verstehe aber auch, daß Du dann wegen der veränderten Lage davon Abstand genommen hast. Schade, denn Du wärst dann auch in der Nähe eines Teils der Familie gewesen, aber leider nicht zu ändern. Daß Du Dich für die Eltern in Freudenstadt umgehört hast, ist sehr lieb von Dir u. ich bin Dir sehr dankbar dafür. Die Fotos, besonders die im Bad, finde ich herrlich. Sei innig umarmt u. sehr herzlich geküsst von Deinem Erwin.

Nr. 54, Lausbach, 26.I.45 (Eing. 9.4.45)

Mein Geliebtester, wie Du in diesen Tagen zu uns herdenkst, das spüre ich. Es ist ganz einzigartig, wie mitten am Tage bei irgendeiner Beschäftigung u. ohne besonderen Anlass ich plötzlich ein Bild unserer gemeinsamen Erinnerungen vor Augen habe, so zusammenhangslos u. doch so plastisch, daß ich weiß, jetzt wird Erwin gerade gedacht u. es Dir übertragen haben! Und immer und immer wieder, wenn ich in diese wunderbaren Erinnerungen tauche, sage ich mir: schöner kann ein Leben nicht gewesen sein u. wenn es nicht mehr als diese glücklichen Jahre mit Dir enthalten sollte, so war es schön u. erfüllt. Und die letzten 3 ½ Jahre? Ich habe in ihnen meiner Pflicht gelebt, so glaube ich, meiner Pflicht gegenüber den Kindern, um derentwillen ich auf dem Lande blieb u. auf das Zusammensein mit allen lieben Freunden verzichtete u. sehr einsam war, aber wenigstens doch erreichte, daß unsere Kinderlein nichts vom Krieg spürten, keine überfüllten Züge, keine gestörten Nächte, keine Schrecksirenen oder andere Kriegserscheinungen erlebten.

Ob ich recht tat, immer hier zu bleiben, wird die nächste Zeit lehren. Daß ich nur das Beste für die Kinder wollte, weißt Du, Geliebter. Wenn ich sie durch den Tag beobachte, ihre Hingegebenheit beim Spielen, diesen herrlichen Eifer u. ihre kindliche Wichtigkeit u. Fröhlichkeit, wenn ich sie dann am Abend so entspannt u. himmlisch gelöst mit wahren Engelsgesichtlein in ihren Kissen liegen sehe – dann fragt man sich manchmal, ob es ein u. dieselbe Welt sein kann, hier im traulichen Licht der kleinen Tischlampe mit den friedlich schlafenden Kindern, dort die im erbittertsten Kampfe stehende Front. Du kannst Dir ja vorstellen, mein Erwin, wie unsere Gedanken in diesen Tagen gehen. Und ich denke immer daran, wie du mir damals in jenen schweren Tagen nach Brüderleins 1. Geburtstag mit Deiner Ruhe u. Sicherheit Trost u. Stütze gewesen bist. Mein Geliebter – weißt Du, ahnst Du auch nur, wie lieb ich Dich habe u. wie glücklich Du mich gemacht hast? Eben stößt Alberti einen seiner süßen zufriedenen kl. Seufzer beim Schlafen aus – ob Du Dich erinnerst, wie er es als ganz kleiner Kerl in Teheran schon immer tat: so in 3 kl. Stößen mit einem langgezogenen kl. Nachklang? Er schläft immer noch die Händchen hoch über den Kopf gestreckt, wie ein Baby! Merkwürdig, welch bezaubernd rosarote Bäcklein er im Schlafe hat, während er sonst doch immer Deine Gesichtsfarbe ohne Spur von Rot hat. Seine Wimpern sind einfach beneidenswert! Im Schlafe, wenn sie nur kaum merklich beben, erinnern sie mich an die seidenweichen Flügel kleiner Nachtfalter. Mutti war ganz erstaunt über seine Schönheit, wie sie ihn jetzt wiedersah! Der Plan mit dem Kinderheim ist natürlich überholt. Selbstverständlich bleiben wir jetzt zusammen. Er ist völlig verändert, seit wir von Wessels fort sind, u. dieses absolut ruhige, regelmäßige u. freundliche Leben hier auf dem Hof bekommt ihm so ausgezeichnet wie noch nirgends sonst bisher eine Zeit. Viel trägt da wohl auch Püzileins (Roderichs kl. Tochter) guter Einfluss bei, die seit den 3 Wochen, die wir nun hier sind, an Karins Stelle mit uns haust. […] Inzwischen ist Karin wieder auf, noch sehr schmal u. zart, aber wieder mit großem Appetit, so daß sie sich wohl schnell erholen wird. Es war ja ein Segen, daß der gute Dr. Isemann uns hier um den halben Weg näher ist, als in Kapfing, denn Gundihausen liegt auf der Hälfte zw. Kapfing u. Altfraunhofen, wo der Doktor wohnt. Lausbach gehört sogar zu Altfraunhofen u. wir hören die Kirchturmuhr von dort schlagen. Karin wird dort zur Schule gehen u. hat dann nur ¼ Std. Weg! Vorläufig ist unser Karinchen noch bei Familie Grassl […]. Irmi hat einen prächtigen Jungen geboren: Carl Roderich.

Alles Liebe von Deiner Margot

(Nr. geschwärzt, von Erwin nachgetragen: Nr. 54a, Lausbach, 28.I.45 (Eing. 23.11.45)

Lieber geliebter Erwin, als ich vorgestern Abend meinen letzten Brief an Dich nicht beendete, weil das Luftpostpapier zu Ende war u. ich nicht nachts in den eiskalten Flur in meinen Koffern nach neuem suchen wollte, hatte ich die Absicht, gestern noch einen besonders leiben Schluß dazu zu schreiben. Frl. Kathi, die Tochter des Hauses, wollte ihn dann mittags mit nach Altfraunhofen nehmen. Doch klopfte sie schon gestern früh um 7 Uhr u. sagte, sie müsse schon so früh ins Dorf, weil ein Gottesdienst für einen Gefallenen angesagt sei, ob sie meinen Brief mitnehmen könne. Und ich schreib nur schnell einen Gruß drunter u. gab ihn ihr mit. [...] Ja, 10 Jahre ist es nun her, daß wir beide nach viel Erleben zueinander fanden u. Kameraden wurden für den ganzen Lebensweg. Wie oft, mein Erwin habe ich Gott gedankt dafür, daß er mich den richtigen Weg wählen ließ und mich den Einzigen finden ließ, der mich wahrhaftig glücklich machte, will nur Du mich ergänzt, nur durch Deine glückliche Veranlagung den Teufel austreiben kannst, wenn er mir manchmal im Nacken sitzt, u. durch Deinen festen Willen Ruhe u. Sicherheit gibst. Und weil ich mich von Dir geliebt weiß, Erwin, bin ich auch jetzt noch glücklich als Frau, wenn die Trennung auch so furchtbar lang u. hart ist. Ich spürte das besonders, als ich mit Vera zusammen war, die schon nach 1jähriger Ehe sich scheiden ließ – wie reich u. wie glücklich bin ich dagegen, wenn ich auch nicht Millionenerbin u. Besitzerin eines Erbhofs bin! Das sind alles Dinge, die von heut auf Morgen verloren sein werden, während mir das Bewusstsein, ein erfülltes Frauenleben zu haben, u. all die unschätzbaren Erinnerungen, die darin beschlossen liegen, keine Macht der Welt nehmen kann! Denn das darf ich glauben, mein geliebter Erwinmann, daß auch ich Dich ein wenig glücklich gemacht habe, wenn die langen Jahre der Trennung jetzt Dir Deine Olle auch etwas verklären? Aber ich glaube gerade, weil der Anfang für uns beide schwer war, ich mich jedenfalls durch viele meiner Schwierigkeiten, die erst im Leben zu zweit offenbar geworden waren, durchkämpfen musste, daß gerade darum unsere Ehe mit den Jahren immer schöner wurde, weil wir zueinander hinwuchsen, uns immer mehr einander anpassten und doch jeder die Art des anderen anerkannte.

Verzeih, wenn ich einfach von uns beiden spreche, aber aus manchen Deiner lieben Worte kann ich doch annehmen, daß Du glücklich warst. (wenn ich auch genau weiß, daß Du mit manch anderer Frau glücklich sein kannst, weil es in Deiner Art so liegt, während ich nicht so leicht zu einem anderen passe!) Ich wünsche nur immer, daß Du einmal an unseren Kindern so viel Freude haben mögest wie ich jetzt! Seit Alberti aus dem für ihn mit all den Erwachsenen so unruhigen Haus von Wessels fort ist, ist er wie ausgewechselt, so daß man sich direkt fragt: warum sollte er eigentlich in ein Kinderheim?! [...] Auch Karin, die (eine Zeile von der Zensur geschwärzt, wohl wegen Erwähnung der Lungenentzündung), ist noch sehr zart [...]. Sie ist noch in Gundihausen u. ich werde sie noch eine Zeit lang dort lassen, weil es ruhiger u. erholsamer für sie ist als hier mit albert zusammen, andererseits das Gespann Albert-Püzi auch besser zusammenläuft, als Karin-Albert, da der Altersunterschied sich jetzt doch bemerkbar macht. Püzi u. Albert ersetzen mir vollkommen ein Kino, wenn sie zusammen spielen. Sie vergessen dann ganz, ob ich im Zimmer bin oder nicht, u. ihre Spiele sind unerschöpflich. Wie sie manchmal auf ihre Ideen kommen, ist mir schleierhaft! Z.B. plötzlich größter Eifer „wir machen Hirschbraten"!! Ohne jedes Spielzeug, nur mit den Händen wird gemimt: gekocht, geklopft: „so, noch ‚n bisschen Salz, ich tue Sahne dazu, Püzi"! Und dann wird gegessen. Püzi will großzügig sein u. telefoniert Albert an: (mit hoher Stimme) Sie, Herr Spiegel, wollen Sie morgen um ½1 Uhr zu mir zum Hirschbraten kommen?" Jedoch Albert ist stolz u. unhöflich u. antwortet (ebenfalls laut von wegen Telefon): „nein, um die Zeit ess ich immer selber Hirschbraten!" Oder sie spielen „Erwachsene": Püzi, Du bist noch kein richtiger Mensch!" Das interessiert mich nun doch u. ich schalte ein: warum denn nicht Albert? Worauf er sich aus der Verlegenheit zieht: „weil sie das noch nicht gelernt hat". [...] Ich flicke, stopfe oder bügle dabei u. habe mein stilles Vergnügen. [...] Die Tage vergehen schnell. Abends sitze ich in der Küche am Radio (großartiger Telefunken!). Der

70jährige Bauer schläft nach harter Tagesarbeit bald auf seinem Stuhl ein, ebenso die Bäuerin. Die beiden jungen Knechte, 15 u. 16jährig, raufen ein bisschen oder spielen Karten, dann sinkt ihnen der Kopf auf die Tischplatte oder sie ziehen sich auf den langsam verlöschenden Herd zurück u. ziehen die bloßen Füße hinauf. Frl. Kathi u. ich stopfen u. stricken u. besprechen die Nachrichten, auf die man jetzt natürlich von Stunde zu Stunde wartet. Armer Liebster, was wirst Du dir für Sorgen machen. [...] Nun leb wohl, mein Alles. Karin u. Brüderlein u. ich grüßen unseren geliebten Papi von ganzem Herzen. Ich küsse Dich. Immer Deine Margot

Nr. 55. Lausbach, 31.I.45, 5 Photos (Eing. 21.5.45)

Mein geliebter Erwin, anliegende Bildchen sollen Dir Freude machen. Ist der Lütte in der Sandkiste nicht wonnig? Was waren das damals noch für sorglose Tage. – Gestern kamen zwei geliebte Briefe von Dir vom 6. Juli u. 4. Sept. Es ist immer eine solche Freude, Deine Handschrift zu sehen u. von Dir ein paar liebe Worte zu lesen, wenn sie auch vor einem halben Jahr geschrieben sind. Dein neuester Brief ist immer noch der vom 8. Okt., der Anfang Dez. mich erreichte.

Gestern war Mutti bei mir zu Besuch zum Mittagessen – wie haben wir das allesammen genossen! Die Kinder freuten sich darauf wie auf Weihnachten u. hatten die geliebte Omama auch ganz für sich allein, während ich unten in der Küche war. Erbsensuppe mit Speck habe ich gebrutzelt u. Pudding – es war doch ein Fest, nach Jahren einmal einen Gast zu haben! Hier können Mutti u. ich uns auch viel vertrauter unterhalten als in Gundihausen, wenn Irmi dabei ist, die ich trotz allem immer noch als „Außenseiter" empfinde. Ihr Junge ist süß (natürlich längst nicht so schön wie Albert damals!!) u. es geht ihr u. dem Kind gut. Wie wird Roderich sich freuen! Es soll Carl-Roderich heißen. [...]

Jetzt will ich mit Püzi u. Albert durch den Schnee nach Altfraunhofen stapfen zum Haarschneider – der arme Alber wächst ganz zu!

Ich denke immer an Dich u. hoffe, Du machst Dir nicht zu viel Sorge. Uns geht es allen gut. Den Kopf wollen wir nicht hängen lassen. Ich bin ja so froh, daß ich hier u. mit Mutti zusammen bin. So viel tausend liebe Grüße u. Küsse von Karin, Albert u. Deiner Margot, die Dich so unendlich lieb hat.

Nr. 56, Lausbach, 1. Febr. 1945 (Eing. 21.5.45)

Es gibt doch nette Zufälle im Leben, mein sehr geliebter Erwin: der Brief vom 14. Okt., in dem Du so glücklich über das Eintreffen von 6 Briefen von mir auf einmal schriebst, war heute auch von 4 andern Deiner liebsten Briefe begleitet, so daß ich mit meinen Fünfen gewiss ähnlich froher Stimmung bin, wie Du es mit Deinen sechsen warst! Aber man kann doch abergläubisch werden: daß Du den ganzen Briefreichtum am Freitag, den 13. erhalten hast, wo Du doch immer schon behauptest, daß der so viel gefürchtete Freitag am 13. Dein Glückstag sei! Ich bin ja so selig, daß auch wieder neuere Briefe von Dir dabei waren […] Tausend lieben Dank. Es sind so besonders nette frische Briefe u. ich muss sagen, ich bewundere das restlos, wie Du das nach 3 Jahren noch so fertigbringst. Wenn Du schreibst, ich habe den Plan mit Karins Versendung in ein Internat falsch verstanden „lege also Deinen Kummer ruhig wieder ab u. komm in meine Arme […], dann klingt das für mich so lebendig u. nah, daß ich es beinah fertigbringe, in Gedanken wirklich in Deinen Armen zu sein. Du Geliebter Du. Und auf welch unendlich harte Probe wird Eure Geduld gestellt mit den Austauschplänen! Aber Erwin, ich bin ganz sicher, daß wir nächstes Weihnachten zusammen feiern werden! Es ist ja eine so wunderschöne Hoffnung, daß der Austausch überhaupt in Betracht gezogen worden ist. So etwas bracht ja so eine lange Anlaufzeit. Aber dann! Aber dann!! Der Gedanke hilft auch über die Zeit jetzt hinweg, obwohl es sicher klein u. erbärmlich ist, jetzt noch an sein persönliches Schicksal zu denken u. zu planen – aber es ist menschlich u. meine große Liebe, die seit 3½ Jahren warten u. ausdauern muss, muss es entschuldigen. Mutter Maria, die uns Frauen als Gottheit doch besonders nahesteht, wird verzeihend lächeln u. erbarmend, hoffe ich! Es ist so gar kein Erbarmen mehr in dieser Welt. Das Schicksal umkrallt uns atemberaubend. Aber immer wieder ranke ich mich hoch an dem Gedanken, daß es uns eines Tages wieder zueinander führen wird. Dich, Erwin, u. mich, ganz gleich wie es zugeht, daß wir uns eines Tages wiedersehen werden, daß die Kraft unserer Liebe uns wieder zusammenführt. Manchmal wundert es mich jetzt, daß Du u. ich nicht erschöpfend uns über die Ewigkeitsfrage je unterhalten haben, über den Glauben an ein ewiges Leben, über das Leben nach dem irdischen Tod. Ich weiß nicht genau, was Du darüber denkst. Früher habe ich es mir immer mehr naturalistisch vorgestellt (ich weiß nicht, ob dieses der richtige Ausdruck ist), so weißt Du, wie die Ähren auch aus einem Totenschädel wachsen können. Doch später u. jetzt bin ich doch zu dem Glauben der Unvergänglichkeit des Geistes, der menschlichen Seele gekommen u. hoffe darauf.

Doch was für Gedanken schreibe ich hier bei meiner kl. Tischlampe, die aus Roderichs Zimmer in der Hortensienstraße stammt, während der Wind im Ofenrohr rauscht u. das unruhige Atmen der Kinder durch unser kl. Zimmer zieht. Wie süß sind die Kinderstimmlein abends beim Gebet. Möchten sie den wahren Glauben erkennen u. daran ihr ganzes Leben lang Halt haben. Es gibt viele Abende, an denen ich nicht beten kann, weil ich mich vom Zweifeln gequält dazu einfach nicht für berechtigt halte, Sorge u. Not einfach abzuladen u. die Seele „still in Jesu Hände" zu legen. Und dann wieder denke ich an Pater Beda, der mich für eine gute Protestantin hält u. sagte, wir müssten nur ganzvorbehaltlos, ganz kindlich einfach u. ohne Probleme zu Gott kommen, dann sei alles in Ordnung. Das klingt so beruhigend.

Es ist mir eine ganz große Freude, daß Du wieder Cello spielst. [...] Als Melchers Büro mir kürzlich schrieb, in Teheran sei kein Hab u. Gut von uns aufgefunden, ob man Nachforschungen anstellen sollte, habe ich verneint u. hoffe, daß es in Deinem Sinn ist. Ich habe es mir lange überlegt u. vertraue auf Deine alten Freunde. Wie ist es schön, mein Erwin, daß Du es verstanden hast, Dir Intrigen u. persönliche Enttäuschungen dort vom Hals zu halten. Das ist Lebenskunst. Ich erinnere, wie Du mir im ersten Jahr in Teheran den Rat gabst, von allen Distanz zu halten u. keine intimen Freundschaften zu schließen! Wie Recht hattest Du. Seither habe ich mich immer sehr an die Form gehalten – von vielen dadurch vielleicht als kalt angesehen. Aber gestern hatte ich doch eine kl. Freude: ich besuchte am Nachmittag einen Augenblick das Doktorhaus, traf nur seine Schwiegermutter an, eine sehr vive ältere Dame, mit der ich mich angeregt unterhielt. Ich weiß nicht mehr, wie wir darauf kamen, aber sie verriet mir, sie hätten neulich über Menschen gesprochen, die ausgesprochen eine Eigenschaft verkörperten, u. da hätte man gefunden, daß Frau Spiegel den Begriff „Haltung" verkörpere. Haltung ist auch tatsächlich mein Ideal u. ich habe sie an Dir immer so besonders bewundert in jeder Lage! (Die vielen Beispiele, die ich erinnere, kann ich nicht aufschreiben!). Ich habe nur den einen Wunsch, daß ich, wenn es einmal wirklich darauf ankommen sollte, ich auch dann die Haltung nicht verlieren möchte. Ach einmal, einmal möchte ich alle Haltung gern hingeben u. nichts anderes mehr denken u. fühlen, als Liebe, Liebe mit Dir. Lieber Kerl – nun muss ich es doch einmal richtig schreiben – ich war mir tatsächlich nicht schlüssig, ob Kerl mit einem oder zwei r. Ich sag ja, wenn ich Dir mal über sein will, legst Du mich doch hinein!! [...] Du findest mich mädchenhaft auf den Fotos aus Potsdam – da ist es ja nur gut, daß ich Dir die scheußlichen Bilder von mir aus Landshut auch schickte, da kriegst Du dann doch den richtigen Begriff, wie Deine Olle nicht mehr ganz faltenlos ist!! Nun muss ich ins Bett, mein Feuerchen geht aus. Zwei harte Ziegelsteine erwärmen mir brav die Federn. [...] Alles, alles Liebe, mein Erwin. Ich küsse Dich. Mit meinem ganzen Herzen immer Deine Margot

Nr. 57, Lausbach, 9. Febr. 1945 (Eing. 23.11.45)

Mein innig geliebter Erwinmann, diese Woche ist zu schnell vergangen. Seltsam, je mehr man auf irgendetwas wartet – je schneller scheint die Zeit vergangen, so paradox es klingt! Sie vergeht vielleicht nicht sehr schnell, aber rückblickend ist sie schnell vergangen, weil sie leer blieb. Verstehst Du mich? [...] Am besten müsstest Du es eigentlich beurteilen können im Gleichmaß Deiner Tage. Ja, so wartet u. wartet man u. versucht die Hoffnung nicht aufzugeben. [...] Das Prunkstück der Postsachen, die ich vorfand, als ich müde nach 17 km Marsch z. Zahnarzt zurückkam, war ein Brief von Dir! Leider ein recht betagter, Nr. 32 v. 15. Juni!! [...] Ihr habt also heiße u. kalte Duschen? (Verzeih, wenn ich von einem Thema aufs andere – aber ich möchte a. d. Einzelheiten Deines Briefes eingehen!) Siehst Du: hier habe ich nicht nur keine Badewanne, sondern auch keine Dusche mehr. Aber man kann trotzdem sauber bleiben! Ich habe nicht einmal einen Waschtisch, nein wirklich nicht, Erwin! In unserem Zimmer stehen die 3 Betten, eine Kommode, ein Tisch u. 4 Stühle, in der Ecke der kl. eiserne Ofen. Trotzdem ist es gemütlich u. jeder, der kommt findet das auch. Ein Waschtisch würde den Raum noch beengen u. wirkt so schlafzimmermäßig. So habe ich in dem Kammerl nebenan, das ich als Speisekammer, Kofferzimmer usw. benutze u. wo auch ein Kleiderschrank steht, unsere Waschschüssel untergebracht u. früh u. abends u. bei Bedarf wird sie geholt u. auf einen Stuhl neben den kl. Ofen gestellt u. da kann man ganz gut plantschen. Zu niedlich, wenn Püzi u. Albert abends in ihren weißen Hemdlein am Ofen ihre Toilette machen. Alberti hat sich hier fabelhaft erholt. Er nimmt geradezu zusehendes zu. Gebaut ist er ja wirklich schön. Breite Schultern, weiter Brustkorb u. unglaublich schmale Hüften mit einem winzigen Hinterteil. Seine Füße sind etwas zu klein für seine Länge – ob es wohl daher kommt, daß er beim Gehen so schnell müde wird. Für sein Alter kann er nicht genug weit laufen – eine halbe Stunde hin u. dasselbe zurück ist das Äußerste. Umso mehr trainiert jetzt die Mutti! Gestern Nachmittag war ich in Geisenhausen, hin u. zurück 3½ Std. Marsch, heute war ich in Vilsheim beim Schuster, von hier auch etwas mehr als 6 km, u. ich freue mich, wie das Marschieren immer müheloser geht. Ja, in Vilsheim – da kamen so mancherlei Erinnerungen! Und ich spürte so recht, wie viel wohl mir auf dem einfachen Bauernhof hier ist, wo ich für unsere kl. Familie selbst sorgen muss, auch alles waschen, bügeln usw., als abhängig im Schloss ohne die tägliche Arbeit. Ich kann gar nicht dankbar genug sein, daß ich durch Muttis Fürsorge noch gerade vor Torschluß, d.h. solange man noch die Bahn benutzen konnte, hier untergekommen bin, wo ich erstens u. vor allem mit Mutti zusammen sein kann, wo die Kinder das ruhigste, wahrhaftigste u. gesündeste Leben haben u. ich Arbeit, die von der dauernden Sorge ablenkt. Auf dem halben Weg von hier nach Vilsheim liegt Gundihausen, wo ich Irmi u. Mutti besuchte [...]. Der Schuster hat mir mit Deinem schönen Leder Carles Reitstiefel neu besohlt. Ganz prima! Der gute Carle schickte die Stiefel Mutti. Da Mutti aber lieber in meinen Skistiefeln u. ich lieber in den Schaftstiefeln gehe, haben wir getauscht. Diese hohen Stiefel sind das einzige bei dem Dreck jetzt! So etwas kannst Du Dir kaum vorstellen. Wo sind die schönen Schneetage des Januars, wo die Kinder so schön sauber von draußen hereinkamen?! Jetzt sehen sie aus – unbeschreiblich!! Wenn ich nachmittags fort bin, so wie gestern u. heute, dann darf ich die Kinder seelenruhig hierlassen, die Bäuerin oder Frl. Kathi geben Acht auf sie. Wenn sie hereinkommen, wissen sie allein, daß sie trockene Schuhe u. Strümpfe anziehen müssen u. dann spielen sie meist bei der Bäuerin in der Küche u. werden verwöhnt. Strahlend berichten sie dann, wenn ich heimkomme, sie hätten Pfannkuchen bekommen oder Spiegeleier – die alte Bäuerin ist wirklich zu nett zu den Kindern u. versichert mir immer wieder, sie hätte Freude an ihnen. Ganz gerührt war ich gestern, als ich beim Heimkommen ihre sämtlichen eingedreckten Hosen, Stiefel usw. gewaschen vorfand. „Wenn Kinder gsund san, müssen's so san, Frau Spiegel", sagt sie zu mir u. verargt ihnen den Schmutz nie, den sie ins Haus tragen. Die Landschaft war ja so viel schöner im Schneekleid, jeder Misthaufen schön weiß zugedeckt! Und trotzdem, man riecht jetzt die Erde, denkt an den Frühling u. hofft, es möge kein Schnee u. Kälte mehr kommen.

Morgen kommt nun unser Karinchen zu mir. Endlich, nachdem sie nach (halbe Zeile ausgeschnitten, wohl von deutscher Zensur, weil Krankheit?) 4 Wochen bei einer herzensguten Bauernfamilie, wo die eine Tochter Kindergärtnerin ist, in Pension war. Sie hat sich, Gott sei Dank, prächtig erholt u. wird nun nächste Woche von hier aus in Altfraunhofen zur Schule gehen. Sie freut sich auf „Mutti" u. den „Lausbach u. ist maßlos neugierig, wie es hier sein mag. Ich freue mich auch so auf mein Häslein! Für ein paar Tage behalte ich auch noch Püzi hier, es scheint mir gut zum Eingewöhnen, da Karin bei Grassls sehr verwöhnt wurde, u. dann kommt sie wieder zu Irmi. Wie unendlich wünsche ich, wir hätten einen Sommer hier – es muss im Sommer hier ganz bezaubernd sein. Und dann wirst Du ja auch allmählich kommen, liebster geliebter Onkel Nuckel, zu Deiner kl. Familie u. hoffentlich ein paar Salatblätter mitbringen! H. schrieb mir, Du habest durch Freunde in Schweden ein größeres Geschenk zu Weihnachten bekommen – das ist mir eine solche Freude!

Ade Geliebter, mach Dir nicht zu viel Sorge! Irgendwie wird u. muss es gehen! Ich liebe Dich u. wir sind unsagbar glücklich zusammen gewesen – muss man dafür nicht immer dankbar sein?

Karin u. Albert senden Dir liebe Küsschen. Ich umarme Dich, mein Erwin, u. bin immer und immer Deine Margot

Nr. ausgeschnitten, von Erwin nachgetragen: Nr. 58] Lausbach, 11. Febr. 1945 (Eing. 3.11.45)

Mein geliebtester Erwin! Unser Karinchen ist wieder bei mir – ach, zu schön, alle Küken wieder unter den Flügeln zu haben! Gestern Nachmittag hat Greti Grassl, die Kindergärtnerin, miteigenem Fuhrwerk Karin u. ihr „Sach" hergebracht. Albert spielte vor dem Haus u. als er den Leiterwagen sah, lief er dem Gespann schnurstracks entgegen, mitten durch den tiefen Lehm eines eben von Schnee befreiten Ackers. Ich beobachtete es vom Fenster u. sah, wie er manchmal seine langen Beine in den von Karin geerbten Gummistiefeln (die Du einkauftest!) kaum aus den matschigen Erdklumpen ziehen konnte! Er wurde dann auf den Wagen gehoben u. fuhr im Triumph mit herauf! Um kurz zu wiederholen, falls Briefe verloren gingen: Karin hat sich auf der 27stündigen Reise von Wessels hierher – wir mussten in Landshut bei wildfremden Leuten übernachten, am andern Morgen per Muli-Wagen, den Mutti organisiert hatte, im Schritt 2 Std. hier heraus – bei der Kälte also hat sich Karin eine [ein Wort v. d. Zensur herausgeschnitten – wohl „Lungenentzündung"] geholt. Das war am 28. Dez. als wir ankamen. [...] Greti hat rührend für sie gesorgt u. Karin hat sich an sie angeschlossen wie an eine zweite Emmi. Sie ist natürlich immer noch sehr schmal, aber hier wird sie schon runder, wenn sie Albertis gutem Beispiel folgt! Es hat mich ja so gefreut, daß Greti immer wiederholte, sie könne Albert kaum erholt wiedererkennen, seit er Neujahr in Gundihausen war, so habe er sich hier herausgemacht! Immer wieder sagte sie: nein, wie ist der Bub hübsch geworden, wie ist er nett geworden! Seit wir in Deutschland sind hat der Junge noch nicht so gut ausgesehen. Ich glaube, daß es nicht nur die gute nahrhafte Kost ist, die ihm so gutgetan hat, sondern auch das Zusammensein mit Püzi. Die Fünfjährige fügt sich unserem kl. Despoten sanft wie eine

Taube u. sie spielen zu süß zusammen, während es mit Karin u. Albert doch immer so ist, daß jeder von beiden dominieren will u. dadurch sehr oft eine gespannte Lage besteht. Es macht wohl auch der große Altersunterschied. Auch wird Albert die große Freundlichkeit, die alle ausnahmslos hier auf dem Hof entgegenbringen gutgetan haben. Er ist ja nun mal ein sehr sensibles Kind u. dauernde Mäkelei der Erwachsenen in Rumgraben ist ihm bestimmt auf die Nerven gegangen. Hier stört ihr kindliches Getobe oder Fragen niemanden. Der 70jährige Bauer arbeitet den ganzen Tag u. ist nur zu den Mahlzeiten sichtbar, die Bäuerin, die ihren liebsten Sohn in Russland verlor vor 2 Jahren, ihren letzten Sohn auch [ausgeschnitten v. d. dt. Zensur, wohl „im Feld"] stehen hat, sie sagt immer, es mache ihr nur Freude u. vertreibe ihr die Gedanken, wenn die Kinder in die Küche kommen. Und wenn ich mal einen Nachmittag nicht da bin, nach Gundihausen zu Mutti oder nach Geisenhausen zum Zahnarzt pilgere, dann kann ich die Kinder ganz einfach hierlassen u. weiß sie gut aufgehoben. Die 25jährige Tochter Kathi ist ein prächtiger Mensch! Typ Paula Wessely! Sie spricht tadellos Hochdeutsch u. ich kann mich ganz besonders gut mir ihr unterhalten. Sie ist für ihr Alter erstaunlich reif, nachdenkend u. interessiert. Ich gehe so weit zu behaupten, daß ich in den letzten 3 Jahren niemandem begegnet bin, der z.B. so durchdachte u. verblüffend gründliche Fragen nach unserem geliebten Sonnenland stellte, wie Frl. Kathi! Und ich ertappe mich dabei, wie ich selbst mir manche Zusammenhänge erst richtig klarmache, wenn ich ihr berichte. Ach, es macht ja so viel Freude, einem so aufmerksamen, teilnehmenden Zuhörer von meinen glücklichsten Jahren zu erzählen. Abends, wenn ich die Kinder schlafen gelegt habe, wenn die kl. Gebete gesagt sind, in die sie jeden Abend ihren Papi, Onkel Schlüter u. die Großeltern einschließen, dann gehe ich in die Küche hinunter, spüle das Abendgeschirr u. mache mich dann meist an die Flickerei (wenn ich nicht, wie eben jetzt, Dir schreibe!). Der alte Bauer auf seinem einfachen Stuhl ist meist schon um 8 Uhr beim Wehrmachtsbericht eingenickt, ebenfalls die Bäuerin, die immer als erste schlafen geht, die Buben gucken noch ein wenig in die Zeitung oder schlummern auch sanft auf der Bank, oder wenn es kalt ist auf dem Herd einen gesunden Schlaf, wie ihn 14 u. 16jährige nach anstrengender Tagesarbeit eben haben. Bleiben eigentlich nur Frl. Kathi u. ich, die das Radio genießen oder sich leise unterhalten.

Das war heute ein Gebrabbel in unserm Zimmerlein mit den 3 Kindern! Morgens strickte Karin u. die beiden Kleinen bestaunten sie! Nach dem Mittagessen (wir essen immer schon um 11 Uhr) war Karin aber nicht mehr zu halten: sie wollte endlich „in die Ställe"! Wie ist sie sich treu geblieben, die kleine Liebe in ihrer Liebe zu den Vierbeinern. Heute Abend, als gemolken wurde, konnte ich ihr unmöglich die nassen langen Hosen u. verdreckten Stiefel nochmal anziehen – da ließ sie sich von einem der beiden jungen Knechte, dem 16jährigen Martl, einfach über den Hof in den Stall tragen!! Könntest Du mal eben oben in unser Zimmer sehen – wie bei den 7 Zwergen kommt es mir vor: die 3 Kinderbetten nebeneinander! Karin hat ein einfaches kl. Holzbett hier aus dem Haus, Albert ein Kinderbettchen, das in Kapfing stand u. wir jetzt holen ließen, Püzi ein neues eisernes, von der Lehrerin in Gundihausen geliehen. Es ist wirklich eng u. ich bin's zufrieden, daß Püzi übermorgen wieder zu Irmi zieht. […]

Geliebter Du, jeden Abend vor dem Einschlafen muss ich daran denken, welche Sorgen Du Dir jetzt wohl machst. Es muss das alles wahnsinnig schwer bei Euch zu ertragen sein. Du weißt, ich kann hier ja so wenig dazu sagen. Ich bitte Dich nur immer wieder von ganzem Herzen – denk immer daran, daß ich Dich liebe u. daß Du mich glücklich gemacht hast, mein Erwin! Meine Liebe zu Dir ist schon nach den allerersten Jahren eine große geworden. Vielleicht nennt man es die große Passion – jedenfalls eine Liebe, die mein ganzes Leben umgreift u. erfüllt. Ich glaube ein solches Geschenk des Schicksals wird nicht Vielen zuteil. Wir werden uns wiedersehen – wo ist ja so gleichgültig! Welche Freude wirst Du an Deinen beiden über den Durchschnitt hübschen, rassigen u. geradezu unverschämt klugen Kindern haben! Herrgott, ich kann ja nicht dankbar genug sein, daß sie hier [An dieser Stelle wurde eine ganze Zeile ausgeschnitten.]

Von den Eltern erhielt ich Nachricht vom 30. Jan., wir stehen in enger Verbindung u. ich mache ihnen immer wieder Mut auf Dein Kommen. Mein Erwin – gut Nacht! Hab Dich lieb! Und küsse Dich! Deine Margot

Nr. 59, Lausbach, 16.II.45, 3 Photos (Eing. 14.5.45)

Mein geliebtester Erwin, das war ein fleißiger Tag heute! Müde ist Deine Schwalbe nun, aber einen kleinen Schwatz mit Dir muss ich doch noch halten, weil morgen Post geht. Ich habe heute große Wäsche gehabt, zum ersten Mal auch selbst Bettwäsche gewaschen, das strengt an! Aber ich bin um 6 Uhr aufgestanden, konnte um 1 Uhr schon aufhängen u. um 5 Uhr trockene Wäsche abnehmen – das macht doch Spaß! Ob Du Dich wohl manchmal fragst, warum ich so viel Mühe u. Primitivität – wenn auch auf Umwegen – gegen das herrschaftliche Leben in Schloss Kapfing aufgegeben habe? Siehst Du, ich wollte arbeiten! Weil ich glaube, daß ich es auch tun muss, wenn es erst so weit ist, daß Du wiederkommen kannst. Und dann ist doch besser, ich bin es schon gewohnt, wenn Du kommst, als wenn ich dann erst Lehrgeld bezahlen muss mit Müdigkeit, Rückenschmerzen usw.! Manchmal kann ich mir gar nicht mehr vorstellen, daß ich mal einen Haushalt hatte mit 5 dienstbaren (u. wie dienstbaren!) Geistern. Jetzt steht man früh um ½7 Uhr in der Bauernküche in Holzpantoffeln neben dem Herd u. bürschtelt die Wäsche, während die Hausgemeinschaft, Bauer, Bäuerin, Kathi, die beiden Knechte von 14 u. 16 Jahren u. die beiden Ausländer ihr Brot in den Malzkaffee brocken! Aber mich reut der Wechsel vom Schloss zum „einfachen Leben" noch keine einzige Minute. Es ist zu schön, sein eigener Herr zu sein, auch einmal wieder Gäste haben zu können u. bei so durchaus aufrechten u. herzensfreundlichen Menschen zu sein! […]

Liegt nicht z.B. schon eine große Freundlichkeit darin, daß ich in der Küche waschen darf statt wie üblich in der kalten nassen Waschküche im Keller?! Und wenn die Kinder hereinkommen – nie wirft man sie aus der Küche, nie werden sie unfreundlich empfangen, immer hat man ein freundliches Wort oder einen Leckerbissen für sie. Ist ein Spielzeug kaputt, macht es einer der jg. Knechte heil, der eine hebt Karin mal aufs Pferd, der andere lässt Albert am Heu herunterrutschen – alle sind nett zu den Kindern. Heute Nachmittag haben die beiden mit Herbert die Schafe, die ein wenig am Wald geführt wurden bei dem schönen Wetter. Es war ja ein herrlicher Tag. Mein Zimmer liegt nach Süden u. wird bei Sonnenschein durch die 2 Fenster so warm, daß ich über Mittag den Ofen ausgehen lassen kann. Von Mutti habe ich bildschöne goldgelbe Vorhänge für die Fenster geliehen bekommen u. bei Sonnenlicht erinnert mich das schöne Gelb immer an unser Schlafzimmer in Teheran – weißt Du noch?! Dadurch, daß das gute Frl. Kathi, die 25jährige Tochter des Hauses, auf ihre Rumpelkammer verzichtet hat, habe ich neben meinem Zimmer, mit Verbindungstür, eine 1fenstrige Kammer bekommen u. das ist außerordentlich bequem. Da steht nicht nur mein kleiner Kleiderschrank u. all meine Koffer, sondern auch alles, was sonst unser Zimmer unordentlich machen könnte, wie Schuhe, das ganze Kinderspielzeug, Waschschüssel u. Kanne usw. Auch alle im Sommer selbstgepflückten u. eingekochten Marmeladen u. ein Tisch mit meinen kl. Vorräten, Brot, Butter usw., da ich ja für Kaffee u. Abendessen selbst sorge. Mittags sollte ich ja auch selbst kochen u. nur am Anfang, da ich meine Sachen noch nicht hatte, bat ich die Bäuerin, ob ich von ihrem Essen haben dürfe. Das ist fast täglich dasselbe. Der Bäuerin macht es nun anscheinend Spaß, daß es uns immer schmeckt u. Püzi u. Albert so fabelhaft dabei zugenommen haben, daß ich glaube, sie wird auch weiterhin für uns mitkochen, u. das ist für mich nicht nur bequem, sondern auch so nahrhaft. Jetzt hoffen wir, daß unser Karinchen sich nach ihrer

Krankheit hier auch so kräftigen wird wie Alberti. Um 11 Uhr essen wir schon zu Mittag, dann sind die Kinder jetzt bei dem schönen Wetter von 12–4 Uhr oder noch länger draußen u. das tut ihnen ja so gut. Um 6 Uhr spätestens essen wir dann wieder alle Drei zu Abend. Wenn nur nicht dieser sagenhafte Dreck um uns herum wäre! Pfundweise klebt einem der Lehm an den Stiefeln u. die Kinder sehen oft geradezu unbeschreiblich aus!! Trotzdem stapft die gute Omama manchmal zu uns herauf u. ihr Besuch ist immer das größte Fest! Auch Mutti macht es so viel Freude, daß sie, die uns doch nach so viel vergeblicher Mühe endlich dieses Quartier beschaffte, so einen guten Griff damit getan hat. Nicht einmal frieren brauchen wir, da der Bauer selbst genug Wald hat.

Ja, so erzähle ich Dir von unserem Alltag, von meinen kl. Freuden. Es ist ja auch kaum möglich, etwas anderes zu schreiben. Daß wir Sorgen haben, wirst Du Dir denken können. [...] Von Sia hatte ich gestern einen netten Brief vom 9. Febr. aus Höchst. Morgen muss ich allerlei Geschäftliches beantworten, vor allem die sehr nette Empfehlung von H. an sein Büro in München, die oft sehr wertvoll für mich ist. Herr D. schickte eine Liste vom Inhalt Deines Weihnachtskistchens, der mich mit Neid erfüllte – ich meine, weil ich Dir so gar nichts schicken kann, Geliebter! Immer nur meine Liebe! Langweilig, nicht? Aber von der Nähe wird es gar nicht langweilig sein – das ist aber mal sicher!!

Nun muss ich Dir endlich einmal Deine Briefe nennen, die noch fehlen [...]. Die beiden letzten kamen zusammen am 1. Febr., während Nr. 52 schon am 9. Dez. einging. [...] Ach, ich freue mich ja so unendlich über jedes kl. Brieflein von Dir, mein Erwin, mein innigst innigst Geliebter Du. Hoffentlich sind nicht zu viele meiner letzten Briefe u. Fotos verloren gegangen. Die Welt brennt wie nie zuvor, aber ich schließe die Augen u. denke an Dich u. Deine Liebe. Das gibt mir immer Trost u. Kraft. Und der Schatz schönster u. allerschönster Erinnerungen. Mein Leben war so unerhört reich, seit ich Dich kenne! Liebster – keine 12 Monate mehr – u. wir werden uns wiedersehen, glaubst Du nicht?

Karin u. Albert grüßen ihren geliebten Papi u. ich umarme Dich u. küsse Dich. Immer von ganzem Herzen,

Deine Margot

(Nr. 60 fehlt), Nr. 61, Lausbach, 4.III.45 (Eing. 22.3.46)

Mein lieber geliebter Erwin! Der traurige Herbst mit den gar so spärlichen Briefen von Dir wird jetzt wieder gut gemacht durch den reichen Posteingang der letzten Wochen, die nach u. nach all Deine fehlenden Briefe brachten, die bis Nr. 50 incl. vollständig sind außer Nr. 47. Dann habe ich noch Deine Briefe Nr. 52, 54 u. 55 u. 60 u. 61, welch letztere beiden endlich einmal wieder in der verhältnismäßig kurzen Zeit von 3 Monaten zu mir reisten. Ich schrieb Dir letzten Sonntag zuletzt, was nicht meine Absicht war.

Aber eine ganz plötzliche, ebenso heftige wie kurze Grippe beförderte mich 3 Tage ins Bett u. hinderte mich am Schreiben. […] Rührend lieb schreibst Du, geliebter Erwinmann, wie Du uns eine neue Zukunft aufbauen willst! Ob Du ahnst, wie unendlich wohl solche lieben starken Worte gerade jetzt tun?! Wo ich hier zum ersten Mal nach Jahren wieder so etwas wie ein eigenes Heim habe, wenn es auch nur ein Zimmer u. Kämmerchen ist. Es ist so eigen, wie oft Du die richtigen Worte findest für den Tag der Ankunft Deiner kl. Briefe, die doch kein Mensch vorherahnen kann. Ich danke Dir mit einem lieben, lieben Kuß mein Erwin. Die Gedanken an die Zukunft lassen sich doch trotz allen guten Willens nicht vertreiben. Mein Erwin, das eine weißt Du doch genau, daß ich an Deinem guten Willen niemals zweifle, so wie Du auch weißt, daß Du Dich auf Deine Schwalbe verlassen kannst. Für mich gibt es nur eine Gnade, die ich erbitte: Dir eines Tages die Kinder gesund in die Arme legen zu dürfen – wann u. wo, das steht bei Gott. Aber dafür habe ich all die Jahre seit unserer Trennung gelebt u. darum sind es einsame Zeiten gewesen, aber wenn mir diese Gnade vergönnt sein wird, dann ist alles andere vergessen. Wie werdet Ihr alle jetzt zu uns herdenken u. noch wie mag Euch die Gefangenschaft so schwer geworden sein. Aber auch das muss noch durchgestanden werden. [...]

Wie beide Kinder hier aufblühen, erzähle ich Dir ja in jedem Brief. Und bei Karin stellt es sich heraus, daß sie einen ausgesprochenen Sinn für das „Eigene" hat, meine neue Unabhängigkeit hier durchaus empfindet. Ich schrieb Dir schon die rührende Freude von ihr, als sie meine paar Tassen, Teller u. Schüsselchen sah, die ich damals für Klais bekam u. auch in Icking benutzte u. die seither eingepackt in Kapfing standen. „Mutti, gehört das alles uns?", fragte sie atemlos. Und als ich bejahte, fuhr sie fort: „oh Mutti, dann können wir das ja alles kaputt machen (ich war sprachlos!), ohne daß wir geschimpft werden", fügte sie hinzu. „Aber Karin, sagte ich, wir wollen es lieber heil lassen, denn kaufen können wir kein Neues", woraufhin sie vergnügt sagte: „und stehlen leider auch nicht, Mutti!"

Sonntag kann ich durch die Güte unserer Bäuerin immer einen Kuchen backen. Als ich neulich stolz einen schönen Streuselkuchen brachte, fragte Karin begeistert: „Mutti, hast Du den denn nur für uns gemacht?" Sie lässt sich auch genau erklären, was im

Zimmer „uns" u. was der Bäuerin gehört [...] „und der Ofen gehören uns. Wie packen wir aber den Ofen ein, wenn wir verreisen?" Sie ist das Weiterreisen ja so gewohnt, die kl. Deern [...] Wir leben hier ja so unendlich einfach, aber gesund. Ich habe noch nie so wenig Geld ausgegeben. [...]

Wirklich, wenn Mutti ins Zimmer tritt, wird es hell. Nicht nur in den Kindergesichtern! Im Nu war frischer Kaffee auf meinem fleißigen kl. Ofen gemacht, ein einfacher frischer Hefekuchen war fertig dazu u. es wurde der gemütlichste Nachmittag. Während Mutti u. ich uns unterhalten, bringt sie es nebenbei fertig, mit ein paar Worten die Kinder zu beschäftigen u. zwar so, daß diese glauben, Omama spiele mit ihnen! Mutti hat ein unglaubliches Talent mit Kindern. Geradezu zum neidisch werden! [...] Selbst die Bäuerin hat noch kein Kind gesehen, das „so am Viech hängt" wie unsere Karin! Neulich entdeckte ich beide völlig allein im Pferdestall, wo Karin selbständig striegelte! Wir haben uns alle recht erschrocken darüber u. sie hat jetzt von mir u. auch der Bäuerin strenge Anweisung, nie wieder allein zu den Pferden zu gehen. Sie tröstet sich damit, indem sie den Hofhund, einen jungen Riesen unbestimmter Rasse mit bärenhaft dichtem zottige Fell an einer schweren Eisenkette spazieren führt. Oder Alberti u. sie balgen sich mit dem Köter im Heu, daß man nicht mehr weiß, wem welche Beine gehören! Ihre größte Freude ist, daß seit Kurzem täglich die Eier zusammensuchen darf, u. mich freut es, daß sie sie alle brav abliefert, ohne jemals um eines zu betteln. Dafür bekommt sie aber manchmal eines geschenkt, die kochen wir dann auf dem Ofen u. es ist ihr liebstes Abendessen. Ich erzähle den Kindern nun immer, wie fein du turnen könntest, u. Alberti sagt dann: mein Papi kann alles! Nun muss ich ins Bett im wahrsten Sinn des Wortes in die Federn, denn auf dem Strohsack liegt ein Federbett, das sogen. „Unterbett". Wann wird mich einmal wieder die liebste Stimme vom Schreibtisch in die Federn locken?!

Karin u. Alberti schicken Papi viele liebe Grüße u. süße Küsse. Ich schließe mich an, mein Schwalbenvater!

Immer u. immer Deine Margot

(Anm.: Dies war letzte Brief von Margot, die Nr. 61 vom 4. März 1945. Danach war es für ein dreiviertel Jahr nicht mehr möglich Briefe ins Ausland zu schicken oder zugestellt zu bekommen. Zu dieser Zeit waren die Welt, Europa, Deutschland in den letzten Tagen des Krieges. Margot und die Kinder erlebten das Kriegsende auf dem Lausbach. Darüber schrieb sie im Mai 1945 einen Bericht):

Lausbach, den 10. Mai 1945, Post Altfraunhofen über Landshut, Niederbayern

Christi Himmelfahrt, heute, am 10. Mai. Feiertägliche Stille auf dem Hof. Meine beiden Fenster zeigen schmale Streifen grüner Felder und Wiesen, der Horizont ist gezackt von dunklen Tannenwipfeln und darüber steht in ferner Unendlichkeit der blassblaue glasklare Marienhimmel. Drüben hochragend die für das kleine Dorf Altfraunhofen erstaunlich große Kirche, unversehrt zwischen frisch belaubten Bäumen. In Gedanken sah ich sie zusammengestürzt in jener furchtbaren Nacht, als ich zum ersten Mal das Heulen von Granaten hörte, die fünf Stunden lang fast ununterbrochen über unseren Hof sausten. Es war in der Nacht zum 1. Mai und ich glaube, ich habe manche Sünden abgebüßt in jenen furchtbaren Sekunden, die sich dauernd wiederholten zwischen dem dumpfen Ton des Abschusses im Norden und dem krachenden Aufschlagen dicht vor und hinter dem Hof.

Als wir am ersten Mai in den frühen Morgenstunden aus dem Keller auftauchten, lag die Welt in eigenartigem Dämmerlicht vor uns – Schnee fiel langsam auf den verwüsteten Hof und deckte versöhnend die Wunden der aufgewühlten Erde zu.

Sonntag, den 29. April löste sich die Spannung der letzten Wochen, ob zuerst die Russen oder die Amerikaner in unsere Gegend kommen würden, durch deutlich hörbares Artillerieschießen im Nordwesten und die Kunde, daß Panzerspitzen der Amerikaner Landshut erreicht hätten. Für uns das Zeichen, die letzten Vorbereitungen zum Aufenthalt im Keller zu treffen. Alle deutschen Militärs, die in den letzten 14 Tagen reichlich hier passiert waren, hatten den gleichen Rat gegeben: im Falle, daß der Kriegsschauplatz auch hierher verlegt würde, im Keller Zuflucht zu suchen. Wir hatten natürlich wieder und wieder überlegt, ob wir noch fortkommen konnten, bevor der Feind käme, aber nach allen Auskünften, die wir von Durchfahrenden und Durchmarschierenden bekommen hatten, waren die Straßen so von Tiefffliegern heimgesucht, daß ich es nicht verantworten konnte, mit den Kindern aufzubrechen. Zudem – wohin? Alle, die hier durchkamen fuhren ins Gebirge. Richtung Wasserburg, Rosenheim usw. Ich war in der letzten Zeit manchmal abends an den Wirtshäusern von Altfraunhofen und Münchsdorf vorbei gegangen und hatte mir die Wagen angesehen, die nach Eintritt der Dunkelheit dort hielten, war auch ins Gasthaus gegangen mir die Reisenden anzusehen und hatte mir von ihnen Auskunft geholt. Die meisten fuhren einfach aufs Geratewohl in die Berge. „So lange, als es sich irgendwie verhindern lässt, will man doch nicht weder den Russen noch der anderen Seite in die Hände fallen", meinte eine junge Ostpreußin. Gewiss, das war es ja, was mich zu allen Erkundigungen veranlasste, aber ich überlegte, wer hatte den heute noch die Möglichkeit, per Auto durch halb Deutschland vor den Feinden zu fliehen?? Parteibonzen. Und mit diesen Menschen wollte ich durchaus nicht in den Bergen eine gemeinsame letzte Zuflucht suchen. Da auch ununterbrochen Militär, zum großen Teil SS, in jene Richtung zog, stellten wir uns in den Bergen den letzten heftigsten und blutigsten Endkampf vor. Und in diesen Kessel wollte ich doch nicht mit hineingeraten.

Ich erinnere mich auch daran, daß einer der Anlässe zu meinem Verbleiben in Bayern seit unserer Rückkehr nach Deutschland immer der gewesen war, daß ich hier nicht allzu fern der Schweizer Grenze bin und doch schon in Betracht gezogen hatte, den letzten Ausweg in einer Flucht in die Schweiz zu suchen. Nie wäre mir dieser Gedanke gekommen, wenn Erwin hier in Deutschland mitgekämpft haben würde, man hätte dann ja gemeinsames Schicksal gehabt. Aber er war in Australien, gewisser maßen in Sicherheit und ich wollte ihm doch die Kinder erhalten, ihn einmal wiedersehen. Mutti riet zur Abreise an die Schweizer Grenze, erklärte aber gleichzeitig, daß sie niemals unter diesen Umständen Deutschland verlassen würde. Ich war nun so weit in meinen Entschlüssen gekommen – ach, wie furchtbar schwer fühlt man so allein die Verantwortung für die Kinder – daß, wenn ich hier aufbrechen würde, ich nur in südwestlicher Richtung, also Bodensee, Schweizer Grenze, reisen würde.

Was hätte man in jenen Tagen für einen Rat von gut unterrichteter Seite gegeben. Wie wartete ich auf Antwort auf meine Briefe an Henry, an Carl Ferdi und an die Niederlassung der IG in München, der ich mich durch Kommerzienrat Waibel für alle Fälle hatte empfehlen lassen. Doch Post ging kaum noch ein und bei den unaufhörlichen schweren Luftangriffen auf Bayern konnte man ja auch kaum noch welche erwarten. Durch Bekannte unserer Bäuerin, die aus München zum Hamstern hergekommen waren und hier auf dem Lausbach genächtigt hatten, bestellte ich einen Brief an Dotti und bat sie um ihren Rat und ihre Pläne. Als Antwort kam ein Telegramm, daß sie mir anriete zu Dr. W. nach Altötting zu fahren, der immer gut unterrichtet sei und mir wohl am besten raten könne. Altötting ist nur 45 km von Station Geisenhausen entfernt und doch war die kurze Bahnstrecke durch Tiefflieger so gefährdet, daß ich die Reise nicht wagte. Wenn man ein Rad gehabt hätte. Aber so bestand doch immer die Möglichkeit, daß während meiner Abwesenheit die Bahnstrecke durch

Bomben ganz unterbrochen werden könnte und ich dann nur noch zu Fuß zurückkommen könnte und was könnte in der Zwischenzeit dann hier geschehen sein. Mutti kam auf die Idee, Gretel Graßl ein paar hundert Mark zu bieten, wenn sie mich mit Pferd und Wagen nach Altötting hin und zurück fahren würde. Eines Abends, als die Kinder im Bett waren, ging ich zu ihr nach Gundihausen. Tagsüber wagte ich mich der Tiefflieger wegen nicht mehr von Hof fort, da das Karinchen eine panische Angst vor den Fliegern bekommen hatte und immer verzweifelt nach mir rief, wenn sie vor Tieffliegern ins Innere des Hauses flüchtete. Bei G's saß die ganze Familie in der Küche. Ich fischte Gretel heraus, sagte, daß ich wegen Erziehungsfragen wegen Karin, die sie ja drei Wochen in Pflege hatte, mit ihr sprechen wolle. Dann teilte ich ihr vertraulich meine Plan mit. Sie bedauerte unendlich, daß ihr Pferd, eine schnelle Stute, gerade gefohlt habe und daher nicht fortkönne. Auch erklärte sie mir die Gefahren der Wagenreise, da man bei Tieffliegern unbedingt Deckung suchen müsse, andererseits aber auch das Pferd nicht allein lassen

(Anm.: Die folgende Seite oder Seiten fehlen leider. Die Idee, wegen eines Rats zu einem Unbekannten nach Altötting zu fahren, scheint heute vielleicht absurd, zeigt aber, wie verunsichert die Menschen, und insbesondere Margot, in diesen letzten Kriegstagen waren. Der Besuch fand meines Wissens nicht statt. Nachdem klar war, dass wir nur im Lausbach bleiben konnten, sorgte Margot dafür, dass der Keller zusätzlich gestützt und gesichert wurde. Sie fuhr mit dem Knecht im Pferdewagen zur Sandgrube, um Sandsäcke zu füllen und vor die Kellerfenster zu legen, um mehr Kugel- oder Splitterfang zu bieten. Das war umsichtig, denn in der Nacht zum 1. Mai sollen im Hofgebiet 60 Granaten eingeschlagen sein. Ställe und Scheune waren getroffen, nur das Wohnhaus über dem Keller, in dem wir alle Schutzgesucht hatten, nicht – der Keller hätte einem direkten Granattreffer nicht standgehalten. Zum Dank, diese Nacht überlebt zu haben, pilgerten die Dorfbewohner aus Altfraunhofen nach Altötting, um in der Gnadenkapelle für die Errettung der Lausbacher zu danken..

Es folgte das Kriegsende, es kamen mehr Flüchtlinge in das Dorf und auf den Hof. Bis November 1945 erhielten Erwin und Margot keine Briefe, obwohl Erwin fleißig weiterschrieb, ohne zu wissen, ob sie Margot überhaupt erreichten – ja, ob sie überhaupt lebte.)

Die weiter Korrespondenz bis zur Ausreise von Margot mit Kindern in die Schweiz und dann zum Wiedersehen in Australien folgt in Band 3